Couvertures supérieure et inférieure
en couleur

COUVERTURES SUPERIEURE ET INFERIEURE D'IMPRIMEUR

LE
MARCHAND D'ANTIQUITÉS

GRAND IN-8° 2ᵐᵉ SÉRIE.

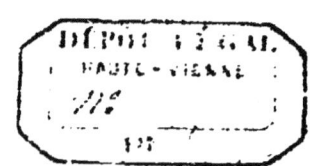

PROPRIÉTÉ DE L'ÉDITEUR.

CHARLES DICKENS

LE MARCHAND D'ANTIQUITÉS

TRADUCTION DE LA BÉDOLLIÈRE

NOUVELLE ÉDITION REVUE

LIMOGES

ANCIENNE MAISON BARBOU FRÈRES

Charles BARBOU, IMPRIMEUR-LIBRAIRE-EDITEUR.

Avenue du Crucifix.

LE MARCHAND D'ANTIQUITÉS

CHAPITRE PREMIER

Mes lecteurs ne doivent pas s'attendre à apprendre où je demeure. C'est un fait qui, quant à présent, n'intéresserait personne ; mais il pourrait s'établir entre eux et moi, par la suite, des relations de sympathie et d'amitié, qui leur inspireraient peut-être le désir de me connaître personnellement. Il serait même possible que la plus légère circonstance se rattachant à moi, et même le lieu de ma résidence, eussent quelque charme pour eux. Je crois devoir les prévenir dès le commencement de notre connaissance, qu'ils n'en sauront jamais que le peu que je vais leur dire.

J'habite un vénérable faubourg de Londres, et j'y demeure dans une vieille maison aussi silencieuse aujourd'hui qu'elle était bruyante dans un temps bien éloigné de nous, quand elle était le séjour de cavaliers pimpants et de belles dames. Lorsque je vins m'y établir, et il y a déjà bien des années, mes voisins furent curieux de savoir qui j'étais, d'où je venais, et pourquoi je menais une vie si solitaire. Quand on vit qu'on ne pouvait satisfaire sa curiosité sur aucun de ces points, je devins un foyer de fermentation, et l'on fit courir sur moi des bruits de toute espèce. J'étais un espion, un sorcier, un voleur d'enfants, un proscrit, un monstre. Les mères rappelaient leurs enfants qui jouaient dans la rue, dès qu'elles m'apercevaient, et les hommes me regardaient avec un air de méfiance et proféraient des malédictions contre moi.

Mais quand avec le temps on vit que, bien loin de faire du mal et de nuire à personne, j'étais obligeant et serviable envers tout le monde, les choses changèrent de face. Les femmes et les enfants ne s'enfuyaient plus en me voyant approcher ; les hommes, au lieu de me regarder de travers, me faisaient un signe amical de tête, et me souhaitaient le bonjour. Enfin, je ne fus plus ni sorcier, ni monstre ; on m'appelait le vieux Humphrey, le bon M. Humphrey, et quelquefois Humphrey le laid ; car je dois déclarer à mes lecteurs que je suis vieux, laid et boiteux.

La nuit est en général le temps de la journée que je choisis pour me promener. Pendant l'été je sors souvent de chez moi au point du jour, et je passe toute la journée dans les champs, et de préférence dans les lieux les plus solitaires ; mais le reste de l'année je ne quitte guère ma maison que lorsque la nuit va tomber, quoique j'aime la lumière du ciel, et que je sente d'ici bas l'air de gaieté qu'elle répand sur la terre, aussi bien qu'aucune des créatures.

J'ai pris cette habitude peu à peu, tant parce qu'elle est favorable à mon infirmité, que parce qu'elle me fournit plus d'occasions de méditer sur le caractère et les occupations de ceux que je rencontre dans les rues.

Mais je n'ai pas besoin d'entrer dans de plus longs détails sur mes pérambulations. Mon intention est de raconter une aventure qui m'est arrivée dans une de ces promenades, dont j'ai, par ce motif, parlé en manière de préface.

Une nuit que je me promenais ainsi dans la Cité et que je marchais à pas lents à mon ordinaire, plongé dans des réflexions dont le sujet variait à chaque instant, je fus arrêté par une question que je ne compris pas sur le champ, mais qui semblait m'être adressée, et que me faisait une voix presque enfantine dont la douceur me frappa. Je me retournai sur le champ et je vis à côté de moi une jolie petite fille, qui me demanda une seconde fois quel chemin elle devait prendre pour se rendre dans une certaine rue située dans un quartier de Londres fort éloigné de celui où nous étions.

— C'est bien loin d'ici, mon enfant, lui répondis-je.

— Je le sais, monsieur, répliqua-t-elle avec timidité ; je sais que c'est bien loin, car j'en suis partie avant la nuit.

— Toute seule?

— Oui, monsieur ; je ne suis pas timide, mais en ce moment j'ai peur parce que j'ai perdu mon chemin.

— Et pourquoi vous adressez-vous à moi ! Si je vous indiquais une fausse route?

— Je ne crains pas cela, monsieur. Vous êtes si vieux ! et vous marchez si lentement !

Je ne puis exprimer combien je fus ému par le ton naïf de cette petite créature, une larme brillait dans ses yeux, et tout son corps tremblait tandis qu'elle me regardait en face.

— Venez, lui-dis-je, je vous y conduirai.

Elle mit sa main dans la mienne avec autant de confiance que si elle m'eût connu depuis son berceau ; et nous marchâmes ensemble, la petite fille réglant son pas sur le mien et paraissant me conduire et prendre soin de moi au lieu d'être sous ma protection. Je remarquai que de temps en temps elle jetait sur moi un regard à la dérobée comme si elle eût voulu s'assurer que je ne la trompais pas, et chacun de ses regards, partant d'un œil vif et perçant, semblait ajouter à sa confiance.

Mes yeux exprimaient sans doute l'intérêt et la curiosité aussi bien que ceux de l'enfant, car cette jeune fille n'était certainement qu'une enfant, quoique d'après quelques observations que j'avais faites, je crusse que sa petite taille et ses membres délicats pussent la faire paraître plus jeune qu'elle ne l'était réellement. Sa mise n'avait aucune prétention à la parure; mais était propre et décente, et n'annonçait ni pauvreté ni négligence.

— Qui vous a envoyée si loin toute seule? lui demandai-je chemin faisant.

— Quelqu'un qui a beaucoup de bontés pour moi.
— Et que veniez-vous faire dans ce quartier de la ville?
— C'est ce que je ne dois pas dire, répondit-elle avec fermeté.

Il y avait dans le ton de cette réplique quelque chose qui me fit regarder cette petite créature avec un air de surprise involontaire, car je ne concevais pas quel genre de message pouvait l'avoir ainsi préparée à répondre aux questions. Ses yeux vifs semblaient lire dans mes pensées: car, en rencontrant les miens, elle ajouta qu'il n'y avait aucun mal à ce qu'elle avait fait, mais que c'était un grand secret, un secret qu'elle ne connaissait pas elle-même.

Elle parlait ainsi, sans avoir l'air de vouloir ruser ou tromper, et avec une apparence de franchise qui portait l'empreinte de la vérité. Elle continua à marcher se familiarisant avec moi à mesure que nous avancions, et causant avec gaieté chemin faisant. Elle ne me parla de sa demeure que pour me dire que nous prenions pour nous y rendre un chemin qu'elle ne connaissait pas, et elle me demanda si c'était le plus court.

Pendant que nous marchions ainsi, je cherchai à expliquer cette énigme de vingt manières différentes, et aucune ne me parut satisfaisante. J'aurais pourtant été honteux de profiter du caractère ingénu d'un enfant ou de sa reconnaissance pour contenter ma curiosité. J'aime les enfants, et ce n'est pas peu de chose que de voir ces petits êtres que Dieu vient d'envoyer si récemment dans le monde, nous aimer à leur tour. Comme la confiance qu'elle m'avait témoignée m'avait plu je résolus de m'en montrer digne, et de faire honneur à la nature qui l'avait portée à me l'accorder.

Il n'y avait pourtant aucune raison pour que je dusse m'abstenir de voir la personne qui l'avait inconsidérément envoyée pendant la nuit, et toute seule, à une si grande distance; et comme il pouvait se faire que, si elle se voyait près de sa maison, elle prit congé de moi et me privât de cette occasion, j'évitai les grandes rues et je pris un chemin détourné pour y arriver. Ce ne fut donc qu'en entrant dans la rue où elle demeurait qu'elle reconnut où nous étions. Battant des mains de plaisir, elle courut en avant, s'arrêta devant une porte à peu de distance, et attendit pour y frapper que je l'eusse rejointe.

La partie supérieure de cette porte était vitrée, et n'était protégée par aucun contrevent, ce que je ne remarquai pas sur-le-champ, car tout était noir et silencieux dans l'intérieur. Il me tardait, ainsi qu'à l'enfant, qu'on vînt l'ouvrir. Elle frappa une seconde et une troisième fois; enfin un certain bruit dans la maison nous annonça qu'on remuait dans l'intérieur, et bientôt une faible lumière se montra à nos yeux à travers le vitrage. Elle n'approcha que lentement, il semblait que celui qui la portait avait à se frayer un chemin parmi des objets épars çà et là; et avant que la porte fût ouverte j'eus le temps de voir quelle espèce de personne s'avançait vers nous, et quel genre d'appartement il traversait.

C'était un vieillard de petite taille, dont la tête était couverte de longs cheveux gris. Comme il tenait sa lumière élevée de côté à la hauteur de son visage, je pus distinguer tous ses traits et toutes ses formes; et quoique les années y eussent opéré de grands changements, il me parut que l'ensemble avait quelque chose qui rappelait la physionomie de ma jeune compagne. Il en avait certainement les yeux bleus et brillants; mais l'âge et les soucis avaient creusé de si profonds sillons sur toute sa figure, que là se bornait toute la ressemblance.

La salle qu'il traversait à pas lents était un de ces réceptacles d'antiques et de curiosités qui semblent se tapir dans des coins obscurs de cette capitale et cacher leurs trésors poudreux aux regards du public avec ombrage et méfiance. On y voyait çà et là des cottes de mailles avec cuissards et brassards, qui ressemblaient à des esprits en armures; des sculptures fantastiques en bois et en pierre provenant de différents cloîtres; des armes rouillées de toute espèce; des figures grotesques en porcelaine, en bois, en bronze et en ivoire; des meubles de siècles passés depuis longtemps, et des tapisseries dont le dessin semblait avoir été tracé par des rêves. L'aspect hagard du petit vieillard convenait admirablement au local. On aurait pu croire qu'il était allé à tâtons dans de vieilles églises, dans des tombeaux écroulés, et dans des châteaux abandonnés, pour ramasser de ses propres mains toutes ces dépouilles. Dans toute sa collection, il ne se trouvait rien qui ne fût parfaitement en harmonie avec lui; rien qui parût plus vieux ou plus usé.

En tournant la clef dans la serrure, il me regarda avec un air de surprise, qui augmenta encore quand ses yeux se tournèrent sur l'enfant. Lorsqu'il eut ouvert la porte, la petite fille lui raconta en peu de mots pourquoi nous nous trouvions ensemble.

— Que Dieu te protége, mon enfant! dit le vieillard en lui passant la main sur la tête, comment as-tu pu te tromper de chemin! que serais-je devenu si je t'avais perdue!

— J'aurais toujours trouvé le moyen de revenir près de vous, grand papa, répondit-elle d'un air hardi, je vous en réponds.

Le vieillard l'embrassa, et, se tournant vers moi, il m'invita à entrer, ce que je fis, il ferma la porte à double tour, et marchant devant moi avec la lumière, il me fit traverser la salle que j'avais vue à travers la porte vitrée, et me conduisit dans une autre avec laquelle la première communiquait par derrière, et où une porte ouverte me fit voir un cabinet dans lequel j'aperçus un lit qui aurait pu servir à une fée, tant il était petit, propre et bien arrangé. L'enfant prit une lumière et entra dans sa petite chambre, me laissant tête à tête avec le vieillard.

— Vous devez être fatigué, monsieur, me dit-il en m'offrant une chaise près du feu, comment puis-je assez vous remercier?

— En prenant désormais plus de soin de votre petite fille, mon bon ami! répondis-je.

— Plus de soin, s'écria-t-il d'une voix aigre, plus de soin de Nelly! Qui jamais aima un enfant autant que j'aime Nelly (1)?

Il parlait ainsi avec une surprise si évidente, que je ne savais que lui répondre, d'autant plus que, quoiqu'il y eût dans ses manières quelque chose de faible et d'égaré, il y avait dans sa physionomie des linéaments qui annonçaient l'habitude de réflexions profondes et sérieuses, ce qui me convainquit qu'il ne pouvait être tombé dans un état d'enfance et d'imbécillité, comme j'avais d'abord été porté à le supposer.

---

(1) Nell, Nelly : — Abréviations familières du nom d'Hélène.

— Je crois que vous ne faites pas assez attention...

— Pas assez d'attention! pas assez d'attention à elle! Oh! combien vous connaissez peu la vérité! Ma petite Nelly! ma chère Nelly!

Il serait impossible à qui que ce soit, n'importe quelles expressions il emploierait, d'exprimer plus d'affection que ne le fit le marchand d'antiquités en prononçant ces six derniers mots. J'attendis qu'il reprît la parole; mais il resta le menton appuyé sur une main, secouant la tête, et les yeux fixés sur le feu.

Nous gardions encore le silence, quand l'enfant sortit du cabinet, ses cheveux châtains lui tombant sur le cou, et le visage échauffé par la hâte qu'elle avait faite pour venir nous rejoindre. Elle s'occupa sur-le-champ à préparer le souper, et pendant que je la suivais des yeux je remarquai que le vieillard saisissait cette occasion pour m'examiner de plus près qu'il ne l'avait encore fait. Je fus surpris de voir que l'enfant faisait seule tous les apprêts du repas, et qu'il paraissait qu'il n'y avait dans la maison aucune autre personne que nous trois. Je saisis un moment où elle était absente pour dire un mot à ce sujet, et le vieillard me répondit qu'il y avait peu de personnes d'un âge plus avancé qui fussent aussi soigneuses et aussi dignes de confiance qu'elle l'était.

— C'est toujours avec regret, lui dis-je mécontent de ce que je prenais pour de l'égoïsme, que je vois initier les enfants dans les voies de la vie du monde avant qu'ils soient tout à fait sortis de l'enfance. C'est vouloir tarir les sources de leur confiance et de leur simplicité, deux des meilleures qualités que le ciel leur ait accordées, et exiger d'eux qu'ils partagent nos chagrins avant qu'ils soient en état de prendre part à nos jouissances.

— Les sources de ces qualités sont trop profondes pour qu'elles tarissent jamais, monsieur. D'ailleurs les enfants des pauvres n'ont que peu de jouissances, et il faut même acheter pour eux les plaisirs les plus simples de l'enfance.

— Mais, pardon si je vous parle ainsi, vous n'êtes sûrement pas assez pauvre pour...

— Elle n'est pas ma fille, monsieur. J'étais père de sa mère, et elle était pauvre. Je ne puis faire aucune épargne; non, pas un penny, quoique je vive comme vous le voyez. Mais, et appuyant une main sur mon bras, il ajouta en baissant la voix, elle sera riche un de ces jours, elle deviendra une belle dame. Ne pensez pas mal de moi parce que j'emploie son aide; vous voyez avec quel plaisir elle me l'accorde: elle aurait le cœur brisé si elle savait que je fais faire par un autre ce dont ses petites mains sont capables. Pas assez d'attention à elle! répéta-t-il d'un ton de reproche, Dieu sait qu'elle est la seule pensée et l'unique objet de toute ma vie, et pourtant rien ne me prospère, rien.

Celle qui était le sujet de notre entretien rentra en ce moment, et le vieillard, m'invitant à me mettre à table, n'en dit pas davantage.

Nous commencions à peine à prendre notre repas, quand on frappa à la porte, et Nelly partant d'un grand éclat de rire, que je fus enchanté d'entendre, car il inspirait une gaieté enfantine, s'écria que c'était sans doute le cher ami Kit (1) qui arrivait enfin.

(1) Abréviation du nom de Christophe.

— Folette ! dit le vieillard jouant avec les cheveux de l'enfant, elle rit toujours aux dépens du pauvre Kit.

Nelly rit encore de meilleur cœur, et je ne pus m'empêcher de sourire par sympathie. Le vieillard prit une lumière et alla ouvrir la porte. Quand il revint Kit était sur ses talons.

Kit était un jeune homme ayant l'air gauche, les cheveux coupés très court, la bouche très grande, les joues rouges, le nez retroussé, et bien certainement l'expression de physionomie la plus grotesque que j'aie jamais vue. Il s'arrêta à la porte en voyant un étranger, fit tourner dans sa main un vieux chapeau parfaitement rond, car il n'y restait aucun vestige de bord, et se tenant tantôt sur une jambe, tantôt sur l'autre, il nous regardait du coin de l'œil de la manière la plus étrange. J'éprouvai pour lui à compter de ce moment un sentiment de reconnaissance, car je vis qu'il était le jouet de la petite fille.

— Il y avait loin, n'est-ce-pas, Kit ? lui dit le vieillard.

— Oui, maître ; c'était une bonne enjambée.

— Avez-vous trouvé aisément la maison ?

— Pas trop, maître, pas trop.

— Et vous avez sans doute gagné de l'appétit.

— Quant à cela, maître, je puis vous en répondre.

Kit avait le tic de se présenter de côté et de tourner la tête sur une épaule quand il parlait, comme si ce geste lui eût été nécessaire pour pouvoir faire usage de sa voix. Je crois qu'il aurait été amusant partout ; mais le plaisir que ses manières étranges procuraient à l'enfant et l'idée qu'elle pouvait trouver un sujet de gaieté dans un logis qui semblait si peu fait pour elle étaient irrésistibles. Mais ce qui valait encore mieux, c'est que Kit était flatté de l'effet qu'il produisait ; et après quelques efforts pour conserver sa gravité il partit lui-même d'un si grand éclat de rire, qu'il resta plus d'une minute la bouche toute grande ouverte et les yeux fermés.

Le vieillard était retombé dans son premier état d'abstraction, et il ne prit pas garde à ce qui se passait en ce moment. Mais quand Nelly eut cessé de rire, je vis briller dans ses yeux des larmes causées par la plénitude de cœur avec laquelle elle avait accueilli son burlesque favori après le mouvement d'inquiétude qu'elle avait eu au commencement de la nuit. Quant à Kit, dont le rire était de telle sorte qu'il n'aurait fallu à un peintre qu'un coup de pinceau pour en faire des larmes, il prit une grande tranche de bœuf froid, un énorme morceau de pain, et se retirant dans un coin, il se mit à manger avec voracité.

— Ah ! dit le vieillard levant les yeux sur moi comme si je lui eusse fait à l'instant la remarque à laquelle il répondait pour la troisième fois, vous ne sentez pas ce que vous dites en disant que je ne fais pas assez d'attention à elle !

— Il ne faut pas attacher trop de poids à une première impression, mon bon ami.

— Non non. Nelly, venez ici.

Nelly quitta sa chaise, et lui entoura le cou de ses petits bras.

— Est-ce que je t'aime, Nelly ? Réponds oui ou non.

L'enfant ne lui répondit que par des caresses et appuya sa tête sur la poitrine de son aïeul.

— Pourquoi pleures-tu? lui dit le vieillard en la serrant plus fortement contre son cœur et en jetant sur moi un nouveau regard. Est-ce parce que tu sais que je t'aime et que tu ne veux pas que j'ai l'air d'en douter en te faisant cette question? Eh bien! disons que je t'aime tendrement.

— Oui, vous m'aimez, oui, s'écria l'enfant avec force, et Kit le sait bien.

Kit, qui en dévorant son souper enfonçait dans sa large bouche, à chaque bouchée, les deux tiers de son couteau avec la dextérité d'un jongleur indien, suspendit un instant ses opérations en s'entendant interpeller ainsi, et s'écria:

Qui serait assez fou pour dire qu'il n'en sait rien?

Après quoi il se mit hors d'état de continuer la conversation en absorbant de nouveau une énorme bouchée.

— Elle est pauvre à présent, dit le vieillard en tapotant une joue de l'enfant, mais je vous répète, ajouta-t-il en se penchant vers mon oreille, que le temps approche où elle sera riche; il a été longtemps à venir, mais il faut qu'il vienne enfin. Il est arrivé pour d'autres qui n'ont fait que manger et prodiguer; quand arrivera-t-il pour moi?

— Je suis heureuse comme je suis, grand-papa, répliqua l'enfant.

— Bon, bon, dit le vieillard; tu ne sais pas... et comment le saurais-tu? Et il murmura de nouveau entre ses dents: Oui, le temps viendra, il faut qu'il vienne enfin, j'en suis sûr; et s'il vient tard, cela n'en vaudra que mieux.

Il soupira de nouveau, retomba dans ses réflexions et parut ne songer à rien de ce qui se passait autour de lui. Il ne s'en fallait alors que de quelques minutes qu'il fût minuit, et je me levai pour m'en aller; ce qui le rappela à lui-même.

— Un moment, monsieur, me dit-il. Eh bien! Kit, il est près de minuit, et vous êtes encore ici? Retournez chez vous, et ne manquez pas d'être ici demain à l'heure ordinaire; car il y a de l'ouvrage à faire. Bonne nuit! Allons, Nelly, souhaitez-lui le bonsoir, et qu'il s'en aille!

— Bonsoir, Kit! dit Nelly les yeux pétillant de bienveillance et de bonté.

— Bonsoir, miss Nelly! répondit le jeune homme.

— Et remerciez monsieur, dit le vieillard à ce dernier en me montrant; sans sa bonté, j'aurais pu perdre cette nuit ma chère Nelly.

— Non, non, maître! répondit Kit. Oui, si elle avait été sur la surface de la terre, je l'aurais retrouvée aussi vite que qui que ce soit. Oui, maître. Ha! ha! ha!

Et ouvrant une large bouche en fermant les yeux, il se mit à rire de nouveau d'une voix de stentor; et s'avançant à reculons vers la porte, il partit en beuglant encore.

Dès qu'il fut parti, et tandis que Nelly s'occupait à débarrasser la table de tout ce qui s'y trouvait, le vieillard me dit:

— Je n'ai peut-être pas eu l'air assez sensible à ce que vous avez fait pour moi cette nuit, monsieur, mais je vous en remercie humblement et cordialement. Nelly en fait autant, et ses remerciements valent mieux que les miens. J'aurais été fâché de vous voir partir dans la croyance que je ne fais pas assez d'attention à elle ou que je ne suis pas reconnaissant de votre bonté.

— J'en suis sûr, d'après ce que j'ai vu. Mais puis-je vous faire une question ?

— Sans doute. Quelle est-elle ?

— Cette enfant, avec tant d'intelligence et de beauté, n'a-t-elle que vous pour veiller sur elle, n'a-t-elle aucune autre personne pour lui tenir compagnie, pour lui donner des conseils ?

— Non, et elle n'en a pas besoin.

— Mais ne craignez-vous pas être précisément tout ce qu'il faut pour vous acquitter de fonctions si délicates ? Je suis sûr que vous avez les meilleures intentions; mais êtes-vous bien certain que vous avez toutes les qualités nécessaires pour vous charger de cette tutelle ? Je suis un vieillard comme vous, et c'est mon âge même qui m'inspire de l'intérêt pour tout ce qui est jeune et qui donne de si belles espérances. Mais ne pensez-vous pas que cet intérêt doit avoir quelque chose de pénible, d'après ce que j'ai vu et appris cette nuit ?

— Monsieur, répondit le vieillard après un moment de silence, je n'ai pas le droit de m'offenser de tout ce que vous me dites. Il est vrai qu'à bien des égards je suis l'enfant, et qu'on pourrait la croire dans la maturité de l'âge; c'est ce que vous avez déjà vu. Mais, éveillé ou endormi, le jour ou la nuit, malade ou bien portant, elle est le seul objet de toutes mes inquiétudes, et si vous saviez de combien d'inquiétudes, vous me regarderiez d'un œil tout différent. Oui, je vous en réponds. Ah! c'est une vie fatigante pour un vieillard, bien fatigante! Mais je poursuis un grand but, et je ne le perds jamais de vue.

Lui voyant un air d'agitation et d'impatience, je me détournai pour prendre une redingote dont je m'étais débarrassé en entrant, n'ayant pas dessein d'en dire davantage. A ma grande surprise, je vis l'enfant portant un manteau sur un bras et tenant en main une canne et un chapeau.

— Rien de tout cela n'est à moi, ma chère, lui dis-je.

— Non, répondit-elle d'un ton calme, c'est à grand-papa.

— Quoi ! va-t-il sortir cette nuit ?

— Sans doute, répondit-elle en souriant.

— Et vous, qu'allez-vous devenir ?

— Moi! je reste ici, comme de coutume.

Je regardai le vieillard avec surprise, mais il était ou feignait d'être occupé à passer son manteau. Je jetai ensuite un coup d'œil sur l'enfant qui allait rester toute la nuit, seule, dans ce sombre appartement.

Elle ne parut pas s'apercevoir de mon étonnement, mais elle continua à aider gaiement son aïeul à arranger son manteau, et quand il fut prêt, elle prit une lumière pour nous éclairer. Voyant que nous restions en place, elle regarda en arrière en souriant et nous attendit. La physionomie du vieillard prouva qu'il comprenait la cause qui me faisait hésiter, mais il se borna à incliner la tête en me faisant signe de marcher devant lui, et garda le silence. Je n'avais d'autre ressource que d'agir comme il le désirait.

Quand nous arrivâmes à la porte, l'enfant, mettant son chandelier par terre, se retourna pour nous souhaiter le bonsoir. Elle leva la tête pour m'embrasser, et se jeta ensuite dans les bras du vieillard, qui lui dit :

Bonne nuit, Nell, et que les anges veillent autour de ton lit ! N'oublie pas tes prières, ma chère enfant.

— Non vraiment, répondit-elle avec ferveur ; elles me rendent si heureuse !

— Je le sais, et cela doit être ! dit le vieillard. Que Dieu t'accorde cent bénédictions ! Demain matin au point du jour je serai ici.

— Et vous ne sonnerez pas deux fois, grand-papa ; la sonnette m'éveille même au milieu d'un rêve.

Nelly ouvrit alors la porte, dont la partie vitrée était défendue par un volet que j'avais entendu Kit y placer quand il avait quitté la maison, et elle nous fit ses derniers adieux d'une voix dont je me suis mille fois rappelé la douceur. Le vieillard s'arrêta un instant pour entendre fermer les verrous à l'intérieur ; après quoi il se mit à marcher d'un pas lent. Au coin de la rue il s'arrêta et me regardant d'un air embarrassé, il me dit que nous n'allions pas du même côté, et qu'il allait prendre congé de moi. Je voulais lui répondre, mais il ne m'en laissa pas le temps et s'éloigna avec plus de légèreté que je ne lui en aurais supposé. Je remarquai qu'il se retourna deux ou trois fois, comme pour s'assurer que je ne le suivais pas à quelque distance. L'obscurité favorisa sa disparition, et je l'eus bientôt perdu de vue.

Je restai quelques instants à l'endroit où il m'avait quitté, ne pouvant me déterminer à m'en éloigner et ne sachant pas trop pourquoi je m'y arrêtais. Je regardai avec inquiétude la rue que nous venions de laisser, et je finis par y entrer. Je passai et repassai devant la maison, j'écoutai à la porte, tout était silencieux comme le tombeau.

Je continuai pourtant à me promener dans cette rue dont je ne pouvais m'arracher, songeant à tous les accidents qui pouvaient atteindre l'enfant : le feu, le vol, même le meurtre. Il me semblait que quelque malheur devait lui arriver si je m'éloignais. La fermeture d'une porte ou d'une croisée dans la rue me ramenait à grands pas devant la boutique d'antiquités, et je m'approchais de la porte pour m'assurer si ce n'était pas de là que le bruit que j'avais entendu était parti. Mais c'était comme auparavant ; tout y était sombre, froid et inanimé.

La rue était devenue presque déserte, et il semblait que j'en eusse la possession entière. Je n'y rencontrais que quelques traînards revenant du spectacle, et de temps en temps un homme ivre retournant chez lui, ce qui me faisait changer de trottoir pour l'éviter. Les interruptions à ma sollicitude n'étaient pas fréquentes, et bientôt elles cessèrent tout à fait. Les horloges sonnèrent une heure. Je continuai encore à parcourir la rue d'un bout à l'autre, me promettant chaque fois que ce serait la dernière, et trouvant toujours une raison pour me manquer de parole.

Plus je pensais à l'air, à la tournure et aux discours du vieillard, moins je pouvais m'expliquer ce que j'avais vu et entendu. J'avais un fort pressentiment que son absence nocturne n'avait pas un motif louable. Je n'étais venu que pour m'assurer du fait par le moyen de l'innocence de l'enfant, et quoique j'eusse vu le vieillard et qu'il se fût aperçu de ma surprise, il s'était enveloppé d'un étrange mystère et ne m'avait pas donné l'ombre d'une explication. Ces réflexions me rappelèrent naturellement avec plus de force que jamais son visage hagard, son air rêveur et ses regards inquiets. Son affection pour l'enfant n'était-elle pas en étrange contradiction avec elle-même, sans quoi comment pourrait-il l'abandonner ainsi? Quelque porté que je fusse à penser mal de lui, je ne doutais pourtant pas qu'il ne l'aimât véritablement, cela m'était impossible après ce que j'avais vu, et en me rappelant le ton avec lequel il avait parlé d'elle.

— Je reste ici, comme de coutume, m'avait-elle dit. Quel motif pouvait-il avoir pour sortir de chez lui pendant la nuit et toutes les nuits? Je me rappelai les étranges histoires que j'avais entendu raconter de crimes secrets et ténébreux qui se commettent dans les grandes villes, et qui échappent à toutes les recherches pendant une longue suite d'années; parmi toutes ces histoires, je n'en trouvai pas une qui pût m'expliquer ce mystère, qui semblait devenir plus impénétrable à proportion des efforts que je faisais pour le pénétrer.

Occupé de semblables pensées et d'une foule d'autres qui toutes tendaient au même point, je passai deux longues heures à me promener ainsi dans la rue. Enfin une forte pluie commença à tomber, et me trouvant épuisé de fatigue je montai dans un fiacre et je retournai chez moi. Un bon feu brillait dans la grille, ma lampe était allumée, la chaleur et la clarté régnaient dans mon appartement, et c'était un heureux contraste avec le froid que j'avais éprouvé et les ténèbres dont je sortais.

Mais pendant toute cette nuit, dormant ou éveillé, les mêmes idées me poursuivirent et les mêmes images restèrent en possession de mon esprit; j'avais toujours sous les yeux cette boutique sombre et poudreuse, ces cottes de mailles qu'on aurait dites portées par des esprits, ces figures grotesques sculptées en bois et en pierre; la poussière, la rouille qui couvraient l'airain, et le ver qui rongeait le cœur du bois, et au milieu de cet amas d'antiquailles sans valeur réelle, la jeune fille dormant, d'un sommeil paisible et souriant dans ses songes légers et enfantins.

CHAPITRE II

Après avoir combattu pendant près d'une semaine le penchant qui me portait à aller revoir la place que j'avais quittée dans les circonstances mystérieuses que je viens de rapporter, j'y cédai enfin, et ayant résolu pour cette fois de m'y présenter en plein jour, je partis de chez moi de bonne heure dans l'après-midi.

Je passai devant la maison, et je parcourus plusieurs fois la rue d'un bout à l'autre avec cette hésitation naturelle à un homme qui sait que la visite qu'il va faire est inattendue, et qu'elle peut ne pas être très agréable. Quoi qu'il en soit, comme la porte de la boutique était fermée, et qu'il n'était pas très probable que ceux qui étaient dans l'intérieur me reconnussent si je me bornais à passer et repasser devant la maison, je triomphai bientôt de mon irrésolution, et j'entrai dans la boutique.

Le vieillard était avec un autre individu au fond de cet appartement, et il semblait y avoir entre eux une querelle sérieuse, car ils criaient plutôt qu'ils ne parlaient ; mais ils se turent dès qu'ils me virent entrer, et le vieillard, s'avançant vers moi à la hâte, me dit d'une voix tremblante qu'il était très charmé de me voir.

— Vous êtes arrivé dans un moment critique, ajouta-t-il en me montrant son compagnon, car voici un drôle qui m'assassinera un de ces jours, et il y a bien longtemps qu'il l'aurait fait s'il l'avait osé.

— Bah ! dit le jeune homme après m'avoir regardé fixement en fronçant les sourcils, c'est vous qui prêteriez un faux serment contre ma vie, si vous pouviez ; nous savons cela.

— Je crois presque que j'en serais capable, s'écria le vieillard en se tournant vers lui. Si les serments, les prières ou les paroles pouvaient me débarrasser de vous, j'en serais bientôt quitte, et votre mort serait un grand soulagement pour moi.

— Je le sais, c'est ce que je disais ; n'est-il pas vrai? Mais ni les serments, ni les prières, ni les paroles ne me tueront, et par conséquent je vis, et j'ai dessein de vivre.

— Et sa mère est morte ! s'écria le vieillard joignant les mains et levant les yeux, et voilà la justice du ciel !

Son compagnon était debout, le pied appuyé sur une chaise, et le regardait avec un ricanement méprisant. C'était un jeune homme d'environ vingt et un ans, bien fait et ayant certainement de beaux traits, quoique l'expression de sa physionomie fût loin de prévenir en sa faveur, car, de même que sa mise, et ses manières, elle offrait un caractère de dissipation et d'insolence qui avait quelque chose de repoussant.

— Justice ou non justice, dit le jeune drôle, je suis ici et j'y resterai jusqu'à ce que je juge à propos de m'en aller, à moins que vous n'appeliez du monde pour me faire mettre à la porte, et je sais que vous n'en ferez rien. Je vous répète que je veux voir ma sœur.

— Votre sœur ! s'écria le vieillard avec amertume.

— Oui. Vous ne pouvez détruire cette parenté, sans quoi il y a longtemps que vous l'auriez fait ! oui, je veux voir ma sœur, que vous tenez ici claquemurée, dont vous empoisonnez l'esprit par vos secrets astucieux, et pour qui vous feigniez d'avoir de l'affection afin de la tuer à force de travail, pour ajouter chaque semaine quelques shellings aux guinées dont vous pourriez à peine dire le nombre. Je veux la voir, vous dis-je, et je la verrai.

— Voilà un beau moraliste, pour parler d'empoisonner l'esprit ! s'écria le vieillard en se tournant vers moi ; un modèle de générosité, pour mépriser quelques shellings honnêtement gagnés ! seulement sur ceux qui ont le malheur de lui tenir par le sang, sur toute la société, qui ne connaît pas ces méfaits. Et en outre, c'est un menteur, ajouta-t-il en baissant la voix et en s'approchant de moi, car il sait combien elle m'est chère; mais il parle ainsi pour me blesser, parce qu'il voit ici un étranger.

— Les étrangers ne sont rien pour moi, grand-père, dit le jeune homme, qui avait entendu ce dernier mot, et je me flatte de n'être rien pour eux. Le mieux qu'ils puissent faire, est de songer à leurs affaires, et de me laisser m'occuper des miennes. Mais j'ai un ami qui m'attend dans la rue, et comme il paraît que j'aurai quelque temps à rester ici, je le prierai d'entrer, avec votre permission.

Il ouvrit la porte, se plaça sur le seuil, et fit plusieurs signes à quelqu'un que nous ne pouvions voir, et qui, à en juger par l'air d'impatience dont les signes étaient accompagnés, avait besoin d'une forte dose de persuasion pour se déterminer à avancer. Enfin, nous vîmes arriver de l'autre côté de la rue un jeune homme remarquable par une élégance du plus mauvais goût, et qui après avoir mis en avant le mauvais prétexte qu'il passait par hasard, après avoir secoué la tête et fait d'autres gestes pour se défendre d'accepter l'invitation, traversa enfin la rue et entra dans la boutique.

— Bien! dit son ami; c'est Dick (1) Swiveller, messieurs. Asseyez-vous, Swiveller.

— Cela sera-t-il agréable au vieux? demanda Swiveller à demi-voix.

— Asseyez-vous, répéta son compagnon.

M. Swiveller obéit, et regardant autour de lui avec un sourire propitiatoire, dit que la semaine précédente avait été excellente pour les canards, que la semaine actuelle l'était pour la poussière. Il ajouta que, tandis qu'il était au coin de la rue, il avait vu un cochon ayant un fétu de paille dans la bouche sortir de la boutique d'un marchand de tabac, ce qui le portait à croire qu'on allait avoir une autre semaine favorable aux canards, et qu'il tomberait certainement de la pluie. Il pria ensuite ses auditeurs de vouloir bien excuser la négligence qu'ils pourraient remarquer dans son costume; attendu qu'il avait eu le soleil en plein dans les yeux, expression par laquelle il voulait leur faire comprendre le plus délicatement possible qu'il s'était le plus complétement enivré.

— Mais qu'importe? s'écria-t-il en soupirant, qu'importe, quand le feu de l'âme est allumé au flambeau de la convivialité, et que l'aile de l'amitié ne perd pas une plume? Qu'importe, quand l'esprit est dilaté par le bouquet d'un vin rosé, et que le moment présent est le moins heureux de notre existence?

— Vour n'avez pas besoin de jouer ici le rôle de président, lui dit son ami presque en aparté.

— Fred, s'écria M. Swiveller en se frappant le nez du doigt, un mot suffit au sage. Nous pouvons être heureux et sages sans être riches, Fred. Ne dites pas une syllabe de plus. Je sais quand je dois parler. Seulement, un mot à l'oreille, Fred. Le vieux est-il dans des dispositions amicales?

— Ne vous en inquiétez pas.

— Fort bien, très bien. Prudence est en même temps le mot et la chose. Et à ces mots il cligna de l'œil comme pour donner à entendre qu'il voulait garder quelque grand secret. Il croisa les bras, s'appuya le dos sur la chaise, et regarda le plafond avec un air de gravité imperturbable.

Il n'était peut-être pas déraisonnable de supposer d'après ce qui s'était déjà passé, que M. Swiveller n'était pas encore tout à fait remis des effets du coup de soleil auquel il avait fait allusion: mais si ses discours n'avaient pas suffi pour éveiller ce soupçon, ses cheveux en mèches, ses yeux hébétés et son visage livide se seraient élevés en témoignage con-

---

(1) Abréviation familière de Richard.

tre lui. Son costume, comme il l'avait donné à entendre, était dans un si grand désordre qu'on aurait pu croire qu'il s'était couché sans se déshabiller. Il se composait d'un habit brun ayant beaucoup de grands boutons de cuivre par devant, et un seul par derrière, une cravate de mousseline à carreaux, un gilet de tartan, un pantalon blanc sale, et un vieux chapeau rond, dont il portait le derrière en avant pour qu'on ne vît pas que le bord était troué. Une poche dans la doublure de son habit sur la poitrine laissait sortir le bout le moins sale d'un grand mouchoir. Les poignets d'une chemise qu'il avait évidemment portée plusieurs jours étaient tirés le plus bas possible et relevés avec ostentation sur les manches de son habit. Il n'avait pas de gants, et il portait une canne jaune, surmontée d'une main en os sur le petit doigt de laquelle était figurée une bague, et qui s'appuyait sur une pomme de bois noir. A tous ces avantages personnels, on peut ajouter l'odeur du tabac à fumer qu'exhalaient tous ses vêtements et l'air graisseux de sa peau. M. Swiveller était toujours appuyé sur le dossier de sa chaise, les yeux levés vers le plafond, et de temps en temps il fredonnait, pour l'amusement de la compagnie, quelques mesures d'un air lamentable au milieu duquel il s'arrêtait tout à coup.

Le vieillard s'était assis sur une chaise, et, les mains croisées sur ses genoux, il regardait tantôt son petit-fils, tantôt l'étrange compagnon de celui-ci, comme s'il n'eût eu d'autre ressource que de les laisser faire ce que bon leur semblait. Son petit-fils avait les coudes appuyés sur une table à peu de distance de son ami, et moi, qui sentais la difficulté d'une intervention, quoique le vieillard en eût appelé à moi, tant de vive voix que par ses regards, je feignis, aussi bien que je le pus, d'examiner quelques-unes des marchandises qui étaient exposées en vente, sans faire beaucoup d'attention aux personnes qui étaient devant moi.

Le silence ne fut pas de longue durée ; après nous avoir donné plusieurs assurances mélodieuses que son cœur était dans les montagnes, et qu'il ne lui manquait que son coursier arabe pour accomplir des exploits de valeur et de loyauté, M. Swiveller cessa de regarder le plafond et voulut bien parler en simple prose.

— Fred, dit-il tout à coup comme si cette idée se fût présentée à lui à l'instant même, le baron est-il de bonne humeur ?

— En quoi cela vous regarde-t-il ?

— En rien ; mais je désire le savoir.

— Oui, sans doute. Mais que m'importe qu'il le soit ou non ?

Enhardi à ce qu'il paraît par cette réponse à entamer une conversation plus générale, M. Swiveller chercha évidemment à captiver notre attention, il commença par nous faire remarquer que l'eau de soda, quoique fort bonne en elle-même, était froide pour l'estomac, à moins qu'elle ne fût modifiée par du gingembre ou par une légère addition d'eau-de-vie, liquide qu'il regarderait comme préférable dans tous les cas si ce n'était à cause de la dépense. Personne n'ayant jugé à propos de contester cette assertion, il ajouta que les cheveux étaient la substance qui conservait le plus longtemps l'odeur du tabac, et que les élèves des universités de Westminster et d'Eton, après avoir mangé une vaste quantité de pommes pour la neutraliser, étaient ordinairement trahis par cet attribut remarquable de leur chevelure, d'où il conclut que si la

Société royale voulait prendre cette circonstance en considération et cherchait à trouver dans les ressources de la science un moyen de prévenir cette découverte désagréable, elle pourrait être regardée comme ayant rendu un grand service au genre humain. Cette opinion n'était pas plus attaquable que celles qu'il avait déjà énoncées, il nous informa ensuite que le rhum de la Jamaïque, quoique ce fût une liqueur très agréable et très savoureuse, avait l'inconvénient de se représenter constamment au goût pendant vingt-quatre heures; et voyant que personne ne contestait ce point, il prit plus de confiance, se mit plus à son aise et devint plus communicatif.

— C'est une chose diabolique, messieurs, dit-il, quand des parents en viennent à se quereller. Si l'aile de l'amitié ne doit jamais perdre une plume, l'aile de la parenté ne doit jamais être coupée. Pourquoi un grand-père et un petit-fils s'attaqueraient-ils avec une telle violence, quand tout pourrait être entre eux bonheur et concorde? Pourquoi ne pas se donner la main et tout oublier?

— Taisez-vous, lui dit son ami.

— Monsieur, n'interrompez pas le président. De quoi s'agit-il dans le moment actuel, messieurs? Voici un brave grand-père, je le dis avec tout le respect possible, et voici un jeune petit-fils dissipé : Fred, je vous ai fait élever, je vous ai mis en bon chemin pour avancer dans le monde, vous vous en êtes un peu trop écarté, comme le font souvent les jeunes gens, et vous n'aurez pas deux fois la même chance. Le petit-fils dissipé répond à cela : Vous êtes aussi riche qu'on puisse l'être; vous avez fait pour moi des dépenses peu ordinaires, vous amassez des piles d'argent pour ma petite sœur, qui vit avec vous d'une manière secrète, cachée et mystérieuse; pourquoi ne pas dégorger une bagatelle pour un petit-fils plus âgé? A cela, le brave grand-père réplique que non-seulement il ne dégorgera pas avec cet empressement obligeant qui est toujours si agréable dans un homme de son âge, mais qu'il se mettra en colère et lui dira des injures chaque fois qu'il le rencontrera. La question toute simple est donc : N'est-ce pas dommage qu'un pareil état de choses dure plus longtemps, ne vaudrait-il pas mieux que le pauvre grand-père dégorgeât une quantité considérable de sonnant, ce qui rendrait tout le monde confortable?

Ce discours fut prononcé avec beaucoup de gestes éloquents, en enfonçant dans sa bouche la pomme de sa canne, comme pour se mettre hors d'état de nuire à l'effet qu'il devait produire en y ajoutant un seul mot.

— Pourquoi me pourchassez-vous et me persécutez-vous ainsi? dit le vieillard en se tournant vers son petit-fils. Pourquoi amenez-vous ici vos compagnons de débauche? Combien de fois faut-il que je vous dise que je suis pauvre, et que je passe ma vie dans le travail et les privations?

— Combien de fois faut-il que je vous dise que je suis plus instruit que vous ne le croyez?

— Vous avez choisi votre chemin, suivez-le, et laissez-nous travailler, Nelly et moi.

— Nelly sera bientôt une femme : et nourrie dans votre foi elle oubliera son frère, à moins qu'il ne se montre à elle de temps en temps.

— Prenez garde, s'écria le vieillard les yeux étincelants, qu'elle ne vous oublie quand vous voudriez qu'elle eût le plus de mémoire, lorsque vous marcherez pieds nus dans les rues, et qu'elle y passera dans son équipage.

— Vous voulez dire quand elle aura votre argent. Vous entendez, messieurs, comme il parle en homme pauvre !

— Et pourtant, dit le vieillard baissant la voix et s'exprimant en homme qui pense tout haut, Il est bien vrai que nous sommes pauvres, et que nous vivons en pauvres. C'est la cause d'une jeune enfant, qui n'a fait ni mal ni tort à personne, et cependant rien ne va bien. Espoir et patience ! Patience et espoir !

Ces mots furent prononcés trop bas pour arriver aux oreilles des deux jeunes gens. M. Swiveller parut penser qu'ils indiquaient une lutte intérieure causée par la force irrésistible de son éloquence ; car il poussa son ami avec sa canne, et lui exprima à l'oreille la conviction qu'il avait donné le coup de grâce, et l'espoir que son ami lui payerait un droit de commission sur le profit qu'il en retirerait. Ayant bientôt reconnu sa méprise, il prit un air ennuyé et mécontent, et il avait déjà dit plus d'une fois qu'il était temps de se retirer, quand la petite-fille entra dans la boutique.

Elle était accompagnée d'un vieillard remarquable par ses traits durs et son aspect repoussant, et de si petite taille, qu'il pouvait passer pour un nain, quoique sa tête fût assez grosse pour se trouver sur les épaules d'un géant et ses yeux noirs où se peignaient la malice et l'audace, étaient toujours en mouvement. Ses lèvres et son menton étaient couverts du chaume d'une barbe qui n'avait pas senti le rasoir depuis plusieurs jours, et son teint était de cette couleur qui n'a jamais un air de santé ni de propreté. Mais ce qui ajoutait le plus à l'expression grotesque de sa physionomie, c'était un sourire sinistre qui semblait n'être que le résultat de l'habitude, sans être causé par aucune disposition de la gaieté, et qui, montrant constamment le petit nombre de longues dents jaunes qui lui restaient dans la bouche, lui donnait l'air d'un chien haletant. Son costume consistait en un grand chapeau rond à haute forme, un habit complet de drap noir montrant la corde, une paire de gros souliers, et une cravate d'un blanc sale, assez chiffonnée pour laisser voir les nerfs tendus de son cou. Le peu de cheveux qu'il avait étaient d'un noir grisonnant, coupés court, lui tombant droit sur le front, et pendants en franges mal en ordre sur ses oreilles. Ses mains, dont la peau ressemblait à du chagrin, étaient toujours très sales, et ses ongles longs et jaunes ornés d'une bordure noire.

On eut tout le temps de remarquer ces détails ; car, indépendamment de ce qu'ils sautaient aux yeux, il se passa quelques instants avant que personne rompit le silence. L'enfant avança d'un air timide vers son frère, et mit une de ses mains dans la sienne. Le nain, car nous pouvons l'appeler ainsi, jeta un coup d'œil rapide sur toute la compagnie, et le marchand de curiosités, qui, évidemment n'attendait pas cette visite, semblait déconcerté et embarrassé.

— Ah ! dit le nain, qui, la main étendue au-dessus de ses yeux, avait considéré le frère de Nelly, ce doit être là votre petit-fils, voisin ?

— Dites plutôt qu'il ne devrait pas l'être ; mais il l'est pourtant.

— Et celui-ci ? demanda le nain en montrant Swiveller.

— Un de ses amis ; aussi bien venu que lui-même.

— Et celui-là ? reprit le nain me désignant du doigt.

— Un gentleman qui a eu la bonté de ramener ici Nelly, qui avait perdu son chemin la dernière fois qu'elle a été chez vous.

Le nain se tourna vers l'enfant, comme s'il voulait la gronder, ou lui exprimer sa surprise ; mais voyant qu'elle causait avec son frère, il garda le silence, et chercha à écouter.

— Eh bien, Nelly, lui dit son frère tout haut, vous apprend-on ici à me haïr ?

— Oh ! non. Fi donc ! Non, non !

— On vous apprend peut-être à m'aimer : continua son frère en ricanant.

— Ni l'un ni l'autre. On ne me parle jamais de vous.

— Quant à cela, je vous crois, j'en réponds même, répondit-il en lançant un regard d'indignation à son aïeul.

— Mais je vous aime de tout mon cœur, Frédéric.

— Oh ! je n'en doute pas.

— Oui, je vous aime et je vous aimerai toujours ; mais si vous vouliez cesser de le tourmenter et de le rendre malheureux, je vous aimerais encore davantage.

— Je vois, je vois ! dit-il ; et se baissant sur l'enfant, il l'embrassa avec un air d'insouciance, et la repoussa en ajoutant : à présent que vous avez répété votre leçon vous pouvez vous en aller.

— Vous n'avez pas besoin de pleurnicher ; nous nous quittons bons amis, si c'est cela qu'il vous faut.

Il garda le silence, et se tournant alors vers le nain, il lui dit d'un ton brusque :

— Écoutez-moi, monsieur...

— Est-ce à moi que vous parlez ? demanda le nain. Mon nom est Quilp ; il n'est pas long, vous pouvez vous en souvenir : Daniel Quilp.

— Eh bien, monsieur Quilp, écoutez-moi. Vous avez un peu d'influence sur mon grand-père ?

— Un peu.

— Et vous connaissez quelques-uns de ses secrets et de ses mystères ?

— Quelques-uns.

— Eh bien, dites-lui de ma part que je viendrai ici et que j'en sortirai aussi souvent que bon me semblera tant qu'il y gardera ma sœur. S'il veut se débarrasser de moi, il faut d'abord qu'il se débarrasse d'elle. Qu'ai-je fait pour qu'il me traite comme un épouvantail, pour qu'il m'évite et me craigne comme si j'apportais la peste ? — Il vous dira que je n'ai aucune des affections de la nature, que je ne me soucie pas plus de Nelly que de lui. Qu'il dise tout ce qu'il voudra ; une chose dont je me soucie du moins, c'est de venir ici quand la fantaisie m'en prend, et de rappeler à Nelly qu'elle a un frère. Oui, je la verrai quand l'envie m'en prendra. Je suis venu aujourd'hui pour user de mon droit ; j'y viendrai encore cinquante fois dans le même dessein, et toujours avec le même succès. Je lui ai dit que je n'en sortirais qu'après avoir vu ma sœur ; je l'ai vue, mon but est atteint, et ma visite est terminée. Allons, Dick, partons.

— Un moment ! s'écria M. Swiveller tandis que son ami s'avançait vers la porte. Monsieur...

— Votre serviteur, monsieur, dit Quilp, à qui ce mot s'adressait.

— Avant de quitter ce séjour de bonheur et de gaité, et cette salle dont l'éclat est si brillant, dit M. Swiveller, je ferai avec votre permission, une légère remarque. Je suis venu ici aujourd'hui, monsieur, sous l'impression que le *daron* était dans des dispositions amicales...

— Continuez donc, dit Quilp, car l'orateur avait fait une pause.

— Inspiré par cette idée et par les sentiments qu'elle éveillait, monsieur, et sentant, comme ami commun des parties, que cette zizanie, ces querelles, ces injures n'étaient pas ce qui convient pour épanouir les âmes et pour faire succéder l'harmonie sociale à l'amitié, j'ai pris sur moi de suggérer un moyen qui est le seul qu'on puisse adopter dans l'occasion présente. Me permettez-vous de vous dire un mot à l'oreille, monsieur ?

Sans attendre la permission qu'il demandait, M. Swiveller s'approcha du nain, appuya un bras sur son épaule, et baissant la tête au niveau de l'oreille de M. Quilp, il lui dit d'une voix que tout le monde put entendre :

— Le mot d'ordre pour le daron, monsieur, est dégorger.

— Est quoi ? demanda M. Quilp.

— Dégorger, monsieur, dégorger, répondit Swiveller en frappant sur les poches de son pantalon. Vous comprenez, monsieur ?

Le nain fit un signe de tête, M. Swiveller fit deux pas en arrière, et fit aussi le même signe, qu'il répéta tous les deux pas jusqu'à ce qu'il fut arrivé près de la porte. Alors il toussa pour attirer l'attention de M. Quilp, et lui exprima en pantomime son entière confiance et la nécessité du secret, après quoi il disparut et suivit les traces de son ami.

— Humph ! dit le nain d'un ton aigre et en levant les épaules, voilà ce que c'est que d'avoir de proches parents. Dieu merci ! je n'en connais pas un, et vous feriez de même, ajouta-t-il en se tournant vers le vieillard, si vous n'étiez pas faible comme un roseau et presque aussi dépourvu de sens.

— Que voulez-vous que je fasse, demanda le vieillard avec une sorte de désespoir impuissant, que voulez-vous que je fasse ? Quelque acte de violence sans doute !

— C'est cela même, répondit le nain faisant une grimace diabolique et se frottant ses mains sales; car il regardait ces paroles comme un compliment dont il était flatté. Demandez à mistress Quilp, à la jolie mistress Quilp. Mais cela me rappelle que je l'ai laissée seule ; elle sera inquiète, et n'aura pas un moment de repos jusqu'à ce que je sois de retour. Je sais qu'elle est toujours ainsi quand je suis absent, quoiqu'elle n'ose pas le dire, à moins que je ne la mette sur la voie en lui disant qu'elle peut parler librement et que je ne m'en fâcherai pas. Oh ! que je l'ai bien dressée, mistress Quilp !

Cet être paraissait véritablement horrible avec sa tête énorme et son petit corps, tandis qu'il continuait à se frotter les mains en fronçant ses gros sourcils et en levant son nez en l'air avec une expression de triomphe qu'un démon aurait pu copier pour se l'approprier.

— Voici ce que vous m'avez demandé, dit-il, en mettant la main dans une poche pratiquée dans la doublure de son habit et en lui mettant quelque chose dans la main, j'ai voulu l'apporter moi-même de peur d'accident ; car, quoiqu'en or, cela était trop pesant pour que Nelly pût le porter dans son sac. Elle a pourtant besoin de s'accoutumer à de pareils fardeaux ; car elle aura du poids quand vous serez mort, voisin.

— Dieu le veuille! j'ose l'espérer, dit le vieillard avec une sorte de gémissement.

— J'ose l'espérer, répéta le nain ; et, baissant la voix, il ajouta : Voisin, je voudrais bien savoir quel est l'emploi avantageux que vous faites de tous ces fonds. Mais vous êtes un homme caché, et vous savez tenir votre secret.

— Mon secret, répondit le vieillard d'un air égaré, oui, je le tiens caché, bien caché.

Il n'en dit pas davantage et se détourna en pressant une main sur son front comme un homme fatigué et accablé. Le nain le suivit des yeux et le vit entrer dans le petit salon qui était à la suite de la boutique et où il déposa le sac d'or dans un petit coffre en fer qui était sur la cheminée. Après avoir réfléchi quelques instants, il se prépara à se retirer, disant qu'à moins qu'il ne rentrât promptement il trouverait certainement mistress Quilp évanouie à son retour.

— Ainsi voisin, ajouta-t-il, je vais vous souhaiter le bonsoir en vous laissant mes amitiés pour Nelly, j'espère qu'elle ne perdra plus son chemin, quoique cet accident m'ait procuré un honneur auquel je ne m'attendais pas.

Et en parlant ainsi il me lança un regard de côté en jetant autour de lui un coup d'œil qui semblait s'étendre sur tout ce qui se trouvait dans la boutique. Après quoi il partit.

J'avais plusieurs fois essayé moi-même de prendre congé, mais le vieillard m'avait toujours retenu en m'engageant à ne pas m'en aller sitôt. Il renouvela ses instances lorsque nous restâmes seuls et me fit de nouveaux remercîments relativement à l'incident qui m'avait procuré sa connaissance. Il n'avait pas besoin de me presser beaucoup ; car si ma curiosité avait été éveillée par ma première visite, la seconde ne l'avait certainement pas diminuée. Je m'assis donc ayant l'air d'examiner avec attention quelques miniatures curieuses et de vieilles médailles rouillés qu'il me mit sous les yeux.

Nelly ne tarda pas à venir nous joindre, et, apportant quelques ouvrages d'aiguilles qu'elle plaça sur la table, elle s'assit à côté du vieillard. Il était agréable de jeter les yeux sur les fleurs fraîches placées dans deux vases et sur l'oiseau favori dont la cage était ombragée par un arbuste chargé de feuilles et de fleurs et de respirer l'air de jeunesse et de fraîcheur qui semblait circuler autour de l'enfant dans la boutique d'antiquailles ; mais ce n'était pas la même chose quand après avoir admiré les grâces et la beauté de la jeune fille les yeux se fixaient sur la taille voûtée, le front soucieux et le visage ridé du vieillard. A mesure qu'il s'affaiblirait encore, que deviendrait cette jeune et innocente créature? Tel qu'il était, ce n'était pour elle qu'un bien faible protecteur ; mais quand la mort l'en aurait privée, quel serait son destin?

Le vieillard répondit presque à mes pensées, car, prenant une main de sa petite fille, il lui dit :

— J'aurai désormais des idées moins sombres, Nelly, car il faut qu'il y ait une fortune en réserve pour toi. Je ne demande rien pour moi, tous mes désirs sont pour toi seule. Tant de maux sans cela tomberaient sur ta tête innocente que je ne puis m'empêcher de croire que grâce à mes soins elle finira par arriver.

Elle le regarda en face d'un air enjoué, mais sans lui répondre.

— Quand je songe au nombre d'années que tu as passées près de moi, et le nombre en est grand en comparaison de la courte durée de ton existence, mais quand je pense à la vie monotone que tu as menée, sans compagne de ton âge, sans aucun des plaisirs de l'enfance, et à la solitude dans laquelle tu as constamment vécu, presque sans voir aucun autre de tes semblables qu'un vieillard comme moi, je crains quelquefois d'avoir mal agi envers toi, Nelly.

— Grand-papa ! s'écria l'enfant avec surprise.

— Non, répondit-il, avec intention, non, non, j'ai toujours eu devant les yeux l'instant où tu pourrais prendre la place au milieu des dames les plus belles, les plus élégantes et du rang le plus élevé ; mais cet instant est encore à venir, et si la mort me forçait à te quitter, t'ai-je mise en état de lutter contre le monde ? Tu n'en serais pas plus capable que ce pauvre oiseau ne le serait si on lui donnait la clef des champs. J'entends Kit à la porte, va lui ouvrir, Nelly.

Nelly se leva pour obéir et s'avança vers la porte ; mais elle s'arrêta tout à coup, revint sur ses pas et se jeta dans ses bras en pleurant. Elle s'en arracha aussitôt pour cacher ses larmes et alla ouvrir la porte.

— Un mot à l'oreille, monsieur, me dit le vieillard parlant à voix basse mais avec rapidité, ce que vous m'avez dit l'autre soir m'a causé de l'inquiétude : tout ce que je puis vous dire c'est que j'ai fait pour le mieux ; qu'il est trop tard pour faire autrement si je le pouvais, ce qui est impossible, et que j'espère encore triompher des obstacles. Tout ce que je fais est pour elle. J'ai supporté une grande pauvreté et je voudrais lui épargner les souffrances qu'elle entraîne. Je voudrais lui éviter les misères qui ont conduit prématurément au tombeau sa mère, ma pauvre fille. Je voudrais la laisser, non avec des ressources qui peuvent aisément se dissiper et s'épuiser, mais avec des moyens sûrs d'être toujours à l'abri du besoin. Vous me comprenez, monsieur ? Ce n'est pas de l'aisance, c'est une fortune que je désire qu'elle possède. Mais chut ! la voici, et je ne puis vous en dire davantage ni à présent ni dans un autre moment.

L'empressement avec lequel il me parlait ainsi, le tremblement de la main qui me serrait le bras, le regard ardent qu'il fixait sur moi, sa véhémence et son agitation me remplirent de surprise. Tout ce que j'avais vu et entendu et une grande partie de ce qu'il avait dit lui-même me portaient à supposer qu'il était riche ; mais je ne pouvais me faire une idée de son caractère à moins de le regarder comme un de ces malheureux qui n'ayant eu pendant toute leur vie d'autres pensées et d'autres buts que d'amasser une grande richesse et y ayant réussi, sont constamment tourmentés par la crainte de la perdre et de tomber dans la pauvreté. Une bonne partie de ce qu'il m'avait dit et que je ne savais comment expliquer était d'accord avec cette idée, et je finis par me persuader qu'il était un de ces infortunés.

Cette opinion ne fut pas le résultat de réflexions faites à la hâte ; car je n'eus le temps d'en faire aucune en ce moment, l'enfant étant revenue près de nous et se préparant à donner à Kit une leçon d'écriture ; car il paraît qu'elle lui en donnait deux par semaines, à son grand amusement, et ce jour était un de ceux qui y étaient destinés. Il fallut quelque temps pour vaincre la modestie du jeune homme au point de le déterminer à s'asseoir en présence d'un étranger. Quand enfin il fut assis, il retroussa ses manches, appuya ses coudes sur la table et baissa la tête sur l'exemple d'écriture qu'il avait à copier en louchant horriblement. Dès qu'il eut trempé sa plume dans l'encre, il commença à en répandre partout, tant sur son papier que sur lui-même, depuis la tête jusqu'aux pieds. Si par hasard il lui arrivait de bien former une lettre, il l'effaçait avec sa manche en essayant d'en tracer une autre ; en un mot, ses balourdises étaient sans nombre, faisaient rire Nelly de tout son cœur, et Kit y joignait de bruyants éclats de rire. Mais, malgré toute cette gaieté, il y avait un désir sincère d'enseigner dans la jeune maîtresse et d'apprendre dans l'élève maladroit et gauche. Je n'appuierai pas plus longtemps sur cette scène, je me bornerai à dire que je passai toute la journée dans cette maison, que le vieillard en sortit avec moi vers minuit, et que l'enfant y resta seule comme la fois précédente.

Et maintenant que j'ai conduit cette histoire au point où elle est arrivée, et que j'ai fait connaître aux lecteurs les principaux personnages qui doivent y figurer, je crois que je donnerai à la narration plus de naturel, et de vivacité, en m'en détachant entièrement et en laissant parler et agir ceux qui vont jouer un rôle.

CHAPITRE III

M. et Mistress Quilp demeuraient à Tower-Hill, (1) et mistress Quilp était restée dans son appartement à déplorer l'absence de son seigneur et maître quand celui-ci l'avait quittée pour l'affaire dont il a déjà été rendu compte.

On pouvait à peine dire que M. Quilp fût d'une profession ou d'un métier particuliers, quoiqu'il eût des travaux multipliés et des occupations très diverses. Il recevait les loyers de colonies entières habitant des allées et de petites rues sales sur le bord de l'eau, il avançait de l'argent aux matelots et aux sous-officiers des bâtiments marchands, il faisait des placements à la grosse aventure sur divers bâtiments de la compagnie des Indes orientales, il fumait ses cigares de contrebande sous le nez des directeurs de la douane, et il avait des rendez-vous à la bourse avec des hommes en chapeaux vernissés et en jaquettes presque tous les jours. Sur le bord de la Tamise, du côté du comté de Surrey, il avait un

(1) Quartier de Londres, près de la Tour.

petit enclos, infesté par les rats, qu'il nommait le quai de Quilp. Il y avait fait construire un petit comptoir en bois, qui semblait être tombé du ciel et s'être enfoncé de travers dans la terre. On y voyait quelques fragments rouillées de vieilles ancres, quelques grands anneaux de fer, plusieurs piles de bois vermoulu et quelques monceaux de feuilles de cuivre froissées, brisées et hors de service. Sur le quai de Quilp, Daniel était dépeceur de bâtiments, mais à en juger d'après les apparences, il fallait qu'il en dépeçât fort peu où qu'il les dépeçât en très petites pièces. Rien n'y annonçait le mouvement et l'activité. Le seul être qui l'occupât était un jeune homme dont la seule occupation était d'être assis sur le haut d'une pile de bois et de jeter des pierres dans la boue quand la marée était basse, et qui n'en changeait que pour regarder avec indolence, les mains dans ses poches, l'aspect animé de la rivière quand la marée était haute.

Il se trouvait dans un logement occupé par le nain à Tower-Hill, outre les appartements nécessaires à son usage et celui de mistress Quilp, un petit cabinet servant de chambre à coucher à la mère de cette dame, qui demeurait avec eux et qui faisait une guerre perpétuelle à Daniel, quoique celui-ci ne lui inspirât pas peu de crainte. Dans le fait, cet être hideux avait réussi, de manière ou d'autre, que ce fût par sa laideur, par sa férocité ou par son astuce naturelle, à imprimer une crainte salutaire de son courroux à la plupart de ceux avec qui il se trouvait en contact journalier. Mais il n'avait sur personne un ascendant aussi complet que sur mistress Quilp, jolie petite femme aux yeux bleus et pleine de douceur, qui, par une infatuation dont les exemples ne sont pas très rares, avait consenti à épouser le nain, folie dont elle faisait pénitence tous les jours de sa vie.

Nous avons dit que mistress Quilp était dans son apppartement à déplorer l'absence de son mari, mais elle n'y était pas seule; car indépendemment de mistress Jiniwin sa mère, il s'y trouvait en ce moment une demi-douzaine de dames du voisinage qui y étaient arrivées l'une après l'autre, précisément à l'heure du thé, par l'effet du hasard, aidé par un secret concert entre elles. La saison étant favorable à la conversation, la salle était fraîche et bien ombragée, et l'appui de la croisée étant couvert d'arbrisseaux qui empêchaient la poussière d'entrer et qui cachaient la vue de la Tour, les dames se trouvèrent dans la disposition de jaser et de prolonger le thé, d'autant qu'il s'y trouvait l'attrait additionnel de pain frais, de beurre, de crevettes et de cresson de fontaine.

Or les dames n'ayant point d'auditeurs d'un autre sexe, il était tout naturel que leur entretien roulât bientôt sur le penchant des hommes à tyranniser le sexe le plus faible, et sur le droit qu'avait le sexe le plus faible de résister à cette tyrannie et de faire valoir sa dignité. Cela était naturel pour quatre raisons : 1° parce que mistress Quilp, étant une jeune femme et notoirement sous la domination impérieuse de son mari, devait être encouragée à la révolte; 2° parce que sa mère était connue pour avoir un caractère louablement acariâtre et pour être très disposée à résister à l'autorité masculine ; 3° parce que chacune d'elles désirait montrer combien elle était supérieure à cet égard à la générosité de son sexe ; 4° parce que toutes ces dames étant habituées à se déchirer mutuellement quand elles n'étaient pas en présence les unes des autres ne pouvaient jouir de ce plaisir dans un moment où elles étaient réunies, et que par conséquent elles n'avaient rien de mieux à faire que de tomber sur l'ennemi commun.

D'après toutes ces considérations, une grosse dame ouvrit l'attaque en demandant avec un air d'intérêt comment se portait M. Quilp.

—Comment il se porte! répondit la mère de mistress Quilp, fort bien, il n'est jamais malade; mauvaise bête croît toujours bien.

Toutes les dames soupirèrent de concert, secouèrent la tête d'un air grave, et regardèrent mistress Quilp comme une martyre.

— Ah! reprit la grosse dame, vous devriez donner quelques avis à votre fille, mistress Jiniwin. Personne ne sait mieux que vous ce que nous nous devons à nous-mêmes, nous autres femmes.

— Oui sans doute, madame. Quand mon cher mari, son pauvre père, était vivant, s'il se fût avisé de me dire un mot de travers, je lui aurais...

Elle n'acheva pas sa phrase, mais elle tordit la tête d'une crevette avec un emportement qui semblait dire que ce geste devait suppléer à ce qui manquait.

La grosse dame le comprit ainsi et ajouta sur-le-champ:

Vous entrez dans mes sentiments, madame; c'est précisément ce que je ferais.

— Mais vous n'en avez pas besoin s'écria mistress Jiniwin; vous n'en avez pas plus d'occasion que je n'en avais.

— Nulle femme n'en aurait, si elle savait se faire respecter, répondit la grosse dame.

— Entendez-vous cela, Besty? dit mistress Jiniwin à sa fille. Combien de fois vous en ai-je dit autant en me mettant presque à vos genoux!

La pauvre mistress Quilp, qui avait cherché quelque appui dans les regards des autres dames, n'y ayant trouvé qu'un air de condoléance, rougit, sourit, et secoua la tête. Ce fut le signal d'une clameur générale, qui commença par un léger murmure, et qui devint un vrai tapage, toutes parlant en même temps, et toutes disant que mistress Quilp, était une jeune femme, n'avait pas le droit d'avoir des opinions contraires à celles de femmes qui avaient une plus longue expérience du monde; qu'il était mal à elle de ne pas suivre les avis de personnes qui n'avaient à cœur que son bien; que se conduire ainsi, c'était presque de l'ingratitude; que si elle n'avait pas de respect pour elle-même, elle devait en avoir pour son sexe, et que si elle n'avait pas de respect pour son sexe, il viendrait un temps où son sexe n'en aurait pas pour elle, et qu'alors elle s'en repentirait.

Après lui avoir donné tous ces avis, elles livrèrent un assaut plus sérieux que jamais au thé, au pain, au beurre, aux crevettes et au cresson, tout en déclarant qu'elles étaient si contrariées de la voir agir ainsi, qu'elles pouvaient à peine avaler un morceau.

— Tout cela est fort bon à dire, dit mistress Quilp avec beaucoup de simplicité; mais je sais que si je mourais demain, Quilp pourrait épouser, qui bon lui plairait. Il le pourrait, j'en suis sûre.

Cette idée fit pousser un cri général d'indignation. Epouser qui bon lui plairait! Elles voudraient bien le voir songer à épouser une d'elles!

Une dame qui était veuve dit qu'elle le poignarderait s'il lui en faisait seulement l'ombre d'une proposition.

— Fort bien, dit mistress Quilp en secouant la tête ; mais, comme je le disais il n'y a qu'un instant, tout cela est fort bon à dire, et je vous déclare que je sais, que je suis sûre que Quilp, quand il le veut, a de telles manières que si, j'étais morte, aucune femme, si elle était libre et qu'il lui fît l'offre de l'épouser ne pourrait le refuser. Oui, je le dis, pas même la plus belle et la plus riche de vous.

A ces mots, chacune d'elles se rengorgea, comme pour dire : Je sais que c'est moi que vous avez en vue ; qu'il essaye, voilà tout.

— Et cependant, pour quelque raison secrète, toutes étaient courroucées contre la veuve, et elles se disaient tout bas l'une à l'autre que ladite veuve s'imaginait que c'était d'elle que mistress Quilp parlait, et pourtant quel épouvantail c'était !

— Ma mère sait que ce que je dis est vrai, continua mistress Quilp car elle m'a bien souvent dit la même chose avant mon mariage. Cela n'est-il pas vrai, ma mère ?

Cette question mit mistress Jiniwin dans une position délicate, car il est certain qu'elle avait beaucoup contribué à faire de sa fille mistress Quilp, et en outre ce n'eût pas été soutenir l'honneur de sa famille que d'admettre qu'elle avait donné sa fille à un homme dont aucune autre femme n'aurait voulu. D'une autre part, exagérer les qualités séduisantes de son gendre, c'eût été affaiblir la cause de la révolte, cause qu'elle avait embrassée avec énergie. Serrée entre ces deux considérations contraires, mistress Jiniwin convint que son gendre avait des moyens d'insinuation, mais elle lui refusa positivement le droit de commander, et faisant un compliment à la grosse dame, elle ramena la discussion au point dont elle s'était écartée.

— Mistress George a dit une chose très sensée, très raisonnable, s'écria-t-elle ; si une femme savait se faire respecter... Mais Betsy n'en est pas en état ; c'est dommage, et c est une honte pour elle.

— Avant que je souffre qu'un homme me donne des ordres comme il lui en donne, dit mistress George, avant que je m'abaisse à craindre un homme comme elle le craint, je... oui, je me tuerais, et j'écrirais auparavant que c'est lui qui m'a tuée.

Cette remarque ayant été approuvée et applaudie à haute voix, une autre dame, demeurant dans les Minories, mit son mot dans la conversation.

— M. Quilp peut être un homme très insinuant, dit-elle, et je suppose qu'on ne doit pas en douter, puisque mistress Quilp et mistress Jiniwin l'assurent, car elles doivent le connaître mieux que personne. Cependant ce n'est pas tout à fait ce qu'on appelle un bel homme, ni un jeune homme, ce qui pourrait être sa meilleure excuse ; au lieu que sa femme est jeune, belle, et... et est une femme enfin, ce qui est le grand point, après tout.

La dernière partie de cette phrase, prononcée avec un pathos extraordinaire, excita un tonnerre d'applaudissements, et, stimulée par ce succès, la dame ajouta : Si un pareil mari était bourru et déraisonnable à l'égard d'une pareille femme, elle devrait...

— S'il l'était ! s'écria mistress Jiniwin mettant sa tasse sur la table et secouant les miettes de pain qui étaient tombées sur ses genoux pour se préparer à pérorer ; s'il l'était! C'est le plus grand tyran qui ait jamais existé. Elle n'oserait dire que son âme est à elle ; il n'a besoin que d'un mot ou même d'un regard pour la faire trembler ; il l'effraye à la mort, et elle n'a pas le courage de lui répondre! non, pas un seul mot !

Quoique ce fait fût notoire, et qu'il eût été discuté bien des fois dans toutes les parties de thé du voisinage, depuis un an, dès que cette communication officielle eut été faite, toutes les dames se mirent à parler en même temps, en le disputant de véhémence et de volubilité. Mistress George fait remarquer que tout le monde en parlait déjà, qu'on le lui avait dit bien souvent, que mistress Simmons, qui était présente, l'avait assurée du fait plus de vingt fois, et qu'elle lui avait toujours répondu : Non, Henriette Simmons, à moins que je ne le voie de mes propres yeux, et que je ne l'entende de mes propres oreilles, je ne le croirai jamais.

Mistress Simmons confirma ce témoignage et énuméra les preuves qu'elle en avait. La dame des Minories raconta le régime auquel elle avait soumis son mari, qui, un mois après son mariage, ayant manifesté des symptômes qui annonçaient le caractère d'un tigre, avait été dompté par ce moyen au point de devenir un véritable agneau. Une autre traça le tableau de la lutte qu'elle avait eu à soutenir contre le sien, et dont elle était sortie victorieuse, après avoir été obligée d'appeler à son aide sa mère et deux tantes, et de pleurer nuit et jour sans discontinuation pendant six semaines. La dernière matrone s'attacha à une jeune personne non mariée qui faisait partie de la compagnie, et la conjura, si elle faisait quelque cas de son bonheur et de sa tranquillité, de profiter de la leçon que lui donnait la faiblesse de mistress Quilp, et de diriger désormais toutes ses pensées vers les moyens de dompter et de subjuguer l'esprit de domination de l'homme. C'était un tapage dont on peut à peine se faire une idée, car chacune avait l'ambition d'étouffer la voix des autres en criant, et le bruit était à son comble, quand on vit mistress Jiniwin changer de couleur, et lever un doigt en cachette comme pour exhorter au silence. Ce ne fut qu'alors qu'on remarqua que Daniel Quilp lui-même, la cause et l'occasion de de toutes ces clameurs, était dans la chambre, regardant et écoutant avec une profonde attention.

— Continuez, mesdames, continuez, dit Daniel. Mistress Quilp, engagez ces dames à rester à souper, et envoyez chercher une couple d'écrevisses et quelque chose de léger et de délicat.

— Je... je... ne les ai pas invitées à prendre le thé, Quilp, bégaya sa femme ; c'est tout à fait un hasard.

— Tant mieux, mistress Quilp, les parties formées par le hasard sont toujours les plus agréables, répondit le nain en se frottant les mains comme s'il eût voulu avec la crasse dont elles étaient incrustées manufacturer des boulets pour de petits canons d'enfant. Eh bien, mesdames, vous ne vous en allez sûrement pas ?

Ses belles ennemies secouèrent légèrement la tête et cherchant leurs chapeaux et leurs châles ; mais elles laissèrent le soin de lui répondre à mistress Jiniwin, qui, se voyant dans la position d'un champion, fit un faible effort pour en soutenir le caractère.

— Et pourquoi ne resteraient-elles pas à souper, Quilp, si ma fille le désirait?

— Bien certainement. Pourquoi non?

— Il n'y a rien de mal dans un souper, j'espère !

— Non sûrement; pourquoi y en aurait-il? Et il n'est pas malsain de souper, à moins qu'on ne mange une salade d'écrevisses ou de crevettes, ce qui peut, dit-on, causer une indigestion.

— Et vous ne voudriez pas que votre femme en eût une, n'est-ce pas?

— Pas pour une vingtaine de mondes, pas même pour avoir en même temps une vingtaine de belles-mères. Et pourtant quelle bénédiction ce serait!

— Ma fille est votre femme, monsieur Quilp, dit mistress Jiniwin en ricanant d'un air qu'elle croyait satirique, votre femme légitime.

— Oui certainement, elle l'est.

— Et elle a le droit de faire ce que bon lui semble, j'espère! ajouta la dame en tremblant, partie de colère, partie par suite de la crainte que lui inspirait son aimable gendre.

— Je l'espère aussi. Ne savez-vous pas qu'elle en a le droit, mistress Jiniwin?

— Je sais qu'elle devrait l'avoir, Quilp, et elle l'aurait si elle pensait comme sa mère.

— Pourquoi ne pensez vous pas comme votre mère, ma chère? dit le nain en se tournant vers sa femme; pourquoi ne l'imitez-vous pas en tout, ma chère? Elle fait l'ornement de son sexe; votre père le disait tous les jours de sa vie, j'en suis sûr.

— Son père était une heureuse créature, Quilp, et il valait vingt mille fois mieux que certaines gens; oui, vingt mille fois, cent millions de mille.

— Je voudrais l'avoir connu. Je suppose qu'il était heureux de son vivant, mais je suis sûr qu'il l'est à présent. Sa mort a dû être un grand soulagement pour lui, car je crois qu'il a longtemps souffert avant de mourir.

Mistress Jiniwin ouvrit ses lèvres, mais rien n'en sortit. Quilp reprit la parole ayant la même malice dans les yeux et le même ton de politesse caustique dans la bouche.

— Vous avez l'air malade, mistress Jiniwin; je vois que vous vous êtes trop fatiguée à parler peut-être, car c'est votre faible. Allez vous coucher, croyez-moi.

— Je le ferai quand il me plaira, Quilp, et non auparavant.

— Eh bien, que cela vous plaise sur-le-champ, mistress Jiniwin!

Elle lui lança un regard courroucé; mais elle recula à mesure qu'il avançait vers elle, et dès qu'elle fut sur le seuil de la porte, il la lui ferma au nez, et lui dit de reconduire ses amies, qui descendaient alors l'escalier. Resté seul avec sa femme, qui était assise dans un coin toute tremblante, les yeux baissés sur le plancher, le petit homme se planta en face d'elle les bras croisés, et la regarda quelque temps en silence.

— Mistress Quilp, dit-il enfin.

— Oui, Quilp, répondit-elle avec douceur.

Au lieu de suivre l'idée qu'il avait présente à l'esprit, le petit tyran fronça les sourcils et répéta:

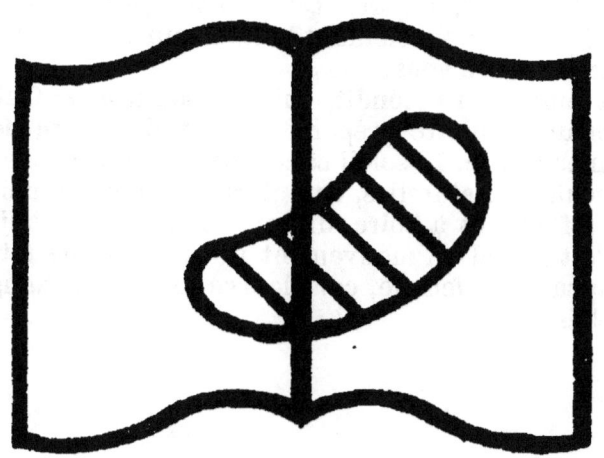

Illisibilité partielle

— Mistress Quilp.
— Oui, Quilp.
— S'il vous arrive jamais d'écouter encore ces vieilles folles, je vous mordrai.

Il accompagna cette menace laconique d'un grincement de dents qui lui donnait l'air de parler très sérieusement. Quilp lui ordonna ensuite de desservir tout ce qui se trouvait sur la table et de lui apporter le rhum. Cette liqueur fut placée devant lui dans une énorme cantine qui avait figuré longtemps à bord de quelque bâtiment. Il se fit donner ensuite de l'eau froide et sa boîte à cigares, et il s'établit alors dans un grand fauteuil, sa grosse tête appuyée contre le dossier et ses petites jambes levées sur la table.

— A présent, mistress Quilp, dit-il, je me sens en humeur de fumer et je fumerai probablement toute la nuit. Restez où vous êtes, car je puis avoir besoin de vous.

Sa femme lui répondit, suivant son usage : Oui, Quilp; et son petit seigneur et maître prépara son premier verre de grog et alluma son premier cigare. Le soleil se coucha, les étoiles se levèrent, la Tour perdit ses couleurs naturelles, devint grise et ensuite noire, et M. Quilp continua à fumer et à boire, un sourire caustique toujours sur ses lèvres, si ce n'est quand un mouvement involontaire de fatigue ou d'impatience échappait à sa femme, car alors ce sourire se changeait en une grimace de plaisir.

CHAPITRE IV

M. Quilp prit-il à de courts intervalles quelques instants de repos pendant le cours de cette nuit, ou la passa-t-il les yeux ouverts sans interruption? Une chose certaine, c'est qu'il fuma toujours, allumant un nouveau cigare au reste de celui qui allait s'éteindre chaque fois que l'occasion l'exigeait, sans avoir besoin de chandelle. Le son des horloges du voisinage, en annonçant successivement les heures, ne parut lui faire sentir ni besoin de repos ni engourdissement, et ne sembla au contraire que le rendre plus disposé à veiller, comme il le montra chaque fois par un rire étouffé et un mouvement des épaules, en homme qui rit de bon cœur, mais malignement et à la dérobée.

Enfin le jour parut, et la pauvre mistress Quilp, tremblante de froid, harassée de fatigue et accablée de sommeil, était encore patiemment assise sur sa chaise, levant les yeux de temps à autre pour faire un appel silencieux à la compassion et à la clémence de son tyran, et lui rappelant humblement en toussant qu'elle n'avait pas encore obtenu son pardon, et que sa pénitence avait duré longtemps. Mais le nain continua à fumer et à boire sans faire aucune attention à elle, et ce ne fut que quelque temps après le lever du soleil, et lorsque le bruit et l'activité du jour se firent entendre dans la rue, qu'il daigna se rappeler sa présence. Il ne l'aurait peut-être pas même fait sitôt s'il n'eût entendu frapper plusieurs fois avec impatience à la porte de la chambre.

— En vérité, s'écria-t il avec une grimace maligne, il fait grand jour! Ouvrez la porte ma chère mistress Quilp.

Elle se leva pour lui obéir, et sa mère entra dans la chambre avec beaucoup d'impétuosité. Supposant que son gendre était encore au lit, elle était venue pour soulager son cœur en faisant connaître à sa fille son opinion bien prononcée sur les manières et la conduite de son mari. Le trouvant levé et habillé et voyant qu'il paraissait y être resté depuis qu'elle en était sortie le soir précédent, elle s'arrêta tout court d'un air embarrassé.

Rien n'échappait à l'œil de faucon de ce nain hideux, et comprenant ce qui se passait dans l'esprit de sa belle-mère, la plénitude de son contentement le rendit encore plus hideux, et il lui souhaita le bonjour avec un air de triomphe.

— Quoi! Betsy, s'écria-t elle, vous n'avez pas été.. vous ne voulez pas dire que vous avez été...

— Assise toute la nuit comme vous le voyez, dit le nain finissant la phrase, oui, c'est la vérité.

— Toute la nuit! s'écria mistress Jiniwin.

— Oui, toute la nuit! la chère vieille dame est-elle sourde? dit Quilp avec un sourire accompagné d'un froncement de sourcils. Qui dit que le mari et la femme font mauvaise compagnie? Le temps a eu des ailes.

— Vous êtes une brute! s'écria mistress Jiniwin.

— Allons! allons! dit Quilp feignant de mal comprendre ce qu'elle venait de dire, il ne faut pas dire d'injures à votre fille. Elle est mariée à présent, comme vous le savez, et quoiqu'elle ait fait écouler le temps si rapidement pour moi que je n'ai pas songé à me coucher, vous ne devez pas prendre à moi un intérêt assez tendre pour avoir du ressentiment contre elle. Quelle bonne chère vieille femme! A votre santé!

— Je vous suis très obligée, répondit la matrone, l'agitation nerveuse de ses mains prouvant le désir violent qu'elle avait de montrer le poing à son gendre, oui, je vous suis extrêmement obligée.

— Voilà de la reconnaissance! s'écria le nain. Mistress Quilp!

— Oui, Quilp.

— Aidez votre mère à préparer le déjeuner. Je vais au quai ce matin, et le plus tôt sera le mieux ; ainsi dépêchez-vous !

Mistress Jiniwin fit une faible démonstration de rébellion en s'asseyant sur une chaise près de la porte et en croisant les bras comme pour annoncer une résolution bien déterminée de ne rien faire ; mais quelques mots que sa fille lui dit à l'oreille et la demande que lui fit son gendre avec un ton d'intérêt si elle se trouvait mal, en ajoutant que l'eau froide ne manquait pas dans la chambre voisine, guérirent ces symptômes de révolte, et elle se hâta de faire avec sa fille les préparatifs du déjeuner.

Tandis qu'elles s'en occupaient, M. Quilp se retira dans une chambre voisine, et ayant baissé le collet de son habit, prit une serviette sale, en mouilla un coin, et se mit à s'en frotter le visage, ce qui ne servit qu'à faire paraître sa peau encore plus noire qu'auparavant. Mais pendant cette opération, son humeur méfiante et curieuse ne l'abandonna point, et, quelque courte qu'elle fût, il l'interrompit pour écouter si la conversation roulait sur lui dans l'autre chambre.

— Ah! dit-il, après un court effort d'attention, les oreilles ne me cornaient pas, j'en étais sûr. Je suis un vilain petit bossu, un monstre, n'est-ce pas, mistress Jiniwin?

Le plaisir de cette découverte rappela sur ses lèvres son sourire infernal. Quand il eut fini son espèce d'ablution il se secoua comme un chien qui sort de l'eau, et alla rejoindre les deux dames.

En arrivant, il se plaça devant une glace, et il était debout, mettant sa cravate, quand mistress Jiniwin, qui était derrière lui, ne put résister à la tentation de lui montrer le poing dans un moment où elle croyait qu'il ne la verrait pas. Ce geste fut l'affaire d'un moment; mais tandis qu'elle le faisait avec un air menaçant, elle rencontra dans la glace ses yeux fixés sur elle, et y vit en même temps la réflexion d'une grimace horriblement grotesque et d'une langue qui lui sortait de la bouche avec un air de décision. Un moment après, le nain, se retournant vers elle, la physionomie douce et tranquille, lui demanda avec un ton de grande affection :

— Comment vous trouvez-vous à présent, ma vieille bonne amie?

Quelque ridicule que fût cet incident, il le fit paraître aux yeux de la matrone sous le jour d'un tyran si malheureux et si pénétrant qu'elle ne put répondre un seul mot, tant elle le redoutait, et elle souffrit qu'il la conduisit à table avec des démonstrations extraordinaires de politesse. Dès qu'il s'y fut assis, il se conduisit de manière à ne pas diminuer l'impression qu'il avait produite. Il mangea des œufs avec leur coquille, dévora d'énormes crevettes, tête, queue et écailles, mâcha en même temps du tabac et du cresson, but du thé presque bouillant sans sourciller, mordit sa fourchette et sa cuiller au point de les plier, et, en un mot, fit une foule de choses si étranges que les deux femmes en furent stupéfaites, et commencèrent à douter que ce fût réellement une créature humaine. Enfin, après avoir fait toutes ces évolutions et beaucoup d'autres qui faisaient partie de son système, Quilp les laissa réduites à un état d'humble obéissance, et s'étant rendu sur le bord de la rivière, il prit un batelet pour le conduire sur le quai auquel il avait donné son nom.

La marée montait quand Quilp s'assit dans le batelet pour passer sur la rive opposée. La rivière était couverte d'une flotte de barges, les unes la remontant, les autres la descendant, et plusieurs la traversant. Toutes faisaient route à leur manière, avec obstination, heurtant de plus grands navires, passant sous les bossoirs des bâtiments à vapeur, se fourrant dans les coins et recoins où elles n'avaient que faire, toutes étant poussées de tous côtés comme autant de coquilles de noix, et chacune avec sa paire de longs avirons sortant de l'eau et y retombant, ressemblant à un poisson blessé se soutenant avec peine. Dans quelques-uns des bâtiments à l'ancre, tout l'équipage était occupé à rouler les cordages, à étendre les voiles pour les sécher, à recevoir sa cargaison ou à la charger. Sur d'autres on ne voyait aucun signe de vie, si ce n'est deux ou trois enfants goudronnés, et peut-être un chien courant çà et là sur le pont en aboyant ou regardant par-dessus le bord et aboyant encore davantage. On voyait un grand bâtiment à vapeur avancer lentement travers une forêt de mâts, frappant l'eau de ses roues avec impatience, comme s'il manquait de place pour respirer, et sa lourde masse s'élevant comme un monstre marin au milieu des goujons de la Tamise. Des deux côtés se montraient de longues files de bâtiments charbonniers, tandis que d'autres bâtiments manœuvraient pour sortir du port. Leurs voiles brillaient au soleil, et le bruit qui se faisait sur leur bord était répété de cent côtés différents. L'eau et tout ce qu'elle portait était en mouvement, dansant, se soulevant, bouillonnant, tandis que la vieille Tour, les édifices élevés sur le rivage et les clochers des environs semblaient regarder avec froideur et dédain leur voisine inquiète et agitée.

Daniel Quilp, qui ne voyait dans une belle matinée d'autre avantage que de lui éviter la peine de se charger d'un parapluie, se fit mettre à terre près de son quai, et s'y rendit par une allée étroite qui participait de caractère amphibie de ceux qui la fréquentaient, car il s'y trouvait autant d'eau que de boue, et la quantité en était libérale. En arrivant à sa destination, le premier objet qui se présenta à ses yeux fut une paire de pieds fort imparfaitement chaussés qui s'élevaient en l'air, la plante en haut, et qui appartenaient au jeune gardien du quai, qui, ayant un esprit excentrique et un goût naturel pour les tours de force, se tenait en ce moment sur la tête, et contemplait dans cette position l'aspect de la rivière. Le son de la voix de son maître le remit bientôt sur ses talons, et, dès que sa tête eut repris sa place légitime, Quilp se mit en devoir de la battre.

— Laissez-moi tranquille! s'écria le jeune homme, parant avec ses coudes, les coups que Quilp lui portait, sans quoi vous n'en serez pas bon marchand, je vous en avertis.

— Chien que vous êtes, répondit Quilp, je vous battrai avec une barre de fer, je vous frotterai la peau avec une étrille, et je vous arracherai la langue si vous osez dire encore un mot, comptez-y bien.

Tout en le menaçant ainsi, il étendit de nouveau le bras, et passant adroitement une main entre les deux coudes du jeune homme, il lui saisit la tête et lui administra quelques coups bien appliqués. En étant ainsi venu à ses fins, il parut plus calme.

— Vous ne recommencerez pas, dit le jeune homme secouant la tête et reculant quelques pas, les coudes en avant, pour se préparer à une nouvelle attaque.

— Non, sans doute, répondit Quilp, puisque j'ai fait tout ce que je voulais faire. Venez! Prenez la clef.

— Pourquoi ne battez-vous pas quelqu'un de votre taille? demanda le jeune homme en s'approchant à pas lents.

— Où y a-t-il quelqu'un de ma taille, chien? s'écria Quilp. Prenez cette clef, ou elle servira à vous ouvrir le crâne. Et dans le fait, quand le jeune homme approcha, il lui en donna un bon coup sur la tête. Ouvrez le comptoir à présent.

Le jeune homme obéit en murmurant, mais il se tut en voyant que Quilp le suivait d'un air menaçant. Et l'on peut remarquer ici qu'il existait entre ce jeune homme et le nain une étrange sorte d'attachement mutuel. Comment était-il né, et comment se nourrissait-il de menaces et de coups d'un côté, de répliques et de bravades de l'autre, c'est ce qu'il importe peu de savoir. Un fait certain, c'est que Quilp n'aurait pas souffert qu'un autre le contredit comme le faisait ce jeune homme, et que celui-ci ne se serait pas laissé battre par un autre que Quilp, quand il lui était facile de s'enfuir à chaque instant du jour.

— A présent, veillez sur le quai, dit Quilp en entrant dans son comptoir. Marchez maintenant la tête en bas si vous l'osez, et je vous coupe une jambe.

Ce comptoir était une petite chambre fort sale dans laquelle on ne voyait qu'un bureau, deux tabourets, un vieil almanach, un encrier sans encre, un trognon de plume et une pendule qui n'avait pas été remontée depuis dix-huit ans, et dont Quilp avait arraché l'aiguille marquant les minutes pour s'en faire un cure-dent. Dès qu'il y fut entré il s'assit sur un tabouret, appuya ses bras sur le bureau et sa tête sur ses mains, et se disposa à dormir pour s'indemniser d'avoir veillé la nuit précédente.

A peine commençait-il à s'assoupir que la voix du jeune homme se fit entendre. Il y a ici quelqu'un qui vous demande, dit-il en avançant la tête dans le comptoir.

— Qui?
— Je n'en sais rien.
— Demandez-lui son nom.

Une jeune fille se montra à la porte du comptoir.

— Quoi! c'est vous, Nelly! Entrez. Avez-vous un message pour moi?

Nelly lui remit une lettre, et il l'ouvrit sur-le-champ.

Dès qu'il en eut lu les premières lignes, il ouvrit de grands yeux et fronça les sourcils. Après la lecture des trois suivantes, il se gratta la tête, et quand il en eut fini la lecture il se rongea les ongles, et tous ses traits exprimèrent la surprise. Nelly! s'écria-t-il d'une voix qui la fit trembler, savez-vous ce que contient cette lettre?

— Non, monsieur.
— Bien sûr?
— Oui, monsieur.
— Humph! Tout est déjà parti! parti en vingt-quatre heures! Que diable en a-t-il fait? c'est un mystère.

Après ce court soliloque, Quilp regarda Nelly en faisant ce qui aurait été pour tout autre une grimace horrible, mais ce qui pour lui était un sourire agréable, et jetant sur elle un coup d'œil de satisfaction, il lui dit : Vous êtes jolie aujourd'hui, Nelly, très jolie, sur ma foi. Dites-moi, seriez-vous charmée d'être mon numéro 2?

— D'être quoi, monsieur?
— D'être mon numéro 2, de devenir la seconde mistress Quilp après la mort de mistress Quilp numéro 1, d'être ma femme en un mot? Supposons que mistress Quilp numéro 1 vive encore quatre à cinq ans, vous serez précisément d'âge à me convenir. Soyez bonne fille d'ici là, Nelly, et vous verrez si je ne vous fait pas mistress Quilp de Tower-Hill.

Bien loin d'être séduite par une perspective si brillante, Nelly trembla de tous ses membres et recula avec effroi. Quilp n'eut pas l'air de s'en apercevoir. Il faut que vous veniez à Tower-Hill, dit-il; vous y verrez mistress Quilp, qui vous aime beaucoup, pas autant que moi pourtant.

— Il faut que je m'en retourne, monsieur. J'ai ordre de retourner dès que j'aurai votre réponse.

— Mais vous ne l'avez pas encore, et je ne puis vous la donner qu'à la maison ; il faut donc que vous m'y accompagniez.

En sortant du comptoir, ils virent sur le quai le jeune homme qui avait un goût particulier pour marcher sur les mains la tête en bas. Il se battait avec un autre, tous deux étant tombés, et ils se roulaient dans la boue tout en continuant à se battre. Nelly reconnut sur-le-champ le second champion.

— C'est Kit! s'écria-t-elle, c'est le pauvre Kit qui est venu avec moi. Séparez-les, monsieur, je vous en prie.

— Oui, oui, je les séparerai, fiez-vous à moi, dit Quilp en se frottant les mains de plaisir, et, rentrant dans son comptoir, il en sortit armé d'un gros bâton, dont il s'escrima si bien sur le dos, les épaules et la tête des combattants, que, renonçant à leur animosité, ils ne songèrent plus qu'à s'écarter de ce nouvel adversaire chacun de son côté. Ah! vous aimez à vous battre! Aimez-vous autant à être battus?

— Soyez tranquille! je ne me battrai plus contre personne qui dira que vous êtes le nain le plus hideux qu'on ait jamais montré à la foire pour un penny.

— Entendez-vous dire que je ne le suis pas?

— Non!

— Pourquoi donc vous battez-vous sur mon quai?

— Parce qu'il l'a dit, répondit le jeune gardien du quai en montrant Kit, et non parce que cela n'est pas vrai.

— Pourquoi a-t-il dit, s'écria Kit, que miss Nelly est laide, et qu'elle et mon maître sont obligés de faire tout ce que vous voulez?

— Parce qu'il est un sot! dit Quilp; et vous avez parlé comme vous l'avez fait, parce que vous aimez la vérité sans doute. Tenez, voici une pièce de six pence pour vous, Kit ; dites toujours la vérité. Fermez le comptoir, chien que vous êtes, et donnez-m'en la clef!

Le jeune commis, ou plutôt le souffre-douleur de Quilp, obéit et reçut de son maître, pour récompense un grand coup de la clef sur le nez quand il la lui rendit, ce qui lui fit couler l'eau des yeux ; mais, pour s'en venger et narguer son maître, il se mit à marcher sur le bord du rivage, la tête en bas et les pieds en l'air, dès qu'il le vit sur une barque avec Kit et Nelly pour retourner à Tower-Hill.

Mistress Quilp était seule à la maison, et, n'attendant pas sitôt son mari, elle s'était jetée sur un lit pour prendre un peu de repos, quand elle reconnut le bruit de ses pas sur l'escalier. Elle n'avait eu que le temps de passer dans la chambre voisine et de prendre un ouvrage d'aiguille qu'elle y avait laissé sur une table, quand Quilp entra avec Nelly, ayant envoyé Kit dans la cuisine.

— Voici Nelly Trent, ma chère mistress Quilp, lui dit son aimable mari, offrez-lui un verre de vin et un biscuit, car elle a fait une longue course, et elle restera avec vous, mon cœur, pendant que j'écris une lettre.

Mistress Quilp regarda son mari en tremblant, ne sachant ce que signifiait ce ton de tendresse extraordinaire, et obéissant à un clin d'œil qu'il lui fit, elle le suivit dans une chambre voisine.

— Songez bien à ce que je vais vous dire, lui dit Quilp à demi-voix. Tâchez de tirer d'elle quelque chose sur son grand-père, de savoir ce qu'ils font, comment ils vivent, ce qu'il lui dit. J'ai des raisons pour désirer de le savoir, si je le puis ; et je sais que vous y réussirez si vous le voulez. M'entendez-vous ?

— Oui, Quilp.

— Eh bien, partez ! Qu'attendez-vous ?

— C'est que... j'aime cet enfant, mon cher Quilp, et je voudrais... être dispensée de surprendre ses secrets.

Le nain lança un gros juron et regarda autour de lui comme s'il eût cherché quelque instrument pour la battre. La pauvre femme effrayée le supplia de ne pas se mettre en colère, et lui promit de faire tout ce qu'il voudrait.

— Il faut que je sache ses secrets, dit Quilp en lui pinçant le bras. Songez que je vous écouterai. Si vous vous y prenez mal, je ferai craquer cette porte, et malheur à vous si je la fais craquer trois fois. Partez !

Mistress Quilp obéit, et son mari laissant la porte entre-baillée s'assit derrière, et se mit à écrire sans perdre un seul mot de ce qui se disait dans l'autre chambre.

— Vous êtes venue ici bien souvent depuis quelque temps, Nelly ? dit-elle ne sachant trop par où commencer.

C'est ce que j'ai dit bien souvent à grand-papa, répondit Nelly innocemment.

— Et que répondit-il à cela ?

— Il soupire, baisse la tête, et il a l'air si triste que vous ne pourriez le voir dans ces moments-là sans pleurer comme moi. Comme cette porte craque !

— Cela arrive souvent. Mais votre grand-père n'a pas toujours été si triste.

— Oh ! non, nous vivions heureux et contents. Mais vous ne sauriez croire comme il est changé !

— Je suis fâchée de vous entendre parler ainsi, ma chère.

— Vous avez eu tant de bontés pour moi que j'oublie mes chagrins en vous en parlant, et je n'ai que le pauvre Kit à qui je puisse parler de lui. Mais vous ne pouvez vous figurer combien je souffre de le voir si changé. Il y a déjà longtemps qu'il a commencé à... J'ai cru voir remuer cette porte.

— C'est le vent. Vous disiez qu'il a commencé...

— A être pensif et rêveur et à oublier la manière dont nous passions les soirées. Tantôt je prenais un livre et je lui faisais une lecture qui l'amusait ; tantôt il me parlait de ma mère, et me disait qu'elle me ressemblait et qu'elle avait le même son de voix que moi dans son enfance, et qu'à présent elle était dans le paradis, où l'on est toujours heureux. Ah ! ce temps est passé !

— Nelly ! Nelly ! calmez-vous, je ne puis supporter de voir une jeune fille comme vous pleurer ainsi.

— Je ne pleure jamais devant lui ; mais avec vous je puis pleurer et parler de mes chagrins sans me contredire, car je sais que vous n'en parlerez à personne.

Mistress Quilp détourna la tête et ne répondit rien, quoique la porte eût encore craqué.

— Mais n'allez pas croire que grand-papa m'aime moins qu'autrefois, continua Nelly avec chaleur ; au contraire, je crois qu'il m'aime tous les jours davantage. Mais je ne vous ai pas encore dit le plus grand changement qui s'est opéré en lui, et il ne faut pas que vous en disiez un mot à personne. Il ne dort plus, à moins que ce ne soit sur son grand fauteuil pendant la journée, car il passe toute les nuits hors de chez lui.

— Est-il possible ?

— Oui. Il sort à minuit, et il ne rentre que lorsque le jour va paraître. Ce matin, le soleil se levait quand il est rentré. Il avait les yeux rouges comme du feu et les joues pâles comme la mort, et ses jambes tremblaient sous lui. Il se jeta sur son lit, et croyant l'entendre gémir, je m'approchai de sa chambre, et je l'entendis dire qu'il ne pouvait plus supporter la vie, et que, si ce n'était pour moi, il voudrait être mort. Que ferai-je à cela ? que puis-je faire ?

Accablée de chagrin et touchée de la compassion qu'elle voyait sur les traits de son amie, Nelly se jeta dans ses bras et fondit en larmes. En ce moment Quilp rentra, et il joua la surprise de la trouver en cet état, avec tout l'art d'un hypocrite consommé.

— C'est l'effet de la fatigue et de l'agitation, mistress Quilp, dit-il : elle a eu une longue course à faire pour venir ici, elle a été effrayée en voyant ensuite deux jeunes vauriens se battre, et elle en a eu quelque inquiétude en passant l'eau ; tout cela était trop fort pour la pauvre Nelly !

Tout en parlant ainsi, il lui posa la main sur la tête d'un air caressant.

Ce geste, fait par toute autre personne, n'aurait produit, sur Nelly, aucun effet remarquable, mais l'attouchement de la main de M. Quilp la fit frissonner. Elle se dégagea des bras de mistress Quilp, fit un pas en arrière, et dit qu'il était temps qu'elle partît.

— Vous feriez mieux de rester à dîner avec nous, lui dit le nain.

— J'ai déjà été trop longtemps absente, monsieur, répondit Nelly en s'essuyant les yeux.

— Eh bien ! Nelly, comme il vous plaira. Voici ma réponse. C'est seulement pour lui dire que je le verrai demain ou après-demain, et que je ne puis faire aujourd'hui ce qu'il désire. Kit! ici, Kit ! Ayez bien soin de cette jeune fille, m'entendez-vous ?

Kit ne daigna pas répondre à une injonction si inutile, et jetant un regard presque menaçant sur le nain, comme s'il l'eût soupçonné d'être la cause des pleurs que Nelly versait encore, il suivit sa jeune maîtresse, qui avait déjà fait ses adieux à mistress Quilp.

— Vous êtes fort habile à faire des questions, mistress Quilp! dit le nain dès qu'il fut seul avec sa femme.

— Que pouvais-je faire de plus ? demanda-t-elle avec douceur.

— Que pouviez-vous faire de moins ? Vous n'avez pas cherché à tirer d'elle un seul mot. Vous êtes bien heureuse qu'elle m'ait fourni elle-même le fil dont j'avais besoin, sans quoi vous vous en seriez mal trouvée. Oui, remerciez-en votre bonne étoile, celle qui a fait de vous mistress Quilp, de m'avoir mis sur la voie, et qu'il n'en soit plus question. Quant au dîner, il ne faut rien d'extraordinaire aujourd'hui, je ne rentrerai que ce soir.

A ces mots, M. Quilp prit son chapeau et quitta sa femme.

CHAPITRE V

— Allons ! Fred, dit M. Swiveller à son ami Richard Trent, souvenez-vous de la chanson si commune :

> Le vin rosé qu'on apporte
> Met les soucis à la porte.
> Le cœur est réconforté ;
> L'amitié nous est fidèle ;
> Elle évente d'un coup d'aile,
> La flamme de la gaieté.

L'appartement de M. Richard Swiveller était dans le voisinage de Drury-Lane, et c'était là qu'il fredonnait à son ami les paroles qui viennent d'être rapportées, pour le tirer d'une sorte de découragement léthargique, et il n'est pas hors de propos de remarquer que cette courte observation se ressentait du caractère poétique et figuré de l'esprit de M. Swiveller, car le vin rosé était remplacé sur la table par un pot de toddy au gin et à l'eau froide, qu'ils se passaient l'un à l'autre faute de verres, ce qui peut être avoué sans honte puisque M. Swiveller était garçon.

— Eh bien ! Fred, répéta Swiveller, passez le vin rosé.

Le jeune Trent, avec un geste d'impatience, lui passa le pot de toddy et reprit l'habitude de méditation qu'il avait quittée à contre-cœur.

— Je vais vous proposer, Fred, continua Swiveller, un toast convenable aux circonstances. Puisse...

— Vous me fatiguez à la mort par votre babil, Dick. Rien ne peut faire tarir votre gaieté.

— Je crois qu'il y a un proverbe qui parle d'être joyeux sans être sages et d'autres qui sont sages ou qui croient l'être sans être joyeux. Moi, je fais partie de la première classe ; mais si le proverbe et bon, il vaut mieux le suivre à moitié que point du tout. Quant à vous, vous n'êtes ni l'un ni l'autre.

— Fadaises ! Dick, pouvez-vous me parler sérieusement deux minutes si je vous apprends le moyen de faire votre fortune sans vous donner beaucoup de peine ?

— Vous m'en avez déjà appris un grand nombre, et ma poche n'en est pas moins vide.

— Vous parlerez différemment de celui-ci. Vous avez vu ma sœur Nelly, n'est-elle pas jolie ?

— Sans doute, et l'on peut dire en sa faveur qu'elle ne vous ressemble guère.

— Fort bien. Il est clair que le vieil avare et moi nous serons à couteaux tirés jusqu'à ce qu'il soit mort.

— Une chauve-souris verrait cela en plein soleil.

— Il est également clair que je n'aurai pas un penny de sa succession, quoiqu'il m'ait fait espérer autrefois que je la partagerais avec ma sœur. Ne le croyez-vous pas!

— Je penserais comme vous ; mais ce que je lui ai dit peut avoir fait impression sur lui.

— Pas la moindre ; ainsi, il est inutile de discuter cette question. A présent, écoutez-moi bien. Nelly a près de quatorze ans...

— Joli brin de fille pour son âge, quoique de petite taille.

— Si vous voulez que je continue, laissez-moi parler une minute. Voici que j'arrive au point.

— C'est juste.

— Nelly a des affections fortes, et élevée comme elle l'a été, il est facile d'exercer sur elle de l'influence et de la persuader. Si je la prends une fois en main je réponds qu'à l'aide d'un peu de cajolerie et de quelques menaces, je lui ferai faire tout ce que je voudrai. Pourquoi donc ne l'épouseriez-vous pas ?

A cette question inattendue, Swiveller s'écria avec un air de consternation :

— Moi !

— Pourquoi non ? Qui peut vous en empêcher ?

— Et elle n'a pas quatorze ans !

— Je ne vous propose pas de l'épouser aujourd'hui, je veux dire dans une couple d'années, dans trois, dans quatre. Le vieil avare n'a pas l'air de devoir vivre longtemps.

— Non, mais ces vieilles gens on ne peut s'y fier. J'ai une grand'tante, demeurant dans le comté de Dorset, que les médecins avaient condamnée à mourir à l'âge de dix-huit ans, et qui vit encore. Je vous dis qu'on ne peut compter sur la vieillesse, Fred, à moins qu'elle ne soit aidée par une bonne attaque d'apoplexie, encore y résiste-t-elle souvent.

— Mettons les choses au pis : supposons qu'il vive dix ans.

— Oui, c'est là le hic.

— Eh bien ! supposons qu'il vive, vous dis-je. Si, de gré ou de force, je détermine Nelly à vous épouser secrètement, que croyez-vous qu'il en résultera ?

— Une femme et des enfants, avec un revenu montant à zéro pour les nourrir.

— Mais je vous dis que le vieux coquin ne vit que pour elle, que ce n'est que pour elle qu'il amasse de l'argent, qu'il ne songerait pas plus à la déshériter pour un acte de désobéissance qu'à me rendre ses bonnes grâces en raison de tout ce que je pourrais faire pour lui plaire.

— Tout cela paraît assez vraisemblable.

— Parce que tout cela est vrai. Et si vous voulez lui donner un motif de plus pour vous pardonner, vous n'aurez qu'à feindre d'avoir avec moi une querelle à mort, et vous deviendrez son meilleur ami. Quant à Nelly, vous savez qu'une goutte d'eau qui tombe sans cesse creuse une pierre, et vous pouvez compter sur moi. Ainsi donc, qu'il meure ou qu'il vive, vous hériterez de toute la fortune du vieux pince-maille ; nous la partagerons comme frères, vous aurez par-dessus le marché une jeune et jolie femme.

— Je suppose qu'il n'y a aucun doute sur sa fortune ?

— Aucun doute ! N'avez-vous pas entendu ce qui lui est échappé l'autre jour ?

Il serait inutile de rendre un compte plus détaillé de cette conversation. Il suffira de dire que toutes les considérations qui peuvent avoir de l'influence sur l'esprit d'un dissipateur qui a épuisé toutes ses ressources se réunirent pour déterminer Swiveller à consentir à la proposition de son ami. D'ailleurs Trent avait pris sur lui un ascendant complet, et c'était celui-ci qui l'avait entraîné dans la carrière de la dissipation, afin de profiter de sa prodigalité. Il n'avait pas expliqué à son ami tous les motifs qu'il avait pour l'engager à épouser sa sœur. Nous imiterons sa discrétion, et nous nous bornerons à dire au lecteur qu'il en trouvera le développement dans la suite de cette histoire. Leur entretien fut interrompu par un coup frappé à la porte, qui obligea Swiveller à s'arrêter au milieu de fleurs de son éloquence pour s'écrier : Entrez ! La porte s'ouvrit : mais on ne vit entrer dans la chambre qu'un gros bras rouge couvert de savon jusqu'au coude. C'était celui d'une servante occupée à laver l'escalier et qui tenait avec le pouce et l'index une lettre pour M. Swiveller.

Dick pâlit et eût l'air embarrassé en jetant un coup d'œil sur l'adresse de cette lettre, et quand il en eût lu le contenu son embarras redoubla.

— Voilà, dit-il, un des inconvénients d'être beau et jeune, certes, je ne pensais pas à elle.

— A elle, à qui ?

— A Sophie Wackles.

— Qui est-elle ?

— Une jeune personne charmante. Mais vous la connaissez.

— Ah ! oui, je crois me rappeler ; eh bien ?

— Eh bien, monsieur, il y a entre nous certains projet de mariage... mais ne vous inquiétez pas, il n'y sera pas donné suite je me réserverai pour la fortune de votre sœur.

— Fort bien, mais que dit cette lettre ?

— Elle n'a pour objet que de me rappeler un petit bal qui doit avoir lieu ce soir chez elle, il faut que j'y aille quand ce ne serait que pour rompre cette affaire.

Frédéric attacha fort peu d'importance à tout cela ; car il savait qu'il avait assez d'influence sur son ami pour le faire agir en tout de la manière qui serait convenable à ses propres intérêts.

Cette affaire étant arrangée, et l'estomac de M. Swiveller lui rappela que l'heure du dîner était arrivée, et pour ne pas risquer de nuire à sa santé par une plus longue abstinence, il chargea la servante de la maison d'aller chez le traiteur qui lui fournissait ses repas pour qu'il lui envoyât du bœuf bouilli et des choux. Mais le traiteur répondit qu'il ne pouvait rien fournir à M. Swiveller avant que le mémoire de ses fournitures fût payé. Sans se décourager, il l'envoya chez un traiteur plus éloigné, en le chargeant de lui dire qu'étant mécontent de son traiteur habituel, et connaissant la réputation dont jouissait sa maison, il avait dessein de lui donner sa pratique. Pour cette fois il réussit, et un garçon ne tarda pas à lui apporter deux bonnes rations de bœuf bouilli, une pyramide de choux et un pot contenant deux pintes de bière.

— Ah ! dit Swiveller, quand ils eurent achevé ce repas frugal, l'homme n'a besoin que de bien peu de chose après tout, et il n'en a pas besoin bien longtemps.

— J'espère que le traiteur n'aura pas besoin du prix de son dîner, répliqua Trent, car je suppose qu'il devra l'attendre assez longtemps.

— Oh ! je passerai chez lui, dit Frédéric en clignant de l'œil.

— Au surplus le dîner a disparu, et je défie le garçon de le remporter.

Quand celui-ci vint reprendre les plats et les assiettes, Swiveller lui dit avec un ton d'insouciance qu'il allait sortir dans une couple d'heures et qu'il passerait chez son maître pour le payer. Le garçon fit une grimace et murmura à demi-voix : Tout au comptant. Point de crédit. Mais il fut obligé de se retirer sans autre payement que la promesse de M. Swiveller de passer chez son maître dans la soirée.

— Est-ce un mémento de peur de l'oublier? lui demanda son compagnon en le voyant tirer de sa poche un petit souvenir et écrire quelques mots au crayon.

— Pas tout à fait, Fred, ce petit livret contient les noms des rues dans lesquelles je ne dois pas me montrer tant que les boutiques sont ouvertes. Le dîner que nous venons de faire me ferme Long-Acre ; une paires de bottes que j'ai achetée la semaine dernière dans Great-Queen-street m'a bouché cette rue ; il ne m'en reste qu'une seule pour aller dans le Strand, et une paire de gants va me la murer ce soir. En un mot, je me trouve tellement resserré dans ce quartier qu'à moins que ma tante ne m'envoie de l'argent avant peu, il faut que j'aille loger à l'autre bout de la ville.

— Et vous êtes sûr qu'elle n'y manquera pas?

— Je l'espère du moins. Cependant le nombre moyen des lettres que j'ai à lui écrire avant d'en obtenir de l'argent est six ; or en voilà huit que je lui écrites cette fois, sans en avoir pu rien tirer. Je lui en écrirai une neuvième demain matin, et j'aurai soin ensuite d'asperger le papier de quelques gouttes d'eau pour qu'elle y voie des signes de contrition. Si cela ne produit aucun effet, tout est dit.

M. Trent, se rappelant qu'il avait un engagement pour cette soirée, quitta son ami, le laissant tête à tête avec un pot de toddy et libre de réfléchir sur son amour pour miss Wackles. C'est une charmante fille, pensa-t-il, et elle a le son de voix le plus doux que j'aie jamais entendu. Ce sera une rupture bien soudaine. Je ne vois pas la nécessité de lui battre froid sur-le-champ, à cause de la petite sœur de Fred. Cependant il faut prendre garde de trop m'avancer, et si je dois rompre avec elle, le plus tôt sera le mieux.

Après bien des réflexions pour et contre, il résolut de saisir la première occasion qu'elle pourrait lui fournir pour avoir une querelle avec elle, et quelques verres de toddy l'ayant affermi dans cette résolution, il partit pour se rendre chez elle.

Miss Sophie Wackles demeurait à Chelsea avec sa mère, qui était veuve, et ses deux sœurs, et elles tenaient ensemble un externat pour des jeunes filles de sept à douze ans. Miss Mélissa Wackles y enseignait la grammaire anglaise, l'écriture, et la géographie; miss Sophie, l'arithmétique, la musique, et la danse; et miss Jane, tous les ouvrages d'aiguille. Mistress Wackles était chargée de la discipline intérieure et des punitions corporelles. Mélissa avait au moins trente ans, et était déjà un peu fanée; Sophie en comptait vingt ; et ne manquait ni de fraîcheur ni d'enjouement; Jane n'avait encore vu que seize printemps. Mistress Wackles avait soixante ans, et elle avait toujours eu un aspect dur et revêche.

M. Swiveller arriva rempli de projets dangereux pour la paix du cœur de la belle Sophie, qui, vêtue d'une robe blanche, sans autre ornement qu'une seule rose, le reçut dans le salon qu'on avait cherché à embellir en y ajoutant pour décoration sur la cheminée et sur une console les pots de fleurs qui ordinairement garnissaient les appuis extérieurs des deux croisées. Il y trouva aussi mistress Wackles et sa fille ainée, qui le saluèrent d'un air majestueusement glacial, et miss Jane, qui avait laissé ses cheveux en papillottes toute la journée précédente pour qu'ils bouclassent mieux, sans parler des jeunes écolières, auxquelles il avait été permis d'assister à la fête, et qui s'étaient endimanchées de leur mieux.

Le fait est que ni mistress Wackles ni sa fille ainée n'avaient jamais vu de très bon œil M. Swiveller. Elles le regardaient toutes deux comme un jeune homme peu sérieux, qui ne songeait qu'à s'amuser et qui ne pouvait former qu'un très mauvais ménage. Sophie elle-même, qui ne voyait que du vague dans les compliments dont il ne cessait de l'accabler pensait qu'il était temps de le forcer à s'expliquer, et elle avait résolu d'éveiller sa jalousie en ayant quelques attentions pour un jardinier fleuriste qui lui . ait aussi la cour, et qui n'avait besoin que d'un peu d'encouragement pour se déclarer.

La compagnie commença à arriver, et le premier nom qui fut annoncé fut celui de M. Cheggs, le jardinier fleuriste, qui était venu avec sa sœur. Dès qu'ils furent entrés, ils s'avancèrent vers Sophie. Miss Cheggs, lui prit les deux mains l'embrassa sur les deux joues, et lui demanda s'ils n'arrivaient pas trop tôt.

— Trop tôt! non certainement, répondit Sophie.

— Oh! ma chère! s'écria miss Cheggs, j'ai été si tourmentée, que si nous ne sommes pas arrivés à quatre heures, vous devez le regarder comme une merci du ciel. Mon frère Alick était si impatient de partir! Croirez-vous bien qu'il était habillé avant le dîner, et depuis ce temps il n'a fait que regarder à la pendule! C'est votre faute méchante, ajouta-t-elle en baisant la voix, mais de manière que tout le monde pût l'entendre.

Sophie rougit, M. Cheggs rougit aussi; et toutes les dames accablèrent le frère et la sœur de civilités et d'attentions, sans songer à M. Swiveller, qui resta seul dans un coin. C'était précisément ce qu'il avait désiré, une bonne occasion pour chercher une querelle, pour avoir l'air piqué et mécontent. Mais il n'en avait pas seulement l'air, il l'était réellement, et il se demandait : Que diable signifie donc l'impudence de ces Cheggs?

Il obtint pourtant la main de miss Sophie pour la première contredanse et ce ne fut pas le seul avantage qu'il remporta sur son rival; car voulant faire voir quel était l'homme qu'on avait ainsi négligé, il déploya tant d'agilité, fit tant d'entrechats et de pirouettes, qu'il attira sur lui l'admiration générale, et mistress Wackles elle-même fut forcée de s'avouer qu'elle serait fière d'avoir un tel danseur dans sa famille.

— Il faut que vous dansiez avec miss Cheggs, dit Sophie à Swiveller après qu'elle eut dansé deux fois avec M. Cheggs, c'est une jeune personne fort aimable, et son frère est un jeune homme charmant.

— Et charmé, murmura Swiveller, à en juger par les regards qu'il jette de ce côté.

Miss Jane, qui avait reçu ses instructions, dit à demi-voix à sa sœur d'examiner comme M. Cheggs avait l'air jaloux.

— Jaloux s'écria Swiveller j'aime bien cette impudence!

— Impudence! s'écria miss Jane en secouant la tête ; prenez garde qu'il ne vous entende, monsieur, ou vous pourriez vous en repentir.

— Ne parlez pas ainsi, Jane, je vous en prie, lui dit sa sœur.

— Et pourquoi? M. Cheggs a le droit d'être jaloux aussi bien que tout autre, et peut-être davantage. Mais vous devez savoir cela mieux que moi, Sophie.

C'était un complot concerté entre les deux sœurs pour porter M. Swiveller à faire une déclaration positive ; mais il ne réussit pas. Frédéric se retira dans un coin après avoir lancé à son rival un regard foudroyant.

M. Cheggs le suivit.

— Ne m'avez-vous pas appelé, monsieur? Ayez la bonté de sourire, afin qu'on ne soupçonne rien. Je vous demande si vous m'avez appelé, monsieur?

Swiveller le regarda du haut en bas d'un air dédaigneux et répondit :

— Non, monsieur.

— Mais peut être désiriez-vous me parler, monsieur?

— Pas davantage.

— Peut-être n'avez-vous rien à me dire *ici*, monsieur?

— Pour cette fois, vous avez raison.

— Je suis charmé de l'apprendre, monsieur. Je suppose que vous savez où me trouver quand vous aurez à me parler?

— Je pourrai m'en informer quand j'en aurai besoin, monsieur.

— Fort bien. Je crois que nous n'avons pas autre chose à nous dire.

— Je pense de même.

Ainsi se termina ce redoutable entretien. M. Cheggs, alla sur-le-champs faire l'offre de son cœur et de sa main à miss Sophie, et M. Swiveller s'assit dans un coin de fort mauvaise humeur.

A deux pas de lui étaient assises mistress Wackles et sa fille ainée regardant les danseurs. Miss Cheggs, profitant d'un moment où elle n'avait pas à figurer, s'approcha d'elles et leur dit : Mon frère a parlé à miss Sophie. Il lui a parlé très sérieusement, je vous assure.

— Que lui a-t-il dit? demanda mistress Wackles.

— Mille choses. Que pourrais-je vous dire? Je regarde l'affaire comme arrangée.

Swiveller ne crut pas avoir besoin d'en entendre davantage ; il se leva d'un air insouciant et s'avança nonchalamment vers la porte. En passant devant miss Sophie, qui était encore confuse et agitée par suite de la proposition que M. Cheggs venait de lui faire, il s'arrêta devant elle et lui débita deux vers bien connus :

    Sur la plage est ma barque, en mer mon bâtiment,
    De faire mes adieux voici donc le moment.

— Vous en allez-vous? demanda Sophie, à qui son cœur reprochait son malheureux stratagème, tandis qu'elle affectait l'indifférence.

— Si je m'en vais? oui, je m'en vais. Y voyez-vous quelque obstacle?

— Non, si ce n'est qu'il est encore de bien bonne heure. Au surplus vous êtes votre maître.

— Je voudrais l'avoir toujours été, miss Sophie, et ne m'être jamais fié à des traits si beaux, mais si trompeurs.

— Je ne sais ce que vous voulez dire, monsieur Swiveller, répondit Sophie en baissant les yeux. Je serais très fâchée que vous...

— Fâchée, miss Sophie! De quoi pouvez-vous être fâchée quand vous êtes en possession du cœur d'un M. Cheggs? Moi, je suis charmé de pouvoir vous apprendre qu'il existe une jeune personne belle est riche, qui approche, rapidement de l'âge nubile, expressément pour moi; que son plus proche parent m'a proposé sa main, et que, par considération pour quelques personnes de sa famille, je l'ai acceptée. Il ne me reste plus qu'à vous demander pardon d'avoir occupé si longtemps votre attention, et je vous souhaite le bonsoir.

Il résultera une bonne chose de tout cela, pensa le soir Frédéric Swiveller à l'instant où il allait éteindre sa chandelle pour se coucher, c'est que je donnerai tête et cœur dans le projet de Fred relativement à la petite Nelly. Il sera charmé de me trouver si décidé, quand je lui conterai toute l'histoire demain matin. En attendant, dormons.

CHAPITRE VI

Au commencement de la troisième nuit qui suivit l'entrevue de Nelly avec mistress Quilp, le vieillard, qui s'était senti faible et presque malade toute la journée, annonça à sa petite-fille qu'il ne sortirait pas. Les yeux de Nelly brillèrent de joie à cette nouvelle; mais sa joie disparut quand elle leva les yeux sur ses traits flétris, et qu'elle vit son air soucieux et souffrant.

— Deux jours, s'écria-t-il, deux jours entiers se sont passés, et il n'est pas venu! Que vous a-t-il dit, mon enfant?

— Rien que ce que je vous ai déjà dit, grand-papa.

— Répétez-le-moi, je perds la mémoire. Vous a-t-il seulement dit ce qu'il m'écrit dans sa lettre, qu'il viendrait me voir le lendemain ou le surlendemain?

— Pas autre chose. Retournerai-je chez lui demain matin?

— Cela serait inutile, répondit le vieillard en secouant la tête; mais s'il m'abandonne dans un moment où je pourrais avec son aide me trouver indemnisé de toutes les peines que je me suis données, de tout l'argent que j'ai dépensé et de l'agonie d'esprit que j'ai endurée, je suis perdu, et ce qui est bien pire, je vous ai ruinée, vous, pour qui j'ai tout risqué. Il ne nous restera qu'à mendier.

— Eh bien! mendions, et soyons heureux.

— Mendier et être heureux! Pauvre enfant!

— Oui, cher grand-papa, s'écria Nelly avec une force au-dessus de son âge, j'aimerais mille fois mieux mendier sur la grand'route que de continuer à vivre comme nous vivons depuis quelque temps. Si vous êtes dans l'affliction, apprenez-m'en la cause pour que je m'afflige avec vous. Si vous êtes pauvre, allons mendier ensemble. Vous changez de jour en jour; et si je n'en sais pas la cause, mon cœur se brisera, et j'en mourrai.

Et en parlant ainsi elle se jeta au cou de son aïeul et fondit en larmes.

Cette conversation n'était pas destinée à être entendue par d'autres oreilles, et cependant d'autres oreilles l'entendaient, d'autres yeux étaient témoins de cette scène, et ces oreilles, ces yeux appartenaient à M. Daniel Quilp. Il était entré sans être aperçu tout au commencement de cet entretien, et sans doute par délicatesse ne voulant pas l'interrompre, il s'assit sur un fauteuil sans faire aucun bruit. Le vieillard, tournant par hasard les yeux de ce côté, l'aperçut tout à coup et lui demanda comment il était entré.

— Par la porte, répondit Quilp; je ne suis pas assez mince pour passer par le trou d'une serrure; je voudrais le pouvoir. Mais j'ai besoin de vous parler en particulier, tête à tête.

Le vieillard fit signe à Nelly de se retirer et elle obéit sur-le-champ.

— C'est le bouton de rose le plus frais et le plus joli qu'on puisse voir dit Quilp. Une petite taille charmante, des membres parfaitement proportionnés, une peau blanche, et transparente, ornée de lignes d'azur; des yeux, des pieds, des mains... Eh bien! voisin, je ne me doutais pas qu'un sang vieux pût circuler si rapidement et conserver tant de chaleur. Mais qu'avez-vous donc, vous avez l'air souffrant?

— Et je souffre véritablement. J'ai ici une fièvre brûlante dit le vieillard en se frappant la tête d'une main, et mon cerveau se trouve quelquefois dans un état auquel je n'ose donner un nom.

— Mais dites-moi une fois pour toutes, m'apportez-vous de l'argent?

— Non.

— En ce cas, s'écria le vieillard en se tordant les mains, l'enfant et moi nous sommes perdus!

— Voisin, répondit Quilp, je vais vous parler franchement, et je vous ferai plus beau jeu que vous ne l'avez fait à mon égard quand vous teniez les cartes, et que je ne pouvais en voir que de revers. Vous n'avez plus de secret pour moi.

Le vieillard leva les yeux sur lui en tremblant de tous ses membres.

— Vous êtes surpris, et cela peut être naturel. Oui, je sais votre secret je sais ce que sont devenues toutes les sommes que je vous ai avancées. Vous dirai-je où elles sont sont allées?

— Dites-le, si bon vous semble.

— Elles sont allées à la table de jeu, à la table de jeu que vous fréquentez toutes les nuits. C'était là le précieux projet qui devait faire votre fortune, n'est-ce-pas? C'était là votre Eldorado, la mine inépuisable d'or dans laquelle tout mon argent se serait englouti si j'avais été aussi fou que vous le pensiez.

— Oui, s'écria le vieillard les yeux étincelants, c'était là mon plan de fortune, ce l'est encore, ce le sera jusqu'à ma mort.

— Faut-il que je me sois laissé aveugler par un misérable joueur! dit Quilp en le regardant avec mépris.

— Je ne suis point un joueur; je prends le ciel à témoin que je n'ai jamais joué par amour du jeu ni par désir de m'enrichir moi-même. Toutes mes pensées étaient pour elle. Chaque fois que je hasardais une somme sur une carte ou sur un dé, je prononçais tout bas le nom de l'orpheline en priant le ciel de bénir mes efforts, et il ne l'a jamais fait. Tout mon gain, jusqu'au dernier farthing, aurait été pour une jeune et innocente créature que je voulais mettre à l'abri de tout les coups de la fortune. Quel était le but de ceux qui ont gagné mon argent? C'était de se procurer les moyens de se livrer à la dissipation, à la débauche, à tous les vices. Qui n'aurait pas cru comme moi que le ciel me favoriserait de préférence à eux?

— Et quand avez-vous commencé cette carrière d'extravagances?

— Quand j'ai réfléchi aux longues années qu'il m'avait fallu pour amasser, schelling à schelling, le peu que je possédais, combien il m'en faudrait encore pour laisser à l'orpheline la fortune que je désirais lui assurer, et combien peu de temps il me restait à vivre, ce fut alors que je saisis le seul moyen qui pût me faire arriver à mon but.

— Est-ce après que vous fûtes venu me prier de faire passer la mer à votre précieux petit-fils?

— Peu de temps après. J'y pensai longtemps, et quand je commençai, je n'y pris aucun plaisir, et je ne m'attendais pas à en trouver. Qu'y ai-je gagné? Des jours d'inquiétude, des nuits sans sommeil, la perte de ma santé et de tout ce que je possédais.

— Oui, vous avez perdu d'abord tout ce que vous aviez épargné, et ensuite vous êtes venu me trouver. Je croyais que vous faisiez votre fortune, et vous vous réduisiez à la mendicité. Heureusement j'ai eu soin de me faire donner tout ce que vous pouviez offrir en garantie de vos emprunts et même un acte de vente de tout ce qui se trouve ici. A ces mots, Quilp se leva et regarda autour de lui, comme pour voir si rien n'en avait été distrait. Mais n'avez-vous donc jamais gagné?

— Jamais! jamais je n'ai recouvré ce que j'avais perdu.

— Je croyais, dit le nain en ricanant, que si l'on jouait assez longtemps on était sûr de finir par gagner, ou du moins de ne pas quitter le jeu en perdant.

— Rien n'est plus vrai, s'écria le vieillard avec chaleur; je le savais; je l'ai vu plus d'une fois; mais je ne l'ai jamais si bien senti qu'en ce moment. Quilp, les trois dernières nuits, j'ai rêvé que je quittais le jeu ayant gagné une somme immense, et toujours la même. Jamais je n'avais fait un pareil rêve, et il faut que ce soit un avis du ciel. Ne m'abandonnez donc pas à l'instant où une pareille chance s'offre à moi. Vous êtes ma seule ressource; venez donc à mon secours, et fournissez-moi les moyens de tenter la fortune une dernière fois.

Le nain leva les épaules et secoua la tête.

— Voyez, Quilp, mon bon Quilp, dit le vieillard tirant de sa poche quelques cartes couvertes de chiffres; voyez seulement ceci. Ces chiffres sont le résultat de longs calculs, d'une pénible et dure expérience. Je suis sûr de gagner à présent. Il ne me faut pour cela qu'une bagatelle; seulement quarante livres sterling, mon cher Quilp.

— La dernière fois je vous en ai avancé soixante-dix, elles sont parties en une seule nuit.

— Je le sais; mais le temps où je devais gagner n'était pas encore arrivé. Ce n'est pas pour moi que je vous sollicite, Quilp. Si j'étais seul, que m'importerait de mourir? C'est pour une orpheline que je vous implore.

— Je suis fâché d'avoir un rendez-vous dans la Cité, dit Quilp en regardant à sa montre avec beaucoup de sang-froid, sans quoi j'aurais volontiers passé encore une demi-heure avec vous; mais il faut que je vous quitte.

— Quilp, s'écria le vieillard en le retenant par un pan de son habit, nous avons causé plus d'une fois ensemble de l'histoire de sa pauvre mère, et c'est peut-être ce qui a fait naître en moi la crainte que sa fille ne tombât dans la pauvreté. Vous avez beaucoup gagné avec moi, ne me refusez donc pas ma dernière demande!

— Cela m'est réellement impossible, répondit Quilp avec une politesse qui ne lui était pas ordinaire ; mais je vous le dirai, car c'est une circonstance remarquable, en ce qu'elle prouve que l'homme le plus fin peut quelquefois se laisser tromper ; j'ai été tellement aveuglé par votre manière parcimonieuse de vivre seul avec Nelly, par la réputation de richesse dont vous jouissiez parmi ceux qui vous connaissaient, et par vos assurances réitérées que mes avances vous vaudraient trois et quatre fois l'intérêt que vous m'en payiez, que, malgré mes soupçons naissants, je vous aurais encore prêté aujourd'hui sur votre simple reconnaissance la somme que vous me demandez, si je n'avais appris d'une manière inattendue vos équipées nocturnes.

— Qui a pu vous en informer, qui a pu en être instruit malgré toutes mes précautions? Son nom, son nom!

Le nain astucieux pensa qu'il ne pouvait nommer Nelly sans amener la découverte de l'artifice qu'il avait employé ; et comme il ne pouvait y rien gagner, il résolut de n'en rien dire. Qui croyez-vous que ce puisse être? demanda-t-il pour gagner du temps.

— Il faut que ce soit Kit ; il m'aura épié, et vous l'aurez gagné.

— Comment avez-vous songé à lui? dit Quilp avec un ton de commisération. Ce pauvre Kit! Eh bien! oui, c'est lui.

A ces mots il fit un signe de tête au vieillard, et se retira. Mais dès qu'il fut dans la rue il se frotta les mains en grimaçant de plaisir, et se dit à lui-même : Pauvre Kit! c'est lui qui disait qu'on n'avait jamais montré à la foire un nain plus hideux que moi. Ah! ah! ah! ce pauvre Kit!

CHAPITRE VII

Sous l'ombre d'une arcade qui faisait l'entrée d'un passage en face de la maison du vieillard, était un homme le dos appuyé contre la muraille. Il s'était placé dans cette attitude à la chute du jour, et n'en avait pas changé depuis ce temps. Il ne faisait aucune attention aux passants, car ses yeux étaient constamment fixés sur une fenêtre au premier étage, près de laquelle Nelly avait coutume d'aller s'asseoir au commencement de la nuit quand son aïeul était sorti pour se distraire quelques instants en regardant dans la rue. Il donnait souvent des signes d'impatience et de désappointement; mais ce ne fut que lorsque l'horloge d'une église voisine eut sonné minuit qu'il perdit toute espérance et quitta son poste. Après avoir traversé ce passage, il entra dans un autre, et s'arrêta devant la porte d'une petite maison, et en levant le loquet il entra.

— Qui est là? s'écria une voix de femme. Ah! c'est vous, Kit?

— Oui, ma mère, c'est moi.

— Comme vous avez l'air fatigué!

— Mon vieux maître n'est pas sorti cette nuit, et elle n'a pas été s'asseoir près de la fenêtre; et à ces mots, il s'assit près du feu d'un air triste et mécontent.

La chambre dans laquelle Kit venait d'entrer semblait être le séjour de l'indigence; mais on y remarquait cet ordre et cette propreté qui dépouillent la pauvreté de ce qu'elle a de plus repoussant. Quelque tard qu'il fût déjà, la mère était encore occupée à repasser du linge; un enfant encore tout jeune dormait dans un berceau; un autre de quatre à cinq ans, déshabillé pour se coucher, mais qui avait refusé de se mettre au lit, s'était assis dans un panier à linge.

Kit était disposé à avoir de l'humeur; mais il aperçut sur la table un gros morceau de pain et une petite tranche de viande froide que sa mère avait eu soin de lui préparer quelques heures auparavant. Cette vue lui rappela qu'il n'avait pas soupé, et prenant son couteau, il s'approcha de la table.

— Ne disiez-vous pas que votre maître n'était pas sorti cette nuit? dit mistress Nubles.

— Oui, et c'est tant pis.

— Vous devriez dire que c'est tant mieux, parce que miss Nelly ne restera pas seule.

— J'oubliais cela. J'ai dit tant pis, parce que je l'ai épiée depuis huit heures et je ne l'ai pas vue.

— Je voudrais savoir ce qu'elle dirait si elle savait que toutes les nuits, tandis qu'elle est assise près de cette fenêtre, vous êtes à veiller dans la rue de crainte qu'il ne lui arrive quelque accident, et que vous ne revenez ici que lorsque vous croyez qu'elle est en sûreté dans son lit.

— Ne vous inquiétez pas de ce qu'elle dirait. Elle n'en saura jamais rien, et par conséquent jamais elle n'aura rien à en dire.

— Bien des gens du moins pourraient dire que vous êtes amoureux d'elle.

— Paste! répliqua Kit en s'enfonçant dans la bouche une bouchée de pain monstrueuse.

— Pour parler plus sérieusement, reprit sa mère, car ce que je disais n'était qu'un badinage, il est bien cruel à lui de laisser ainsi miss Nelly toute seule toutes les nuits.

— Il ne le croit pas. S'il le croyait, il n'en ferait rien. Je le connais assez pour en être sûr.

— Pourquoi donc le fait-il? Pourquoi cherche-t-il à vous cacher qu'il sort de chez lui toutes les nuits?

— Je n'en sais rien. S'il n'avait pas si fort cherché à me le cacher, je ne l'aurais jamais découvert. C'est parce que j'ai vu qu'il me renvoyait tous les soirs que j'ai été curieux de savoir pourquoi. Mais qu'est-ce que j'entends?

— C'est quelqu'un qui court dans la rue.

— Et qui la traverse pour venir ici. Est-ce qu'il serait sorti depuis que j'ai quitté mon poste? Est-ce que le feu aurait pris à la maison?

Il se leva; mais son inquiétude le rendit immobile. Cependant la porte d'entrée s'ouvrit, et Nelly se précipita dans l'appartement pâle et respirant à peine.

— Miss Nelly! s'écrièrent en même temps la mère et le fils; qu'est-il donc arrivé?

— Je ne puis rester qu'un instant, répondit-elle, grand papa est fort mal, je l'ai trouvé par terre sans connaissance.

— Je vais courir chercher un docteur! s'écria Kit prenant son chapeau.

— Non, non, dit Nelly, il y a déjà un médecin près de lui, et... et... il ne faut plus que vous veniez jamais à la maison.

— Moi!

— Vous. Ne me demandez pas pourquoi, car je n'en sais rien, et ne soyez pas fâché contre moi, car je n'en suis point la cause; je n'y suis pour rien.

Kit la regarda en ouvrant de grands yeux et la bouche béante; mais il ne put prononcer un seul mot.

— Il ne fait que se plaindre de vous. Je ne sais ce que vous avez fait; j'espère que ce n'est rien de bien mal.

— Ce que j'ai fait!

— Il vous accuse d'être la cause de tout son malheur, et le médecin dit qu'il ne faut pas qu'il vous voie ou qu'il en mourra. Je suis venue vous en prévenir, et vous dire qu'il faut que vous ne reveniez jamais à la maison. O Kit, que pouvez-vous avoir fait, vous en qui j'avais tant de confiance, vous qui étiez presque mon seul ami?

Kit ouvrit la bouche et les yeux à se les fendre; mais il lui fut impossible de parler.

— J'ai apporté ce qui lui est dû pour cette semaine, dit Nelly qui regarda mistress Nubbles et mit quelques pièces de monnaie sur la table; et... et quelque chose de plus, car il a toujours eu beaucoup d'attentions pour moi. J'espère qu'il trouvera de l'occupation ailleurs, et je regrette beaucoup qu'il nous quitte de cette manière; mais il le faut. Adieu! A ces mots, elle partit en pleurant.

La bonne femme, qui n'avait jamais eu la moindre raison pour douter de la probité et de la fidélité de son fils, fut pourtant surprise qu'il n'eût pas dit un seul mot pour se justifier. Divers soupçons se présentèrent à son imagination; mais ils étaient si pénibles et lui paraissaient si peu probables qu'elle ne put même se résoudre à en faire l'objet d'une question. En ce moment l'enfant qui était dans le berceau s'éveilla et se mit à crier; celui qui s'était assis dans le panier à linge voulut en sortir, tomba par terre, renversa le panier sur lui, et cria encore plus fort. La mère releva l'un, berça l'autre, et en cherchant à les apaiser tous deux oublia les idées qui l'occupaient; et au milieu de ce désordre momentané Kit restait debout, immobile, comme dans un état de stupéfaction.

CHAPITRE VIII

Le lendemain, le vieillard avait une fièvre ardente accompagnée de délire. Pendant deux ou trois semaines il fut dans un danger imminent, et durant tout ce temps Nelly ne cessa de lui prodiguer tous ses soins. Cependant sa maison n'était plus le séjour de la paix et de la tranquillité, un nouveau maître s'en était emparé, et le malade même n'y restait que sous le bon plaisir très précaire de M. Daniel Quilp.

Après sa dernière entrevue avec le vieillard, M. Quilp, en vertu des diverses garanties qu'il avait exigées pour sûreté des prêts qu'il lui avait faits, s'était fait autoriser en justice à se mettre en possession de la maison et de tout ce qu'elle contenait; et pour que personne ne songeât à la lui contester, il s'y était installé quelques jours après le commencement de la maladie du vieillard, et s'y était fait accompagner par son procureur.

Il établit son quartier général dans l'arrière-boutique; et ayant choisi parmi les meubles antiques qui se trouvaient dans la pièce précédente le fauteuil le plus commode qu'il pût trouver pour lui-même, il l'y fit transporter avec le premier qui lui tomba sous la main pour son coadjuteur. Cet appartement était loin de la chambre qu'occupait le malade; mais Quilp jugea prudent de prendre une précaution contre l'infection de la fièvre, et cette précaution fut non-seulement de fumer lui-même, mais de faire fumer le procureur. Il envoya même chercher le jeune gardien de son quai, et dès qu'il fut arrivé il lui mit une pipe dans la bouche et lui ordonna de s'asseoir en dehors de la porte et de fumer sans cesser un instant à peine de châtiment corporel.

Le procureur était un homme perdu de réputation, nommé Brass; et pendant que Quilp fumait avec délices, assis dans un bon fauteuil, il était à la torture sur le sien, dont un bras était cassé et dont le coussin semblait rembourré de noyaux de pêches. Il détestait l'odeur du tabac; mais comme il avait des raisons particulières pour conserver les bonnes grâces et la clientèle de M Quilp, il fit un effort sur lui-même pour lui obéir, et à chaque bouffée de fumée qu'il exhalait il faisait une grimace épouvantable. Quilp s'en aperçut, et comme la souffrance des autres était une jouissance pour lui il s'en frotta les mains de plaisir.

— Ce tabac est excellent, Brass, lui dit-il, je parie que vous n'en avez jamais fumé de meilleur. Vous devez vous trouver aussi heureux que le Grand Turc. Eh bien, drôle! s'écria-t-il en se tournant vers le jeune homme, qui s'amusait à ricaner, vous ne fumez plus? Fumez, vous dis-je, ou je vous ferai avaler la pipe. Nous ne cesserons de fumer que lorsque nous sortirons d'ici.

— Y resterons-nous longtemps, monsieur Quilp ? demanda le procureur.

Jusqu'à ce que le malade meure, je suppose.
— Hé ! hé ! hé ! excellent ! — Et s'il guérit, monsieur Quilp ?
— Alors il en sortira ainsi que nous.
— Quelle bonté de cœur ! Il y a des gens qui auraient déjà fait vendre tout le mobilier ; il y en a qui auraient fait porter le malade dans un hôpital ; il y en a...
— Il y en a qui s'épargneraient la peine de jaboter en vrai perroquet, comme vous le faites. Fumez du moins, ne pouvez-vous fumer en parlant ?
— Hé ! hé ! hé ! vous avez toujours le mot pour rire, monsieur Quilp.
— Voilà la fille qui descend, dit la sentinelle qui fumait à la porte.
— Que dites-vous, chien que vous êtes ? s'écria Quilp.
— Je vous dis que la jeune fille est sur l'escalier, êtes-vous sourd ?
— Oh ! dit Quilp en ouvrant la porte, c'est vous, Nelly ? Eh bien, comment va mon vieux roi de carreau ?
— Fort mal, répondit Nelly en pleurant.
— Quelle jolie petite créature, Brass !
— Charmante, monsieur, tout à fait charmante.
— La petite Nelly veut-elle s'asseoir sur le genoux de son ami Quilp ? dit le nain d'un ton qu'il croyait être caressant ; ou va-t-elle se coucher dans sa petite chambre ?
— Quel ton agréable il sait prendre avec les enfants ! — dit Brass les les yeux levés vers le plafond, comme s'il eût causé avec lui ; c'est un plaisir de l'entendre.
— Je ne vais pas rester ici, répondit Nelly. Je viens chercher dans cette chambre quelques objets dont j'ai besoin, et je n'y reviendrai plus.
— C'est pourtant une petite chambre très commode, dit le nain regardant par la porte, tandis qu'elle y entrait. Etes-vous bien sûre que vous n'y reviendrez pas coucher, Nelly ?
— Très sûre, répondit-elle en faisant un petit paquet de linge et de vêtements. Je n'y reviendrai jamais ; non jamais. Et un instant après elle remonta dans la chambre du malade.
— Ce lit convient parfaitement à ma taille, dit le nain, et je crois que je me l'approprierai. — Il en fit l'essai sur-le-champ, le trouva fort bon, déclara qu'il y passerait la nuit, et dit à Brass de s'arranger comme il le voudrait dans l'autre chambre. Le procureur fut enchanté d'un arrangement qui le dispenserait de fumer, et ayant trouvé dans la boutique un antique canapé, il s'y étendit, et ne tarda point à s'endormir.

Telles furent les premières mesures de M. Quilp quand il prit possession de sa nouvelle propriété. Pendant quelques jours, il s'occupa à faire, à l'aide de M. Brass, un inventaire exact de tout le mobilier qui se trouvait dans la maison, et il y employa tout le temps que lui laissaient les affaires qui l'appelaient au dehors. Une couple de semaines se passèrent ainsi, et il commença à s'impatienter de ce que la maladie du vieillard ne prenait pas un caractère décidé soit en mieux, soit en pire. Il chercha plus d'une fois à entrer en conversation avec Nelly, mais inutilement, car le son de sa voix suffisait pour la faire fuir ; et elle ne sortait guère de la chambre du malade que pour aller respirer un air plus pur dans la chambre vide où se trouvait la fenêtre donnant sur la rue, dont il a déjà été parlé.

Un soir qu'elle y était à son ordinaire, elle crut entendre prononcer son nom dans la rue par une voix qui lui était bien connue, et s'approchant de la croisée, elle reconnut Kit, qui faisait tous ses efforts pour attirer son attention.

— Miss Nelly, criait-il d'une voix retenue.

— Eh bien, que me voulez-vous? demanda Nelly ne sachant trop si elle pouvait avoir encore des communications avec son ancien favori que son aïeul avait disgracié.

— Il y a longtemps que je désire vous dire un mot; mais les gens qui sont dans la maison n'ont jamais voulu me laisser entrer. J'espère, miss Nelly, que vous ne croyez pas que j'aie mérité d'être congédié comme je l'ai été?

— Il faut bien que je le croie; sans cela pourquoi grand-papa aurait-il été en colère contre vous?

— Je n'en sais rien, mais je suis sûr que je ne lui en ai jamais donné sujet, pas plus qu'à vous, miss Nelly. Et m'être vu fermer la porte au nez quand je venais seulement demander comment se portait mon ancien maître!

— On ne m'en a rien dit. Je suis fâchée qu'on vous ait traité ainsi.

— Je vous remercie, miss Nelly; j'étais bien sûr que ce n'était pas vous qui en aviez donné l'ordre; mais il y a de nouveaux maîtres dans la maison. C'est un triste changement pour vous.

— Hélas! oui.

— Et c'en sera un cruel pour lui, quand il sera guéri.

— S'il guérit jamais.

— Oh! il guérira, miss Nelly; je vous réponds qu'il guérira, à moins que trop de fatigue ne vous rende malade à votre tour, car je suis sûr qu'il en mourrait. Mais quand il sera guéri, j'espère que vous lui direz un mot en ma faveur, miss Nelly.

— Le médecin dit qu'il ne faut pas prononcer votre nom devant lui d'ici à longtemps. D'ailleurs à quoi cela vous servirait-il? Nous allons être si pauvres, que nous aurons à peine du pain à manger.

— Ce n'est pas pour rentrer à votre service et y gagner des gages et ma nourriture, que j'ai cherché à vous voir, miss Nelly. Non; c'est pour quelque chose de bien différent; et... et s'il pouvait reprendre sa bonne opinion de moi, peut-être... peut-être...

Voyant que Kit hésitait à continuer, Nelly lui dit de se hâter, attendu qu'il fallait qu'elle retournât près du malade.

— Eh bien, continua Kit s'armant de tout son courage, peut-être ne me trouverait-il pas trop hardi si je lui disais : Cette maison n'est plus à vous; vous ne pouvez y rester; ma mère et moi nous n'en avons qu'une bien humble; mais pourquoi n'y viendriez-vous pas, jusqu'à ce que vous ayez le temps de regarder autour de vous, et d'en trouver une meilleure? Je conviens, miss Nelly, qu'elle est petite et peu commode, mais elle est propre, et il y a au premier étage une chambre et un cabinet, qui sont précisément tout ce qu'il vous faudrait. Ma mère vous servirait tous deux, et moi je ferais vos commissions. Et nous n'entendons rien vous demander pour cela, miss Nelly; promettez-moi seulement d'en parler à mon ancien maître, et demandez-lui d'abord en quoi je l'ai offensé.

Avant que Nelly eût eu le temps de lui répondre, la porte de la maison s'ouvrit, et M. Brass s'y montrant, la tête couverte d'un bonnet de nuit, s'écria d'une voix dure : Qui est donc là? Kit s'enfuit sans être aperçu à la faveur de l'obscurité, et Nelly fermant la fenêtre sans bruit se retira dans la chambre de son aïeul. Brass répéta plusieurs fois la question à haute voix, et Quilp, éveillé par ce bruit, arriva à son tour à la porte, aussi en bonnet de nuit, avança dans la rue, regarda à droite, à gauche, et à toutes les croisées, pour tâcher de découvrir qui avait donné l'alarme au procureur; mais n'apercevant rien, il rentra avec son ami, en jurant qu'il y avait une bande de brigands qui étaient à l'affût pour le voler et le piller, et qu'il n'attendrait pas plus longtemps pour disposer du mobilier et retourner dans sa maison.

CHAPITRE IX

Cette nuit même, il y eut une crise dans la maladie du vieillard; elle lui fut favorable, et il rentra en convalescence plus promptement qu'on n'aurait pu l'espérer : mais son esprit était affaibli, et ne s'acquittait plus de ses fonctions ordinaires. Il avait l'air pensif, mais non accablé; il s'amusait d'un rien, ne se plaignait jamais, paraissait avoir perdu toute idée du cours du temps; passait des heures entières tenant une main de Nelly entre les siennes, jouant avec ses petits doigts, se baissant de temps en temps pour lui baiser le front, et quand il voyait des larmes dans ses yeux, il avait l'air d'en être surpris. Une visite qu'il reçut quelques jours après lui rendit pourtant le souvenir du passé et l'exercice partiel de ses facultés mentales.

Un matin qu'il était assis dans son grand fauteuil, et que Nelly était à son côté sur un tabouret, quelqu'un frappa à la porte de sa chambre en demandant : Peut-on entrer? Il répondit affirmativement, sans montrer aucune émotion, quoiqu'il eût reconnu la voix de Quilp.

— Je suis charmé de vous revoir enfin, voisin, dit le nain en s'asseyant en face de lui, vous avez l'air tout à fait robuste à présent.

— Oui, répondit le vieillard d'une voix faible, tout à fait.

— Je n'ai pas dessein de vous presser, voisin; mais plutôt vous pourrez vous arranger pour choisir votre domicile futur, mieux cela vaudra.

— Sans doute, ce sera le mieux pour tout le monde.

— Les marchandises et les meubles une fois enlevés, cette maison ne sera plus habitable.

— Vous avez raison; et la pauvre Nelly, qu'y deviendrait-elle?

— Précisément. Vous y songerez donc, voisin?

— Oui, oui, j'y songerai.

— J'ai vendu tout le mobilier qui s'y trouve, pas bien cher, mais pas pour rien, et l'acquéreur demande à l'emporter. Je vous répète que je ne vous presse pas, cependant il faut fixer un jour. Voyons ! c'est aujourd'hui mardi, songez que rien ne presse, dirons-nous demain matin ?

— Disons plutôt vendredi.

— Vendredi matin, soit ; mais songez bien, voisin, que, sous aucun prétexte, je ne puis vous accorder un plus long délai.

— Fort bien, je m'en souviendrai.

N'ayant rien de plus à demander, Quilp se leva, dit au vieillard qu'il prenait toujours à lui le plus vif intérêt, le félicita de nouveau de sa bonne mine, et le quitta pour aller raconter à M. Brass ce qui venait de se passer.

Toute la journée suivante, le vieillard ne fit qu'aller et venir du haut en bas dans toute la maison, entrant dans toute les chambres, comme s'il eût voulu leur faire ses adieux ; mais il ne fit aucune allusion ni à la visite de M. Quilp, ni à la nécessité où il était de chercher un autre abri. Cependant il semblait avoir une idée indistincte de l'état de dénûment dans lequel sa petite-fille allait se trouver, car il la serra plusieurs fois contre son cœur en lui disant de ne pas s'affliger, et qu'ils ne se sépareraient jamais.

Pendant la matinée du jeudi, nul changement ne s'opéra dans la situation du vieillard ; mais il y en eut un assez remarquable dans le commencement de la soirée.

Dans la cour d'une maison voisine s'élevait en face de la croisée de la chambre du vieillard un grand arbre dont les branches frappées par le soleil et agitées par le vent projetaient leur ombre sur la muraille, et y dessinaient un tableau toujours mouvant. Le vieillard y avait sans cesse les yeux fixés, comme si cette vue lui avait parlé de sites paisibles bien éloignés, de repos et de contentement. Nelly crut voir qu'il était ému, mais il gardait le silence. Enfin des larmes lui tombèrent des yeux, il se leva, et faisant un mouvement comme pour se jeter à ses genoux, il la pria de lui pardonner.

— Et que pourrais-je avoir à vous pardonner, grand-papa ? s'écria Nelly en le retenant et le forçant presque à se rasseoir.

— Tout ce qui s'est passé, tout ce que j'ai fait dans ce cruel rêve.

— Je ne sais ce que vous voulez dire, grand-papa. Parlons d'autre chose.

— Oui, parlons de ce que vous me disiez il y a longtemps, quand... Y a-t-il des mois, des semaines ou des jours, Nelly ?

— Je ne vous comprend pas.

— Je m'en suis souvenu aujourd'hui, tout à l'heure, et je vous en remercie.

— De quoi, grand-papa ?

— De ce que vous m'avez dit quand je vous ai appris que nous étions réduits à la mendicité. Mais parlons plus bas. Si ceux qui sont ici m'entendaient, ils diraient que je suis fou, et ils vous arracheraient de mes bras. Nous ne resterons pas un jour de plus.

— Oui, partons-en, et n'y revenons jamais. Je ferais le tour du monde, les pieds nus, plutôt que de rester ici.

— Oui, Nelly, nous voyagerons à pied à travers les bois et les champs et sur les bords des rivières, et nous implorerons la protection de Dieu dans les solitudes que sa présence sanctifie. Il vaut mieux passer les nuits sous le dôme du firmament, voyez comme il est beau! que d'habiter des chambres toujours pleines de soucis. Nous serons encore heureux, et le moment actuel sera pour nous comme s'il n'eût jamais existé.

La pauvre Nelly ne vit dans ce tableau que le retour du bonheur tranquille dont elle avait autrefois joui, elle ne songeait ni à la faim, ni à la soif, ni au froid, ni à la fatigue, et son jeune cœur s'ouvrit à la patience et à l'espoir.

Le vieillard se coucha, et dès qu'il fut endormi, elle s'occupa des préparatifs de leur départ. Ils ne furent pas bien longs, car ils ne pouvaient emporter qu'un peu de linge et quelques vêtements. Elle en mit une partie dans une petite valise dont son aïeul devait se charger, et fit du reste un paquet qu'elle pourrait prendre sous un de ses bras. Après les avoir mis près d'un bâton destiné à aider la marche chancelante du vieillard, elle alla s'asseoir quelques instants, pour la dernière fois, près de la fenêtre devant laquelle elle avait passé tant de soirées. Mais sa petite chambre, cette chambre dans laquelle elle avait continué de s'agenouiller matin et soir, où elle avait passé tant de nuits paisibles, combien elle regretta de ne pouvoir aller lui faire ses adieux! Elle y avait laissé quelques bagatelles qu'elle aurait aimé à emporter; mais c'était une chose impossible. La cage de son serin y était suspendue, et l'idée de se séparer de cette pauvre créature et d'ignorer ce qu'elle deviendrait, lui fit verser quelques larmes. Mais il lui vint tout à coup à l'esprit, elle n'aurait pu expliquer ni pourquoi ni comment, que, de manière ou d'autre, l'oiseau tomberait entre les mains de Kit, qui le garderait pour l'amour d'elle, et qui en aurait soin. Cette pensée tarit ses larmes, et elle alla se coucher le cœur plus léger.

Quand elle s'éveilla, elle fut surprise de voir qu'il faisait encore nuit, car les étoiles brillaient dans le firmament; mais les premiers rayons de l'aurore ne tardèrent pas à les faire pâlir. Elle se leva sur-le-champ et s'habilla pour être prête à partir. Son aïeul dormait encore; mais il ne tarda pas à s'éveiller. Il était impatient de quitter cette maison, et quelques instants lui suffirent pour s'y préparer.

Nelly le prit par la main, et ils descendirent l'escalier avec précaution, tremblant chaque fois qu'une planche craquait sous leurs pieds et s'arrêtant souvent pour écouter. La valise était oubliée, et le vieillard crut que la minute qu'il fallut à sa petite-fille pour aller la chercher était une heure. Enfin ils arrivèrent au rez-de-chaussée, où le ronflement de Quilp leur parut plus formidable que le rugissement d'un lion. Les verrous de la porte étaient rouillés, et ils trouvèrent difficile de les ouvrir sans bruit. Mais alors ils s'aperçurent que la clef n'était pas dans la serrure, et Nelly se souvint que la garde-malade lui avait dit que M. Quilp la mettait tous les soirs sur une table dans sa chambre. Ce ne fut qu'avec crainte et en tremblant que Nelly, ayant ôté ses souliers, entra doucement dans la boutique, où M. Brass dormait sur un canapé, traversa la chambre suivante et trouva ouverte la porte de la sienne. Son joli petit lit était occupé par le nain hideux qui continuait à ronfler. Apercevant la clef sur la table, elle allongea un bras pour s'en emparer, et se retira avec précaution pour aller rejoindre son aïeul. Ils ouvrirent la porte sans bruit, et le moment d'après ils étaient dans la rue.

— De quel côté irons-nous? demanda Nelly.

Le vieillard eut l'air irrésolu. Il la regarda, jeta un coup d'œil à droite, un autre à gauche, et la regarda encore en secouant la tête. Il était clair qu'elle devait désormais lui servir de guide. Elle le sentit, et, lui prenant la main sans hésiter, elle tourna à droite.

C'était une belle matinée du mois de juin. Pas un seul nuage ne troublait la pureté du firmament. Les rues étaient encore presque désertes ; toutes les boutiques étaient fermées, et l'air salubre du matin tombait sur la ville endormie comme l'haleine des anges. Ce fut ainsi qu'ils sortirent de la ville sans savoir où ils allaient.

CHAPITRE X

Daniel Quilp, de Tower-Hill, et Samson Brass, procureur dans les cours de justice de Westminster et solliciteur en la cour de la chancellerie, demeurant dans Bevis-Marks, Cité de Londres, continuèrent à dormir paisiblement jusqu'au moment où l'on frappa à la porte de la rue, d'abord à petits coups, ensuite plus fort, et enfin avec un bruit semblable à celui du tonnerre et qui éveilla en même temps les deux compagnons. Quilp se rappela sur-le-champ qu'il avait envoyé ordre à sa femme de venir le trouver de très bonne heure le vendredi matin, et il se leva à la hâte pour la punir de l'audace qu'elle avait d'annoncer son arrivée d'une manière si bruyante. M. Brass, qui était à s'habiller, le vit regarder sous la table en murmurant des imprécations et lui demanda ce qu'il cherchait.

— La clef, répondit le nain d'un ton courroucé, la clef de la porte! Vous devez savoir où elle est?

— Comment le saurais-je, monsieur?

— Comment vous le sauriez! Et vous vous dites procureur? Vous n'êtes qu'un idiot!

— Vous l'avez peut-être laissée sur la porte, monsieur.

Quilp était convaincu du contraire; cependant, à sa grande surprise, il la trouva dans la serrure, et vit en même temps que les verrous n'étaient pas fermés. Comme on recommençait à frapper à tour de bras, et croyant toujours que c'était sa femme, il ouvrit la porte tout doucement, et se précipita hors de la maison la tête et les poings en avant pour la châtier sans miséricorde. Mais, au lieu de trouver un être craintif qui n'oserait lui opposer aucune résistance, il tomba entre les bras d'un individu qui, se voyant menacé, lui asséna deux grands coups de poing sur la tête, deux autres dans la poitrine, et les coups se succédèrent si rapidement, que Quilp, après avoir cherché inutilement à mordre et à égratigner son adversaire, s'en écarta en faisant un saut dans la rue pour reprendre haleine, tandis que M. Swiveller exécutait une espèce de danse autour de lui, les poings fermés en boxeur expérimenté, en lui demandant s'il en voulait davantage.

— Pourquoi n'avez-vous pas dit qui vous étiez? demanda le nain en se frottant la tête.

Pourquoi ne me l'avez-vous pas demandé, au lieu de sortir la tête en avant, comme un bélier menaçant de ses cornes?

— C'est donc vous qui avez frappé?

— Oui, c'est moi. Madame avait déjà frappé quand je suis arrivé, dit Swiveller en montrant du doigt mistress Quilp, qui était à quelques pas toute tremblante; mais elle frappait si doucement que je me suis chargé de le faire.

— Humph! dit le nain en jetant un regard courroucé sur sa femme, je me suis bien douté qu'elle en était cause. Et vous, monsieur, ne saviez-vous pas qu'il y avait un malade dans la maison et qu'il ne fallait pas frapper si fort?

— Je commençais à croire que tout le monde y était mort, répondit Swiveller.

— Vous aviez quelque motif pour venir ici, je suppose. Que désirez-vous?

— Je désire savoir comment se porte le maître de la maison et l'apprendre de la bouche de miss Nelly, avec qui je voudrais avoir un moment d'entretien, étant un ami de la famille.

— Eh bien, entrez monsieur, entrez! Et vous aussi, mistress Quilp. Passez devant moi, madame!

La pauvre femme hésita, car elle savait par expérience qu'il ne lui donnait cet ordre que pour pouvoir lui pincer les bras, qu'elle avait toujours couverts de marques bleues et noires, mais Quilp insista, et il fallut obéir.

— A présent, mistress Quilp, dit le nain quand ils furent dans la boutique, allez dire à Nelly qu'on a besoin d'elle ici.

— Vous semblez agir comme si vous étiez chez vous, dit Swiveller quand mistress Quilp fut partie.

— Je suis chez moi, monsieur.

M. Swiveller cherchait encore à deviner ce que ces paroles signifiaient quand mistress Quilp descendit en annonçant qu'elle n'avait trouvé personne.

— Personne, idiote que vous êtes! s'écria Quilp.

— Personne, mon cher Quilp. Il n'y a pas une chambre dans laquelle je ne sois entrée, et toutes sont vides.

Quilp fronça les sourcils, monta l'escalier, et se convainquit par ses propres yeux que sa femme n'avait dit que la vérité.

— C'est une étrange manière de partir, dit-il en regardant Swiveller. S'en aller sans faire leurs adieux à leur meilleur ami! C'est quelque lubie du vieillard; mais Nelly m'écrira, car elle m'aime beaucoup, la petite fille. Au surplus, ajouta-t-il en se tournant vers M. Brass, cela ne doit pas empêcher le transport du mobilier, car nous savions qu'ils devaient partir aujourd'hui. Mais ils ont sans doute leur raison pour partir de si bonne heure et à petit bruit.

— Et où diable sont-ils allés ? demanda Swiveller.

Quilp branla la tête et poussa ses lèvres en avant, comme pour donner à entendre qu'il le savait, mais qu'il ne pouvait le dire.

— Et que voulez-vous dire, en parlant du transport du mobilier ?

— Je veux dire que je l'ai acheté.

— Ah ! dit Swiveller comme s'il se fût parlé à lui-même ; le vieux renard a donc fait fortune, et il est allé dans quelque retraite paisible pour en jouir tranquillement loin des embarras d'une grande ville.

— C'est cela, dit Quilp en se frottant les mains, et il cachera soigneusement cette retraite pour ne pas être exposé aux visites d'un petit-fils soumis et obéissant, et de ses dignes amis.

Richard Swiveller fut inquiet d'un changement qui menaçait de renverser tous ses projets, et il se repentit presque d'avoir rompu si brusquement avec Sophie Wackles. Ce n'était que dans le cours de la soirée précédente qu'il avait appris de Frédéric Trent la maladie du vieillard. Il s'était hâté de lui donner une preuve d'intérêt en venant s'informer de sa santé, et il avait préparé ses plus belles fleurs de rhétorique pour faire impression sur le jeune cœur de Nelly.

Au fond du cœur, Quilp lui-même était surpris et mécontent de ce départ subit et secret, sans qu'il pût savoir où ils étaient. Qu'on n'aille pourtant pas s'imaginer qu'il était inquiet de ce qu'ils deviendraient l'un et l'autre ; ce serait lui faire injure. Le fait est qu'il était tourmenté de l'idée que le vieillard pouvait bien avoir emporté quelque magot secret qu'il était possible qu'il eût en réserve, et sur lequel Quilp se reprochait de ne pas avoir mis la main.

— Eh bien ! je crois qu'il n'est pas nécessaire que je reste ici plus longtemps, dit M. Swiveller.

— Pas le moins du monde.

— Vous lui direz que je suis venu m'informer de sa santé.

— La première fois que je le verrai.

— Voulez-vous bien ajouter que j'étais venu porter sur les ailes de la concorde, pour enlever avec le rateau de l'amitié tous germes de mécontentement et d'animosité mutuelle, et pour planter à leur place ceux d'une harmonie sociale. Aurez-vous la bonté de vous charger de ce message, monsieur ?

— Très certainement.

— Et vous pourriez lui remettre cette carte, c'est mon adresse, et je ne sors jamais avant midi. Mes amis particuliers, quand on leur ouvre la porte, ont coutume de tousser, pour avertir qu'ils ne viennent pas chez moi par des motifs intéressés.

— Fort bien.

Swiveller fit ses adieux au nain, salua élégamment mistress Quilp, et se retira.

Plusieurs charrettes ne tardèrent pas à arriver pour faire le transport des marchandises et du mobilier. Quilp mit aussi la main à l'œuvre, et se fit un malin plaisir de charger sa pauvre femme de tout ce qu'il y avait de plus pénible et de plus difficile. M. Brass était sur le seuil de la porte, veillant au changement des voitures, et répondait aux questions des voisins curieux. Au bout de quelques heures, la maison était complètement vide, et les voitures partirent.

Assis dans la boutique, comme un chef africain, sur une vieille natte, qui avait été jugée trop usée pour mériter la peine d'être emportée, le nain faisait un déjeuner somptueux avec du pain, du fromage et un pot de bière, quand il vit à la porte un jeune homme qui semblait épier ce qui se passait dans l'intérieur. Quoiqu'il n'en vît guère que le bout du nez, il reconnut Kit, et il l'appela. Kit entra sur-le-champ et lui demanda ce qu'il lui voulait.

— Approchez ! dit Quilp. Eh bien, votre vieux maître et votre jeune maîtresse sont donc partis ?

— Partis ! répéta Kit en regardant autour de lui.

— Prétendez-vous dire que vous ne le saviez pas ? Où sont-ils allés ?

— Je n'en sais rien.

— Ne mentez pas, monsieur ! Vous savez fort bien qu'ils sont partis secrètement avant le lever du soleil.

C'est vous qui me l'apprenez.

— Vraiment ? Ne vous ai-je pas vu hier soir rôder autour de la maison comme un voleur. Ne vous l'a-t-on pas dit alors ?

— Non.

— Non ? De quoi vous a-t-on donc parlé ? Que vous a-t-on dit ?

Kit, ne voyant aucune raison pour en faire un secret, lui parla de l'offre qu'il avait faite à Nelly d'un petit appartement dans la maison de sa mère pour son aïeul et pour elle.

— Oh, oh ! dit le nain après un moment de réflexion ; en ce cas, vous les reverrez.

— Le croyez-vous ? demanda Kit avec empressement.

— Oui sans doute, je le crois. Mais écoutez-moi : si vous les revoyez, il faut m'en avertir, et je vous donnerai quelque chose. Je désire leur rendre service, mais je ne puis le faire sans savoir où les trouver. Vous m'entendez ?

Kit allait faire une réponse qui aurait enflammé la bile du nain, quand le jeune gardien du quai de Quilp qui avait été faire une visite dans toute les chambres pour voir s'il ne trouvait rien à glaner, rentra tenant en main la cage dont il avait déjà parlé, et s'écria : Voici un oiseau ; qu'en faut-il faire ?

— Lui tordre le cou, répondit le nain.

— Non, non ! n'en faites rien ! s'écria Kit ; donnez-le **moi** plutôt.

— A vous ? non. Laissez-moi lui tordre le cou. Mon maître ne me l'a-t-il pas ordonné ? Ne touchez pas à cette cage !

— Donnez-la moi, chien que vous êtes ! hurla le nain en prenant la cage. Battez-vous à qui l'aura. Je donne la cage et l'oiseau à celui qui aura battu l'autre.

Sans avoir besoin d'une plus longue exhortation, les deux jeunes gens tombèrent l'un sur l'autre, tandis que Quilp, par ses cris et ses perspectives, cherchait à redoubler leur acharnement mutuel. Ils étaient à peu près d'égale force, de même taille et de même âge, et les coups qu'ils se portaient n'était pas un jeu d'enfants. Enfin Kit en porta un si bien appliqué à la poitrine de son adversaire, qu'il le renversa en lui coupant la respiration; et arrachant la cage des mains de Quilp, il s'enfuit à toutes jambes.

Il ne s'arrêta qu'en arrivant chez sa mère qui poussa un cri de surprise et de consternation en lui voyant le visage couvert de sang.

— Ce n'est rien, ma mère, dit Kit en prenant un essuie-mains pour s'essuyer la figure; ce sont quelques gouttes de sang tombées de mon nez; je me suis battu pour cet oiseau, et je l'ai gagné.

— Se battre pour un oiseau! s'écria mistress Nubbles.

— Pour un oiseau! répéta Kit; mais cet oiseau était le serin de miss Nelly: on voulait lui tordre le cou en ma présence. M'était-il possible de le souffrir? Vous verrez comme il chante. Mais où accrocherai-je la cage? Ah! près de la croisée, l'oiseau y sera plus gaiement, et il n'aura qu'à lever les yeux en l'air pour voir le ciel.

Il arracha un vieux clou de la muraille, l'enfonça près de la croisée, y suspendit la cage, et se retira à l'autre bout de la chambre pour admirer son ouvrage.

— A présent, ma mère, dit-il, je vais voir si je pourrai trouver un cheval à tenir, et avec l'argent que je gagnerai, j'achèterai du millet pour l'oiseau, et quelque chose de bon pour votre dîner.

CHAPITRE XI

On voit bien des gens qui réussissent à se persuader qu'ils s'acquittent d'un devoir quand ils ne font que ce qui leur est le plus agréable. Ce fut quelque sentiment semblable qui porta Kit, en sortant de chez sa mère, à croire que son chemin était de passer devant la maison de son ancien maître, quoiqu'il ne fût pas plus probable qu'il trouvât de l'ouvrage de ce côté que de tout autre. La maison était déjà entièrement déserte, et l'on aurait cru qu'elle était inhabitée depuis plusieurs mois. La porte de la boutique était fermée avec un gros cadenas, tous les volets étaient fermés dans l'intérieur et quelques carreaux de vitres avaient été cassés pendant le déménagement. Des enfants déguenillés jouaient sur les marches de la porte, quelques-uns en agitaient le marteau et riaient du son creux et sourd qu'il produisait. Kit ne s'y arrêta qu'un instant et s'en éloigna avec chagrin.

Il parcourut un grand nombre de rues, tantôt à pas lents, tantôt marchant plus vite, et l'œil toujours au guet pour voir si, parmi le nombre de cavaliers qu'il rencontrait, quelqu'un s'arrêterait et aurait besoin qu'on tînt son cheval. Si quelqu'un d'eux savait qu'il n'y a rien dans le garde-manger à la maison, pensa-t-il, je voudrais bien savoir s'il s'arrêterait tout exprès pour me faire gagner quelques pence.

Il s'était assis sur les marches de la porte d'une maison pour se reposer, quand il vit avancer vers lui une petite chaise antique, traînée par un petit poney à longs poils, et conduite par un petit vieillard d'une rotondité remarquable et ayant un air de tranquillité parfaite. A côté de lui était une vieille petite dame, ayant presque autant d'embonpoint et une expression de physionomie aussi calme. Le petit poney semblait ne suivre que sa propre volonté. Il marchait droit ou suivait une diagonale, allait au trot ou au pas, comme cela lui convenait, et tout ce que pouvait dire ou faire son maître, ne changeait rien. Quand il fut près de Kit, il lui prit fantaisie de s'arrêter. Kit se leva, ôta son chapeau, et voyant que le vieillard le regardait, il lui demanda s'il avait besoin de quelqu'un pour tenir son cheval.

— Pas à présent, répondit le vieillard, mais nous devons nous arrêter dans la première rue à droite, et si vous voulez nous suivre, nous vous en chargerons. Eh bien, monsieur, continua-t-il en s'adressant au poney et en lui secouant sa bride sur le dos, vous plairait-il de marcher, où nous ferez-vous attendre jusqu'à ce que l'heure de notre rendez-vous soit passée ?

Le poney secoua sa crinière, mais resta immobile.

— Fi ! Whisker, fi ! dit la petite dame, je suis honteuse de votre conduite.

Ce reproche parut faire impression sur le poney, car il se mit en marche, et il ne s'arrêta plus que lorsque son maître lui en donna le signal, en face de la porte sur laquelle était une plaque en cuivre portant ces mots : Witherden, notaire. Là le vieillard dit à Kit de tenir la bride du cheval, descendit de voiture et aida la vieille dame à en descendre après qu'elle lui eût donné un bouquet, qui, pour la forme et la grosseur, ressemblait à une énorme bassinoire. Dès que la dame fut descendue, elle reprit le bouquet et entra dans la maison d'un pas majestueux, suivie de son mari qui avait un pied bot.

Ils entrèrent dans une pièce sur le devant, qui semblait être le cabinet du notaire. Comme il faisait très chaud, les fenêtres étaient ouvertes, et à travers les persiennes Kit pouvait entendre tout ce qui s'y passait.

— C'est trop de bonté ! Quelle odeur délicieuse ! Tels furent les premiers mots qu'il entendit, et il supposa qu'ils étaient prononcés par le notaire et qu'ils suivaient la présentation du bouquet.

— Je l'ai apporté en l'honneur de l'occasion, monsieur.

— Une occasion qui m'honore, madame, répondit M. Witherden. J'ai eu bien des jeunes gens qui ont fait leur apprentissage sous moi, madame, mais je dois dire qu'aucun ne m'a fait concevoir d'aussi brillantes espérances que votre fils unique.

— Quel plaisir de vous entendre parler ainsi, monsieur !

— Tout ce que M. Witherden peut dire de moi, je dois le dire au double de lui, dit une petite voix calme.

— C'est une heureuse circonstance, madame, que le commencement de son apprentissage coïncide avec le vingt-huitième anniversaire de sa naissance. J'espère, mon cher M. Garland, que nous aurons à nous en féliciter mutuellement.

Le vieillard répondit qu'il n'en doutait pas, et il ajouta qu'il croyait que jamais aucun fils n'avait été une source de bonheur plus féconde pour ses parents qu'Abel Garland. Nous n'étions plus très jeunes quand nous nous sommes mariés, continua-t-il, nous n'avons jamais eu que ce fils, n'est-il pas heureux que nous l'ayons toujours trouvé affectueux et soumis.

— Oh ! bien certainement. C'est la contemplation de votre bonheur, monsieur Garland, qui me fait regretter d'être garçon. J'ai connu autrefois une jeune demoiselle, fille d'un marchand très respectable, que... mais c'est une faiblesse de parler de pareilles choses. Chuckster, apportez le brevet d'apprentissage.

— Vous avez dû voir, monsieur, qu'Abel n'a pas été élevé comme la plupart des jeunes gens... Il a toujours été sous nos yeux. Il ne nous a jamais quittés un seul jour.

— Excepté quand il a été à Margate un samedi avec M. Tomkinley, ma chère, et qu'il en est revenu le lundi. Aussi a-t-il été malade ensuite : c'était une trop forte dissipation pour lui.

— Vous savez qu'il n'y était pas habitué, mon cher ; d'ailleurs il était mal à l'aise loin de nous, et il n'avait personne à qui parler.

— C'est cela même, dit la petite voix calme qui avait déjà parlé. J'étais là comme en pays étranger, ma mère, et il y avait un bras de mer entre vous et moi. Ah ! je n'oublierai jamais ce que j'éprouvai en pensant qu'un bras de mer nous séparait.

— Rien n'est plus naturel, dit le notaire. Les sentiments de M. Abel lui font honneur, madame, font honneur à ses parents et en font aussi à la nature humaine. Mais songeons à notre affaire. Je vais signer le brevet d'apprentissage; M. Abel en fera autant, et M. Chuckster le signera comme témoin.

Il y eut quelques instants de silence pendant que les parties apposaient leur signature. Un cliquetis de verres y succéda, et, un bon quart d'heure après, le remuement des chaises annonça à Kit qu'une séparation allait avoir lieu.

M. Witherden, qui était un petit homme joufflu, vif et maniéré, conduisit mistress Garland jusqu'à la chaise ; après eux venaient le père et le fils se tenant par le bras. M. Abel avait tous les traits de son père jusqu'au pied bot; il avait l'air presque aussi vieux que lui, et il ne lui manquait qu'un peu de rotondité pour être son image vivante. Il adressa un sourire agréable à chacun tour à tour, en commençant par sa mère et en finissant par le poney. Pendant que son père et sa mère montaient en voiture, il s'installa sur le dickey, derrière la chaise.

M. Garland fouilla dans sa poche pour donner à Kit une pièce de six pence, mais il n'en avait pas. Ni sa femme, ni son fils, ni M. Witherden, ni le premier clerc de celui-ci n'en avaient une seule. Il prit donc un schelling et le mit dans la main de Kit en lui disant pour plaisanter : Voici un schelling, mon garçon. Je ne comptais vous en donner que la moitié, mais, comme je dois revenir ici lundi prochain à la même heure, ayez soin de vous y trouver pour gagner le reste.

— Je vous remercie, monsieur, répondit Kit. Soyez sûr que je n'y manquerai pas.

Il parlait très sérieusement ; mais tous ceux qui l'entendirent se mirent à rire, et la gaieté de M. Chuckster fut surtout très bruyante, car aucun d'eux ne croyait qu'il eût dessein de tenir sa promesse. Quant au poney, ayant un pressentiment qu'il retournait à son écurie, ou étant bien déterminé à ne pas aller ailleurs, ce qui était la même chose, il partit au grand trop sans laisser à Kit le temps de se justifier. Celui-ci partit donc aussi, employa son argent à acheter ce qu'il jugeait être le plus nécessaire à sa mère en ce moment, sans oublier du millet pour le serin, et retourna chez elle d'autant plus content de sa matinée qu'il espérait presque y trouver à son arrivée Nelly et son ancien maître.

En parcourant avec son aïeul les rues longues et droites de la capitale, Nelly vit plus d'une fois bien loin devant elle un individu venant de son côté, à qui son imagination prêtait les traits de l'honnête Kit. Elle aurait bien voulu lui serrer la main et le remercier de l'offre qu'il lui avait faite la dernière fois qu'elle l'avait vu; et pourtant, quand la distance diminuait, elle éprouvait toujours un soulagement en reconnaissant qu'elle s'était trompée : car comment pouvait-elle savoir quel effet la vue de Kit aurait pu produire sur le vieillard.

Après avoir marché pendant quelque temps dans le silence et la solitude, la scène changea. Les rues se couvrirent de passants, de voitures et de charrettes de toute espèce : toutes les boutiques s'ouvraient, les laitières frappaient à chaque porte, la fumée sortait en guirlandes de toutes les cheminées, et les servantes, armées de balais, envoyaient la poussière aux yeux des passants. Bientôt après ils entrèrent dans un faubourg où les maisons étaient éparses. On voyait ici d'humbles chaumières ayant un petit jardin en avant, là de jolies maisons de campagne avec des bosquets et des cabinets de verdure ; plus loin une église, et beaucoup plus souvent un cabaret.

Après avoir passé un péage, ils se trouvèrent dans les champs, et ne virent plus autour d'eux que des meules de foin, des grains qui mûrissaient, des arbres et de la verdure. Le vieillard et son guide, si l'on pouvait appeler ainsi une jeune fille qui ne savait où ils allaient, s'arrêtèrent sous un grand arbre, dans une petite prairie, pour se reposer. Nelly avait eu la précaution de mettre dans un petit panier quelques tranches de pain et de viande, et il en firent leur frugal déjeuner.

La fraîcheur du matin, le chant des oiseaux, la beauté du tapis de verdure qui les entourait, les fleurs qui croissaient dans les champs, l'odeur suave du foin nouvellement coupé, source si féconde de plaisir pour la plupart de nous, et surtout pour ceux qui vivent en solitaires au milieu de la foule d'une grande ville, firent une vive impression sur Nelly. Elle avait fait ses prières avant de partir, et peut-être avec plus de ferveur que jamais; mais elles sortirent de nouveau de ses lèvres en ce moment, presque avant qu'elle en eût formé le dessein. Le vieillard n'avait plus assez de mémoire pour les répéter avec elle; mais il ôta son chapeau, et il répondait à la fin de chacune : *Amen !*

Cher grand-papa, lui dit-elle, cette longue course ne vous a-t-elle pas fatigué ?

— Fatigué ! je le serais s'il s'agissait de retourner là-bas, répondit-il en étendant le bras du côté de Londres; mais je ne le suis pas pour m'en éloigner. Nous en sommes encore trop près, mon enfant, il faut nous remettre en marche, et aller bien loin, bien loin, avant de songer à nous reposer.

Il y avait dans cette prairie une petite mare d'eau pure. Nelly s'y rafraîchit le visage, les mains et les pieds; et voulant procurer au vieillard le soulagement qu'elle en avait éprouvé, elle le fit asseoir sur le bord et fit pour lui de ses propres mains tout ce qu'elle venait de faire pour elle-même.

— Je pouvais autrefois me servir moi-même, dit le vieillard, je ne sais pourquoi je ne le puis plus. Dites-moi que vous ne me quitterez jamais, Nelly. Je vous aimais pendant tout ce malheureux temps, oui, je vous aimais. Si je vous perdais aussi, il ne me resterait qu'à mourir.

Il appuya sa tête sur l'épaule de Nelly et gémit profondément. Quelques jours auparavant elle n'aurait pu retenir ses larmes; mais en ce moment elle ne songea qu'à lui faire oublier son chagrin, et tourna en plaisanterie l'idée qu'ils pussent jamais se séparer. Il se calma bientôt et finit par s'endormir en chantant à demi-voix comme un enfant.

Dès qu'il s'éveilla ils se remirent en route, et ils marchèrent tout le reste de la journée. Ils s'arrêtèrent le soir dans un petit village, et ils passèrent la nuit dans une chaumière où on louait des lits aux voyageurs. Ils continuèrent leur voyage le lendemain, s'arrêtant souvent pour se reposer, mais pour peu de temps à la fois. Vers cinq heures du soir ils entrèrent dans un petit hameau uniquement composé de chaumières de paysans. Nelly, qui aurait voulu acheter un peu de lait, regardait à chaque porte ou croisée qui était ouverte, mais elle était timide, elle craignait d'être refusée, et elle était retenue tantôt par une raison, tantôt par une autre. Ici c'était un enfant qui criait, là une femme qui grondait; ailleurs, les habitants étaient trop pauvres ou trop nombreux. Enfin elle vit une famille qui était à table, et remarquant un homme très âgé, espèce de patriarche, au milieu d'un homme et d'une femme de moyen âge et de trois enfants, elle se hasarda à entrer dans la maison et à faire sa demande. Elle lui fut accordée sur-le-champ, et l'aîné des enfants se leva pour aller chercher du lait.

— Dieu vous ait en aide, mon maître! dit le patriarche au vieillard; venez-vous de bien loin comme cela?

— Nous venons de Londres, répondit Nelly.

— Ah! j'ai été à Londres bien des fois; mais il y a bien une trentaine d'années que je n'y ai été, et j'entends dire que cette ville est bien changée depuis ce temps. Mais je suis bien changé moi-même : trente ans sont un long espace de temps, et quatre-vingt-quatre un grand âge. J'ai pourtant connu un homme qui a presque touché à la centaine, et qui n'était pas si vigoureux que moi. Mais asseyez-vous donc, mon maître, asseyez-vous. Prenez une prise de tabac dans ma boîte; je n'en prends pas souvent parce que cela coûte cher, mais une prise de temps en temps cela réveille, et vous n'êtes qu'un enfant auprès de moi. Mon fils aîné serait presque de votre âge, s'il vivait encore; mais il s'était engagé comme soldat, et il est revenu avec une jambe de moins. Il avait toujours désiré être enterré près du cadran solaire sur lequel il avait grimpé tant de fois quand il était enfant; ses désirs ont été accomplis. Regardez par cette fenêtre : elle donne sur le cimetière; vous reconnaîtrez la sépulture au gazon qui la couvre, et que nous avons toujours eu soin d'entretenir.

Deux jattes de lait arrivèrent, et Nelly ouvrant son petit panier y choisit le meilleur morceau de pain pour son aïeul et prit pour elle les fragments qui restaient. Tout en faisant ce repas frugal, elle examina la chambre, qui était meublée fort simplement, mais où la plus grande propreté se faisait remarquer. On y voyait quelques chaises foncées en paille, une table de bois blanc, un buffet surmonté de tablettes, sur lesquelles étaient rangés tous les ustensiles de ménage en faïence et en terre; un plateau à thé, au centre duquel figurait une dame en robe rouge se promenant avec un parasol bleu, quatre gravures représentant des sujets tirés de l'Ecriture sainte, suspendues à la muraille dans des cadres de bois noirci, et une armoire à linge en face du buffet.

— Y a-t-il bien loin d'ici à une ville ou à un village? demanda Nelly à la femme qui semblait être la fille du vieillard et la mère des trois enfants.

— Cinq bons milles, ma chère. Vous ne pensez sûrement point y aller ce soir?

— Il faut y aller, Nelly, — s'écria le vieillard. — Il faut que nous allions plus loin, — beaucoup plus loin.

— Il y a ici près, — dit le patriarche, — une bonne grange à l'enseigne de *la Charrue et la Herse*, et même des chambres pour les voyageurs qui peuvent payer. — Excusez-moi, brave homme, mais vous avez l'air fatigué, et à moins que vous ne soyez très pressé...

— Nous le sommes, oui, nous le sommes! s'écria le vieillard avec un ton d'impatience. — Allons, Nelly, allons, il est temps de partir!

— Oui, il faut vraiment que nous partions, — dit Nelly cédant au désir impatient de son aïeul. — Nous vous remercions beaucoup, mistress; mais nous ne pouvons nous arrêter plus longtemps.

Mais la bonne femme s'était aperçue en voyant Nelly marcher qu'elle avait mal à un pied; et ayant appris qu'elle avait un talon écorché, elle ne voulut pas la laisser partir sans y avoir appliqué une sorte d'emplâtre dont elle connaissait l'efficacité. Elle le fit avec un soin si tendre, que Nelly se sentit le cœur trop plein pour pouvoir lui exprimer sa reconnaissance autrement qu'en s'écriant avec ferveur — Que Dieu vous récompense! — Prenant ensuite la main de son aïeul, ils sortirent de la chaumière; et quand elle se retourna à quelque distance, elle vit devant la porte le père, la mère, les trois enfants et le patriarche, qui leur faisaient des signes d'adieu avec la main. Nelly y répondit de même et détourna aussitôt le visage pour cacher ses larmes.

Ils se mirent en marche plus lentement et avec plus de peine qu'ils ne l'avaient encore fait jusqu'alors. Après avoir fait un mille, ils entendirent derrière eux un bruit de roues, et se retournant, ils virent une charrette vide qui s'approchait. Celui qui la conduisait fit arrêter son cheval en arrivant près d'eux.

— N'est-ce pas vous qui avez pris du lait là-bas? — leur demanda-t-il.

— Oui, — répondit Nelly.

— Eh bien, comme je vais par le même chemin que vous, j'ai promis à ces bonnes gens de vous prendre sur ma charrette si je vous rencontrais. — Montez, je vais vous aider.

Ce fut pour eux un grand soulagement, car ils étaient très fatigués et pouvaient à peine marcher. Cette charrette, malgré ses nombreux cahots, leur parut la meilleure voiture dans laquelle ils fussent jamais montés. Le fond en était garni de paille, et dès que Nelly s'y fut assise, elle s'endormit. Elle ne s'éveilla qu'à l'instant où la charrette s'arrêta, car elle allait suivre un embranchement de la route. Le conducteur, après les avoir aidés à descendre, leur montra quelques arbres et leur dit que le village était par derrière ; mais il ajouta qu'ils y arriveraient plus vite en suivant un sentier sur la droite qui traversait le cimetière.

Le soleil allait se coucher quand nos deux voyageurs entrèrent dans le cimetière. En passant derrière l'église, ils entendirent quelques voix, et ils se trouvèrent bientôt près de ceux qui parlaient. C'étaient deux hommes assis sur l'herbe et tellement occupés de leur besogne, qu'ils furent quelques instants sans s'apercevoir qu'ils n'étaient plus seuls, — deux entrepreneurs de spectacle, — de ces spectacles dont le théâtre n'a guère que deux pieds carrés, et dont le répertoire ne se compose que d'une seule pièce. On ne pouvait s'y méprendre, car Polichinelle était à califourchon sur une pierre sépulcrale, et les autres personnages du drame étaient couchés à leurs pieds dans une longue boîte. Ils étaient évidemment venus dans cet endroit retiré pour faire quelques réparations au matériel de cette entreprise, car l'un attachait une nouvelle queue au diable et l'autre fabriquait une potence en miniature.

Ils remarquèrent enfin le vieillard et sa jeune compagne, et ils oublièrent un instant leur ouvrage pour les regarder avec curiosité. L'un d'eux était celui qui faisait mouvoir et parler les personnages ; c'était un petit homme ayant une figure joyeuse, l'œil brillant et le nez rouge, et qui semblait avoir pris sans le savoir quelque chose du caractère de son héros. Son nom véritable était Harris, mais il était généralement connu sous celui de Short-Trotters ; et comme ce nom composé aurait paru trop long, on le nommait indifféremment tantôt Short, tantôt Trotters. — L'autre, nommé Thomas Codlin, qui recevait l'argent et qui composait tout l'orchestre, avait un air soigneux et circonspect, qu'il devait peut-être à ses fonctions de receveur des finances.

Short fut le premier à saluer le vieillard d'un signe de tête. Celui-ci, qui regardait avec un air de plaisir et de curiosité les marionnettes couchées dans la boîte, y répondit de même et s'assit près de lui en lui demandant pourquoi ils étaient venus travailler ainsi dans ce lieu retiré.

— Parce que nous devons donner ce soir une représentation dans un cabaret du village, et il ne conviendrait pas qu'on sût que notre troupe a besoin de réparations.

— Et pourquoi non ? demanda le vieillard en faisant signe à Nelly d'écouter et de s'asseoir.

— Parce que cela détruirait l'illusion et nuirait à l'intérêt. Vous soucieriez-vous du lord chancelier si vous le voyiez sans sa perruque ?

— Fort bien ! — dit le vieillard se hasardant à toucher une des marionnettes et retirant bien vite sa main en riant. — Et vous donnerez réellement une représentation ce soir ?

— C'est notre intention ; et, si je ne me trompe, Tommy Codlin, que voilà, calcule en ce moment ce que votre arrivée ici pourra nous faire perdre. — Consolez-vous, Tommy, ce ne peut être grand'chose.

M. Codlin, qui avait l'humeur bourrue et grondeuse, arracha Polichinelle de sa situation élevée et le jeta dans la boîte en répondant : — Peu m'importe que nous perdions un farthing, mais vous vous donnez trop de liberté. Si vous étiez en avant du rideau et que vous vissiez comme moi les spectateurs face à face, vous connaîtriez mieux la nature humaine.

— Ah! Tommy, ce qui vous a gâté, c'est de vous être attaché à cette branche. Quand vous jouiez le revenant du drame régulier dans les foires, vous croyiez à tout, — excepté aux revenants, et à présent vous ne croyez à rien. — Je n'ai jamais vu un homme si changé.

— N'importe, — dit M. Codlin avec l'air d'u philosophe mécontent, — je suis plus instruit maintenant et j'en suis peut-être fâché.

Tournant les marionnettes dans la boîte en homme qui les connaissait et qui les méprisait, M. Codlin en tira une et la montra à son compagnon.

— Voyez ceci, — lui dit-il, — voici encore une fois les vêtements de Judy (1) qui tombent en lambeaux. Je suppose que vous n'avez ni fil ni aiguille?

Short se gratta la tête. Il aurait été fâché d'avoir à annoncer relâche faute de vêtements pour la principale actrice.

— J'ai du fil et des aiguilles dans mon panier, monsieur, — dit Nelly. — Si vous le désirez, j'essayerai de les raccommoder.

M. Codlin lui-même n'eut rien à objecter contre une offre qui venait si à propos. Judy fut placée entre les mains de Nelly, et celle-ci s'acquitta de sa tâche à merveille.

Pendant qu'elle s'occupait ainsi, Short la considérait avec un air d'intérêt qui ne diminua nullement quand il eut jeté un nouveau coup d'œil sur son vieux compagnon. Quand elle eut fini, il la remercia et lui demanda où ils allaient.

— Pas plus loin ce soir, je crois, — répondit-elle en regardant son aïeul.

— Si vous n'avez pas retenu de logement, je vous conseille de vous loger dans la même auberge que nous. On y vit à bon marché. C'est cette longue maison peinte en blanc que vous voyez là-bas.

Le vieillard, qui s'était épris tout à coup pour les marionnettes, ayant déclaré sur-le-champ qu'il suivrait cet avis, ils quittèrent tous quatre le cimetière et se rendirent au cabaret indiqué. Le maître et la maîtresse étaient deux personnes âgées et tranquilles. Ils ne firent aucune difficulté de recevoir leurs deux nouveaux hôtes, et ils admirèrent la beauté de Nelly, qui les prévint en sa faveur. L'hôtesse parut très surprise d'apprendre qu'ils étaient venus à pied de Londres, et montra quelque curiosité de savoir où ils allaient. Mais s'apercevant que ses questions semblaient faire peine à Nelly, et qu'elle cherchait à les éluder, elle eut assez de délicatesse pour n'en plus faire.

Pendant ce temps-là, les deux enfants de Thespis faisaient les préparatifs du spectacle dans une écurie vide, éclairée par quelques chandelles attachées autour d'un cerceau suspendu au plafond par une corde. Une foule de spectateurs curieux la remplissait déjà; mais on avait

(1) Nom de la femme de Polichinelle.

réservé les meilleures places pour l'aubergiste et sa famille, et la bonne dame amena avec elle Nelly et son aïeul. M. Codlin, après avoir soufflé dans sa flûte de Pan, au point d'être essoufflé, se plaça à côté de la draperie qui cachait M. Short, et, les mains dans les poches, se prépara à répondre aux questions et aux observations de Polichinelle, en feignant d'être son meilleur et son plus intime ami ; de croire implicitement tout ce qu'il disait, et de savoir qu'il jouissait nuit et jour d'une heureuse et glorieuse existence dans ce temple, et qu'il était dans tous les temps et dans toutes les circonstances le personnage intelligent et joyeux qu'on voyait sur le théâtre. M. Codlin joua son rôle avec l'air d'un homme résigné à tout, et ses yeux, pendant qu'il faisait les meilleures reparties, cherchaient à découvrir l'effet qu'elles produisaient sur l'auditoire, et particulièrement l'impression que l'hôte et l'hôtesse en conservaient, et qui pouvait avoir des résultats importants pour le souper.

A cet égard il dut être sans inquiétude, car le spectacle eut lieu au milieu d'un feu roulant d'applaudissements et d'éclats de rire dont les plus bruyants furent ceux du vieux compagnon de Nelly. Quant à elle, elle ne vit ni n'entendit rien, car elle s'était endormie avant le lever du rideau, et elle ne s'éveilla qu'après qu'il fut tombé au milieu du bruit que firent les spectateurs en sortant.

Le souper était fort bon ; mais Nelly était trop fatiguée pour avoir de l'appétit, et pourtant elle ne voulut pas se retirer avant son aïeul. Heureusement pour lui, le vieillard était devenu insensible à tous soucis, à toutes inquiétudes ; il écoutait, en souriant comme un enfant, tous ce que disaient ses nouveaux amis, et ce ne fut que lorsqu'ils montèrent dans leur chambre qu'il consentit à suivre Nelly dans la sienne.

Leur appartement était un grenier partagé en deux compartiments, mais ils en furent très satisfaits, car ils ne s'attendaient pas à être si bien logés. Le vieillard ne fut pas longtemps à se coucher. Nelly, avant d'en faire autant, pensa qu'elle avait quelque argent, et que, lorsqu'il serait dépensé, il faudrait commencer à mendier. Parmi cet argent se trouvait une pièce d'or. Elle crut qu'il serait prudent de la cacher et de ne la laisser voir qu'à la dernière extrémité. Elle s'occupa donc à la coudre dans une partie de ses vêtements, et après avoir fini cet ouvrage, elle se coucha et s'endormit profondément.

CHAPITRE XII

Le soleil venait à peine de se lever quand Nelly s'éveilla le lendemain matin. Tout promettait une belle matinée, et comme son aïeul dormait encore, elle alla faire une promenade dans le cimetière. Elle s'était arrêtée devant une des plus humbles pierres sépulcrales qui s'y trouvaient, et dont l'inscription annonçait qu'elle couvrait les restes d'un jeune homme mort à l'âge de vingt-trois ans, il y en avait cinquante-cinq, quand une femme courbée sous le poids des années s'approcha d'elle et la pria de lui lire les mots qui étaient gravés sur la pierre.

— C'est bien cela, dit la vieille quand Nelly lui en eut fait la lecture, je voulais voir si ma mémoire ne me trompait pas, car ma vue est devenue si faible que je ne puis plus lire un seul mot de cette inscription; mais je la sais par cœur.

— Etiez-vous sa mère ? demanda Nelly.

— J'étais sa femme, mon enfant.

— Sa femme ! répéta Nelly avec surprise.

— Oui, ma chère; j'étais sa femme il y a cinquante-cinq ans. Une vie nous change presque autant que la mort.

— Venez-vous souvent ici ?

— Tous les jours, à moins que le temps ne soit bien mauvais. D'abord j'y venais pour pleurer ; ensuite j'y trouvai une sorte de consolation, en songeant qu'un temps viendrait où nous serions réunis pour ne plus nous quitter; enfin je m'en suis fait une telle habitude qu'il me semble que j'ai manqué à un devoir quand je passe un jour sans y venir.

En parlant ainsi la vieille femme se courba pour cueillir quelques marguerites qui venaient de fleurir sur la sépulture de son mari, et Nelly alla rejoindre son aïeul. Elle le trouva dans la cour avec M. Short, qui recevait les compliments de quelques-uns des spectateurs que Polichinelle avait attirés la veille, tandis que M. Codlin empaquetait soigneusement les bouts de chandelles qu'il avait détachés du cerceau.

— Et où allez-vous aujourd'hui ? demanda Short à Nelly.

— Je n'en sais rien. Cela n'est pas encore décidé.

— Nous allons aux courses, nous autres. Si c'est votre chemin, et que notre compagnie ne vous déplaise pas, nous pourrions voyager ensemble.

— Nous irons avec vous ! s'écria le vieillard. Nelly, nous irons avec eux !

Nelly pensa que devant se trouver avant peu réduits à mendier leur pain, ils ne pouvaient espérer le faire nulle part avec plus de succès que dans un endroit où tant de personnes riches seraient réunies. Elle répondit donc à Short qu'ils voyageraient volontiers avec eux, si personne n'avait d'objections à y faire, ajouta-t-elle en jetant un coup d'œil sur le misanthrope Codlin.

Le déjeûner fini, M. Codlin demanda la carte, et veilla à ce que Nelly et le vieillard payassent la moitié de l'écot. Après avoir fait leurs adieux à l'hôte et à l'hôtesse, ils se mirent en marche. Short portait la boîte contenant tous ses acteurs, tout le bagage, qui ne formait qu'un très petit paquet, et une trompette de cuivre suspendue à une bandoulière passée sur son épaule. Le vieillard était à son côté, donnant la main à Nelly. Codlin, chargé du temple de Polichinelle, formait l'arrière-garde.

Quand ils traversaient une ville ou un village, ou même qu'ils passaient devant une maison isolée ayant bonne apparence, Short jouait un prélude sur sa trompette, et faisait entendre le son joyeux de la voix de Polichinelle. S'ils obtenaient quelque encouragement, Codlin se déchargeait du temple, baissait les draperies, y cachait son compagnon, et jouait un air sur sa flûte de Pan, tandis que Short tirait ses acteurs de leur boîte. Le spectacle commençait bientôt, et Codlin en accélérait ou en retardait la fin, suivant la probabilité qu'il voyait d'une bonne ou d'une mauvaise récolte.

Malgré toutes ces interruptions, ils ne laissèrent pas de faire du chemin, et ils étaient encore sur la route quand la lune se leva, à l'instant où le soleil se couchait. Ils venaient de s'arrêter pour se reposer dans un endroit où deux routes se coupaient et formaient une sorte de carrefour, quand deux ombres gigantesques parurent s'avancer vers eux de la partie de la route qui se dirigeait vers leur droite. Nelly ne put se défendre d'un mouvement de frayeur, mais Short lui dit qu'il n'y avait rien à craindre; et sonnant un instant de sa trompette, on lui répondit par une acclamation joyeuse.

— N'est-ce pas la troupe de Grinder! s'écria-t-il à voix haute.

— Oui, oui! répondirent deux voix grêles.

— Je m'en doutais, reprit Short. Avancez donc, qu'on vous voie!

D'après cette invitation, la troupe de Grinder s'approcha au pas redoublé. Elle se composait d'un jeune homme et d'une jeune fille montés sur des échasses, et de M. Grinder, qui marchait sur ses jambes portant un tambour sur son dos. Les deux jeunes gens portaient le costume des montagnards d'Ecosse; mais comme la nuit était un peu froide, le jeune homme portait sur son kilt un manteau qui lui descendait jusqu'aux chevilles, et la jeune fille était enveloppée d'une vieille pelisse de drap, et avait la tête couverte d'un mouchoir. M. Grinder portait sur son instrument leurs bonnets écossais, ornés de plumes noires.

— Je vois que vous allez aux courses, dit M. Grinder arrivant hors d'haleine, et nous aussi. Comment vous portez-vous, Short? Ils se serrèrent la main de la manière la plus amicale. Les jeunes gens étant trop au-dessus de lui pour lui faire la même politesse, le saluèrent à leur manière, le jeune homme en lui touchant l'épaule d'une de ses échasses, la jeune fille en passant les doigts sur son tambourin.

— Ils sont à pratiquer? dit Short en montrant les échasses.

— Non, répondit Grinder. Ils ont à choisir de les porter sur leurs épaules ou à leurs jambes, et ils préfèrent la seconde manière, on en jouit mieux d'une belle vue. — Quelle route prenez-vous? Nous autres, nous prenons la plus courte.

— Nous comptions prendre la plus longue, parce que nous aurions pu nous reposer cette nuit à un mille et demie d'ici. Mais trois ou quatre milles de plus aujourd'hui, c'est autant de gagné pour demain, et je crois que nous ferons bien de vous accompagner.

— Où est donc votre compagnon? demanda Grinder.

— Le voici, répondit Codlin avançant la tête par le proscénium du théâtre portatif dans lequel il s'était blotti; et il verra son compagnon bouilli tout vivant plutôt que de changer la route convenue.

— Tout doux, Tommy, répliqua Short, ne prenez pas un ton si décidé et si bourru dans un local d'où l'on est accoutumé à entendre sortir des propos plus agréables.

— Doux ou bourru, s'écria Codlin, je ne ferai pas plus d'un mille et demi ce soir, et je coucherai cette nuit aux Jolly Boys. Venez-y ou n'y venez pas, c'est votre affaire, et passez-vous de moi si vous le pouvez.

A ces mots la tête de Codlin disparut; il sortit du théâtre, le chargea sur ses épaules, et partit avec une agilité remarquable.

Toute discussion devenait impossible. Short fut obligé de se séparer de la troupe de Grinder pour suivre son compagnon d'humeur morose. Après être resté quelques minutes pour voir les échasses disparaître dans l'obscurité, et leur avoir fait ses adieux par quelques sons de sa trompette, il donna à Nelly celle de ses mains qui était libre en lui disant de prendre courage, attendu qu'ils seraient bientôt à la fin de leur voyage ; stimula le vieillard en lui donnant la même assurance, et partit avec eux d'un assez bon pas par la même route que Codlin avait prise.

CHAPITRE XIII

Les Jolly Boys étaient une petite auberge isolée, établie depuis longtemps et située le long de la route. M. Codlin, en y arrivant craignait de ne pas y trouver de place, attendu la pluie qui tombait. Il fut agréablement trompé dans son attente en voyant l'aubergiste à sa porte fumer indolemment sa pipe, tandis qu'un silence profond régnait dans la maison.

— Seul ? dit Codlin en s'essuyant le front après avoir déposé son fardeau à terre.

— Jusqu'à présent, répondit l'hôte ; mais j'espère que le temps qu'il fait m'amènera de la compagnie. John, portez cela dans la grange, dit-il à un garçon en lui montrant le théâtre portatif. Entrez, Tommy, ne restez pas à la pluie. J'ai ordonné de faire bon feu dans la cuisine dès que j'ai vu qu'il allait tomber de l'eau.

Dès que Codlin fut entré, il s'approcha de la cheminée, examina les préparatifs du souper, en approuva le fumet, et demanda quand il serait prêt. Apprenant que ce ne serait que dans une heure, il dit qu'en attendant il prendrait une pinte de bière. Quand il l'eût bue, il songea à ses compagnons, et annonça leur prochaine arrivée à l'auberge. Il était alors de si bonne humeur, qu'il exprima son espoir qu'ils ne seraient pas assez sots pour se laisser mouiller, quoique la pluie tombât alors par torrents, et qu'il n'y eût aucun abri sur la route.

Ils arrivèrent enfin mouillés jusqu'aux os quoique Short eût couvert Nelly aussi bien qu'il l'avait pu d'un pan de son habit. Dès qu'ils furent entrés, l'hôtesse emmena la jeune fille dans sa chambre, et la fit changer de vêtements, de bas et de souliers. On eut à peu près les mêmes soins des deux hommes, et tous trois s'assirent sur un des bancs adossés contre la muraille, aux deux côtés de la vaste cheminée. Nelly et son aïeul étaient tellement accablés de fatigue, qu'à peine étaient-ils assis qu'ils s'endormirent.

— Qui sont-ils ? demanda l'aubergiste.

— C'est ce que je voudrais savoir, répondit Short.

— Rien de bon, je suppose, dit Codlin.

— Qu'en savez-vous ? répliqua Short. Je vais vous dire ce que j'en pense. Il est clair que ce vieillard a perdu l'esprit; mais...

— Il ne faut pas être grand sorcier pour le deviner, grommela Codlin.

— Voulez-vous m'écouter? Mais, quant à cette jeune fille, il est également clair qu'elle n'a pas passé toute sa vie à trotter sur les grands chemins, comme il paraît qu'ils le font depuis deux ou trois jours.

— Qui vous dit le contraire? N'avons-nous pas à songer à autre chose?

— Je sais que vous ne serez en repos que lorsque vous aurez votre souper, Tommy; mais n'importe. Ce vieillard, voyez-vous, est impatient de s'éloigner de Londres; car il ne fait que répéter : Plus loin ! plus loin !

— Eh bien?

— Eh bien! cela me prouve que c'est un idiot qui s'est échappé des mains de ses amis, et qui a persuadé à cette jeune créature, qui est pleine d'affection pour lui, de l'accompagner pour la conduire... où? Il ne le sait pas plus que l'homme qui est dans la lune. Or, c'est ce que je ne puis souffrir.

— Ce que vous ne pouvez souffrir ! Dans quel monde nous vivons!

— Oui, je ne le souffrirais pas. Je ne veux pas que cette jeune innocente et belle créature coure le risque de tomber en de mauvaises mains; et quand ils montreront l'intention de nous quitter, je prendrai des mesures pour les retenir, afin de tâcher de les rendre à leurs amis, qui, j'en suis sûr, les ont déjà fait afficher sur toutes les murailles de Londres.

— Short, s'écria Codlin relevant la tête et les yeux étincelants, il peut y avoir du bon sens dans ce que vous dites; mais si une récompense a été promise, souvenez-vous que nous avons part égale dans toute espèce de profit.

Short n'eut que le temps de lui faire un signe d'assentiment, car il vit que Nelly s'éveillait, et au même instant une nouvelle compagnie entrait dans la cuisine.

Cette compagnie se composait de quatre chiens, plus laids les uns que les autres. Celui qui marchait en tête était un vieux barbet ayant l'air particulièrement lugubre. Il attendit que ses compagnons fussent entrés. Alors il se leva sur ses pattes de derrière, et tourna la tête vers les trois autres, qui prirent aussitôt la même posture. Chacun d'eux portait un petit habit de quelque couleur éclatante, garni de paillettes et de galons ternis. L'un d'eux avait un petit bonnet sur la tête, retenu par un ruban soigneusement noué sous son menton; mais le bonnet avait tourné et tombait de côté de manière à lui couvrir entièrement un œil. L'eau ruisselait de ces beaux habits, et les animaux eux-mêmes étaient tout couverts de boue.

Ni Short, ni Codlin, ni l'aubergiste ne parurent surpris de les voir. Ils se bornèrent à dire que c'étaient les chiens de Jerry, et que leur maître ne pouvait être loin. Effectivement Jerry se montra presque en même temps, et dès qu'il fut entré, tous les chiens reprirent leur posture naturelle. Jerry, directeur de la troupe des chiens dansants, était un grand homme ayant de gros favoris noirs, et portant un habit de velours coton râpé. Il semblait bien connu de l'aubergiste et de ses deux hôtes, qui l'accostèrent avec beaucoup de cordialité. Se débarrassant d'un orgue à cylindre qu'il portait, il le mit sur une chaise, garda en main une houssine qui lui servait à maintenir la discipline dans sa troupe, s'approcha du feu pour se sécher, et entra en conversation.

— Vos acteurs voyagent-ils toujours en costume? demanda Short au bout de quelques instants ; cela doit être dispendieux.

— Non, non, répondit Jerry ; ce n'est pas ma coutume ; mais aujourd'hui nous avons dansé un peu en route, et comme nous avons des costumes neufs pour les courses, je n'ai pas jugé à propos de perdre du temps à les déshabiller. A bas, Pédro !

Ces mots s'adressaient au chien qui portait un bonnet, et qui, étant un nouveau membre de la troupe et ne connaissant pas encore bien son devoir, fixait toujours sur son maître celui de ses yeux qui n'était pas couvert, et se dressait sur ses pattes de derrière quand rien ne l'exigeait.

L'aubergiste s'occupa alors à mettre la nappe et à placer les couverts sur la table. Codlin l'aida dans ce travail ; mais son aide n'était pas désintéressée, car, ayant bien examiné quelle place était la plus commode, il en approcha une chaise et s'y installa sur-le-champ. Une servante robuste retira la marmite qui était sur le feu, et, à l'aide de l'aubergiste, en versa le contenu dans un immense plat creux, au milieu des quatre chiens, inspectant cette opération, dressés sur leurs pattes de derrière, sans se mettre en peine des éclaboussures bouillantes qui leur tombaient sur le nez. Enfin le plat fut mis sur la table et le souper commença. Nelly, prenant pitié d'un pauvre chien qui se tenait près d'elle en posture de suppliant, voulut, quoique ne manquant pas d'appétit, lui donner un fragment de ce qui se trouvait sur son assiette avant d'y toucher elle-même ; mais M. Jerry lui retint le bras.

— Non, ma chère enfant, non, lui dit-il, nulle autre main que la mienne ne donne à manger à mes chiens. Vous voyez celui-ci, c'était le vieux chef de la troupe, il m'a fait perdre un demi-penny, il ira se coucher sans souper.

— Maintenant, monsieur, dit-il au barbet condamné à jeûner, suivez-moi ! Il le conduisit près de l'orgue, lui mit une patte sur la manivelle, et ajouta : Puisque vous ne soupez pas, faites-nous de la musique pendant que nous souperons. Ici, vous autres ! Et les trois autres chiens, dociles à sa voix, se rangèrent à deux pas de lui, droits comme des soldats alignés.

— A présent, messieurs, dit-il aux convives, attention ! Vous allez voir que le chien que j'appellerai viendra manger et que les autres ne remueront pas un muscle. Carlo !

L'heureux chien dont le nom avait été appelé vint prendre le morceau qui lui fut jeté, mais les deux autres restèrent dans la même attitude. Ils vinrent ensuite tour à tour recevoir leur ration, tandis que le barbet tournait sa manivelle tantôt trop vite, tantôt trop doucement, en s'accompagnant de temps en temps d'un hurlement plaintif qui cessait dès que son maître lui montrait sa houssine redoutable.

Le souper n'était pas encore terminé quand on vit arriver aux Jolly Boys deux autres voyageurs frétés pour le même port que ceux qui y étaient déjà réunis. L'un d'eux était propriétaire d'un géant et d'une petite dame sans bras et sans jambes qu'il avait envoyés en avant dans une *caravane* (1); l'autre était un homme silencieux, qui gagnait sa vie en faisant des tours de cartes et d'adresse. Le premier se nommait Vuffin; le second n'était connu que sous le sobriquet de Sweet William (2), qui lui avait probablement été donné en dérision de sa laideur.

— Comment va le géant? demanda Short.

— Un peu faible sur ses jambes, répondit Vuffin; je commence à craindre qu'il ne devienne cagneux.

— Mauvais signe, dit Short.

— Très mauvais. Quand un géant n'est plus ferme sur ses jambes, le pulic ne s'en soucie pas plus que d'un trognon de chou.

— Mais que deviennent les vieux géants?

— On les garde dans les chariots pour servir les nains.

— Leur entretien doit être dispendieux quand on ne les montre plus au public.

— Cela vaut mieux que de les laisser courir les rues. Qu'on rencontre partout un géant, et les géants n'attireront plus personne. Regardez les jambes de bois : s'il n'existait qu'un seul homme en ayant une, ce serait un trésor impayable.

— Sans doute.

— Mais si vous annonciez une pièce de Shakspeare dont chaque acteur aura une jambe de bois, je crois fermement que vous ne feriez pas six pence. Cela prouve qu'il est d'une bonne politique d'empêcher les géants usés de se rendre trop communs.

— Mais que deviennent les nains quand ils sont vieux? demanda l'aubergiste.

— Plus un nain est vieux, plus il a de valeur. Quand un nain a les cheveux gris et le visage sillonné de rides, il est sans prix parce qu'on ne peut le soupçonner d'être un enfant qui n'a pas encore pris sa croissance.

Pendant cette conversation, Sweet William, silencieusement assis au coin de la cheminée, s'amusait à avaler ou à faire semblant d'avaler des demi-pence, à tenir une plume en équilibre sur le bout de son nez et à faire d'autres tours de dextérité pour s'exercer, sans faire aucune attention à la compagnie, qui de son côté ne s'occupait aucunement de lui.

Enfin Nelly, qui était très fatiguée, détermina son aïeul à se retirer et à laisser les convives qui quittaient la table fumer leur pipe autour du feu. Après lui avoir souhaité le bonsoir, elle entra dans sa chambre. A peine en avait-elle fermé la porte, qu'on y frappa doucement. Elle l'ouvrit sur-le-champ et fut très surprise de voir M. Codlin.

— Qu'est-il donc arrivé? lui demanda-t-elle.

— Rien, ma chère enfant. Ne craignez rien, je suis votre ami. Peut-être ne l'avez-vous pas cru. N'importe! c'est moi qui suis votre ami et non pas lui.

— Qui, lui?

---

(1) Grand chariot couvert en planches, ayant une porte et de petites fenêtres, dans lequel on conduit de foire en foire des animaux étrangers, des géants, des individus contrefaits, etc., ce genre de chariot s'appelle en anglais *caravan*.

(2) Œillet de poète.

— Short. Il a des manières douces qui peuvent vous plaire; mais, j'ai le cœur franc, et je suis votre véritable ami. Souvenez-vous-en bien et n'oubliez pas de le dire.

— Quand? Où? A qui?

— En toute occasion, partout, à tout le monde. Vous ne sauriez croire combien je prends d'intérêt à vous. Que ne me contez-vous votre petite histoire et celle de votre vieux compagnon? Personne ne peut vous donner d'aussi bons conseils que moi. J'entends monter. Adieu! Ne dites pas à Short que nous avons eu ce petit entretien; mais songez bien que c'est moi, moi, qui suis votre ami!

Codlin se retira; et Nelly, ayant fermé sa porte, entendit tous les convives passer dans le corridor pour monter chacun dans sa chambre. Quelques instants après, l'un d'eux revint sur ses pas; et après avoir hésité un moment, comme s'il n'eût su à quelle porte il devait frapper, il s'arrêta devant celle de Nelly.

— Qui est là? demanda-t-elle.

— C'est moi, Short, répondit une voix à travers le trou de la serrure. Je viens seulement vous dire que nous partirons demain matin de très bonne heure; car, à moins que nous ne prenions l'avance sur les chiens et le faiseur de tours, tous les villages ensemble ne nous produiront pas un penny. Vous comptez partir avec nous? J'aurai soin de vous appeler.

Il se retira sans bruit; mais la conduite de ces deux hommes lui causa quelque inquiétude, et il lui vint à l'esprit que ce n'était pas la compagnie la plus convenable qu'ils auraient pu rencontrer. Mais elle était si fatiguée, que ces réflexions ne l'empêchèrent pas de dormir.

Le lendemain, dès la première lueur de l'aurore, Short vint frapper à sa porte. Elle se leva sur-le-champ, éveilla son aïeul, et ils firent tant de hâte, qu'à la grande satisfaction de Short, ils furent prêts en même temps que lui. Après un déjeuner frugal, ils se mirent en marche par un temps superbe, et Nelly eut occasion de remarquer souvent le changement de conduite de Codlin. Il se tenait toujours aussi près d'elle qu'il était possible; lui répétait tout bas, chaque fois qu'il en trouvait l'occasion : C'est moi qui suis votre ami, ne l'oubliez pas, moi seul. Mais elle s'aperçut aussi qu'il ne la perdait jamais de vue; et Short lui-même, tout en conservant son ton de bonne humeur, avait toujours les yeux fixés sur elle et sur son aïeul, comme s'il eût craint qu'ils ne voulussent s'échapper. Toutes ces circonstances redoublaient l'inquiétude de Nelly.

Pendant ce temps, ils approchaient de la ville où les courses devaient avoir lieu le lendemain. Ils n'y arrivèrent qu'au commencement de la nuit. Une foule immense remplissait toutes les rues, et elle se composait en grande partie d'étrangers, qu'on reconnaissait aisément à la manière dont ils regardaient autour d'eux. Doublant le pas pour échapper à la foule et au tumulte, ils traversèrent la ville, et arrivèrent sur l'emplacement des courses, qui en était à environ un mille. Là, une nouvelle scène de confusion s'offrit à leurs yeux. Tout autour de l'endroit réservé pour les courses, on dressait des tentes, les unes pour y vendre des provisions de toute espèce, les autres pour y placer des tables ou des lits. Des marchands ambulants arrivaient de toutes parts, et établissaient leurs échoppes. Nelly et son aïeul, après un souper qui ne leur laissa que de quoi payer leur déjeuner le lendemain, allèrent se coucher sous une tente, ainsi que leurs deux compagnons.

Nelly sentait que le moment où il faudrait qu'ils mendiassent leur pain était arrivé. Elle sortit de la tente de grand matin, se promena dans les environs, et cueillit des roses sauvages et d'autres fleurs des champs pour en faire de petits bouquets, qu'elle se proposait d'offrir aux belles dames qui allaient bientôt arriver dans leurs équipages. D'autres idées l'occupaient encore tandis qu'elle allait rejoindre son aïeul. Elle le trouva levé ; mais Short et Codlin dormaient encore dans un autre coin de la tente. Elle le tira par la manche, et, jetant un coup d'œil sur leurs deux compagnons, elle lui dit à voix basse :

— Grand-papa, ne les regardez pas, et ayez l'air comme si je ne vous parlais que des bouquets que vous voyez que j'arrange. Vous souvenez-vous qu'en partant de la maison, vous me dites que si ceux qui y étaient se doutaient de notre dessein ils diraient que vous avez perdu l'esprit, et nous sépareraient ?

Le vieillard parut frappé de terreur, et regarda autour de lui avec inquiétude.

— Ne me répondez pas. Je me rappelle fort bien que c'est ce que vous me dites alors. Eh bien, je soupçonne ces deux hommes d'avoir quelque dessein de ce genre ; et plus tôt nous les quitterons, mieux cela vaudra. Ne tremblez pas ainsi. Ne les regardez pas, fixez les yeux sur moi. Je trouverai un moment propice pour nous échapper ; et, quand je vous en avertirai, suivez-moi vite, et ne parlez pas. Chut.

— Eh bien, ma chère enfant, que faites-vous donc là ? demanda Codlin soulevant la tête en bâillant.

— Je fais des bouquets, répondit Nelly, et je vais essayer d'en vendre quelques-uns pendant ces trois jours de courses. En voulez-vous un en présent, j'entends ?

Codlin se leva pour le recevoir ; mais Nelly ne lui laissa pas le temps de faire un pas et courut à lui pour le lui présenter. Il le passa dans une de ses boutonnières avec un air de satisfaction ; et ayant jeté un coup d'œil sur son compagnon pour s'assurer qu'il dormait encore, il répéta à demi-voix :

— C'est Tom Codlin qui est votre ami ; ce n'est pas Short : Songez-y bien.

A mesure que le jour avança, tout se mit en mouvement, et ceux qui étaient venus aux courses pour y gagner quelque argent commencèrent leurs opérations. Des charlatans montèrent sur leurs tréteaux pour débiter leurs élixirs et leurs poudres. Des Égyptiennes aux yeux noirs promettaient un mari jeune et riche, à chaque fille, laide ou jolie, qui avait une pièce de six pence à leur donner. Des ventriloques, des escamoteurs, des géants, des nains, les chiens dansants, les jeunes gens montés sur leurs échasses, Polichinelle rassemblaient autour d'eux un cercle de spectateurs enchantés.

Dès que Short avait fini une représentation, il changeait de place pour aller ailleurs en commencer une autre ; il marchait en avant en sonnant de la trompette, Codlin le suivait portant le théâtre, mais sans perdre de vue Nelly et le vieillard, qui restaient toujours à l'arrière-garde. La pauvre enfant s'arrêtait souvent devant les voitures où elle voyait des dames, pour leur offrir les bouquets qu'elle portait dans son petit panier. La plupart lui faisaient un signe dédaigneux qui semblait dire: Passez votre chemin. Quelques-unes disaient: La jolie enfant; mais elles en restaient là, et pas une ne lui achetait un bouquet. Une dame, qui était dans une belle voiture, d'où venaient de descendre deux jeunes élégants qui étaient à causer avec d'autres dames à quelques pas, parut comprendre la situation de Nelly et en avoir pitié, elle l'appela, lui demanda un bouquet, lui mit quelque argent dans la main, et lui dit: Pour l'amour du ciel, ma chère enfant, retournez chez vous, et ne restez pas ici?

Un peu plus tard, dans la journée, il y eut un moment où Polichinelle fut dans toute sa gloire; il avait attiré un auditoire nombreux et un peu mieux composé que de coutume. Les quolibets et les traits d'esprit de Short se succédaient rapidement, les reparties de Codlin ne se faisaient pas attendre, et les applaudissements ne cessaient que pour faire place aux éclats de rire. Codelin était à calculer le nombre de spectateurs dont il pouvait espérer une pièce de six pence au lieu du demi-penny qu'il recevait ordinairement, et cette occupation importante lui fit oublier le vieillard et sa petite-fille, qui étaient assis sur l'herbe à quelques pas en arrière. Nelly jugea le moment favorable; elle tira son aïeul par le bras, ils prirent la fuite, se confondirent bientôt dans la foule, et marchèrent sans s'arrêter jusqu'au moment où ils ne virent plus autour d'eux que des champs.

CHAPITRE XIV

Kit sortait tous les matins de la maison de sa mère pour tâcher de gagner quelque chose soit en tenant un cheval, soit en faisant une commission, et tous les jours il passait sous la croisée où il avait vu Nelly pour la dernière fois. Cette vue lui rappelait toujours ce que Quilp lui avait dit, que son vieux maître et sa jeune maîtresse finiraient par accepter l'offre qu'il leur avait faite.

— Je crois qu'ils reviendront certainement demain, ma mère, dit-il un jour en rentrant chez lui, il y a près de huit jours qu'ils sont partis; ils doivent avoir couru les champs assez longtemps.

— Assez et trop longtemps, mon fils; et cependant il est possible qu'ils ne reviennent pas.

— Et où croyez-vous donc qu'ils sont allés?

— Je ne puis m'empêcher de croire qu'ils sont allés en pays étranger.

— Impossible, ma mère! Ne parlez pas ainsi.

— C'est pourtant ce que disent tous les voisins. Il y en a même qui nomment le bâtiment sur lequel ils se sont embarqués; mais je n'ai pu en retenir le nom.

— Je n'en crois pas un mot; ce sont des bavardages. Comment le saurait-on?

— Je conviens qu'ils peuvent se tromper, mais ce qu'ils disent me paraît assez probable. Ils prétendent que le vieillard avait encore de l'argent, sans que personne le sût, pas même le nain hideux dont vous m'avez parlé, et il n'est pas contre la vraisemblance qu'ils soient allés s'établir dans un pays où personne n'ira le leur demander, et où ils pourront vivre tranquilles.

Kit se gratta la tête, et ne trouvant rien à répondre à toutes ces probabilités, il monta sur une escabelle et décrocha la cage de l'oiseau pour la nettoyer ; mais il se souvint tout à coup que c'était précisément le jour et l'heure où il avait promis de se trouver à la porte du notaire Witherden pour tenir le cheval de M. Garland. Il remit sur-le-champ la cage à sa place, et expliquant à la hâte à sa mère la nature de l'affaire qui l'appelait, il partit à l'instant, et alla toujours courant jusqu'à la maison du notaire. Il n'y arriva qu'environ deux minutes après l'heure qui avait été fixée ; mais heureusement il n'y vit ni chaise ni poney, et il n'était pas probable qu'ils fussent déjà repartis. Charmé de ne pas être arrivé trop tard, il s'appuya contre le poteau d'une lampe pour reprendre haleine et attendit patiemment.

Au bout de quelques minutes, il vit le poney et la chaise tourner le coin de la rue voisine ; et il reconnut dans la chaise M. et mistress Garland. Le poney allait au trot, et semblait de bonne humeur ; mais voyant une plaque de cuivre sous le marteau de la porte d'un tailleur, et ne sachant pas lire, il se crut arrivé, et refusa positivement d'aller plus loin. Les sollicitations aimables du vieillard et les reproches amicaux de son épouse ne purent vaincre son obstination, qui fut même à l'épreuve d'un coup de houssine. M. Garland descendit de voiture dans le dessein de le conduire par la bride ; mais en ce moment le poney, soit qu'il eût changé de caprice, soit qu'il eût aperçu la plaque de cuivre qui était à la porte de M. Witherden, partit emmenant sa maîtresse, laissa son maître le suivre en haletant et s'arrêta de lui-même devant la maison du notaire. Là Kit lui prit la bride, et salua M. Garland en portant la main à son chapeau.

— C'est en vérité lui ! s'écria le vieillard ; le reconnaissez-vous, ma chère ?

— Je vous avais promis d'être ici, monsieur, dit Kit en caressant le cou de Whisker. J'espère que vous avez fait un bon voyage, monsieur. Vous avez là un joli petit poney.

— Ma chère, dit M. Garland, c'est un garçon peu commun ; un brave garçon, j'en réponds.

— J'en suis sûre, répliqua la bonne dame, un très brave garçon, et je doute pas que ce ne soit un excellent fils.

M. Garland aida sa femme à descendre de voiture, et après avoir regardé Kit avec un sourire d'approbation, ils entrèrent dans la maison en s'entretenant de lui, comme Kit s'en aperçut. Quelques moments après, M. Witherden, tenait en main un gros bouquet semblable au premier, parut à la fenêtre et regarda Kit avec attention. M. Abel Garland l'y remplaça et en fit autant. Kit, embarrassé de cet examen, feignit de ne pas s'en apercevoir, et continua à passer sa main sur le cou du poney, qui voulut bien lui permettre cette liberté.

Quelques minutes se passèrent, et alors M. Chuckster, sortant de la maison, s'avança sur le trottoir, et dit à Kit d'entrer dans le cabinet de M. Witherden, où l'on avait besoin de lui, et que pendant ce temps il veillerait sur la chaise.

Kit entra dans le cabinet du notaire en tremblant, car il n'était pas habitué à se trouver en pareille compagnie. Les cartons rangés sur des tablettes et des liasses de papiers couverts de poussière avaient à ses yeux un air imposant et vénérable. Tous les yeux étaient fixés sur lui, et il rougit excessivement.

— Eh bien, jeune homme, lui dit M. Witherden, êtes-vous venu pour gagner le reste du schelling que vous avez reçu la semaine dernière? N'est-ce pas plutôt dans l'espoir d'en recevoir un autre?

— Non, en vérité, monsieur, répondit Kit reprenant assez courage pour lever les yeux.

— Votre père vit-il encore?

— Non, monsieur.

— Et votre mère?

— Elle se porte bien, grâce à Dieu.

— Remariée?

Kit répondit avec quelque indignation que sa mère était veuve, qu'elle avait trois enfants, et que, quant à se remarier, c'était ce dont ne la soupçonnerait jamais quiconque la connaissait. A cette réponse, M. Witherden enfonça son nez dans son bouquet, et dit à M. Garland à demi-voix que ce jeune homme lui paraissait un honnête garçon.

— Pour aujourd'hui, dit M. Garland à Kit, je ne vous donnerai rien...

— Je vous en remercie, monsieur, répondit Kit très sérieusement, car cette déclaration lui paraissait l'acquitter de soupçon d'être venu par intérêt.

— Mais il est possible, continua le vieillard, que j'aie encore besoin de vous; aussi dites-moi où vous demeurez, et j'écrirai votre adresse sur mon agenda.

A peine cela fut-il fait, qu'un grand bruit se fit entendre dans la rue, et mistress Garland s'écria que Whisker venait de partir avec la chaise.

A ces mots, Kit se précipita hors de la chambre et courut après le fugitif.

Il paraît que M. Chuckster s'était contenté de rester indolemment près de la chaise, les mains dans ses poches, et qu'il avait insulté plusieurs fois le poney en lui répétant : Tranquille! ho! ho! ce qu'un poney fier et ardent ne pouvait souffrir. Il était donc parti tout à coup, comme pour narguer son gardien, et M. Chuckster courait après lui, sans chapeau, et sa plume derrière son oreille, aux grands éclats de rire des passants et des voisins, quand Kit arriva à son secours. Mais Whisker, comme s'il lui eût suffi d'avoir donné cette preuve d'indépendance, revenait déjà à reculons, presque aussi vite qu'il était parti, et il s'arrêta de lui-même à la porte du notaire.

La vieille dame reprit sa place dans la chaise; M. Abel, que ses parents étaient venus chercher, prit la sienne sur le diskey, et M. Garland, après avoir fait à Whisker quelques reproches sur son inconduite, fit ses adieux au notaire et à son premier élève Dès qu'il se fut placé près de sa femme, le poney partit sans en avoir reçu l'ordre, pendant que son maître faisait un signe de tête à Kit.

Kit suivit la chaise des yeux aussi longtemps qu'il le put, et oublia ensuite la chaise, le poney, M. et mistress Garland et leur digne fils M. Abel, pour songer à ce que pouvaient être devenus son vieux maître et sa jeune maîtresse, qui étaient le sujet perpétuel de ses méditations. Tout en cherchant quelque raison plausible pour ne pas renoncer à l'espoir de les voir venir chez sa mère, il retournait à pas lents; mais en arrivant il fut bien surpris de voir à la porte le poney et la chaise dans laquelle M. Abel était assis tenant en main les rênes, mais il le fut bien davantage quand en entrant chez sa mère il y trouva M. et mistress Garland assis et causant avec elle.

— Vous voyez que nous sommes arrivés ici avant vous, Christophe! lui dit M. Garland en souriant.

— Oui, monsieur, répondit Kit d'un air confus, et il regarda sa mère pour lui demander ce que signifiait cette visite.

Sa mère comprit cette question muette, et elle répondit : Monsieur a eu la bonté de me demander si vous aviez une place, et quand je lui ai dit que vous n'en aviez pas, il a bien voulu ajouter que...

— Que nous avons besoin à la maison, dit mistress Garland, d'un garçon sage et rangé, et que si nous étions satisfaits des renseignements que nous prendrons nous pourrions penser à vous.

Ces mots indiquant assez clairement que les vieux époux songeaient à le prendre à leur service, Kit devint inquiet et agité, d'autant plus que M. et mistress Garland firent tant de questions à la mère, qu'il commença bientôt à désespérer du succès.

— Vous sentez, ma bonne femme, dit mistress Garland, que nous ne pouvons prendre des informations trop exactes, car nous sommes une famille tranquille et régulière, et si nous trouvions les choses autrement que nous l'espérons, se serait un cruel désappointement.

Mistress Nubbles répondit qu'elle ne craignait pas qu'on eût jamais aucun reproche à faire à son fils qui s'était toujours parfaitement conduit, car il tenait de son père, qui avait été le meilleur des fils, le meilleur des maris et le meilleur des pères. Elle fit ensuite toute l'histoire de son fils depuis sa naissance jusqu'à ce moment, sans oublier aucun des petits accidents qui lui étaient arrivés pendant son enfance, et qu'il avait supportés avec la douceur et la patience d'un saint. Enfin, elle dit qu'on pouvait demander des renseignements sur lui et sur toute sa famille à mistress Green, marchande de fromage au coin de la rue; à M. Clack, vieux marin qui avait perdu une jambe et qui était à l'hôpital de Greenwich, et à M. Broun, caporal dans un régiment qui servait alors dans les Indes occidentales. M. Garland fit quelques questions à Kit pour savoir ce qu'il était en état de faire, et parut satisfait des réponses qu'il reçut. Il s'informa alors de la situation de sa garde-robe, et remit à sa mère quelque argent pour la compléter, après quoi Christophe Nubbles fut admis au service de M. et mistress Garland, demeurant à Finchley, près de Londres, aux gages de six livres sterling par an, outre l'habillement, la nourriture et le logement.

Le résultat de cette affaire parut être également satisfaisant pour toutes les parties, et il fut convenu que Kit commencerait son service le surlendemain matin. Enfin, M. Garland mettant une demi-couronne toute neuve dans la main du petit Jacob, et en plaçant une autre sur le berceau de l'enfant, remonta en voiture avec sa femme, tandis que son nouveau serviteur tenait la bride du poney.

— Eh bien ! ma mère, dit Kit en rentrant dans la maison, je crois que voilà ma fortune faite. Six livres sterling par an, nourri, logé et vêtu !

Ah ! reprit Kit enfonçant ses mains dans ses poches comme s'il avait cru y trouver déjà ses gages d'un an, quelle dame nous ferons de vous les dimanches ! quel savant nous ferons de Jacob ! six livres sterling de revenu !

— Hein ! qui parle ici de six livres sterling de revenu ? La voix qui faisait cette question était celle de Daniel Quilp, qui entra en parlant ainsi, suivi de Richard Swiveller.

La bonne femme fut tellement alarmée en voyant ce nain hideux qu'elle ne connaissait pas, qu'elle saisit l'enfant au berceau, prit Jacob par la main et s'enfuit avec eux à l'autre bout de la chambre.

— N'ayez pas peur mistress, dit Quilp souriant de plaisir en voyant la frayeur qu'il causait. Je ne mange pas les enfants car je ne les aime pas. Eh bien ! monsieur, ajouta-t-il en se tournant vers Kit, pourquoi n'êtes-vous pas venu me trouver comme je vous en avais chargé ?

— Pourquoi y serais-je allé ? je n'ai pas plus affaire à vous que vous à moi.

— Quand est-ce que son vieux maître est venu ici ! demanda Quilp à la mère. Y est-il en ce moment ? S'il n'y est pas, où est-il allé ?

— Il n'y est pas venu du tout, monsieur. Je voudrais savoir où il est allé, cela tirerait mon fils d'inquiétude et moi aussi.

Quilp la regarda fixement et fut convaincu qu'elle disait la vérité. Il se tourna vers Swiveller et lui dit : Je vous ai rencontré à la porte, monsieur, vous y veniez sans doute aussi pour demandez des nouvelles des fugitifs ?

— Oui, monsieur, c'était l'objet de mon expédition ; mais je me trouve désappointé, ma spéculation a manqué, et il faudra qu'une jeune créature brillante de beauté soit sacrifiée sur l'autel de Cheggs.

Le nain le regarda avec un sourire caustique, mais Swiveller ne s'en aperçut pas et resta enfoncé dans des méditations lugubres. Quilp pensa qu'il devait avoir eu quelque raison secrète pour faire cette visite et pour être si contrarié de son inutilité. Il résolut de la découvrir dans l'espoir d'y trouver quelque occasion pour se livrer à son goût naturel pour malfaire.

— J'éprouve aussi un désappointement uniquement causé par mon amitié pour eux, lui dit-il, mais je ne doute pas que le vôtre n'ait une cause plus sérieuse, et par conséquent il est plus difficile à supporter.

— Ah ! oui, sans doute !

— Eh bien, puisque nous sommes compagnons d'infortune, pourquoi ne prendrions-nous pas, en bons compagnons, le moyen de plus sûr pour l'oublier ? Je connais ici près une maison où l'on vend d'excellent shidam de Hollande, venu en contrebande, dit-on : mais que nous importe ? voulez-vous que je vous le fasse goûter ?

En parlant ainsi, le nain sourit aussi agréablement qu'il lui était possible en regardant Swiveller du coin de l'œil. Swiveller lui répondit de la même manière, et, se prenant par le bras, il partirent sans s'inquiéter davantage de la famille Nubbles.

La maison où Quilp conduisit Richard était un cabaret borgne, ayant un petit jardin où l'on voyait plus de mauvaises herbes que de fleurs, donnant sur la Tamise, et ils s'y établirent dans un réduit formé d'ais mal joints sur le bord de l'eau, et décoré du nom de cabinet de verdure, où on leur servit, à la demande du nain, deux pots remplis, l'un d'eau, l'autre de schidam, avec du tabac, des pipes et un bout de chandelle dans une mauvaise lanterne. Quilp emplit les deux verres de schidam, y ajouta quelques gouttes d'eau, et en passa un à son compagnon en lui disant: Goûtez cela! Eh bien, est-il bon? Est-il assez fort?

— Assez fort! s'écria Swiveller en renversant par terre la moitié du contenu de son verre pour y mettre de l'eau; pouvez-vous boire un pareil feu liquide?

— Vous allez le voir, répondit le nain. Il se leva, vida son verre d'un seul trait; le remplit encore, le vida de même, et se mettant à fumer, il fit sortir la fumée du tabac par son nez. Après cette prouesse, il se rassit en poussant un grand éclat de rire. Allons, dit-il en remplissant les verres, donnez-nous un toast, une femme, une beauté, et vidons nos verres sans eau jusqu'à la dernière goutte.

— Eh bien, s'il vous faut une beauté, ce sera Sophie Wackles.

— Fort bien. Miss Sophie Wackles; c'est-à-dire la future mistress Swiveller, n'est-ce pas?

— Vous auriez pu dire cela il y a un mois, mon luron, mais cela n'est plus vrai aujourd'hui. Elle va s'immoler sur l'autel de Cheggs.

— Cheggs! qu'est-ce que cela? Coupez-lui les oreilles, empoisonnez-le! elle ne sera jamais que mistress Swiveller. Encore un verre à sa santé, et nous en viderons d'autres à celle de son père, de sa mère, de ses sœurs, de ses frères et de toutes la glorieuse famille des Wackles.

— Vous êtes un bon vivant, dit Richard en le regardant; mais de tous les bons vivants que j'ai jamais vu, je n'en connais pas un qui ait des manières plus drôles et plus extraordinaires que vous.

Cette déclaration franche redoubla l'excentricité du nain, il réussit à faire boire Swiveller autant qu'il le fallait pour lui échauffer le cerveau, et Quilp n'eut pas besoin de faire de grands efforts pour tirer de son compagnon les détails du projet que lui avait proposé Frédéric Trent.

— Attendez! dit Quilp. Oui, c'est cela; cela peut se faire: cela se fera: je vous en donne ma parole; je suis votre ami pour toujours.

— Croyez-vous qu'il y ait encore une chance? demanda Richard un peu surpris.

— Une chance! il y a certitude, certitude complète. Heureux chien que vous êtes! savez-vous que son aïeul est riche comme un juif? Je vous vois déjà le mari de la jolie Nelly, et roulant dans l'or et dans l'argent. Je vous aiderai; comptez sur moi, c'est une affaire faite.

— Mais comment?

— Nous avons tout le temps d'en causer. En ce moment j'ai un rendez-vous pour affaire, et il faut que je vous quitte.

Il se séparèrent, et le nain en s'en allant se dit à lui-même: Oui, il faut qu'il épouse Nelly! C'est ce drôle, ce sot, qui m'a si bien frotté l'autre jour; c'est ce Frédéric Trent qui s'est avisé autrefois de faire les yeux doux à mistress Quilp; je serai vengé, quand ils sauront, après le mariage, que Nelly n'est qu'une mendiante. Ils connaîtront toute l'étendue de mon amitié pour eux.

CHAPITRE XV

Mistress Nubbles fut très affairée le reste de cette journée et tout le lendemain, car l'équipement et le départ de Kit étaient pour elle une affaire aussi importante, que s'il se fût agi pour lui de pénétrer dans l'intérieur de l'Afrique ou de partir pour faire le tour du monde Il serait difficile de supposer qu'il ait jamais existé une petite malle qui ait été aussi souvent ouverte ou fermée en vint-quatre heures, que celle qui contenait les trois chemises neuves de Kit, avec un nombre proportionné de paires de bas, de cravates et de mouchoirs de poche qui avaient été ajoutés à sa garde-robe primitive. La malle fut portée chez le voiturier de Finchley, au domicile duquel, dans ce village, Kit dit qu'il irait la chercher le lendemain.

Après force embrassades, force serrements de mains et force larmes, Kit partit le lendemain matin à pied pour Finchley. Si quelqu'un de nos lecteurs est curieux de savoir comment il était costumé, nous lui dirons qu'il avait un habit de la couleur que nous appelons poivre et sel, c'est-à-dire d'un gris mêlé de blanc, un gilet de drap jaune, un pantalon gris de fer, des bottes neuves bien cirées, et un chapeau de feutre vernissé et si roide qu'il résonnait comme un tambour au moindre coup de la jointure d'un doigt. C'était sous de tels vêtements que s'acheminait vers Finchley M. Christophe Nubbles, un peu surpris de ne pas attirer plus d'attention. En y arrivant il se rendit chez le voiturier; et ayant trouvé sa malle il la mit sur son épaule, demanda le chemin d'Abel-Cottage, nom de la demeure de M. Garlant, et s'y rendit sur-le-champ.

C'était, sans contredit, une jolie petite maison couverte en ardoises, et dont le toit était surmonté à chaque coin par une espèce de petit clocher. Plusieurs des fenêtres avaient quelques carreaux de vitres peints, à peu près de la grandeur d'un souvenir de poche. A l'un des côtés de la maison était une petite écurie, dont la grandeur était proportionnée à la taille de Whisker; et au-dessus une petite chambre, qui semblait être ce qu'il fallait à Kit. Des rideaux de mousseline blanche garnissaient toutes les croisées ; des oiseaux chantaient dans des cages qui étaient suspendues près des fenêtres, et dont le treillage en laiton brillait comme de l'or. Des pots de fleurs étaient rangés de chaque côté de l'allée qui conduisait à la porte de la maison, et le parterre était rempli d'arbustes à fleurs odoriférantes qui parfumaient l'air. En un mot, soit dans la maison, soit au dehors, tout paraissait être la perfection de l'ordre et de la propreté. On n'apercevait pas une mauvaise herbe dans le jardin, et à en juger par quelques outils soignés de jardinage, un panier et une paire de gants laissés dans une des allées, M. Garland lui-même y avait travaillé ce matin.

Kit regarda autour de lui, admira, et regarda encore avant de pouvoir se décider à tourner la tête du côté où était le cordon de la sonnette. Enfin il sonna, mais personne ne vint lui ouvrir la porte; et après avoir sonné deux ou trois fois sans plus de succès, il prit le parti de s'asseoir sur sa malle et d'attendre. Après avoir passé un bon quart d'heure à admirer encore toutes les beautés qui l'entouraient, il sonna de nouveau; et enfin une petite servante, très proprement mise, très jolie, et ayant un air décent et modeste, ouvrit la porte, et lui dit: Je suppose que vous vous nommez Christophe, monsieur?

Kit répondit affirmativement.

— Je crains que vous n'ayez sonné bien des fois, reprit-elle; mais nous ne pouvions entendre, car nous étions occupés à attraper le poney.

Kit ne sut trop ce qu'elle voulait dire; mais ne voulant pas l'arrêter pour lui faire des questions il remit sa malle sur son épaule, et la suivit dans un vestibule au bout duquel était une porte vitrée donnant sur le jardin, par laquelle il vit le vieux M. Garlant qui ramenait Whisker en triomphe, car le poney, comme Kit l'apprit ensuite, ayant été attaché à un arbre dans un verger derrière le jardin, mécontent de n'avoir à sa disposition qu'une étroite circonférence, avait rompu la corde, et avait fait courir toute la famille après lui pendant une heure trois quarts.

M. et mistress Garlant le reçurent avec beaucoup de bonté, et la bonne opinion qu'ils avaient conçue de lui augmenta encore en voyant le soin avec lequel il s'essuya les pieds au paillasson avant d'entrer dans la chambre où ils se trouvaient. Ils examinèrent son nouveau costume, qui obtint leur approbation. Ensuite M. Garlant le conduisit dans l'écurie, où Whisker daigna lui faire un accueil non moins cordial. Il le fit monter dans la petite chambre que Kit avait déjà remarquée, et qui était propre et commode; enfin, il lui montra tout le jardin en lui disant qu'il faudrait qu'il apprît à y travailler, en lui énumérant tout ce qu'il comptait faire pour lui, s'il le méritait par sa conduite. Kit lui répondit par des expressions de reconnaissance, en tordant tellement son chapeau entre ses mains, que les bords s'en ressentirent. Quand ils eurent fini, l'un de donner des avis et de faire des promesses, l'autre de prodiguer des remercîments et des assurances d'obéissance parfaite, la petite servante, qui se nommait Barbe, fut appelée, et reçut ordre de le conduire à la cuisine et de lui donner à déjeuner.

Jamais Kit n'avait vu pareille cuisine : tout y était si propre, si brillant, si bien rangé! Barbe plaça devant lui, sur une petite table aussi blanche que la nappe la plus blanche, du pain, de la viande froide et de l'ale d'ordinaire ; mais il mangeait, buvait, et se servait de son couteau et de sa fourchette plus gauchement que jamais, parce qu'il savait qu'une jeune fille qu'il ne connaissait pas pouvait l'observer.

Il paraît pourtant que Barbe n'avait rien de bien terrible, car c'était une jeune fille qui avait toujours mené une vie tranquille et retirée, qui rougissait dès qu'on lui adressait la parole, et qui était aussi embarrassée et aussi incertaine de ce qu'elle devait dire et faire que Kit pouvait l'être lui-même. Au bout de quelques temps il se hasarda à jeter un coup d'œil curieux sur le dressoir, et il y vit, au milieu des plats et des assiettes, la boîte à ouvrage de Barbe, son livre de prières et sa Bible. Son petit miroir était suspendu près de la fenêtre, et son chapeau accroché à un clou derrière la porte. Après avoir vu tous ces signes muets de sa présence, ses regards se portèrent naturellement sur Barbe, qui était assise, écossant des pois sur ses genoux; et tandis qu'il examinait les longs cils de ses paupières, et qu'il se demandait, dans la simplicité de son cœur, qu'elle pouvait être la couleur de ses yeux, le hasard voulut que Barbe levât la tête pour le regarder. Leurs yeux se rencontrèrent un instant, et se baissèrent sur-le-champ : ceux de Kit sur son assiette, ceux de Barbe sur ses pois, chacun d'eux étant confus d'avoir été découvert par l'autre.

CHAPITRE XVI

Le shidam avait produit un tel effet sur la tête de Richard Swiveller, que ses jambes décrivirent des courbes de toute espèce dans les rues, par où il passa pour retourner chez lui. Sophie Wackles, Nelly Trent et Daniel Quilp flottaient confusément dans son esprit, et il ne savait trop s'il avait bien fait de prendre ce dernier pour confident. Bientôt ses idées prirent une teinte plus sombre; et jetant son chapeau par terre, il s'écria tout haut : Voilà ce que c'est que d'avoir été laissé orphelin presque au berceau; d'avoir été lancé dans le monde à un âge si tendre! Je n'ai pour moi que la compassion d'un nain fourbe et trompeur. Qui veut voir un misérable orphelin? Oui, un misérable orphelin!

— En ce cas, laissez-moi vous servir de père! s'écria une voix à quelque distance.

Surpris de cette apostrophe, Richard regarda autour de lui, et au milieu d'une sorte de brouillard qui offusquait la vue, il vit briller deux yeux qui semblaient fixés sur lui. Il se dit que ces yeux devaient appartenir à une tête, cette tête à un corps, et enfin il reconnut le nain, qu'il croyait bien loin. Mais Quilp ayant digéré ses plans chemin faisant, avait cru devoir ajouter quelque chose à ce qu'il lui avait déjà dit, et avait cherché à le rejoindre.

— Vous, mon père! s'écria Swiveller en ramassant son chapeau. Laissez-moi seul, monsieur, ou je vous en ferai repentir!

Voyant que le nain ne faisait aucun compte de cette menace, il s'avança vers lui le poing fermé; mais en arrivant, ou il avait oublié son dessein, ou il y avait renoncé, car sa main s'ouvrit pour serrer celle de Quilp; il lui jura une amitié éternelle et lui déclara avec une franchise édifiante qu'ils seraient en tout comme deux frères, sauf la ressemblance. Enfin ils continuèrent leur chemin, bras dessus, bras dessous, tout en causant de Sophie Wackles et de Nelly.

— Il faut que vous m'ameniez Frédéric Trent, dit le nain à l'instant où ils allaient se séparer; j'avais oublié de vous le dire. Assurez-le que je suis son ami. Je crains qu'il ne se méfie un peu de moi, je ne puis dire pourquoi; mais je ne l'ai pas mérité. Je vous réponds que vous et lui vous pouvez regarder votre fortune comme faite en perspective

— C'est là le pire. Ces fortunes sont dans un tel lointain !

— Oui, mais c'est ce qui les fait paraître moindres qu'elles ne le sont dans la réalité. Vous ne pouvez vous faire une idée de celle qui vous attend avant qu'elle vous soit assurée.

— Vous croyez cela?

— J'en suis certain, ce qui vaut mieux. Adieu ! comptez sur moi, et ne manquez pas de m'amenez Frédéric Trent.

— Ils se séparèrent et rentrèrent chacun chez eux ; Swiveller pour dissiper à l'aide du sommeil les fumées du schidam, Quilp pour jouir d'avance du plaisir de se venger et de faire le mal.

Le lendemain matin, Richard se rendit, non sans quelque répugnance, chez son ami Frédéric, qui demeurait à l'étage le plus élevé d'une maison où on louait des appartements meublés. Il lui raconta presque en rougissant tout ce qui s'était passé entre le nain et lui Frédéric l'écouta avec surprise, fit force conjectures sur les motifs que Quilp pouvait avoir eus pour agir et parler comme il l'avait fait, et n'épargna pas à son ami des commentaires piquants sur la folie qu'il avait commise en se confiant à un pareil être.

— Je ne chercherai pas à me justifier, Fred, repondit Richard, mais si vous saviez comme ce diable d'homme est cauteleux et insinuant, vous ne seriez pas si sévère. Si vous l'aviez vu comme moi boire et fumer, il vous aurait été impossible de lui cacher la moindre chose. C'est une salamandre, une vraie salamandre, vous dis-je.

Sans s'inquiéter si une salamandre ou un homme à l'épreuve d'un feu liquide était un être digne de confiance, Trent se jeta sur un fauteuil, s'appuya la tête sur ses deux mains et se mit à réfléchir. Qu'après avoir rencontré Swiveller deux fois cherchant à obtenir des nouvelles des fugitifs, Quilp eût voulu savoir quel motif il en avait, il n'en était nullement surpris, car il connaissait assez le nain pour croire que c'était la suite de son caractère curieux et malfaisant ; mais qu'après avoir appris le projet formé par lui, Trent, de faire épouser sa sœur à son ami, il eût offert de contribuer à le faire réussir, c'était ce qu'il ne pouvait expliquer. Il finit pourtant par se persuader que son aïeul, de manière ou d'autre, avait encouru la haine du nain, et que celui-ci voulait les aider à faire réussir leur dessein pour se venger du vieillard en le séparant de Nelly, seul objet qu'il aimât sur la terre, car il ne faisait pas l'injure à Quilp de le soupçonner capable d'amitié ou de bienveillance pour lui ou pour Richard. Quoi qu'il en soit, il accepta son invitation, et ils se rendirent ensemble chez lui dans la soirée.

M. Quilp parut très charmé de les voir, et en leur présence il affecta beaucoup de politesse à l'égard de sa femme et de mistress Jiniwin ; cependant il jeta sur la première un regard du coin de l'œil pour voir si elle éprouverait quelque émotion en reconnaissant Frédéric Trent. La pauvre femme le reconnut sans éprouver aucune émotion pénible ou agréable ; mais elle avait remarqué le regard de son mari, et elle se sentit confuse et embarrassée, ne sachant ce qu'elle devait dire ou faire. Quilp s'aperçut de son embarras, et sa jalousie sut comment l'expliquer. Il n'en fit pourtant rien paraître, il semblait de la meilleure humeur du monde, et il faisait circuler le rhum et l'eau-de-vie avec une hospitalité cordiale.

— Il doit y avoir près de deux ans que nous ne nous sommes vus, dit-il à Frédéric.

— Je pense qu'il y en a plutôt trois, répondit Trent.

— Comme le temps vole! Croyez-vous qu'il y ait si longtemps, mistress Quilp? demanda le nain.

— Je crois qu'il y a au moins trois ans, répondit-elle innocemment.

— Ah! le temps vous a paru long, mistress! fort bien, je ne l'oublierai pas, pensa Quilp. Se tournant ensuite vers Frédéric, il ajouta: Il me semble qu'il n'y a qu'un jour que vous êtes parti pour Demerary, à bord de la Marie-Anne. Eh bien, je puis pardonner à un jeune homme quelques frasques, j'ai fait les miennes dans mon temps; et quand, au lieu de nous envoyer des lettres pleines de repentir et de contrition, vous êtes revenu à bord du même bâtiment, j'en ai ri de tout mon cœur. Ah! ah! ah!

Trent sourit, mais il était évident que cette conversation n'était pas pour lui la plus agréable qu'on eût pu choisir; ce fut pour le nain un motif de la continuer.

— J'ai toujours dit que lorsqu'un homme riche n'a que deux héritiers et qu'il délaisse l'un pour s'attacher exclusivement à l'autre, il commet une injustice. Il est vrai que votre aïeul alléguait qu'il vous avait pardonné bien des escapades, bien des extravagances, et que vous n'aviez jamais eu pour lui que de l'ingratitude; mais comme je le lui disais, ce ne sont que des peccadilles dans un jeune homme; je n'ai pourtant jamais pu l'en convaincre.

— Étonnant! s'écria Frédéric d'un ton caustique. Mais, au nom du diable, quel rapport tout cela a-t-il au sujet qui nous amène ici?

— Le temps viendra d'en parler; mais je voulais prouver que j'ai toujours été votre ami, quoique vous n'en ayez rien cru. Allons, serrons-nous la main!

Après un moment d'hésitation, Frédéric mit une main dans celle que lui offrait le nain, qui la lui serra avec une force qui empêcha un instant le sang de circuler. Craignant ensuite que Swiveller n'eût l'indiscrétion de parler devant les deux femmes de choses dont il ne jugeait pas à propos qu'elles fussent instruites, il changea de conversation sur-le-champ et proposa une partie de whist. Les cartes décidèrent des places. Mais le nain, entre autres talents, avait celui de commander aux cartes; elles donnèrent donc Frédéric Trent pour partenaire à mistress Quilp, et lui laissèrent à lui-même Richard Swiveller. Mistress Jiniwin aimait beaucoup le jeu; mais c'était pour cette raison que le nain ne voulut pas la mettre de la partie; il la chargea de faire un mélange convenable de rhum, de sucre et d'eau chaude, et d'avoir soin que les verres des joueurs ne restassent jamais vides. On fit ainsi trois à quatre robs, et pendant tout ce temps les yeux de Quilp furent occupés, sans qu'il y parût le moins du monde, l'un à regarder les cartes de ses voisins, l'autre à épier tout signe d'intelligence qui pouvait avoir lieu entre sa femme et le jeune Trent. Il alla jusqu'à appuyer fortement son pied deux ou trois fois sur celui de mistress Quilp, pour voir si elle pousserait un cri; car si elle souffrait en silence, il en conclurait que Frédéric lui avait aussi pressé le pied.

Enfin, on cessa de jouer. Quilp ordonna à sa femme d'aller se coucher.

La pauvre femme obéit sans réplique, et sa mère la suivit. Swiveller, qui avait beaucoup bu, s'endormit sur sa chaise; le nain fit signe à Frédéric de le suivre à l'autre bout de l'appartement, et entama avec lui une courte conversation à voix basse.

— Eh bien, Fred, est-ce un marché fait entre nous? Ferons-nous épouser à ce sot la petite Nelly!

— Vous avez quelques motifs secrets pour parler ainsi.

— Sans contredit, mon cher Fred; peut-être des représailles à exercer, peut-être une fantaisie à satisfaire. Mais, voyons, j'ai assez d'influence pour faire réussir ou échouer votre projet. Vous savez que toute balance a deux plateaux, dans lequel la jetterai-je?

— Dans le mien.

— C'est chose convenue, dit le nain. Il ferma une main, et eut l'air d'en faire tomber quelque chose de pesant dans l'autre, qui pencha sur-le-champ: Vous voyez que votre plateau l'emporte, ajouta-t-il.

— Où sont-ils maintenant?

— C'est ce qu'il nous reste à découvrir, mais cela ne me sera pas difficile.

— Et alors comment nous y prendrons-nous?

— J'irai voir le vieillard, et je ferai usage de toute l'influence que j'ai nécessairement sur lui. Richard Swiveller lui fera de fréquentes visites, aura l'air de prendre intérêt à lui, le conjurera de placer Nelly dans une situation plus digne d'elle et de lui faire connaître les plaisirs du monde. Il fera ainsi une impression favorable sur elle, et avant deux ans d'ici, il en fera tout ce qu'il voudra; et elle ne saura pas très bon gré à son aïeul de lui avoir si longtemps fait croire qu'il était pauvre.

CHAPITRE XVII

Le vieillard et sa petite-fille avaient marché d'un pas si rapide pour s'éloigner des courses qu'ils furent obligés de s'arrêter sur la lisière d'un petit bois, d'où ils entendaient encore le son des tambours et autres instruments, les cris, les acclamations et les bruits de toute espèce qui avaient lieu sur l'emplacement qu'ils venaient de quitter. Le vieillard tremblait de tous ses membres; et Nelly, cherchant à le rassurer, lui dit:

— Nous sommes en sûreté ici, grand-papa, nous n'avons rien à craindre.

— Rien à craindre! Ils nous cherchent partout, ils veulent nous séparer!

— Regardez autour de vous, vous ne verrez personne; tout est tranquille, nous sommes seuls.

— Mais ils peuvent arriver à chaque instant, s'écria le vieillard en se levant; il faut aller plus loin, plus loin!

Ils entrèrent dans un sentier qui traversait le bois dans sa largeur, et le silence, le calme et la tranquillité qui y régnaient firent oublier au vieillard toutes ses frayeurs. En sortant du bois, ils suivirent un chemin tortueux bordé de haies, qui, après environ une heure de marche, les conduisit dans un village où ils virent des enfants jouer sur un terrain communal couvert de bruyère, où quelques moutons tondaient le peu d'herbe qui s'y trouvait. En passant devant une chaumière, ayant en avant un petit jardin au-dessus de laquelle était attachée une espèce d'enseigne sur laquelle ce mot : École, était écrit en caractères noirs sur un fond blanc ; ils y virent assis sur le porche de la maison, un vieillard pâle et maigre, portant un habit noir qui semblait lui avoir rendu de longs services. Il avait l'air d'être enfoncé dans de graves réflexions, et il ne les aperçut pas. Nelly aurait bien désiré lui parler, car ils étaient fatigués et la nuit approchait ; mais elle n'osait l'interrompre dans ses méditations. Cependant, le voyant se lever pour se promener dans son jardin, elle s'arma de courage, et prenant son aïeul par la main, elle leva le loquet qui fermait la petite porte à claire-voie du jardin, et ils s'avancèrent vers lui. Le bruit du loquet attira son attention, et il jeta les yeux sur eux ; mais en les apercevant il eut l'air désappointé. Cependant il alla à leur rencontre et demanda ce qu'ils désiraient.

— Nous sommes de pauvres voyageurs, monsieur, lui dit Nelly, et nous vous aurions beaucoup d'obligation si vous vouliez bien nous dire où nous pourrions trouver à nous loger cette nuit dans ce village, en payant suivant nos faibles moyens.

— Vous paraissez fatigués, dit le maître d'école : venez-vous de bien loin ?

— Oui, monsieur, répondit l'enfant.

— Vous commencez à voyager bien jeune, ma chère enfant, répondit le maître d'école en lui passant une main sur la tête. C'est sans doute votre petite fille, mon bon ami ?

— Oui, monsieur, répondit le vieillard, la consolation et le soutien de mes jours.

— Entrez, mes amis, dit le maître d'école. Et il les conduisit dans une pièce au rez-de-chaussée, qui servait en même temps d'école, de cuisine et de salle à manger, et leur dit qu'il pouvait lui-même les loger chez lui. Il étendit sur une petite table une nappe de grosse toile, mais très blanche, y plaça deux assiettes, deux couteaux, deux fourchettes de fer, du pain, de la viande froide et un pot de petite bière.

— Asseyez-vous, buvez et mangez.

Tout en acceptant cette triple invitation, ils jetèrent un coup d'œil sur la chambre. Un banc était rangé de chaque côté le long du mur, et à côté de la cheminée était un fauteuil de bois, qui était la chaire du maître pendant le temps des leçons. Par derrière la canne et la règle déployaient leurs terreurs (1), reposant sur deux chevilles le long de la muraille. Mais le principal ornement du lieu étaient des sentences morales en belle écriture ronde, des additions et des multiplications bien chiffrées, le tout collé sur le mur avec un certain ordre, soit pour prouver l'excellence de son école, soit pour inspirer à ses élèves une émulation salutaire.

(1) Il est bon d'informer ici le lecteur que, dans presque toutes les pensions d'Angleterre, non-seulement les verges sont encore employées pour punir les enfants, mais qu'on les châtie sommairement à coups de canne et de règle.

— Quelle belle écriture ! s'écria Nelly. C'est sans doute la vôtre, monsieur ?

— La mienne ! répondit le maître d'école mettant ses lunettes, comme pour admirer lui-même ce qui était pour lui un sujet de triomphe cher à son cœur. Ma main n'est plus en état d'en faire autant. Tout ce que vous voyez a été fait par la même main, une bien petite main, plus jeune que la vôtre, mais très habile, une petite main qui l'emporte sur tous ses compagnons dans toutes ses études comme dans tous ses jeux. Comment a-t-il conçu tant d'attachement pour moi ! Que je me sois attaché à lui, rien n'est moins surprenant ; mais qu'il se soit attaché à moi ! A ces mots, le bon maître d'école ôta ses lunettes pour en essuyer les verres qui s'étaient chargés de quelque humidité.

— Avez-vous donc quelque inquiétude pour lui, monsieur ? demanda Nelly.

— Il est malade, mais non en danger. J'espérais le voir jouer ce matin avec ses compagnons sur la bruyère ; mais ce sera sans doute pour demain.

— Y a-t-il longtemps qu'il est malade ?

— Il y a trois jours qu'il a été attaqué de la fièvre. On dit qu'il a eu du délire hier soir ; mais cela arrive souvent dans cette maladie, et ce n'est pas un signe dangereux.

Il ouvrit la porte et regarda en dehors. La nuit arrivait et le silence l'accompagnait.

— Il venait tous les jours me dire bonsoir, dit le maître d'école, et il serait venu aujourd'hui s'il avait pu le faire en s'appuyant sur le bras de quelqu'un ; mais il vaut mieux qu'il ne soit pas venu, car l'air est humide, et il tombe beaucoup de rosée.

Il ferma la porte, la croisée et les volets, alluma une chandelle et s'assit. Mais au bout de quelques instants il se leva, prit son chapeau, et dit qu'il sortirait pour calmer ses inquiétudes si Nelly voulait attendre son retour avant de se coucher ; car elle avait déjà obtenu de son aïeul qu'il irait se mettre au lit. Elle le lui promit, et il partit.

Une demi-heure se passa avant qu'il revînt. En rentrant, il s'assit au coin de la cheminée et garda le silence quelques minutes. Enfin, se tournant vers elle, il lui dit qu'il espérait qu'avant de s'endormir elle ferait une prière pour un enfant malade.

Après avoir passé une bonne nuit dans une chambre dont le plafond n'était que du chaume, Nelly se leva de bonne heure, et descendit dans celle où elle avait soupé la veille. Le maître d'école étant déjà sorti, elle s'occupa à la balayer et à y mettre tout en ordre ; et elle finissait cette besogne, quand il rentra. Il la remercia des soins qu'elle avait pris, et lui dit que la bonne femme qui s'en chargeait tous les matins était en ce moment garde-malade de l'enfant dont il lui avait parlé et dont il venait d'aller chercher des nouvelles.

— Est-il mieux ? demanda Nelly.

— Hélas ! non, répondit le maître d'école, on m'a même dit qu'il était encore plus mal ; mais il y a des gens qui se plaisent à exagérer le mal, et je me flatte encore que je le reverrai bientôt ici.

Nelly lui proposa de préparer le déjeuner. Il y consentit ; et lorsque tout fut prêt elle alla chercher son aïeul, et ils déjeunèrent tous trois ensemble. Leur hôte remarqua que le vieillard paraissait encore fatigué, et il l'engagea à se reposer chez lui un jour de plus si son voyage n'était pas très pressé.

Il vit que le vieillard regardait Nelly d'un air incertain s'il devait accepter ou refuser cette offre, et il ajouta :

— Votre jeune compagne me serait très utile aujourd'hui. Si vous avez quelque charité pour votre prochain, vous accepterez donc ma proposition, et vous vous reposerez en même temps ; mais si vos affaires exigent que vous partiez, je ne vous retiens pas, et je vous accompagnerai jusqu'à un demi-mille d'ici avant l'heure de l'école.

— Que ferons-nous, Nelly demanda le vieillard d'un ton résolu.

Nelly répondit qu'elle croyait qu'ils feraient bien d'accepter l'invitation bienveillante de leur hôte, et il fut décidé qu'ils resteraient. Elle chercha à prouver sa reconnaissance au bon maître d'école en se chargeant de tous les soins domestiques dans sa chaumière. Quand elle eut fini, elle vit que son hôte préparait les bancs, mettait en place son fauteuil et sa table, et faisait tous les arrangements préalables à l'ouverture de son école, tandis que son aïeul s'était assis au soleil dans le jardin, sur un banc, entre une aubépine et un chèvre-feuille. Elle craignit de le gêner, et lui offrit de se retirer dans la chambre où elle avait couché ; mais il parut désirer qu'elle restât, et prenant un ouvrage d'aiguille dans son panier, elle s'assit de l'autre côté de la cheminée.

Enfin, les enfants arrivèrent ; ils étaient environ une douzaine de l'âge de quatorze ans. La place au bout du banc qui était en face du maître, poste d'honneur dans l'école, était vacante, et aucun d'eux ne se hasarda à l'usurper : c'était celle de l'enfant malade, et la vue de cette place vide fit un tel effet sur l'esprit du maître qu'il lui fut impossible de songer à une autre chose qu'à son élève chéri. Il ne remarqua pas qu'au lieu d'apprendre leurs leçons, ils s'amusaient à causer, à manger des pommes, et à se jouer des tours les uns aux autres. Quand ils les récitèrent, il ne pouvait écouter ce qu'ils disaient ; et quand l'un restait court, il croyait qu'il avait fini et en appelait un autre. Vint la leçon d'écriture, et quand chacun lui apporta sa page tour à tour, il n'y vit que du noir sur du blanc, et n'aurait pu dire si elle était bien ou mal écrite. Enfin, il sentit lui-même qu'il était momentanément hors d'état de remplir ses fonctions, et quand il entendit sonner midi il se leva et dit : Enfants, je crois que je vous donnerai aujourd'hui un demi-congé.

De grands cris de joie l'interrompirent, et ne pouvant se faire entendre, il leva une main pour imposer silence, et les enfants furent assez dociles pour lui obéir dès que l'haleine leur manqua.

— Mais, ajouta-t-il, c'est à condition que vous ne ferez aucun bruit sur la bruyère, et que vous irez jouer et vous divertir à quelque distance. Vous ne voudriez pas troubler le repos de votre compagnon, qui est bien malade.

— Non, non, non, répondirent-ils tous d'une voix retenue ; et le plus âgé d'entre eux, grand nigaud, qui avait deux pouces de plus que le maître, prit à témoin un enfant de cinq ans qu'il avait crié tout bas. Ils sortirent de l'école dans le plus grand silence ; mais à peine en furent-ils à cinquante pas, que leurs cris de joie se firent entendre plus haut que jamais.

— Cela est tout naturel, dit le bon maître d'école, et je ne saurais leur en faire un crime.

Les restes du souper de la veille servirent à leur dîner. Dans la soirée, le maître d'école sortit avec Nelly pour aller faire une promenade dans les champs ; mais il rencontra à sa porte une vieille femme qui arrivait clopin-clopant, et qui lui dit de se dépêcher d'aller chez dame West s'il ne voulait pas y arriver trop tard.

Sans lui demander aucune explication, il se mit en marche à grands pas, tenant toujours Nelly par la main, ils arrivèrent bientôt à une chaumière située à peu de distance. Le maître d'école frappa à la porte, on l'ouvrit sur-le-champ, et ils se trouvèrent au milieu d'un petit groupe de femmes qui en entouraient une autre, la plus âgée de toutes, qui sanglotait et se tordait les mains.

— Dame West, dit le maître d'école en s'approchant d'elle, est-il donc possible qu'il soit si mal.

— Il touche à sa fin ; oui, mon petit-fils se meurt, et c'est vous qui en êtes cause. Je ne vous permettrais pas de le voir s'il ne le désirait si ardemment ; voilà ce qu'ont fait vos livres et votre écriture !

— Ne parlez pas ainsi, dame ! je ne mérite pas ces reproches ; mais je les pardonne, vous êtes dans la détresse, et je suis sûr que vous ne pensez pas ce que vous dites.

— Je vous dis que je le crois comme l'Évangile ; si vous ne l'aviez pas tenu toute la journée à lire et à écrire, il serait à présent à jouer avec ses camarades.

Le pauvre maître d'école jeta un coup d'œil sur les autres femmes, comme pour voir si l'une d'entre elles prendrait son parti ; mais toutes secouèrent la tête, en se disant les unes aux autres que tant de savoir n'aboutissait jamais à rien de bon. Sans répondre un seul mot, il suivit la vieille garde-malade qui était venue le chercher, et qui, ne pouvant marcher aussi vite que lui, venait d'arriver ; il entra avec elle dans une chambre voisine où l'enfant était couché.

C'était un enfant de dix à onze ans, ses cheveux tombaient encore en boucles autour de son cou, et ses yeux étaient brillants, mais leur éclat n'avait rien de terrestre et semblait produit par un feu céleste. Il s'assit près de son lit, pencha la tête sur son oreiller, et l'enfant lui entourant le cou de ses bras l'appela son bon ami.

— Oui, je le suis, j'ai toujours voulu l'être, dit le maître d'école.

— Qui est cette jeune fille ? demanda l'enfant apercevant Nelly. Je n'oserais l'embrasser de peur de lui donner ma maladie ; mais je voudrais lui donner la main.

Nelly s'approcha de lui en pleurant, et lui tendit la main. L'enfant la serra avec un sourire presque imperceptible, et mit ensuite la sienne dans celle du maître d'école. Quelques minutes se passèrent en silence, puis l'enfant dit tout à coup : Qu'est-ce que j'entends ?

— Ce sont vos compagnons qui jouent sur la bruyère, répondit le maître d'école.

L'enfant prit son mouchoir et voulut l'agiter en l'air, mais son petit bras retomba de faiblesse sur son lit.

— Le ferai-je pour vous ? demanda le maître d'école.

— Attachez-le à la croisée, dit l'enfant, ils le verront peut-être, et cela les fera penser à moi.

Le maître d'école fit ce que disait son petit ami, et l'enfant eut quelque temps les yeux fixés sur son mouchoir que le vent faisait voltiger. Enfin, il tourna le visage du côté de la muraille et parut s'endormir. Le maître d'école était toujours assis près de lui, tenant la petite main froide de l'enfant entre les siennes, et la frottant comme pour la réchauffer.

C'était la main d'un enfant mort. Son vieil ami n'en doutait plus, et il continuait à la frotter.

Le maître d'école ne tarda pas à retourner dans la chaumière avec Nelly, tous deux vivement émus par la scène douloureuse qui venait de se passer sous leurs yeux et gardant le silence. Pendant toute la nuit suivante, Nelly ne fit que rêver du pauvre enfant ; mais ses rêves ne le lui présentaient pas malade, dans son lit, expirant : elle le voyait dans le ciel, au milieu des anges, et heureux pour toujours.

Le lendemain, après avoir déjeuné, Nelly et son aïeul se disposèrent à partir. L'heure à laquelle les enfants arrivaient allait sonner, et le maître ne put les reconduire que jusqu'à la porte de son jardin. Ce ne fut qu'en tremblant que Nelly lui offrit l'argent qu'une dame lui avait donné aux courses pour ses fleurs, et elle lui balbutia ses remercîments, en lui disant qu'elle rougissait de n'avoir que si peu de chose à lui offrir.

Mais le digne pédagogue ne voulut rien accepter. Que la paix et le bonheur vous accompagnent! leur dit-il ; et si jamais vous repassez par ici, n'oubliez pas le maître d'école de village.

— Nous ne vous oublierons jamais, monsieur, répondit Nelly, nous songerons toujours avec reconnaissance à vos bontés pour nous.

Le maître d'école se baissa pour l'embrasser sur le front, serra la main du vieillard, et ils se séparèrent. Il resta devant sa porte pour les suivre des yeux, et ils se retournèrent plusieurs fois pour lui faire de nouveaux adieux par des signes de main. Enfin, ils perdirent de vue le maître d'école et le village, et au bout d'une demi-heure de marche; le chemin qu'ils suivaient aboutissant sur une grande route, ils résolurent de la suivre, quoique sans savoir où elle les conduirait. Après avoir marché environ trois heures, ils entrèrent dans un cabaret isolé, où ils demandèrent du pain, du fromage et un pot de bière, et s'y reposèrent quelque temps.

Se remettant ensuite en marche, ils rencontrèrent dans la soirée une des voitures nommées caravanes, qui s'était arrêtée sur le bord de la route près de la haie qui la séparait des champs cultivés. Ce n'était pas une de ces caravanes vulgaires et malpropres qui transportent de foire en foire des lions ou des géants; c'était en quelque sorte une petite maison portée sur des roues, ayant ses fenêtres garnies de rideaux de toile de coton blanche, et dont les volets peints en vert faisaient contraste avec les panneaux peints en rouge brillant. Cette caravane était conduite par de bons chevaux, mais on les avait dételés pour qu'ils se reposassent en paissant l'herbe qui croissait le long de la route. La porte, garnie d'un marteau en cuivre, en était ouverte, et l'on voyait tout auprès une dame de bonne mine, portant un chapeau orné de rubans, et prenant son thé, qui était servi sur un grand tambour couvert d'une serviette blanche, indépendamment de tout ce qui accompagne ordinairement un thé, il y avait sur le tambour une grande tranche de jambo[n] froid, et une bouteille un peu suspecte.

— Ah! s'écria la dame en apercevant le vieillard et la jeune fille qu[i] la regardaient en passant avec un air d'admiration, pour ne pas dir[e] d'envie; car la marche leur avait donné de l'appétit : c'est bien elle continua-t-elle. Eh! jeune fille, dites-moi donc qui a gagné le prix au[x] courses le second jour ?

— Je n'en sais rien, madame.

— Vous n'en savez rien! vous y étiez pourtant, car je vous y ai vue.

Nelly éprouva un mouvement d'alarme, car elle craignit que cell[e] qui lui parlait ainsi n'eût quelques liaisons avec Short et Codlin; ma[is] elle se rassura bientôt.

— Et j'ai été très fâchée, continua la dame, de vous voir dans la com[pagnie] d'un polichinelle! un bouffon grossier et son paillasse qui fo[nt] rire la canaille, et que toutes les personnes comme il faut méprisent.

— Nous les avons rencontrés par hasard, madame; ils ont eu de [la] bienveillance pour nous, et nous avons voyagé avec eux une couple [de] jours. Les... les connaissez-vous, madame ?

— Si je les connais! mais vous êtes jeune et sans expérience, et je vo[us] pardonne cette question. Regardez-moi bien! Est-ce que j'ai l'air [de] pouvoir les connaître? Est-ce que ma caravane a l'air de les connaître[?]

— Non, madame, non, je vous demande pardon.

La dame avait été presque décontenancée par la supposition qu'el[le] pouvait connaître des gens tels que Short et Codlin, mais sa physion[o]mie reprenant aussitôt toute sa sérénité, Nelly se hasarda à lui dema[n]der s'il y avait bien loin de là à la ville la plus voisine, où elle compt[ait] aller coucher avec son aïeul.

Avant de répondre à cette question, la dame crut devoir lui apprend[re] que si elle avait été voir les courses le premier jour, c'était par curiosi[té] et pour son plaisir, et non pour y gagner de l'argent. Elle lui dit ensu[ite] qu'ils ne trouveraient ni ville ni village avant d'avoir fait huit mille[s].

La nuit approchait, et Nelly eut peine à retenir une larme en songea[nt] qu'ils avaient encore tant de chemin à faire avant de pouvoir se repos[er]. Le vieillard soupira et s'appuya sur son bâton. Cependant Nelly lui p[rit] la main, et ayant salué la dame, ils se remirent en marche.

— Attendez, attendez, s'écria la dame, écoutez-moi, n'auriez-vo[us] pas faim, mon enfant ?

— Nous sommes plus fatigués que nous n'avons faim, répondit Nel[ly].

— N'importe, une tasse de thé ne vous fera pas de mal, n'est-il [pas] vrai, mon bon vieillard ? Le vieillard leva son chapeau et la remerc[ia]. Eh bien, montez ici; mais non, il n'y aurait pas assez de place auto[ur] du tambour. Emportez tout cela et asseyez-vous sur l'herbe. Elle [eut] soin de remettre de l'eau bouillante dans la théière, qu'elle leur pa[ssa] ensuite, ainsi que tout ce qui était devant elle, excepté la boute[ille] suspecte qu'elle avait déjà fait disparaître. Buvez, mangez, ne faites [pas] de cérémonie, et ne laissez rien de tout cela, c'est tout ce que je v[ous] demande.

Cette invitation, qui aurait pu être exprimée plus élégamment, se[m]blait partir d'un bon cœur, et les deux voyageurs firent un bon re[pas] en se conformant sans scrupule aux désirs de leur hôtesse.

Pendant ce temps, la dame descendit de sa caravane, se promena en long et en large sans s'en écarter, ayant l'air d'en admirer les panneaux rouges et les volets verts, et enfin elle appela Georges. C'était le nom du conducteur de la caravane, qui se leva aussitôt, car il était assis contre la haie et presque caché par les branches, et il y prenait aussi son repas. Il se leva aussitôt et répondit : Mistress !

— Avez-vous fini de manger, Georges ?

— A peu près, mistress.

— Eh bien, continuez, je ne veux pas vous presser. Quand vous aurez fini, vous attellerez les chevaux. Dites-moi, Georges, ajouta-t-elle quelques moments après, la caravane n'est pas très chargée, n'est-ce pas ?

— Pas plus qu'à l'ordinaire, mistress.

— Si nous prenions ces deux voyageurs, cela ferait-il une grande différence pour les chevaux ?

Avant de répondre à cette question, Georges les examina avec la même attention que s'il eût voulu calculer leur poids à une once près. Enfin il rendit son oracle :

— Ils ne pèsent pas à eux deux tout à fait autant qu'Olivier Cromwell, mistress.

— Eh bien, nous les prendrons.

Nelly fut très surprise qu'il connût si exactement le poids d'un homme qui avait vécu si longtemps avant eux, mais elle oublia bientôt cette réflexion pour ne songer qu'à la joie d'apprendre que son aïeul ne serait pas obligé de faire à pied un si long chemin. Elle remercia beaucoup la dame, aida à remettre dans la caravane la théière, les tasses et tout ce qui en avait été tiré ; et les chevaux étant attelés, elle y monta avec le vieillard, qui paraissait enchanté. La dame y monta ensuite et s'assit à côté du tambour, près d'une fenêtre ouverte, Nelly et son aïeul étant assis de l'autre côté en face d'elle. Georges ferma la porte, se plaça à côté des chevaux, le fouet à la main, et la voiture partit.

Après avoir voyagé quelque temps au pas, Nelly s'enhardit au point de pouvoir jeter un coup d'œil sur l'intérieur de la caravane. Une cloison la séparait en deux parties dans sa longueur. La première, c'est-à-dire celle où se trouvaient alors la dame et les deux voyageurs, était garnie d'un tapis, et au bout était un lit à peu près semblable à ceux qu'on trouve à bord des bâtiments et qui était caché à la vue par de grands rideaux de toile de coton semblables à ceux qui étaient aux croisées. La seconde partie servait de cuisine, et il s'y trouvait une cheminée dont le tuyau passait par le plafond, un garde-manger, plusieurs caisses, une grande cruche d'eau et quelques ustensiles de cuisine suspendus aux murailles. Celles de la première chambre étaient ornées d'un triangle et de deux tambourins. D'abord, les voyageurs parlèrent peu ; ils s'adressèrent ensuite quelques mots de temps en temps, et enfin la dame, s'étant aperçue que le vieillard s'était endormi, fit signe à Nelly de venir s'asseoir près d'elle.

— Eh bien, mon enfant, lui dit-elle, comment trouvez-vous cette manière de voyager ?

— Fort agréable, madame, répondit Nelly.

— Oui, quand on n'est pas comme moi sujette à des accablements d'esprit qui exigent constamment des stimulants. Voulait-elle parler des stimulants contenus dans la bouteille suspecte dont il a déjà été parlé ou de quelque autre, c'est ce que nous ne pouvons dire.

— Voilà le bonheur des jeunes gens, ajouta-t-elle; ils ne savent ce que c'est que l'accablement d'esprit : aussi ont-ils toujours bon appétit, et quelle consolation !

Nelly pensa qu'elle pourrait à présent se passer quelquefois d'avoir trop bon appétit, et qu'à la manière dont la dame avait mangé du jambon en prenant du thé elle ne paraissait pas en manquer.

Pendant ce temps la dame prit dans un coin un gros rouleau de toile qui pouvait avoir quatre pieds de longueur sur deux de largeur, elle le déroula, et Nelly vit qu'il s'y trouvait une inscription en caractères noirs sur un fond blanc, dont les lettres avaient six pouces de hauteur.

— Lisez cela, mon enfant, dit-elle à Nelly.

Nelly lut tout haut : FIGURES DE CIRE DE MISTRESS JARLEY.

— C'est moi, dit la dame avec un ton de complaisance; je suis mistress Jarley. En même temps elle déroulait une autre toile sur laquelle était une inscription beaucoup plus longue annonçant l'exhibition des figures de cire de la célèbre mistress Jarley, de grandeur naturelle et au nombre de plus de cent, la collection la plus admirable de tout l'univers, qui avait fait les délices de toute la noblesse anglaise et qui avait obtenu l'approbation de la famille royale.

— Après cela, dit la dame en roulant ses toiles, je compte bien qu'on ne vous verra plus dans la compagnie d'un misérable polichinelle.

— Je l'espère aussi, madame, dit Nelly; mais je n'ai jamais vu de figures de cire. Cela fait-il beaucoup rire ?

— Rire ! point du tout. C'est un spectacle calme, grave et... et classique, c'est le mot. Il ne manque à mes figures que de pouvoir marcher et parler pour paraître douées de la vie. Je ne dirai pourtant pas que des figures de cire ressemblent exactement à des personnages vivants, non ; mais j'ai certainement vu des hommes et des femmes qui ressemblaient à des figures de cire.

— Sont-elles dans cette caravane, madame ?

— Dans cette caravane ? Que voulez-vous dire ? Comment y placer une pareille collection ? Elles sont bien empaquetées dans trois caravanes que j'ai fait partir en avant, et je compte les exposer à la curiosité publique après-demain dans la ville voisine. Vous viendrez les voir, n'est-ce pas ?

— Je ne sais pas si je resterai si longtemps dans cette ville, madame.

— Vous n'y serez pas ? Et où serez-vous donc ?

— Je... je ne sais pas, madame.

— Quoi ! voyagez-vous sans savoir où vous allez ? Quelle singulière espèce de gens vous êtes ! Quelle est votre profession ? Quand je vous ai vue aux courses, vous m'avez paru hors de votre élément.

— Nous y étions par hasard, madame, répondit Nelly confuse de cet interrogatoire, nous sommes de pauvres gens. Nous n'avons rien à faire. C'est mon grand chagrin.

— Vous m'étonnez de plus en plus. Etes-vous donc des mendiants ?

— Je ne sais quel autre nom nous pourrions prendre, répondit Nelly en baissant les yeux.

— Dieu m'est en aide ! Qui l'aurait cru ! s'écria la dame. Après cette exclamation elle garda le silence, et Nelly crut qu'elle se repentait d'avoir accordé sa protection à des gens dont la présence pouvait compromettre sa dignité.

— Et cependant vous savez lire, peut-être même écrire ? dit mistress Jarley au bout de quelques minutes.

— Oui, madame.

— Eh bien, moi, je ne sais ni l'un ni l'autre.

Après cet aveu, qui ne parut pas l'humilier, mistress Jarley garda le silence, et elle le garda si longtemps, que Nelly, voyant que son aïeul était éveillé, retourna s'asseoir près de lui.

Enfin mistress Jarley, sortant de son accès de méditation, appela Georges sous la fenêtre près de laquelle elle était assise, et y passant la tête, elle eut avec lui une longue conversation à voix basse, comme si elle lui eût demandé son avis sur une affaire importante et qu'ils en eussent discuté le pour et le contre. La conférence étant enfin terminée, elle se retourna et dit à Nelly : Ecoutez-moi, mon enfant, et vous, mon maître, car j'ai quelque chose à vous dire. Désirez-vous trouver une bonne place pour votre petite-fille ? Si vous le désirez, je puis lui en procurer une. Que dites-vous à cela ?

— Je ne puis la quitter, répondit le vieillard. Que deviendrais-je sans elle ?

— Il me semble que vous êtes assez âgé pour avoir soin de vous-même, répliqua mistress Jarley d'un ton aigre-doux.

— Mais il n'en est pas en état, lui dit Nelly à demi-voix, et je crains qu'il ne le soit jamais. Je vous en supplie, ne lui parlez pas ainsi. Elle ajouta tout haut : Nous vous devons beaucoup de reconnaissance, madame, mais nous ne nous séparerions pas pour toutes les richesses du monde.

L'accueil fait à sa proposition parut déconcerter mistress Jarley. Après avoir réfléchi quelque temps, elle passa la tête à la fenêtre, appela Georges une seconde fois et eut avec lui un nouvel entretien. Ils ne parurent pas s'accorder aussi facilement sur la question qu'ils discutaient que sur la première ; cependant la conversation parut se terminer à la satisfaction de la dame, qui s'adressa de nouveau au vieillard.

— Si vous désirez vous occuper, lui dit-elle, je puis vous employer à épousseter les figures de cire, à recevoir les contre-marques et à bien des petites choses semblables. Quant à votre petite-fille, ce que je lui demanderai, ce sera de montrer les figures de cire au public et d'en raconter l'histoire, ce qu'elle apprendra bien aisément. Elle a des manières qui ne déplairont pas, quoiqu'elle ait le désavantage de venir après moi ; car c'est moi qui jusqu'à présent me suis chargée de cette besogne, et je le ferais encore si un peu de repos ne m'était devenu nécessaire. Le prix des places est assez modique pour attirer beaucoup de monde, et assez élevé pour être sûr de n'avoir qu'une compagnie d'élite. Il est de six pence par personne ; mais les enfants ne payent que demi-prix. Quant au salaire, je ne puis en parler qu'après avoir vu ce que peut faire votre petite-fille. En attendant, vous serez logés et nourris ; et je puis vous répondre que la nourriture sera bonne et que la quantité y répondra.

Nelly et le vieillard n'eurent pas besoin de réfléchir bien longtemps pour répondre à mistress Jarley qu'ils acceptaient son offre avec reconnaissance.

— Et je suis sûre que vous ne vous en repentirez pas, dit mistress Jarley avec un ton de dignité. Et à présent que c'est une affaire arrangée, songeons à souper.

Le souper consistait en un pâté froid et un pot de bière. Pendant ce temps, la caravane marchait toujours, et une demi-heure après on entendit le bruit que faisaient les roues sur les rues pavées d'une ville. Comme il était minuit, il était trop tard pour se rendre dans le local qui avait été loué pour l'exhibition ; et l'équipage s'arrêta sur une grande place non pavée, à l'entrée de la ville, où ils trouvèrent les autres caravanes de mistress Jarley, qui s'y étaient rendues après s'être débarrassées de leur précieuse cargaison. L'une d'elles fut destinée au vieillard pour y passer la nuit ; quant à Nelly, elle devait coucher dans la voiture de voyage de mistress Jarley : preuve qu'elle jouissait déjà de sa confiance et de ses bonnes grâces.

Elle conduisit son aïeul dans sa chambre à coucher, et elle retournait à la caravane de mistress Jarley ; mais la fraîcheur agréable de la nuit l'engagea à se promener quelques instants en plein air. La lune brillait de l'autre côté de la porte de la ville, qui n'était qu'à une centaine de pas, et en faisait tomber l'ombre du côté opposé. Tandis qu'elle s'en approchait, elle remarqua au pied de la porte une niche qui avait probablement contenu autrefois quelque statue de saint, et elle en vit sortir tout à coup l'ombre obscure d'un homme qu'elle reconnut sur-le-champ. A qui aurait-il fallu plus d'un instant pour reconnaître un nain hideux tel que Quilp ?

Nelly se cacha dans un coin couvert par l'ombre de la porte de la ville, et elle vit en tremblant le nain approcher d'elle. Dès qu'il fut dans l'espace éclairé par les rayons de la lune, il s'arrêta, regarda en arrière et fit un signe avec une canne qu'il tenait à la main. Au même instant, elle vit arriver par le même chemin que le nain un autre homme portant une malle sur son épaule.

— Plus vite, drôle ! plus vite ! s'écria Quilp.

— Mon fardeau est lourd, et je marche aussi vite que je le puis.

— Tu mens, chien que tu es ; tu ne marches pas, tu rampes comme un ver de terre. J'entends sonner minuit et demi, et tu me feras manquer la diligence de Londres qui part à une heure.

Ils traversèrent la place, et Nelly, à son grand soulagement, les perdit de vue quand ils entrèrent dans une rue voisine. En retournant vers la caravane, elle prit la résolution de ne parler à personne de la rencontre qu'elle venait de faire. Elle ne savait quel motif avait conduit le nain en cette ville, elle craignait que son voyage n'eût eu pour but de les chercher ; mais il était évident qu'il retournait à Londres, et par conséquent ils pouvaient sans danger rester où ils étaient.

En entrant dans la caravane, des ronflements sonores lui apprirent que mistress Jarley était non-seulement couchée, mais endormie. A la faible lueur d'une petite lampe suspendue au plafond, elle vit qu'on lui avait préparé un lit par terre sur le tapis ; et s'étant couchée sur-le-champ, elle ne tarda pas à s'endormir.

Nelly s'éveilla si tard le lendemain matin, que, lorsqu'elle se leva, mistress Jarley avait déjà fini sa toilette, mis son chapeau, et fait tous les préparatifs pour le déjeuner. Elle voulut lui faire ses excuses de s'être levée si tard ; mais mistress Jarley l'interrompit en lui disant d'un air de bonne humeur : Quand vous auriez dormi jusqu'à midi, ma chère enfant, je ne vous aurais pas éveillée, car rien n'est plus utile à la santé que le sommeil, surtout quand on est fatiguée. Mais bien dormir est encore un don accordé à votre âge.

— Avez-vous donc eu une mauvaise nuit?

— J'en ai rarement d'autres, mon enfant, répondit mistress Jarley avec l'air d'une martyre, et je conçois à peine comment je puis y résister.

Nelly se rappela les ronflements qu'elle avait entendus la veille en se couchant, et elle pensa que la propriétaire des figures de cire avait sans doute rêvé qu'elle n'avait pas dormi. Quelques minutes après, elle déjeuna avec son aïeul et mistress Jarley ; après quoi elle rinça les tasses et remit tout à sa place, la dame, pendant ce temps, mettant sur ses épaules un châle d'une couleur brillante.

— La caravane va porter mes caisses au local que j'ai loué pour l'exhibition, dit-elle à Nelly, et je vous engage à en profiter. Quant à moi, je vais aller à pied, c'est bien malgré moi, mais il faut que je me montre au public : on attend cela de moi.

Elle partit, et la caravane la suivit à peu de distance. La ville était assez grande, les rues en étaient propres, mais presque désertes, et la voiture arriva sans difficulté ni embarras à sa destination. Nelly en descendit au milieu d'un groupe d'enfants qui l'admiraient comme faisant partie des curiosités qui arrivaient, et qui regardaient son aïeul comme une figure de cire remuant par le moyen de ressorts. On déchargea ensuite la caravane, et l'on porta toutes les caisses à mistress Jarley, qui se mit à les déballer, à l'aide de Georges et d'un autre homme qui était le conducteur en chef des autres caravanes. Elles contenaient des draperies, des festons et des guirlandes destinés à orner la salle d'exhibition. Chacun travailla de son côté à l'enjolivement de la salle ; Nelly et même son aïeul ne restèrent pas oisifs. Les deux hommes, habitués à ce travail, et montés sur des échelles, garnissaient de festons le haut des murailles, et mistress Jarley leur donnait, à mesure qu'ils en avaient besoin, de petits clous d'étain qu'elle prenait dans un sac de grosse toile.

Dès que le travail de la décoration de la salle fut terminé, on s'occupa du placement des figures de cire, qui avaient été déposées au milieu de la salle et soigneusement couvertes de toile, pour que la poussière ne nuisît pas à leur teint. On les disposa, les unes solitairement, les autres en groupe, sur une petite plate-forme régnant le long des murailles, et devant laquelle on étendit ensuite une corde cramoisie, pour que le public ne pût y toucher. On dîna. Après le dîner, mistress Jarley rentra dans la salle, seule avec Nelly, pour lui apprendre les fonctions dont elle aurait à s'acquitter. S'asseyant sur un fauteuil au centre, elle lui remit une baguette d'osier blanc entre les mains, et lui dit de s'en servir pour lui montrer successivement chaque figure, et à mesure que Nelly lui en désignait une elle prenait son ton d'exhibition pour lui en faire l'histoire.

— Voici, mesdames et messieurs, dit-elle, quand Nelly toucha la première figure, voici une malheureuse fille d'honneur de la reine Élisabeth, qui mourut pour s'être piqué le doigt en travaillant le jour du sabbat. Voyez le sang qui lui coule du doigt, et remarquez l'aiguille, dont le haut est doré suivant la mode de ce temps.

Elle fit répéter ces mots plusieurs fois à Nelly, et lui apprit à toucher du bout de sa baguette le doigt et l'aiguille en parlant; à près quoi elle passa à la seconde.

— Celle-ci, mesdames et messieurs, est le fidèle portrait de Jasper Packlemerton, d'atroce mémoire, qui épousa quatorze femmes, et qui les tua toutes en les chatouillant sous la plante des pieds. Que cet exemple apprenne à toutes les jeunes personnes à faire grande attention au choix d'un mari. Remarquez que ses doigts sont courbés comme pour chatouiller.

Elle passa ainsi toute la soirée à apprendre à Nelly tout ce qu'elle avait à dire sur chacune des figures de la collection, et comme la jeune fille avait une excellente mémoire, à la fin de la séance elle était en état de faire les honneurs de la salle d'exhibition aussi bien que mistress Jarley elle-même, à la grande satisfaction de celle-ci.

CHAPITRE XVIII

Mistress Jarley avait une fertilité d'invention inépuisable. Elle allait elle-même présenter des annonces de son spectacle dans tous les pensionnats de jeunes demoiselles, et elle en faisait distribuer dans toutes les rues de la ville par un homme conduisant un phaéton orné de drapeaux et de banderoles, dans lequel était une figure en cire représentant un brigand en grand costume, qui ne manquait jamais d'attirer la foule et d'exciter de grandes acclamations. Mais quand elle eut imaginé de donner au brigand une compagne vivante, et de faire asseoir à son côté la petite Nelly élégamment vêtue et ayant sur la tête une guirlande de fleurs artificielles, le brigand ne produisit plus aucun effet, et tous les yeux, tous les applaudissements furent pour sa jeune compagne. Alors, mistress Jarley pensa qu'il serait plus conforme à ses intérêts de ne pas montrer si publiquement la jeune fille; et laissant le brigand reprendre solitairement le cours de ses excursions, elle garda Nelly pour en faire un point d'attraction dans la salle.

Quoique les fonctions de Nelly fussent assez laborieuses, puisque toutes les demi-heures elle avait à débiter aux spectateurs l'histoire d'une centaine de figures de cire, elle trouvait en mistress Jarley une excellente femme qui aimait non-seulement avoir elle-même toutes ses aises, mais à les procurer aux autres. Sa gentillesse faisait que bien des spectateurs, en sortant lui donnaient une légère gratification. La première fois que cela arriva, elle en rendit compte à mistress Jarley et voulut lui en remettre le montant; mais la bonne dame ne voulut en rien prendre, et lui dit que ce seraient ses profits. Elle n'avait donc pas à regretter sa liaison avec les figures de cire; mais elle ne pouvait oublier sa rencontre avec Quilp, ni s'empêcher de craindre qu'il ne reparût dans cette ville.

La situation de son aïeul était, pour elle, un autre sujet continuel d'inquiétude. Quoiqu'il fût tombé dans un état complet d'enfance, il aimait à s'occuper, et il s'acquittait de tous les petits travaux dont il était capable. Mais s'il tombait malade, si les forces venaient à lui manquer à elle-même, que deviendraient-ils tous deux ? La pauvre enfant devait avoir bientôt une épreuve encore plus cruelle à subir.

Après avoir été enfermée toute la semaine, un dimanche, jour où la salle d'exhibition était fermée, elle sortit avec le vieillard, après avoir dîné, pour aller respirer le bon air hors de la ville ; ils firent leur promenade plus longue qu'ils ne l'avaient projeté. Quand ils retournèrent sur leurs pas, le ciel se couvrit tout à coup, de grosses gouttes commencèrent à tomber, le tonnerre se fit entendre, les éclairs brillèrent, et une très forte pluie ne tarda pas à les accompagner.

N'osant s'arrêter sous un arbre ni contre une haie, ils suivaient la grande route d'un pas aussi rapide qu'ils le pouvaient au milieu d'une obscurité causée partie par la nuit qui tombait en ce moment, partie par d'épais nuages, et ils auraient passé à côté d'une maison isolée sans l'apercevoir, si un homme qui était debout à la porte ne se fut écrié :

— Entrez ici ! il y a bon feu, et vous pourrez vous y sécher. Vous demanderez ce que vous voudrez, ou vous ne demanderez rien, c'est égal. C'est ici le cabaret du *Vaillant Soldat*.

— Est-ce le nom de cette maison, monsieur ? demanda Nelly.

— Sans doute, et j'en suis le maître, Jem Groves. D'où venez-vous donc, si vous ne connaissez pas le *Vaillant Soldat* aussi bien que votre catéchisme ? Suivez-moi.

Il les fit entrer dans une salle où un bon feu était allumé, et ils s'en approchèrent pour se sécher. A l'un des côtés de la cheminée, un grand paravent s'étendait de manière à former une espèce de petit cabinet particulier.

— Mouchez cette chandelle, dit une voix rauque dans ce réduit ; je ne puis distinguer un roi d'un valet.

— Nelly, dit le vieillard semblant s'éveiller comme d'un rêve, entendez-vous ?

— La partie est à moi, Isaac, reprit la même voix ; payez-moi sept schellings six pence.

Les yeux du vieillard s'enflammèrent en entendant l'argent sonner sur la table, et Nelly fut saisie de consternation en voyant ses joues devenir pourpre, tandis qu'il respirait péniblement, et que sa main tremblait en serrant le bras de sa petite-fille.

— Voyons, ma revanche, dit une autre voix grêle.

— C'est cela ! s'écria le vieillard d'un ton animé. C'est ce que j'ai toujours dit ; c'est à quoi j'ai rêvé toutes les nuits ; il faut que cela soit. Nelly ! combien avons-nous d'argent ? Je vous en ai vu hier. Combien en avons-nous ? Donnez-le-moi.

— Non, mon cher grand-papa, permettez-moi de le garder. Allons-nous-en : ne vous inquiétez pas de la pluie, partons.

— Donnez-moi cet argent, vous dis-je. Il me le faut.

— Elle n'osa refuser plus longtemps, et retira de sa poche une petite bourse. Il la lui arracha brusquement des mains, et passa de l'autre côté du paravent. Nelly, ne pouvant l'y retenir l'y suivit, et Jem Groves en fit autant.

Ceux dont on avait entendu la voix étaient deux hommes assis devant une petite table, sur laquelle on voyait un vieux jeu de cartes et quelques pièces d'argent. Celui dont la voix était rauque était un gaillard robuste ayant de gros favoris noirs, de larges épaules et un cou de taureau. L'autre, que son compagnon avait appelé Isaac, était un grand homme maigre, fort laid, et louchant horriblement

— Eh bien, monsieur, dit Isaac au vieillard, que venez-vous faire ici? nous y sommes comme dans un appartement particulier.

— J'espère que je ne vous offense pas, monsieur?

— Si, monsieur, vous nous offensez en venant trouver des hommes qui n'ont que faire de vous.

— Je pensais, monsieur, dit le vieillard les yeux fixés sur les cartes, que...

— Qu'avez-vous besoin de penser à votre âge, monsieur?

— Laissez donc parler, Isaac! s'écria l'homme à voix rauque d'un ton d'impatience.

— Sans doute, ajouta Jem Groves, qui sait s'il ne désire pas faire une partie avec vous?

— En ce cas, reprit Isaac, il pouvait nous demander civilement si nous voulions lui faire l'honneur de jouer avec lui.

— C'est cela même, s'écria le vieillard, c'est ce que je voulais vous dire.

— Et vous êtes sans doute disposé à jouer de l'argent? dit la voix rauque.

Le vieillard ne répondit qu'en tirant de sa poche sa petite bourse, qu'il mit sur la table en s'emparant des cartes.

— En ce cas, Jem Groves, continua le même interlocuteur, vous ferez le quatrième.

Pendant que les trois compagnons s'asseyaient, Nelly tira le vieillard à part et le conjura de nouveau de quitter cette maison.

— Vous ne savez ce que vous me demandez, mon enfant, répondit le vieillard, un petit gain conduit à un plus grand. Je ne puis manquer de gagner, puisque tout ce que je gagnerai sera pour vous, pour vous seule.

— Il paraît que monsieur a changé d'avis, dit Isaac en ayant l'air de vouloir se lever, tant pis pour lui, qui ne risque rien n'a rien.

— Je viens, messieurs, je viens! s'écria le vieillard allant les rejoindre ; aucun de vous ne désire autant que moi de commencer.

Il prit sa place et l'on se mit à jouer. Nelly s'assit derrière son aïeul et regarda le jeu sans y rien comprendre. Elle s'inquiétait peu de la perte ou du gain, mais elle déplorait amèrement la fatale passion dont son aïeul était la victime. Le vieillard, au contraire, avait les yeux enflammés ; la moindre faveur de la fortune y faisait briller la joie du triomphe, et le moindre revers appelait sur ses joues la pâleur du désespoir.

Le jeu et l'orage finirent en même temps, et des quatre joueurs Isaac List fut le seul qui quitta la table en gagnant. Le vieillard y restait encore, et prenant le jeu de cartes il les mêla, coupa de la main gauche et les distribua comme si les quatre joueurs y eussent été, après quoi il les retourna pour voir quel jeu chacun aurait eu.

— Voyez la malédiction de la pauvreté, Nelly, dit-il en lui montrant les cartes étalées sur la table, et si j'avais pu jouer un coup de plus, seulement un coup, toute ma perte de la soirée était réparée. Cela est sûr, examinez les cartes.

— Tâchez de les oublier, grand-papa, dit Nelly.

— Les oublier! non, jamais. Comment pourrais-je vous enrichir si je les oubliais? Patience! qui perd aujourd'hui gagne demain. Partons, je suis prêt.

— Savez-vous qu'il est minuit et demi? dit Jem Groves, qui fumait avec ses deux amis.

— Et la pluie tombe encore, dit l'homme à voix rauque.

— Nous aurions dû partir plus tôt, dit Nelly, il sera plus de deux heures du matin quand nous arriverons. Combien nous en coûterait-il pour coucher ici, monsieur?

— Deux bons lits, dix-huit pence; souper, un shelling ; total, deux shellings six pence.

Nelly avait encore la pièce d'or qu'elle avait cousue dans ses vêtements. Elle pensa que mistress Jarley supposerait aisément que l'orage les avait obligés à s'arrêter quelque part, qu'elle serait effrayée si elle entendait au milieu de la nuit le bruit du marteau de la porte de sa caravane; enfin, qu'en partant le lendemain, au lever du soleil, ils pourraient arriver avant qu'elle fût éveillée, et prenant à part son aïeul elle lui dit qu'il valait mieux passer la nuit dans cette maison et qu'il lui restait encore assez d'argent pour payer leurs lits.

— Si je l'avais eu quelques minutes plus tôt! murmura le vieillard, si je m'en étais seulement douté!

— Nous sommes décidés à passer la nuit ici, dit Nelly à l'hôte.

— Je crois que vous avez raison, répondit Jem Groves, je vais vous servir votre souper.

Nelly tira secrètement le pièce d'or de sa cachette, et, sentant la nécessité de ne pas laisser voir à son aïeul l'argent qui lui restait, elle suivit l'hôte quand elle le vit sortir de la chambre, et lui remettant sa guinée, elle le pria de prendre ce qui lui était dû et de lui rendre le reste. Jem Groves parut surpris, il la regarda fixement et fut sur le point de lui demander d'où lui venait cette pièce d'or ; mais, l'ayant bien examinée, l'ayant fait sonner sur son comptoir et voyant qu'elle était bonne, il pensa que ce n'était pas son affaire et lui rendit dix-huit shellings six pence. La chambre où ils étaient était séparée de celle qu'elle venait de quitter par un corridor long et étroit qui n'était éclairé que par une lucarne, qui, à une pareille heure, ne pouvait en bannir l'obscurité. Quand elle voulut y retourner, elle crut apercevoir à l'extrémité une espèce d'ombre qui y rentrait. Elle était seule avec l'hôte : il n'y avait aucune porte dans ce corridor que celles de ces deux chambres, et elle pensa qu'il fallait que quelqu'un fût sorti de la première après elle pour l'épier.

Mais qui pouvait-ce être? Quand elle rentra dans cette chambre, tous ceux qui s'y trouvaient occupaient exactement la même place et y étaient dans la même position que lorsqu'elle en était sortie, et elle n'y voyait aucun étranger. Elle prit son aïeul à part et lui demanda si quelqu'un était sorti pendant qu'elle était absente. Le vieillard lui répondit négativement, et elle finit par penser que ce qu'elle avait cru voir ne pouvait être qu'un jeu de son imagination, quelque étrange que cela lui parût.

Quelques instants après la servante vint proposer aux deux étrangers de les conduire dans leurs chambres, et ils la suivirent. Elle les conduisit au second étage et entra dans un long corridor qui avait un petit embranchement sur la droite, au bout duquel la servante dit à Nelly qu'était la chambre qui lui était destinée et dans laquelle on arrivait par un escalier de dix à douze marches. Avant d'y entrer Nelly voulut accompagner son aïeul jusqu'à la sienne, qui en était à une vingtaine de pas, et après lui avoir souhaité une bonne nuit elle monta dans sa chambre, précédée de la servante, qui portait la lumière. Quand elle y fut entrée, la servante resta quelques instants après à causer. Elle se plaignit de sa place : il y avait beaucoup d'ouvrage et peu de profits ; elle avait dessein de la quitter, mais il lui serait difficile d'en trouver une bonne en sortant d'une maison qui avait une si mauvaise réputation. On ne faisait qu'y jouer aux cartes et aux dés, et elle n'était fréquentée que par des aigrefins pour ne rien dire de pire. Enfin, elle lui promis de venir frapper à la porte au point du jour et se retira.

Nelly, restée seule, ne se trouva pas fort à son aise. Ce qu'elle avait vu ou cru voir et ce que venait de lui dire la servante contribuaient également à la remplir d'inquiétude et de crainte. Les trois hommes qu'elle avait vus dans cette maison avaient fort mauvaise mine : qui savait s'ils ne gagnaient pas leur vie par le vol ou même par l'assassinat. Malgré ses idées sinistres, elle finit par s'endormir, mais son sommeil fut agité, et elle s'éveilla souvent en tressaillant sans pouvoir dire pourquoi.

Une fois qu'elle s'éveilla ainsi, elle vit, au milieu de l'obscurité qui remplissait sa chambre, une masse noirâtre, qui, se dessinant mieux à ses yeux au bout de quelques instants, lui parut avoir la forme d'un homme marchant sur les mains et les genoux. Elle fut saisie d'un tel effroi, qu'il lui aurait été impossible d'appeler du secours ou de faire un mouvement pour s'enfuir. Cependant, elle suivit des yeux cette espèce d'ombre, et elle ne put douter que ce ne fût un homme, car il s'approcha de son lit et étendit un bras sur la couverture comme s'il y eût cherché quelque chose. N'y trouvant probablement pas ce qu'il désirait, il s'en éloigna, fit le tour de la chambre en s'arrêtant de temps en temps, et enfin, rencontrant une chaise sur laquelle elle avait déposé une partie de ses vêtements, il y resta plus longtemps et elle entendit le cliquetis de quelques pièces d'argent. Il se rapprocha de la porte, toujours rampant, et alors, se mettant sur ses jambes, il l'ouvrit et descendit l'escalier avec précaution.

Le premier mouvement de Nelly fut de s'enfuir de cette chambre et de chercher quelqu'un. Elle ouvrit sa porte pour sortir, mais elle vit encore l'homme sur la deuxième marche de l'escalier. Il tourna à droite dans le grand corridor, et Nelly, qui avait passé une robe en silence, le suivit sans bruit, car il lui semblait qu'elle serait en sûreté si elle pouvait gagner la chambre de son aïeul. L'homme s'arrêta précisément à cette porte, l'ouvrit, entra dans la chambre, et la jeune fille vit en ce moment qu'une chandelle y brûlait encore. Qu'y allait-il faire? avait-il dessein d'assassiner un malheureux vieillard? L'inquiétude et l'affection l'emportèrent sur la crainte, et elle se précipita vers la porte.

Quel spectacle frappa ses yeux en y arrivant! il n'y avait aucun étranger dans la chambre. Le vieillard y était seul assis devant une table, le dos tourné vers la porte, et il comptait les schellings qu'il venait de dérober à sa petite-fille.

Nelly remonta dans sa chambre d'un pas encore moins assuré qu'elle n'en était sortie. Sa frayeur était dissipée, mais sa douleur était au comble ; car elle savait que c'était par affection pour elle que son aïeul avait contracté cette passion effrénée et indomptable qui semblait le rendre capable de tout. Elle se recoucha ; mais elle ne put fermer l'œil du reste de la nuit, car elle craignait que le vieillard ne revînt pour s'assurer si elle n'avait pas encore quelque argent caché ailleurs.

Le vieillard ne revint pourtant pas ; mais la servante ne manqua pas de frapper à sa porte au lever de l'aurore. Elle se leva sur-le-champ, trouva son aïeul déjà prêt à partir, et au bout de quelques secondes ils étaient en marche. Nelly crut remarquer qu'il évitait de rencontrer ses yeux et qu'il semblait s'attendre qu'elle lui parlerait de la perte qu'elle avait faite, et elle crut devoir le faire, de crainte qu'il ne soupçonnât la vérité.

— Grand-papa, lui dit-elle d'une voix tremblante, croyez-vous que nous étions avec des gens honnêtes dans cette maison ?

— Si je les crois honnêtes ! sans doute. Ils ont joué de franc jeu.

— Je suis pourtant sûre qu'on m'a pris de l'argent dans ma chambre la nuit dernière. Ce peut être par plaisanterie, je voudrais le savoir, je serais la première à en rire.

— Par plaisanterie ! non, non. Ceux qui prennent de l'argent le prennent pour le garder. Ne parlez pas de plaisanterie !

— En ce cas, il est bien certain qu'on m'a volé mon argent.

— Mais n'en avez-vous plus, Nelly ? N'en avez-vous pas ailleurs ? Vous a-t-on tout pris, tout, jusqu'au dernier farthing ? Ne vous a-t-on rien laissé ?

— Absolument rien.

— Eh bien ! il faut que nous en ayons davantage, Nelly, il faut en amasser, en gagner de manière ou d'autre. Ne pensez plus à cette perte, et n'en parlez à personne. Je sais comment la réparer, mais ne me demandez pas comment. Oui, oui, nous regagnerons cet argent, et bien davantage. Et tout sera pour vous, Nelly, tout, car je veux que vous soyez riche.

Nelly ne put retenir ses larmes.

— N'en parlez à personne qu'à moi, continua le vieillard ; non, pas même à moi, il ne pourrait en résulter que du mal. Mais pourquoi pleurer, mon enfant ? Je vous dis que nous regagnerons tout ce que nous avons perdu et beaucoup plus, et alors nous serons heureux.

— Ne le sommes-nous pas à présent, grand-papa ? Ne le sommes-nous pas beaucoup plus que nous ne l'étions quand vous aviez tant de soucis dans la maison que vous avez quittée ?

— Elle dit la vérité, murmura le vieillard ; mais cela ne doit pas me détourner de ma résolution. Non, rien ne m'en détournera jamais !

Il parut se livrer à ses réflexions ; Nelly ne voulut pas en interrompre le cours, et peu à peu le vieillard reprit son air tranquille, doux et presque enfantin. Ils finirent leur voyage en silence, et quand ils arrivèrent au local de l'exhibition ils apprirent que mistress Jarley n'était pas encore levée. Leur absence lui avait d'abord causé quelque inquiétude ;

mais elle avait supposé que l'orage les avait surpris à quelque distance, qu'ils avaient cherché un abri et qu'ils ne reviendraient que le lendemain, et elle s'était couchée. Nelly avait déjà fait tous les préparatifs pour l'exhibition, et avait même eu le temps de s'habiller quand elle arriva pour déjeuner.

— Nous n'avons encore vu ici, dit-elle quand le repas fut fini, que huit des jeunes demoiselles de la pension de miss Monflather. Elle en a pourtant vingt-six, à ce que m'a dit sa cuisinière, à qui j'ai accordé ses entrées gratis. Je veux lui envoyer quelques-unes de nos nouvelles annonces, et vous les lui porterez vous-même, ma chère enfant, pour que vous puissiez voir quel effet produira sur elle cette attention.

Cette mission paraissant de grande importance à mistress Jarley, elle voulut placer et arranger de ses propres mains le chapeau de Nelly sur sa tête, et déclara qu'elle était réellement très bien et qu'elle faisait honneur à l'exhibition.

Nelly trouva aisément le pensionnat de miss Monflather. C'était une grande maison entre cour et jardin ; on y entrait par une grande porte dans un panneau de laquelle était une ouverture de deux pieds carrés, fermée à l'intérieur par une grille à travers laquelle on pouvait reconnaître ceux qui s'y présentaient ; car rien de ce qui avait la forme d'un homme n'était admis à passer par cette porte sans une permission spéciale. Le boulanger même ne pouvait passer son pain que par la grille.

La physionomie de Nelly n'ayant rien de masculin, la porte s'ouvrit pour elle sans difficulté. En entrant dans le jardin, elle vit sortir d'un bosquet une procession de jeunes personnes marchant deux à deux et ayant chacune un livre ouvert à la main. On voyait après elles miss Monflather, ayant à ses côtés ses deux sous-maîtresses, qui lui faisaient la cour à l'envi l'une de l'autre, et qui se haïssaient mortellement. Nelly s'approcha de miss Monflather et lui présenta son petit paquet.

Miss Monflather ordonna une halte et lui dit avec dédain : Vous êtes la fille qui montrez les figures de cire, n'est-ce pas ?

— Oui, madame, répondit Nelly en rougissant ; car toutes les jeunes pensionnaires s'étaient groupées autour d'elle, et elle était le centre sur lequel se fixaient tous les regards.

— Et n'êtes-vous pas honteuse de faire un métier si antiféminin, ne sentez-vous pas que c'est pervertir les qualités expansives que la Providence nous a accordées, et qui ne sortent de leur état d'engourdissement que par le médium d'une culture assidue ? Personne n'a-t-il eu la charité de vous dire combien il serait plus honorable pour vous d'aider les progrès des manufactures de votre pays, en y travaillant comme tant d'autres enfants pour gagner un salaire de deux ou même trois schellings par semaine, et orner votre esprit par la contemplation de la machine à vapeur que vous auriez constamment sous les yeux ? Vous êtes une fainéante, voilà le fait. Vous ne sentez pas que plus on travaille, plus on est heureux.

Nelly entendit cette mercuriale les yeux baissés ; et ne pouvant retenir ses larmes, elle prit son mouchoir pour les essuyer et le laissa tomber. Avant qu'elle eût eu le temps de se baisser pour le reprendre, une jeune fille de quinze à seize ans, dont les autres semblaient s'écarter avec dédain, le ramassa et le lui présenta.

Miss Monflather s'en était aperçue. Miss Edwards, s'écria-t-elle avec un ton de sévérité, vous vous ressentirez toujours de la position que vous occupiez dans le monde avant d'entrer chez moi. Jamais vous ne vous défiez de ce malheureux penchant que vous avez pour vous abaisser au niveau des classes inférieures, de ce que je dois appeler le rebut de la société. Mais si vous n'avez pas de respect pour vous-même, miss Edwards, vous devez en avoir pour les jeunes personnes qui ont des sentiments plus élevés et qui rougissent de votre conduite. Montez dans votre chambre et n'en sortez pas sans ma permission.

La pauvre fille, au milieu des ricanements de ses compagnes faisait quelques pas pour s'éloigner, quand miss Monflather s'écria : Quelle impudence! elle a positivement passé devant moi sans me saluer!

Miss Edwards se retourna et lui fit une révérence en levant sur elle de grands yeux noirs dont la douceur appelait la pitié.

Miss Edwards était une pauvre orpheline. Une de ses parentes l'avait placée à l'âge de douze ans chez miss Monflather, en lui payant une somme moyennant laquelle celle-ci s'était obligée de la garder chez elle pendant cinq ans sans en recevoir aucune pension et de lui donner les mêmes maîtres qu'à ses autres élèves, pour la mettre en état de remplir elle-même au bout de ce temps les fonctions d'institutrice. Miss Monflather ne pouvait lui pardonner d'avoir profité des leçons qu'elle avait reçues incomparablement mieux qu'aucune de ses compagnes. Celles-ci étaient envieuses de sa beauté, et elles la méprisaient parce qu'elle ne possédait pas un seul bijou, qu'elle était toujours mise avec une grande simplicité et qu'elle ne sortait de la pension ni les jours de congé ni même pendant les vacances. Elle était donc un objet de persécution générale, et il n'y avait pas une servante dans cet établissement qui ne fût traitée avec plus d'égards qu'elle.

— Quant à vous, jeune fainéante, dit miss Monflather à Nelly, dites à votre maîtresse que si elle se donne encore les airs de m'envoyer de pareils chiffons, j'emploierai mon crédit auprès des magistrats pour la faire chasser ignominieusement de cette ville; et si vous vous avisez de me les apporter, je vous ferai enfermer dans la maison de correction.

A ces mots elle ordonna à la procession de se remettre en marche, et Nelly regagna la porte la tête baissée.

CHAPITRE XIX

La fureur de mistress Jarley ne connut aucune borne quand elle apprit l'accueil que miss Monflather avait fait à Nelly. Moi s'écria-t-elle, moi, mistress Jarley, propriétaire d'une collection de figures de cire qui a fait l'admiration de toute l'Angleterre, me voir menacée par une vendeuse de soupe d'être chassée ignominieusement de cette ville! Elle appela Georges, plaça la bouteille suspecte sur son tambour avec deux verres, les remplit, et, pour l'enflammer d'un ressentiment pareil, elle lui dit d'en prendre un, et prit l'autre elle-même. Mais Georges était un philosophe ; son sang-froid était à l'épreuve : quelques observations qu'il fit à mistress Jarley la calmèrent peu à peu, et avant la fin de la journée, elle dit à Nelly qu'il fallait oublier tout ce qu'avait dit cette maîtresse d'école, ou n'y penser que pour en rire.

Comme Nelly l'avait prévu, son aïeul sortit seul dans la soirée. Il ne fut absent qu'une heure ; mais il rentra avec un air soucieux et accablé. Il resta longtemps en silence, semblant préoccupé de quelque idée, et ce ne fut qu'en se levant pour aller se coucher qu'il lui dit : Il me faut de l'argent, Nelly ; il faut m'en trouver. Je vous le rendrai un jour avec les intérêts ; mais il faut me donner tout l'argent qui vous passera par les mains. C'est pour vous, Nelly, que je le demande ; oui, pour vous seule.

Sachant ce qu'elle savait, elle ne pouvait que lui remettre chaque penny qu'on lui donnait à l'exhibition, de crainte qu'il ne fût tenté de dérober quelque chose à leur bienfaitrice ; et cependant lui fournir de l'argent, c'était alimenter le feu qui le consumait. Toutes ces idées la désolaient ; elle se disait qu'elle serait moins malheureuse si elle avait une amie à qui elle pût confier ses chagrins, et en faisant cette réflexion, elle songeait à la jeune personne qui avait ramassé son mouchoir chez miss Monflather. C'était là une amie comme elle aurait voulu en avoir une. Mais trop de distance les séparait ; il ne fallait pas y songer.

Quelques jours après, les vacances commencèrent, et toutes les pensions, toutes les écoles étaient vides. Miss Monflather était allée faire une excursion à Londres, laissant chez elle une sous-maîtresse pour avoir soin de sa maison. Quant à miss Edwards, y était-elle restée ? en était-elle partie ? personne ne s'en inquiétait. Un soir que Nelly venait de faire une promenade solitaire elle vit une diligence arrêtée à la porte d'une auberge, et miss Edwards qui se pressait en avant pour embrasser une jeune fille qu'on aidait à descendre de dessus l'impériale. C'était sa sœur, beaucoup plus jeune que Nelly, et qu'elle n'avait pas vue depuis deux ans. Elle avait épargné tout ce qu'elle avait pu sur la somme qui lui était accordée pour son entretien, afin de pouvoir la faire venir passer quelque temps près d'elle. Le cœur de Nelly fut vivement ému quand elle vit les deux sœurs s'embrasser en versant des larmes de joie.

Les deux sœurs partirent en se tenant la main. Elles passèrent près de Nelly sans la voir, et la plus jeune dit à l'aînée : Etes-vous heureuse où vous êtes, ma sœur ?

— Oui, à présent, répondit miss Edwards.

— Mais l'êtes-vous toujours ? Ah ! ma sœur, pourquoi détournez-vous la tête ?

Nelly ne put s'empêcher de les suivre de loin, et elle les vit entrer dans la maison d'une vieille dame qui louait des chambres garnies et chez qui miss Edwards en avait retenu une pour sa petite sœur. Tandis qu'elles y entraient, Nelly entendit miss Edwards dire à sa sœur : Je viendrai vous voir de bonne heure tous les matins, et nous ferons une promenade ensemble.

— Et pourquoi pas tous les soirs ? demanda l'enfant ; vous gronderait-on pour cela ?

Nelly, qui de son côté faisait souvent des promenades solitaires de bonne heure dans la matinée, les rencontra plusieurs fois sans être reconnue par miss Edwards. Elle n'osait s'approcher d'elle, pas même pour la remercier de sa bienveillance; elle aurait craint d'interrompre le plaisir que les deux sœurs goûtaient à causer ensemble; mais elle les suivait de loin, s'arrêtait quand elles s'arrêtaient et se remettait en marche en même temps qu'elles. Il lui semblait qu'elles étaient ses amies, qu'elles se confiaient mutuellement leur chagrin et que cette confidence en adoucissait le poids. C'était une faiblesse sans doute; mais c'était la faiblesse aimable d'une jeune et innocente créature, isolée et malheureuse.

Un jour en rentrant elle apprit avec surprise que mistress Jarley venait de faire afficher un placard annonçant que la clôture de l'exhibition aurait lieu le lendemain, et que le jour suivant l'inappréciable collection de figures de cire qui avait obtenu une approbation si générale en cette ville en partirait pour se rendre dans une autre où elle était impatiemment attendue.

— Nous allons donc quitter cette ville, madame? dit Nelly.

— Pas tout à fait aussitôt que vous le croyez, mon enfant, répondit mistress Jarley; lisez cet autre placard, qui sera affiché demain soir. Ce nouveau placard annonçait qu'à la demande d'un très grand nombre de personnes qui n'avaient pu voir l'exhibition, attendu la foule qui se pressait tous les jours à la porte, mistress Jarley avait retardé son départ de huit jours, et que par conséquent la salle de l'exhibition serait ouverte le lendemain à l'ordinaire.

— A présent que toutes les écoles sont fermées, et que la curiosité des principaux amateurs est satisfaite, dit mistress Jarley, le reste de la population a besoin d'un stimulant.

Cet expédient ne produisit pas tout l'effet que mistress Jarley en attendait. Le reste de la population s'assemblait à la porte pour voir mistress Jarley et les deux figures de cire entre lesquelles elle était assise devant la table qui servait pour la distribution des billets d'entrée, pour entendre la mélodie d'un orgue de Barbarie, et pour lire l'affiche; mais peu de personnes fouillaient dans leur poche pour y chercher une pièce de six pence et entrer dans l'intérieur, de sorte que la trésorerie n'en était pas plus riche, et que la perspective n'avait rien d'encourageant.

Dans cet état de choses mistress Jarley fit les plus grands efforts pour stimuler la curiosité publique. Elle plaça devant sa table une figure de cire représentant une nonne à genoux disant son rosaire, et dont la tête, par l'effet d'un mécanisme intérieur, branlait sans cesse de haut en bas, à la grande admiration d'un barbier ivrogne et protestant demeurant en face, qui disait que ce mouvement paralytique était l'emblème de la dégradation dont l'esprit humain avait été frappé par les cérémonies de l'Eglise romaine; elle prodiguait les billets gratis pour que la salle parût toujours bien remplie aux yeux du petit nombre de spectateurs payants qui s'y trouvaient; les conducteurs de ses caravanes, changeant de costume plusieurs fois par jour, sortaient de la salle d'exhibition, et en traversant la foule juraient qu'ils n'avaient jamais vu rien de si beau et de si surprenant, et que chacun devait s'empresser de voir une telle merveille, dût-il lui en coûter sa dernière pièce de six pence. Tout cela fut inutile, et le nombre des curieux continua à diminuer de jour en jour.

CHAPITRE XX

Comme la marche de notre histoire exige que nous entrions dans quelques détails sur l'économie domestique de M. Samson Brass, et que nous ne trouverons peut-être pas un moment plus convenable que celui-ci pour le faire, nous transporterons tout d'un coup notre lecteur à Londres, et nous le ferons entrer chez ce digne procureur.

Il habitait une petite maison vieille et délabrée dans Bevis-Marks, et il était en ce moment dans son étude, dont les deux croisées donnant sur la rue étaient garnies de rideaux jadis verts, mais dont il n'était plus possible de dire la couleur. Un mauvais bureau sur lequel étaient placées avec ostentation des liasses de papiers jaunis par le temps et couverts de poussière; deux sièges placés face à face des deux côtés de ce meuble antique; près de la cheminée un fauteuil dont le coussin en tapisserie ne montrait plus que du canevas au centre, qui avait serré entre ses bras bien des clients et aidé à leur tirer une plume de l'aile; une vieille boîte à perruque, qui servait alors de réceptacle pour des assignations et d'autres pièces de procédures; une tasse à demi pleine d'encre, une poudrière, et des toiles d'araignée dans tous les coins : voilà en quoi consistait la décoration de cet appartement.

M. Brass, que nos lecteurs connaissent déjà un peu, avait avec lui dans cette maison une autre personne, qui était en même temps son clerc, son secrétaire, son conseiller, son confident et sa femme de charge. En un mot, c'était sa sœur, miss Brass, espèce d'amazone en jurisprudence, et qui connaissait mieux qu'aucun homme de loi les moyens de faire monter bien haut un mémoire de frais judiciaires.

Miss Sally Bras était une femme d'environ trente-cinq ans, de grande taille, maigre, dont les os faisaient saillie sur tout son corps, et dont l'aspect était tellement rébarbatif, qu'elle inspirait à tout homme qui la voyait une sorte de crainte respectueuse. Elle ressemblait si parfaitement à son frère que, si sa pudeur virginale lui eût permis d'en mettre les vêtements et de s'asseoir à côté de lui, le plus ancien ami de la famille n'aurait pu décider qui des deux était le véritable Samson Brass; d'autant plus qu'elle avait sur la lèvre supérieure certains poils roussâtres qu'on aurait pu prendre pour de la barbe, quoiqu'ils ne fussent probablement que des sourcils mal placés par la nature, car on n'en voyait pas au-dessus de ses yeux. Le teint de miss Brass était pourtant blanc, d'un blanc un peu sale, pour dire la vérité; et le bout de son nez, d'un rouge éclatant, faisait un contraste agréable à cette blancheur. Sa voix était dure et forte, et quiconque l'avait entendue une fois ne l'oubliait jamais. Son costume ordinaire était une robe verdâtre, aussi fanée que les rideaux des fenêtres de l'étude, serrée sur sa taille, et dont le haut était attaché sous son cou par un grand bouton extraordinairement massif. Trouvant sans doute que la simplicité est l'âme de l'élégance, elle ne portait ni collerette, ni fichu, ni châle; mais elle avait toujours sur ses cheveux roux un mouchoir de gaze jaune, auquel elle laissait le soin de prendre sur sa tête telle forme qu'il voulait.

Tel était l'extérieur de miss Brass. Son esprit avait une trempe vigoureuse et peu ordinaire pour une femme : car dès sa première jeunesse elle s'était voué à l'étude de la jurisprudence, suivant cette science, non quand elle prend son essor comme un aigle, ce qui lui arrive rarement, mais quand elle rampe dans le labyrinthe tracé par l'astuce et la cupidité.

Un matin M. Samson Brass était assis sur un des deux siéges dont nous avons parlé, préparant une citation, tandis que sa sœur, placée sur l'autre en face de lui, taillait une plume pour faire un mémoire de frais, ce qui était son occupation favorite.

— Avez-vous bientôt fini, Sammy ? demanda miss ; car elle se plaisait à employer cette abréviation familière du nom Samson, parce que cela contrariait son frère.

— Non, répondit brusquement celui-ci. Cela le serait déjà, si vous m'aviez aidé à temps.

— Vous aider ! moi ! quand vous allez prendre un clerc !

— Vous savez fort bien que ce n'est pas pour mon plaisir que je vais en prendre un. Pourquoi donc m'en faites-vous encore un reproche, après m'en avoir ennuyé hier soir pendant trois heures ?

— Tout ce que je sais, c'est que si chacun de nos clients peut nous forcer à prendre un clerc, que nous en ayons besoin ou non, vous feriez mieux de fermer boutique.

— Avons-nous un autre client comme lui ? Pouvez-vous m'en citer un qui lui ressemble ?

— Voulez-vous dire par la figure ?

— Au diable la figure ! s'écria Brass en prenant un gros registre. Voyez ici ! Daniel Quilp ; là, Daniel Quilp ; plus loin, Daniel Quilp ; et presque à chaque page c'est le même nom qui se répète. Or quand un pareil homme me dit : Vous prendrez ce clerc ou vous perdrez ma pratique, que puis-je faire ?

Miss Sally ne daigna pas répondre, mais sourit ironiquement.

— Je sais ce que c'est, répondit Samson ; vous craignez de ne plus pouvoir mettre la main à la pâte.

— Et vous savez aussi, répliqua miss Brass avec un regard de mépris, que si je ne m'en mêlais, vous seriez bientôt sans affaires. Ne dites pas de bêtises, Sammy, et finissez ce que vous avez à faire.

Samson n'osa rien répliquer, car s'il n'avait pas la crainte de Dieu, il vivait constamment dans celle de sa sœur ; mais en ce moment quelqu'un s'arrêta devant la croisée, en leva adroitement le châssis en dehors, et Quilp passa par la fenêtre, et dit : N'y a-t-il donc personne ici ? Ne s'y trouve-t-il aucun agent du diable ?

— Ah ! ah ! ah ! s'écria Brass, quelle gaieté inépuisable !

— Est-ce là ma belle Sally ? ajouta le nain. Est-ce la justice sans bandeau sur les yeux ? Est-ce le bras droit de la loi ? Est-ce la vierge de Bevis ?

— Où trouver plus d'esprit ? s'écria Samson.

— Ouvrez donc la porte ! je vous l'amène. Vous aurez le phénix des clercs, Brass. C'est un as d'atout que je vous donne.

Samson s'empressa d'ouvrir et Quilp entra tenant par la main son protégé, qui n'était rien moins que M. Richard Swiveller.

— La voilà ! dit Quilp, la voilà la femme que j'aurais dû épouser, la belle Sall, la femme qui réunit tous les charmes de son sexe, sans en avoir aucune des faiblesses !

— Bêtises ! dit laconiquement miss Brass.

— Pourquoi faut-il qu'elle ait le cœur aussi dur que le métal dont elle porte le nom (1) !

— Aurez-vous bientôt fini de dire de pareilles sottises, monsieur Quilp ? Vous devriez rougir de parler ainsi devant ce jeune homme.

— Ce jeune homme, miss Brass, est M. Swiveller, mon intime ami. C'est un jeune homme de bonne famille, et qui aura un jour une belle fortune; mais comme il lui est arrivé d'en manger une partie en herbe, il est assez prudent pour se mettre pour quelque temps à l'abri des tentations en prenant le poste modeste de clerc de procureur; et il ne peut trouver nulle part une atmosphère plus pure que celle qu'il respirera ici.

— M. Swiveller est heureux d'avoir votre amitié, monsieur, dit Samson, et il a tout lieu d'en être fier.

Pendant ce temps, Swiveller était à contempler d'un air lugubre la divine miss Sally, qui se promenait dans l'étude sa plume derrière l'oreille, tandis que le nain les examinait tous deux en se frottant les mains de plaisir.

— Je suppose que M. Swiveller peut entrer en fonction aujourd'hui ? dit Quilp.

— A l'instant même, si vous le désirez, répondit Brass.

— Miss Sally lui enseignera l'étude délicieuse des lois, continua le nain; elle sera son maître, son guide, son Blackstone, son Coke, son Littleton.

— Quel puits de science ! s'écria Samson; il n'y a pas un jurisconsulte qu'il ne connaisse !

— Mais où s'assiéra-t-il? demanda Quilp regardant autour de lui.

— Nous lui achèterons un troisième siège, répondit Brass. En attendant il prendra le mien, car je vais sortir pour tout le reste de la matinée. Tenez, monsieur Swiveller, placez-vous là, et faites-moi une copie bien écrite et correcte de cette signification de congé.

— Je vais sortir avec vous, Brass, car j'ai à vous parler d'une ou deux affaires, si vous avez le temps de m'écouter, dit le nain.

— Vous plaisantez, monsieur, répondit le procureur, il faudrait une affaire bien importante pour que je n'eusse pas le temps de profiter de l'avantage inappréciable de votre conversation.

Quilp le regarda d'un air caustique, et fut saisi d'un accès de toux sèche. Il tourna sur ses talons pour faire ses adieux à miss Sally, qui le salua d'un air grave et formel, fit un signe de tête à Swiveller, et ils partirent.

Richard fut comme stupéfait en se trouvant tête à tête et face à face avec miss Brass, dont la plume coulait déjà sur le papier avec une rapidité sans égale. Il prit la sienne, mais il ne put s'en servir; ses yeux étaient toujours fixés sur la robe verte et sur le mouchoir jaune qui couvrait la tête de la belle Sally, et il songea un plaisir qu'il aurait à lui arracher cette dernière parure, et à s'en servir pour essuyer la poussière

(1) Le mot *brass* signifie airain.

qui couvrait le bureau. Saisissant une grande règle qui s'y trouvait, il la fit brandir sur sa tête avec tant de force, que l'air mis en mouvement agita les bouts fripés du mouchoir. Miss Sally était trop occupée de ses calculs pour s'en apercevoir, et il se dit qu'il pourrait bien aisément l'enlever de sa tête avec cette baguette magique. Mais l'idée qu'il possédait ce pouvoir lui inspira de la modération, et il vint à bout d'écrire une demi douzaine de lignes sans distraction.

Après deux heures de travail constant, miss Brass arriva à la fin de sa tâche ; elle essuya sa plume sur sa robe verte, prit une prise de tabac dans une tabatière ronde en étain qu'elle tira de sa poche ; elle fit de ses papiers un rouleau qu'elle entoura d'un bout de cordon de fil rouge, le mit sous son bras et sortit de l'étude.

Dès qu'elle fut partie, Swiveller, joyeux de son départ, sauta à bas de sa chaise ; et il commençait à danser au milieu de la chambre, quand la porte se rouvrit, et la tête de miss Sally s'y montra.

— Je vais sortir, lui dit-elle.

— Fort bien, madame, répondit-il ; et ne te presse pas de revenir, ajouta-t-il mentalement.

— S'il vient quelques personnes pour affaires, prenez-en note, et priez-les de revenir demain.

— J'en aurai soin, madame.

— Je ne serai pas longtemps, dit-elle en se retirant.

— Tant pis, morbleu! s'écria-t-il dès que la porte fut fermée. Et se jetant dans le fauteuil destiné aux clients, il s'abandonna à ses réflexions.

— Et me voilà donc clerc de Samson Brass, clerc de sa sœur, clerc d'un dragon femelle ! Que deviendrai-je ensuite ? Suis-je destiné à porter un chapeau de feutre, un gilet de toile grise, avec un numéro bien brodé sur mon uniforme, et l'ordre de la Jarretière aux deux jambes, pour m'empêcher de courir trop vite ? Je n'avais ni argent ni crédit. J'avais reçu congé de mon logement. Ma tante m'avait écrit que je ne devais plus compter sur elle, et qu'elle avait fait un nouveau testament dans lequel mon nom ne se trouvait pas. Quilp m'offre cette maudite place, et Fred, à mon grand étonnement, me conseille de l'accepter. Dans de pareilles circonstances, un homme n'a plus la liberté d'agir comme il le voudrait.

Ce soliloque fut interrompu par le saute-ruisseau d'un autre procureur, qui apportait à M. Brass une liasse de pièces de procédure que Swiveller reçut avec l'air de dignité de sa nouvelle profession. Il reprit ensuite sa place devant le bureau, et y grava quelques hiéroglyphes à l'aide du canif de M. Brass. Enfin, il commençait à tracer à la plume une caricature de miss Sally, quand une voiture s'arrêta à la porte, et l'on y frappa. Comme il y avait une sonnette particulière pour l'étude, il ne se dérangea pas. On frappa une seconde fois. La porte s'ouvrit. Il entendit monter l'escalier, et quelque chose de lourd tomba sur le palier au-dessus de sa tête. Au même instant on frappa à la porte de l'étude, et une voix grêle cria dans le passage :

— Monsieur ! monsieur ! voulez-vous bien faire voir l'appartement à louer ?

Il ouvrit la porte et vit une jeune fille de très petite taille portant un sale tablier à bavette, qui ne permettait de voir que sa tête, ses bras et ses pieds.

— Ce n'est pas là ma besogne, répondit-il.

— Mais il faut que vous le montriez, monsieur. Vous direz que le prix n'est que dix-huit schellings par semaine, non compris le nettoyage des bottes et des habits, et huit pence par jour pour le feu pendant l'hiver.

— Que ne faites-vous tout cela vous-même ?

— Miss Sally me l'a défendu, parce que si l'on voyait une si petite servante, on craindrait de ne pas être bien servi.

— Mais on vous verra quand l'appartement sera loué.

— Oui, mais il sera du moins loué pour quinze jours ; et quand on est une fois installé dans un appartement on n'aime pas à en déménager.

— Et qu'êtes-vous ici ?

— Cuisinière, chambrière ; c'est moi qui fais tout l'ouvrage de la maison. Mais montez, monsieur, montez, je vous en prie.

Richard, mettant une plume derrière chacune de ses oreilles pour qu'on ne pût manquer de voir cet emblème de sa profession, monta dans l'appartement à louer au premier étage, et qui se composait de deux chambres misérablement meublées. Il y trouva un gentleman qui venait d'y monter, à l'aide du cocher qui l'avait conduit, une malle énorme et qui semblait très lourde. Il essuyait la sueur qui tombait de son front chauve, et il en avait une double raison ; car, indépendamment de la pesanteur de la malle, il était vêtu comme en hiver, quoique on fût au milieu de l'été, et que la journée fût très chaude.

Swiveller allait faire une protestation contre cette manière de prendre possession d'un appartement ; mais le gentleman ne lui en laissa pas le temps, car, dès qu'il l'aperçut, il lui adressa la parole.

— Quel loyer demande-t-on de cet appartement, monsieur ?

— Une livre sterling par semaine, monsieur, répondit Richard renchérissant sur le prix indiqué par la petite servante, et en outre...

— Suffit, monsieur, je le prends.

— Et, en outre, il y a à payer le nettoyage des bottes et des habits, et huit pence par jour en hiver pour...

— Fort bien, monsieur, fort bien, tout cela est convenu.

— Et on ne le loue pas pour moins de deux semaines.

— Deux semaines ! J'espère bien rester ici deux ans. Tenez, monsieur, voici un billet de dix livres sterling en avance. L'affaire est conclue.

— Mais, monsieur, ce n'est pas moi qui me nomme Brass.

— Que m'importe ?

— C'est le nom du maître de la maison.

— J'en suis bien aise. C'est un excellent nom pour un procureur. Cocher, vous pouvez vous retirez. Et vous aussi, monsieur.

Le cocher partit ; mais Richard, confondu de tout ce qu'il venait de voir et d'entendre, resta dans la chambre les yeux fixés sur le gentleman, avec le même étonnement qu'il avait montré en voyant pour la première fois miss Sally Brass. Sa présence ne parut gêner en rien le nouveau locataire. Il se débarrassa successivement d'un châle qu'il avait autour du cou et d'une cravate qui était en dessous, tira ses bottes ; ôta tous ses vêtements, les plia l'un après l'autre avec soin, les plaça sur sa malle, remonta sa montre, tira les rideaux du lit et se coucha en disant à Swiveller :

— Retirez l'écriteau, et que personne ne m'appelle ni ne frappe à ma porte avant que je sonne.

Il ferma ses rideaux, et Swiveller l'entendit ronfler pendant qu'il se retirait.

— Me voici dans une maison très remarquable et presque surnaturelle, dit-il en retournant dans son bureau ; un dragon femelle faisant le métier de procureur, une servante qu'on pourrait placer dans la caisse d'un violon, un étranger qui entre dans un appartement comme dans une ville prise d'assaut, et qui se couche au milieu de la journée. Il espère y rester deux ans ! Et si c'était un de ces hommes merveilleux comme on dit qu'on en a vu, qui dorment des années entières sans s'éveiller, nous serions dans une belle position ! Au surplus c'est ma destinée. J'espère que Brass sera content de tout cela ; et s'il ne l'était pas, tant pis pour lui : ce n'est pas mon affaire.

M. Brass, à son retour, reçut le rapport de son clerc avec beaucoup de satisfaction, et sa bonne humeur augmenta quand, après avoir examiné avec soin le billet de dix livres sterling, il y eut trouvé tous les caractères qui font juger de la bonté d'un billet de banque. Il lui fit même des compliments sur l'aptitude qu'il avait pour les affaires, comme sa conduite venait de le démontrer dès le premier jour. Miss Sally était loin d'en porter le même jugement ; elle avait le front plissé et l'air mécontent, et elle se disait que si ce jeune homme n'eût pas été un véritable oison, il aurait vu à l'empressement que mettait l'étranger à s'assurer la possession de cet appartement, qu'il pouvait lui en demander un loyer deux ou trois fois plus cher.

— Bonjour, monsieur Richard, dit le lendemain M. Brass à son nouveau clerc. Eh bien, que dites-vous du siége que ma sœur vous a acheté hier à Whitechapel ? Il me semble, ma foi, qu'il vaut bien les nôtres.

— Si ce n'est qu'il a un pied plus court que les autres, monsieur Brass.

— Oh ! ce n'est rien, absolument rien, nous le soutiendrons avec un tasseau. Je vous dirai que personne ne s'entend à faire un marché aussi bien que miss Brass.

— Vous plaira-t-il de vous taire ? s'écria sa sœur ; comment voulez-vous que je puisse travailler si vous bavardez toujours ?

— On ne sait jamais de quelle humeur vous êtes, miss Brass ! Tantôt vous parlez sans cesse, tantôt...

— En ce moment je suis en humeur de travailler, monsieur Brass, ainsi ne m'interrompez pas ; et ne dérangez pas le jeune homme, je vous réponds qu'il n'a pas envie d'en faire trop.

Le procureur n'osa répliquer, et ils travaillèrent quelque temps en silence. M. Swiveller s'endormit, et ce fut le son aigre de la voix de miss Sally qui l'éveilla.

— Savez-vous, monsieur Brass, disait-elle, que notre locataire n'est pas encore levé, qu'on ne l'a ni vu ni entendu depuis qu'il s'est couché hier dans l'après-midi ?

— Eh bien, madame, je suppose qu'il peut dormir tranquillement, si bon lui semble, jusqu'à la fin de ses dix livres, répondit Richard.

— Je commence à croire qu'il ne s'éveillera jamais, répliqua miss Sally.

— C'est une circonstance remarquable, dit M. Brass, réellement très remarquable. Monsieur Richard, s'il arrivait que cet homme se fût pendu au ciel de son lit ou qu'il fût mort par suite de quelque autre accident, vous aurez soin de vous souvenir qu'il vous a remis ce billet de dix livres comme payement anticipé sur un loyer de deux ans. Vous feriez bien d'en prendre note, afin de ne pas oublier d'en faire mention si vous étiez appelé devant le juge coroner quand il fera l'enquête.

M. Swiveller prit une grande feuille de papier blanc et y écrivit une ou deux lignes dans un coin.

— On ne peut prendre trop de précautions, continua M. Brass, qui avait quitté son siége pour se promener dans son étude, il y a tant de perversité dans ce monde! Ah! voilà votre déposition, ajouta-t-il quand Richard lui apporta ce qu'il venait d'écrire, fort bien. Mais ce gentleman ne vous a-t-il pas dit autre chose?

— Non.

— En êtes-vous bien sûr, monsieur Richard?

— Complétement.

— Pensez-y de nouveau, monsieur Richard. Le gentleman qui hier après midi a loué de vous, mon représentant, les deux chambres du premier étage de cette maison et qui a apporté avec lui une malle énorme et pesante, ne vous a-t-il dit rien de plus que ce que vous venez d'écrire?

— Vous parlez comme un sot! s'écria miss Sally.

Swiveller la regarda, regarda ensuite M. Brass et répéta : Non.

— Diable, monsieur Richard, vous avez l'esprit bien bouché! Ne vous a-t-il rien dit sur ce qu'il désirait que devînt après sa mort tout ce qui est contenu dans cette malle?

— A la bonne heure, dit miss Brass faisant un signe d'approbation à son frère, c'est en venir au fait clairement.

— Vous a-t-il dit, par exemple, faites bien attention que je n'affirme pas qu'il vous l'ai dit, je ne veux qu'aider votre mémoire, vous a-t-il dit, par exemple, que s'il lui arrivait quelque chose pendant qu'il logerait chez moi, il voulait que tout ce qui serait à lui dans l'appartement qu'il y occuperait m'appartînt en récompense des peines et embarras qu'il m'aurait occasionnés? Et n'est-ce pas aussi cette circonstance qui vous a porté à l'accepter en mon nom pour locataire?

— Certainement non, répondit Richard.

— Monsieur Richard! s'écria Brass en lui lançant un regard de mépris et de mécontentement, vous vous êtes mépris sur votre vocation, vous ne serez jamais procureur.

— Quand vous vivriez mille ans, ajouta miss Sally.

Le frère et la sœur, d'accord en ce moment, prirent chacun une prise dans la petite tabatière d'étain, et il ne se passa rien de nouveau jusqu'à trois heures, instant où M. Swiveller devait quitter l'étude pour aller dîner, et qui lui parut mettre trois semaines à arriver. Il partit dès que le premier coup sonna, et il rentra au dernier coup de cinq heures.

— Eh bien, monsieur Richard, dit Brass, cet homme n'est pas encore levé. Rien ne peut l'éveiller. Que faut-il faire?

— Le laisser dormir, monsieur.

— Mais il a déjà dormi vingt-six heures! Nous avons traîné sur sa tête au second les commodes et les chaises, frappé à tour de bras à la porte de la rue, fait dégringoler deux ou trois fois la servante sur l'escalier, tout a été inutile.

— Ne pourrait-on pas prendre une échelle et monter chez lui par la fenêtre?

— Elle donne sur la rue; tout le voisinage prendrait l'alarme.

— On peut monter sur le toit de la maison et descendre dans sa chambre par la cheminée.

— Excellente idée! Il ne s'agit, dit M. Brass les yeux fixés sur Swiveller, que de trouver un ami qui nous soit assez dévoué pour l'exécuter. Je pense que cela ne serait pas aussi désagréable qu'on pourrait le croire.

Swiveller faisant la sourde oreille à cette proposition indirecte, M. Brass dit qu'il fallait monter en corps au premier étage. L'amazone monta la première, ayant en main une grosse sonnette pour carillonner à la porte du locataire; Richard la suivait, armé de son siège et de la règle; le procureur formait l'arrière-garde.

— On ne voit que les rideaux du lit, dit M. Brass l'œil appliqué au trou de la serrure. Est-ce un homme robuste, monsieur Richard?

— Très robuste, répondit Swiveller plaçant son tabouret à côté de la porte, montant dessus et battant les panneaux avec la règle.

— Il serait fort désagréable qu'il se précipitât tout à coup hors de sa chambre, reprit M. Brass. Ce n'est pas que je le craigne; mais, comme maître de la maison, je dois observer les lois de l'hospitalité. Et en parlant ainsi, il recula vers l'escalier.

Pendant ce temps, la sonnette et la règle continuaient leur tapage à la porte. Elle s'ouvrit tout à coup, et le gentleman s'y montra, tenant à chaque main une de ses bottes, comme pour les jeter à la tête de ceux qu'il voyait descendre précipitamment l'escalier. Swiveller, toujours perché sur sa chaise, s'était collé contre la muraille, espérant que le locataire poursuivrait le procureur et sa sœur sans l'apercevoir. Mais, en arrivant à la première marche de l'escalier, celui-ci parut changer d'avis, et se retournant pour rentrer dans sa chambre, il vit M. Swiveller.

— Est-ce vous qui faites à ma porte ce tapage infernal? lui demanda-t-il.

— Je n'ai fait que ma partie dans un trio, monsieur.

— Comment avez-vous eu cette audace?

— Mais, monsieur, convient-il à un gentleman comme vous de dormir vingt-six heures de suite, au risque de troubler la tranquillité d'une famille aimable et vertueuse?

— Et en quoi mon sommeil la troublait-il?

— Nous craignions que vous ne fussiez mort, monsieur, ou que vous n'eussiez besoin de secours. C'était par intérêt pour vous. D'ailleurs, je vous dirai, monsieur, que lorsqu'un locataire passe dans son lit le double du temps qu'on prend ordinairement pour le sommeil, notre usage est de lui faire payer double loyer.

— En vérité?

— Assurément, monsieur. Cela use doublement les matelats, les draps et les couvertures.

Au lieu de se mettre plus en colère, le gentleman regarda fixement

Swiveller et partit d'un grand éclat de rire. Richard, charmé de le voir de bonne humeur, sourit à son tour et lui exprima son espoir qu'il ne garderait plus le lit si longtemps.

— Suivez-moi ici, impudent que vous êtes, dit le gentleman en rentrant dans sa chambre.

Richard lui obéit, mais il emporta sa règle par mesure de précaution, et il s'en applaudit en le voyant fermer sa porte en double tour dès qu'il fut entré.

— Vous boirez bien quelque chose? lui dit le gentleman en lui faisant signe de s'asseoir.

— J'ai bu mon verre de grog après mon dîner, répondit Richard; mais si vous avez quelque chose sous la main, je vous tiendrai volontiers compagnie.

Sans lui répondre, le gentleman ouvrit sa grande malle, y prit une espèce de temple d'un métal brillant comme de l'argent, et le plaça avec soin sur la table, tandis que Swiveller suivait tous ses mouvements. Ouvrant successivement différentes portes qui semblaient donner entrée dans autant de chambres du temple, il mit un œuf dans l'une, du café en poudre dans l'autre, du lait dans une troisième, de l'eau dans une quatrième, et dans la dernière une tranche de bœuf placée sur un petit plat d'étain de forme oblongue. Prenant ensuite une allumette phosphorique, il alluma la lampe à l'esprit-de-vin, placée dans un tiroir sous le temple, dont il ferma ensuite toutes les portes. Au bout d'un temps fort court, il les rouvrit, et en tira successsivement du lait et du café bien chauds, un œuf à la coque et la tranche de bœuf, dont le fumet était appétissant. En tirant enfin un petit pot plein d'eau bouillante, il le plaça devant Swiveller, prit dans sa malle une bouteille et un sucrier, et lui dit : Voici de l'eau, du sucre, d'excellent rhum ; faites le mélange comme il vous plaira. Après quoi, il se mit à déjeuner tandis que Richard préparait son breuvage.

— Le maître de cette maison est procureur, à ce que je crois?

Richard ne répondit que par un signe de tête affirmatif; car il goûtait son grog, qui lui parut délicieux.

— Et la maîtresse du logis, qu'est-elle ?
— Un dragon femelle.
— Sa femme ou sa sœur ?
— Sa sœur.

— Tant mieux pour lui, il peut s'en débarrasser quand il voudra. Quant à moi, jeune homme, j'aime à vivre à ma fantaisie, à me coucher et à me lever quand bon me semble, à entrer et sortir quand cela me plaît, à n'être ni questionné, ni espionné. A ce dernier égard, les servantes sont le diable ? je crois qu'il n'y en a qu'une ici?

— Et qui est très petite.
— Et bien ! ce logement me conviendra, n'est-ce pas?
— Je le crois.
— Ce sont des requins?

Richard fit un signe d'assentiment, et vida son verre.

— Faites-leur connaître mon humeur; c'est tout ce qu'ils ont besoin de savoir. S'ils cherchent à en savoir davantage, c'est me donner congé de cet appartement, et ils perdront un bon locataire. Il est bon de s'entendre sur tous ces points une fois pour toutes. Bonjour.

— Pardon, monsieur! dit Swiveller voyant le locataire se lever pour lui ouvrir la porte.

> Lorsque celui qui vous adore
> A seulement laissé son nom...

— Que voulez-vous dire ?

— C'est un passage de poésie que je voulais vous citer, monsieur, pour vous donner à entendre qu'il est bon que nous sachions votre nom. Si, par exemple, il arrivait pour vous des lettres ou des paquets...

— Il n'en arrivera point.

— Si quelqu'un venait pour vous voir...

— Personne ne viendra.

— Si quelque méprise avait lieu, faute de savoir votre nom, monsieur, j'espère que vous ne direz pas que c'est ma faute.

> Oh ! non ! ne blâmez pas le barde qui...

— Je ne blâmerai personne! s'écria le gentleman avec un ton d'irascibilité qui fit que M. Swiveller sauta hors de la chambre, dont la porte fut fermée aussitôt.

CHAPITRE XXI

Après avoir occupé quelques semaines son appartement, le locataire continuait toujours à ne vouloir avoir aucun rapport direct avec M. Brass et sa sœur, et Richard Swiveller était invariablement son seul moyen de communication avec eux. Mais comme il était à tous égards un excellent locataire; qu'il payait comptant, d'avance, et sans marchander, tout ce dont il avait besoin, M. Swiveller devint imperceptiblement un personnage plus important dans la famille par suite de l'influence qu'on lui supposait sur cet être mystérieux, dont lui seul avait le droit d'approcher.

Si pourtant il faut dire la vérité, les entrevues de M. Swiveller lui-même avec cet inconnu étaient infiniment froides et réservées ; mais comme il ne revenait jamais d'une de ces conférences laconiques sans citer quelque expression flatteuse, comme « Swiveller, je sais que je puis compter sur vous, Swiveller, je suis votre ami, je n'hésite pas à vous le dire » et d'autres phrases familières et confidentielles, qu'il disait lui avoir été adressées par le gentleman, le frère et la sœur n'avaient pas le moindre doute que ce ne fût la vérité.

Mais indépendamment de cette popularité, il y en avait un autre qui promettait de rendre plus agréable sa position dans cette maison. Le fait est qu'il avait, sans le chercher, trouvé le chemin des bonnes grâces de miss Sally. Cette aimable vierge, s'étant accrochée depuis sa plus tendre enfance au tablier de Thémis, ne s'étant soutenue qu'avec cette aide, et n'ayant appris à marcher seule que dans les sentiers de la jurisprudence, s'était fait remarquer, étant encore enfant, par son adresse à jouer le rôle d'huissier, frappant sur l'épaule d'une de ses compagnes pour lui annoncer qu'elle était sa prisonnière ; la conduisant dans une prison formée par quatre chaises ; faisant une saisie dans la petite chambre de sa poupée, et dressant un inventaire exact de tout ce qui s'y trouvait. Tels avaient été les jeux de sa jeunesse, et les premiers degrés par lesquels elle s'était élevée jusqu'à devenir la colonne et l'appui de l'étude de son frère.

M. Swiveller parut à ses yeux quelque chose de nouveaux, et dont elle n'avait jamais soupçonné l'existence ; il était parvenu à introduire une sorte de gaieté dans l'étude du procureur, quand il y était seul. Une fois miss Sally le surprit tandis qu'il s'amusait à faire voltiger en l'air trois oranges qu'il retenait successivement de la même main à mesure qu'elles tombaient. Il s'attendait à être grondé, mais elle admira son adresse et se mit à sourire. Se trouvant encouragé, il fit d'autres tours de dextérité auxquels elle prit intérêt ; et quand elle se trouvait seule avec lui, elle était la première à l'engager à se distraire ainsi du travail de la plume. Une sorte d'amitié naquit ainsi entre eux ; il en vint insensiblement à la regarder du même œil qu'il aurait regardé tout autre clerc. S'il achetait du fruit ou de la bière de gingembre, il lui en offrait sa part, et elle l'acceptait sans scrupule. De son côté, elle faisait souvent une bonne partie de la tâche de Swiveller, et celle-ci l'en remerciait comme il eut remercié un camarade.

Une circonstance occupait souvent l'esprit de Richard Swiveller. La petite servante, semblable à un gnome, restait toujours ensevelie dans les entrailles de la terre ; jamais elle ne sortait de sa cuisine souterraine que lorsque le locataire sonnait ou qu'on frappait à la porte. Elle était aussi sale un jour que l'autre ; jamais elle ne se mettait à une fenêtre, jamais elle ne s'arrêtait à la porte. Il fallait donc qu'elle eût beaucoup d'ouvrage, et il se demandait quelquefois si elle trouvait le temps de manger.

— Il est inutile de demander au dragon femelle, pensa-t-il : une telle question mettrait probablement fin à nos relations amicales.

— Où allez-vous donc? lui demanda-t-il un jour à l'instant où après avoir essuyé sa plume à sa robe verte, suivant sa coutume, elle se levait de son siége.

— Je vais dîner, répondit-elle.

— Dîner, pensa Richard ; je voudrais bien savoir si la petite servante dînera aussi.

Il vit entrer miss Brass dans une chambre à la suite de l'étude, où son frère et elle prenaient leurs repas. Au bout de quelque temps, il l'entendit en sortir par une porte donnant sur le passage, et descendre par l'escalier de la cuisine. Par Jupiter ! pensa-t-il, c'est le moment, ou jamais : elle va lui donner sa ration.

Il la suivit sans bruit jusqu'à la porte de la cuisine, qu'elle laissa entr'ouverte, et prenant ses précautions pour ne pas être aperçu, il vit tout ce qui s'y passa. C'était une chambre basse et humide et dont les murs étaient délabrés ; des gouttes filtraient entre les douves d'un vieux tonneau servant de réservoir pour l'eau, et un chat maigre et affamé les lapait à mesure qu'elles tombaient. La cave au charbon, la caisse aux chandelles, tout, jusqu'à la boîte à sel, était fermé avec un cadenas. Une fourmi n'aurait pu trouver de quoi dîner dans cette cuisine. La petite servante était debout en toute humilité devant miss Sally, la tête penchée sur sa poitrine. Celle-ci tenait en main un plat contenant les restes froids d'une épaule de mouton qui était à son troisième jour, et le mettant sur une table, elle cria à la servante : N'en approchez pas, car je sais qu'il n'en resterait bientôt plus rien.

Elle tira de sa poche la clef du garde-manger, en tira une assiette sur laquelle étaient deux ou trois pommes de terre cuites dans l'eau, restant de la veille, et les mit devant la petite servante avec un morceau de pain aussi dur qu'il était noir, et lui dit: Asseyez-vous et mangez, ensuite avec un grand couteau à découper, elle coupa avec beaucoup de dextérité une tranche de mouton très mince d'environ deux pouces carrés, et la lui présentant à la pointe du couteau, elle lui dit: Vous voyez cela! prenez et mangez; et ne dites jamais qu'on ne vous donne pas de viande ici.

— En voulez-vous davantage? lui demanda-t-elle dès que la pauvre servante eut avalé cette bouchée de mouton.

— Non, répondit faiblement la malheureuse créature. Il était évident qu'elle avait appris quelle réponse elle devait faire.

— Ne vous avisez donc jamais de dire qu'on vous met ici à la ration, puisqu'on vous y offre plus que vous ne pouvez manger.

A ces mots, miss Sally renferma le reste de l'épaule de mouton dans le garde-manger, le ferma en cadenas et en remit la clef dans sa poche, tandis que la petite servante mangeait tranquillement le reste de ses pommes de terre. Mais en se retournant, soit qu'elle eût quelque sujet de mécontentement sérieux, le dragon femelle, comme l'appelait M. Swiveller, tomba sur elle à poing fermé, et la battit au point que sa victime ne put s'empêcher de crier, quoique d'une voix retenue, et comme si elle eût craint d'être entendue. Miss Brass prit alors une prise de tabac, et remonta l'escalier à l'instant où Richard rentrait dans l'étude.

CHAPITRE XXII

Parmi les autres singularités du locataire de M. Brass, il n'en manquait pas, était un goût aussi extraordinaire que prononcé pour les marionnettes. Du plus loin qu'il entendait la voix perçante et si facile à reconnaître de Polichinelle, il quittait son appartement à la hâte, courait dans la direction d'un son si agréable à ses oreilles, et ramenait en triomphe dans Bevis-Marks les entrepreneurs du spectacle, les acteurs, le théâtre, et même les spectateurs, car il était toujours escorté d'une foule d'enfants de ce quartier paisible. Pendant qu'on faisait les préparatifs du spectacle en face de sa fenêtre, il remontait dans son appartement, se mettait à sa croisée, et assistait à la représentation. Lorsqu'elle était terminée, il faisait monter chez lui les hommes habiles dont la voix éloquente avait fait parler leurs acteurs, les régalait de rhum ou d'eau-de-vie, et causait avec eux quelquefois un bon quart d'heure, tandis que les enfants continuaient leur vacarme dans la rue, et attendaient avec impatience que le théâtre portatif se remît en marche, afin de le suivre et d'assister à une seconde représentation.

Une pareille scène, qui se renouvelait tous les jours, et souvent même plusieurs fois dans la journée, mécontentait M. Brass plus que personne. Il lui aurait été facile d'y mettre fin en congédiant son locataire, mais son intérêt s'y opposait, et il préférait supporter cet inconvénient.

— Allons, dit M. Brass une après-midi, voilà deux jours que nous n'avons pas eu de Polichinelle. Je commence à espérer qu'il les a vus tous.

— Pourquoi l'espérez-vous ? demanda sa sœur ; quel mal vous font-ils ?

— Quel mal ! N'est-ce pas un mal d'avoir les oreilles déchirées par des glapissements insupportables, d'être distrait de ses occupations par les cris et les acclamations d'une centaine d'enfants, d'avoir la rue obstruée par toute la canaille des environs, de ne pouvoir... Allons ! en voici encore un autre ! Oui, je reconnais les aigres accents de cette voix infernale.

Au même instant, la porte de l'appartement du locataire s'ouvrit ; on l'entendit descendre précipitamment l'escalier, sortir de la maison, et on le vit passer devant la croisée, sans chapeau, et courant à toutes jambes.

— Si je savais qui sont ses parents, s'écria M. Brass, qu'ils voulussent le faire interdire, et qu'ils me chargeraient d'obtenir la sentence d'interdiction, je courrais volontiers le risque d'avoir mon appartement vacant quelques semaines. Et, à ces mots, il prit sa canne et son chapeau, et se précipita hors de la maison pour se soustraire à la scène bruyante qui allait commencer.

M. Swiveller, qui était grand amateur, sinon de Polichinelle, du moins de tout ce qui pouvait faire diversion à l'ennui d'avoir à copier sans cesse des pièces de procédure, s'approcha de la fenêtre, et miss Brass l'y suivit. Les vitres étant couvertes de poussière, il prit le mouchoir de soie jaune qui couvrait les cheveux plus jaunes encore de Sally, et s'en servit pour l'essuyer, ce qu'elle ne trouva pas mauvais, car il l'avait habituée à le voir s'en servir pour des usages semblables.

Cependant la foule arriva, et pendant qu'on faisait les préparatifs d'usage en face de la maison de M. Brass, le locataire y rentra et se plaça aux premières loges, c'est-à-dire à sa croisée, pour voir le spectacle. La représentation eut lieu avec les applaudissements ordinaires, et dès qu'elle fut terminée, le gentleman fit signe aux deux artistes dramatiques de monter chez lui.

— Tous les deux, s'écria-t-il de sa fenêtre en voyant qu'un seul petit homme ayant de l'embonpoint se disposait à entrer dans la maison ; j'ai besoin de vous parler à tous deux.

— Venez donc, Tommy, dit le petit homme à son compagnon.

— À quoi bon ? répondit l'autre d'un ton brusque, je ne suis point parleur.

— Ne voyez-vous pas que le gentleman a une bouteille à la main ?

— Que ne le disiez-vous tout de suite ? Allons, avancez donc ! Voulez-vous faire attendre le gentleman toute la journée ?

En parlant ainsi, M. Thomas Codlin poussa de la main son compagnon, M. Harris, autrement dit Short ou Trotters ; passa devant lui et entra le premier dans la chambre du gentleman.

— Eh bien, braves gens, dit celui-ci, vous vous êtes fort bien acquittés de votre tâche. Dites au petit homme qui est derrière vous de fermer la porte.

— Fermez donc la porte, dit Codlin à Short d'un ton bourru. Vous auriez pu savoir que le gentleman désirait qu'elle fût fermée, sans lui donner la peine de le dire.

— Excusez le ton brusque de mon ami, monsieur, dit Short en la fermant, j'espère qu'il n'y a pas de lait dans votre appartement, car son humeur aigre le ferait tourner.

— Vous boirez bien un verre de rhum ? Asseyez-vous.

Short et Codlin se regardèrent et parurent hésiter à s'asseoir. Enfin ils s'assirent chacun sur le bord d'une chaise et acceptèrent le rhum qui leur fut présenté.

— Vous avez le visage bruni par le soleil. Avez-vous voyagé ?

— Oui, monsieur, répondit Short. Et Codlin confirma cette réponse par un signe de tête accompagné d'un gémissement, comme s'il eût encore senti sur ses épaules le poids de son théâtre.

— Vous avez fréquenté les foires, les marchés, les courses, sans doute ?

— Oui, monsieur, nous avons parcouru presque tout l'ouest de l'Angleterre.

— J'ai parlé à des hommes de votre profession qui avaient été dans l'Est, dans le Nord, dans le Midi, mais je n'en avais encore rencontré aucun qui eût été cette année dans l'Ouest.

— C'est notre tournée ordinaire chaque été, monsieur ; mais cette année nous avons eu à passer des journées bien dures, à marcher par la pluie et dans la boue, et bien souvent sans gagner un penny.

— Oui, monsieur, dit son compagnon, et qu'il fasse chaud ou froid, sec ou mouillé, c'est moi, c'est Tom Codlin qui en souffre ; mais il ne faut pas qu'il se plaigne : oh ! non, il n'y a que Short qui en ait le droit. Tout ce qu'il y a de plus pénible est le partage de Tom Codlin, et on lui reproche d'avoir de l'humeur.

— Je ne dis pas que Tom Codlin me soit inutile, reprit Short, mais il n'a pas toujours les yeux ouverts ; il s'endort quelquefois. Avez-vous oublié les dernières courses ?

— Ne finirez-vous jamais de m'asticoter, répliqua Codlin. Est-il probable que je fusse endormi quand je ramassais d'un seul coup cinq schellings dix pence ? Je veillais à ma besogne, et je ne pouvais avoir toujours les yeux attachés sur un vieillard et une jeune fille. Au surplus, vous ne les avez pas mieux gardés que moi, et vous n'avez rien à me reprocher.

Les yeux du gentleman s'étaient animés pendant que Codlin parlait ainsi. Vous êtes les deux hommes dont j'ai besoin, s'écria-t-il, et que j'ai inutilement cherchés jusqu'ici. Où sont le vieillard et la jeune fille dont vous parlez ?

— Monsieur ! dit Short hésitant et regardant son compagnon.

— Le vieillard et sa petite fille qui voyageaient avec vous, où sont-ils en ce moment? Parlez! Votre peine ne sera pas perdue; vous serez récompensés mieux que vous ne pouvez vous l'imaginer. Vous dites qu'ils vous ont quittés, et il paraît que c'est aux courses dont vous venez de parler. On a suivi leurs traces jusque-là, et en cet endroit on les a perdus de vue. Pouvez-vous me donner un fil pour les retrouver?

— Eh bien, Tommy, ne vous ai-je pas toujours dit qu'on ferait des recherches après ces deux voyageurs?

— Il ne fallait pas être grand sorcier pour cela. N'ai-je pas toujours dit que cette aimable enfant était la créature la plus intéressante que j'eusse jamais vue. Je crois encore l'entendre dire : Codlin est mon ami; Short est un brave homme, mais c'est Codlin qui est mon ami.

— Juste ciel! s'écria le gentleman en se promenant dans sa chambre, n'ai-je donc réussi à trouver ces deux hommes que pour découvrir qu'ils ne peuvent me donner ni aide ni renseignements!

— Un instant! s'écria Short. Un homme nommé Jerry... Vous connaissez Jerry, Codlin?

— Ne me parlez pas de Jerry! Je me soucie de Jerry comme d'une prise de tabac, quand je pense à cette chère enfant. Oui, elle m'appelait toujours son ami Codlin. Une fois même elle m'a appelé papa Codlin. Les larmes m'en viennent aux yeux quand j'y songe. Et en parlant ainsi il se les essuya avec la manche de son habit.

— Oui, monsieur, reprit Short, un homme nommé Jerry, qui a une troupe de chiens dansants, m'a dit qu'il avait vu le vieillard en question attaché à une exhibition de figures de cire. Comme nous allions d'un autre côté que celui d'où il venait, je ne lui ai demandé ni où ni quand il l'avait rencontré, mais je puis lui demander des renseignements si vous le désirez.

— Cet homme est-il à Londres?

— Non, monsieur, mais il doit y arriver demain matin, et il loge dans la même maison que nous.

— Amenez-le-moi. Tenez, voici un souverain pour chacun de vous; et si vous pouvez m'aider à retrouver ce vieillard et sa petite-fille, je vous en donnerai vingt autres. Revenez me voir demain, et ne parlez à personne de cette affaire. A présent, donnez-moi votre adresse, et retirez-vous.

Short lui donna son adresse, et, après que son compagnon et lui furent partis, le gentleman, l'esprit fort agité, se promena dans sa chambre à grands pas pendant deux bonnes heures au-dessus des têtes de M. Swiveller et de miss Sally, qui ne savaient que penser de cette longue promenade.

CHAPITRE XXIII

Quoique Kit fût au plus haut degré de faveur près de la vieille dame, de son mari, de M. Abel et de Barbe, il est certain qu'aucun membre de la famille n'avait autant de partialité pour lui que le poney volontaire, qui devenait entre ses mains le plus doux et le plus traitable des animaux. Il est vrai qu'à mesure qu'il se soumettait à l'autorité de Kit il devenait dans la plus exacte proportion indomptable pour tout autre ; que parfois aussi, sous la direction même de son favori, il se permettait d'exécuter une grande variété de bonds et de cabrioles, à l'extrême frayeur de la bonne dame. Mais comme Kit ne manquait jamais d'affirmer que c'était seulement par gaieté ou pour montrer son attachement à ses maîtres, mistress Garland se laissa peu à peu convaincre de la vérité de cette assertion, à tel point que si dans un de ces accès le poney eût versé la chaise, elle eût cru de bonne foi qu'il l'avait fait dans les meilleures intentions.

Outre les connaissances rapides et surprenantes que Kit acquit bientôt en tout ce qui concerne l'écurie, il devint aussi passable jardinier et montra tant d'intelligence à faire tout ce dont il était chargé tant dans l'intérieur de la maison qu'à l'extérieur, que ses maîtres lui donnaient chaque jour de nouvelles preuves de confiance. M. Witherden, le notaire, le regardait d'un œil favorable, et M. Chuckster lui-même voulait bien quelquefois l'honorer d'un salut moitié affable, moitié protecteur.

Un matin que Christophe avait conduit M. Abel à l'étude du notaire, comme cela lui arrivait souvent, et qu'il allait placer le poney dans une écurie voisine, M. Chuckster sortit de l'étude et se mit à crier :

— Arrêtez, snob (1), arrêtez, on a besoin de vous dans la maison !

— M. Abel aurait-il par hasard oublié quelque chose ? dit Kit en descendant de la chaise.

— Pas de questions, allez-y voir. Ohé... hé... hé... hé... hé bien ! vilaine bête ?... Si ce poney m'appartenait je l'aurais bientôt dompté.

— Il faut le prendre par la douceur, dit Kit, autrement il se comportera mal. Vous feriez mieux de ne pas continuer à lui tirer les oreilles, je sais qu'il n'aime pas cela.

M. Chuckster ne daigna répondre à cet avis qu'en l'appelant jeune drôle et en lui enjoignant d'un air sec et hautain de revenir aussi vite que possible. Le jeune drôle étant entré dans la maison, M. Chuckster enfonça ses mains dans ses poches en affectant de ne pas faire attention au poney et de se trouver là par hasard.

Kit essuya ses souliers sur la natte avec beaucoup de soin, car il n'avait pas encore perdu son respect pour les paperasses et les cartons, puis il frappa à la porte de l'étude, que le notaire ouvrit aussitôt lui-même.

— Oh ! entrez, Christophe, dit M. Witherden.

— Est-ce là le jeune garçon ? demanda un gentleman d'un certain âge qui était avec le notaire dans son étude.

— Lui-même, répondit M. Witherden, c'est à ma porte qu'il a rencontré mon client, M. Garland. J'ai lieu de le croire honnête, monsieur et vous pouvez ajouter foi à ses paroles. Permettez-moi de vous présenter M. Abel Garland, monsieur, son jeune maître, mon élève et mon ami intime.

— Votre serviteur, monsieur, dit l'étranger.

— Je suis bien le vôtre, répondit M. Abel d'une voix douce. Vous désirez parler à M. Christophe, monsieur ?

---

(1) Terme de familiarité méprisante.

— Oui, je le désire. Ai-je votre permission ?

— Assurément.

— Mon affaire n'est pas un secret, ou plutôt je devrais dire qu'il n'est pas nécessaire d'en faire un secret *ici*, dit l'étranger en observant que M. Abel et le notaire se disposaient à s'éloigner. Cette affaire a rapport à un marchand d'antiquités avec lequel ce jeune garçon a demeuré et à qui je prends un vif intérêt. J'ai passé bien des années loin de ce pays, messieurs, et si je manque aux formes ordinaires j'espère que vous voudrez bien m'excuser.

— Vous n'avez besoin d'aucune excuse, monsieur, répondirent le notaire et M. Abel.

— J'ai pris des renseignements dans le quartier qu'habitait son vieux maître, dit l'étranger, et j'ai appris que ce jeune homme avait été à son service. J'ai réussi à découvrir la demeure de sa mère, qui m'a indiqué votre maison comme le lieu le plus rapproché où je pourrais le rencontrer. Voilà pourquoi je me suis présenté moi-même ici ce matin.

Ce fut sans rudesse que l'étranger se tourna vers Kit en lui disant :

— Si vous pensez, mon garçon, que je prenne ces informations dans tout autre but que celui de servir ceux que je cherche, vous êtes injuste à mon égard et vous vous trompez. Ne portez pas un faux jugement, je vous en prie, mais ayez confiance en mes paroles. Le fait est, messieurs, ajouta-t-il en se tournant vers le notaire et son élève, le fait est que je me trouve dans une position aussi pénible qu'imprévue. Je suis venu dans cette ville avec un projet bien cher à mon cœur, me flattant de ne rencontrer aucun obstacle, aucune difficulté pour arriver à son accomplissement ; mais un mystère impénétrable paralyse subitement mes premiers efforts, et tout ce que j'ai fait pour le dévoiler n'a servi qu'à le rendre plus obscur. Je n'ose me livrer ouvertement à des recherches dans la crainte de voir fuir encore plus loin ceux que je cherche avec tant d'anxiété. Si vous pouvez me prêter votre appui, vous n'aurez pas lieu de vous en repentir, je vous l'assure, car vous voyez combien j'en ai besoin et de quel accablement vous me délivreriez.

Il parlait avec un ton de confiance et un accent de véracité qui trouvèrent un écho dans le cœur du bon notaire. Il répondit sur le même ton que l'étranger l'avait bien jugé et qu'il était tout prêt à lui rendre service si cela était en son pouvoir.

L'inconnu fit alors subir à Christophe un minutieux interrogatoire concernant son vieux maître et l'enfant, leur existence solitaire, leurs habitudes et leur isolement. Les absences nocturnes du vieillard, l'abandon de l'enfant pendant leur durée, sa maladie et sa guérison, l'arrivée de Quilp dans la maison, leur soudaine disparition, tout cela fut le sujet d'une foule de questions et de réponses. Enfin Kit lui apprit que la maison était à louer et qu'un écriteau placé sur la porte adressait les personnes qui venaient pour la visiter à M. Samson Brass, procureur, demeurant dans Bevis-Marks, et dont peut-être il pourrait obtenir quelques renseignements plus étendus.

— Non pas en le questionnant, dit l'étranger en secouant la tête, je demeure dans sa maison.

— Chez Brass le procureur! s'écria M. Witherden avec quelque surprise, car il avait quelques rapports de profession avec l'individu en question.

— Oui, reprit l'étranger. J'ai pris ce logement il y a quelques jours principalement parce que j'avais vu l'écriteau dont vous parlez. Le choix d'une demeure est pour moi chose peu importante, et mon dernier espoir était de pouvoir trouver là sous ma main quelques indices qui m'échapperaient partout ailleurs. Oui, je demeure chez Brass, à ma honte, je suppose ?

— C'est une simple question d'opinion, dit le notaire en levant légèrement les épaules, sa réputation est quelque peu équivoque.

— Équivoque ! répéta le gentleman. Je suis ravi d'apprendre qu'il y ait quelque doute à cet égard. Je pensais que ce point était depuis longtemps décidé. Mais voulez-vous me permettre de vous dire un mot en particulier ?

M. Witherden y ayant consenti, ils entrèrent tous deux dans son cabinet, où ils restèrent environ un quart d'heure engagés dans un entretien confidentiel, à la suite duquel ils rentrèrent dans l'étude. L'étranger avait laissé son chapeau dans le cabinet de M. Witherden et semblait s'être mis au mieux avec lui durant ce court intervalle.

— Je ne vous retiendrai pas plus longtemps, quant à présent, dit-il en mettant une couronne dans la main de Kit, nous nous reverrons. Surtout, pas un mot sur cette affaire, excepté à votre maître et à votre maîtresse.

— Ma mère, monsieur, serait bien contente de savoir... dit Kit en hésitant.

— Contente de savoir quoi ?

— Contente de savoir qu'il y a quelqu'un qui prend intérêt à miss Nelly, monsieur, s'il n'y avait pas de mal à le lui dire.

— Vraiment ? Eh bien ! vous pouvez lui en parler si elle est capable de garder un secret. Mais, songez-y bien, pas un mot à aucune autre personne. N'oubliez pas cela. Je vous le recommande.

— Soyez tranquille, monsieur. Je vous remercie et je vous souhaite le bonjour.

Dans son désir inquiet de faire comprendre à Kit la nécessité du silence le plus complet sur ce qui s'était passé entre eux, l'étranger l'avait suivi jusqu'à la porte de la rue pour lui répéter ses recommandations ; et il arriva que M. Richard Swiveller ayant en ce moment les yeux tournés de ce côté aperçut son mystérieux ami causant avec Kit.

Cette rencontre était entièrement fortuite, et en voici la cause. Swiveller, ayant une commission à faire dans ce quartier pour M. Brass, passa devant la porte de la maison du notaire, et voyant sur le trottoir M. Chuckster, qu'il connaissait, il s'arrêta pour lui parler. A peine lui avait-il fait l'observation d'usage en pareil cas sur l'état du temps, qu'il vit arriver à la porte le locataire mystérieux de M. Brass parlant à Kit avec chaleur.

— Oh ! s'écria-t-il, qui est cet homme ?

— Il est venu voir ce matin M. Witherden, répondit Chuckster. Du reste, je ne le connais pas plus qu'Adam.

— Mais du moins vous savez son nom ?

— Tout ce que je sais, mon cher, dit M. Chuckster en passant sa main dans ses cheveux, c'est que je lui dois d'être resté ici vingt minutes, ce qui fait que je le hais d'une haine mortelle et impérissable et que je le poursuivrais jusqu'aux confins de l'éternité si j'en avais le temps.

Pendant cet entretien, l'individu en question, qui n'avait pas eu l'air de reconnaître M. Richard Swiveller, rentra dans la maison. Kit descendit les marches et s'approcha des deux amis. M. Swiveller lui répéta alors la même question, mais sans plus de succès.

— C'est un homme fort honnête, monsieur, répondit Kit, et voilà tout ce que j'en puis dire.

Cette réponse excita l'indignation de Chuckster. Quant à Swiveller, après être resté quelques instants plongé dans ses réflexions, il demanda à Kit de quel côté il conduisait la chaise, et finit par le prier de lui donner une place, en l'assurant qu'ils allaient dans la même direction : Kit aurait volontiers refusé cet honneur; mais comme Swiveller s'était déjà installé dans la chaise, il ne lui restait d'autre ressource que de l'en expulser de vive force; et ne voulant pas recourir à ce moyen, il partit rapidement, coupant court aux adieux de M. Chuckster, au grand mécontentement de celui-ci.

Comme Whisker était fatigué d'être resté en repos et que M. Swiveller fut assez bon pour le stimuler encore davantage en sifflant, ils roulèrent d'un train trop furieux pour permettre une conversation suivie; et d'ailleurs, exaspéré par les encouragements de Swiveller, le poney se prit d'une affection toute particulière pour les poteaux de réverbère, les roues de charrette, et manifesta un violent désir de courir sur les trottoirs : ce qui obligea Kit à faire de grands efforts pour le rappeler à la raison. Ce ne fut donc qu'après qu'ils furent arrivés à l'écurie que M. Swiveller trouva l'occasion de parler.

— Ce n'est pas sans peine, dit Richard. Que dites-vous d'un verre de bière ?

Kit refusa d'abord, puis il consentit; et ils se rendirent ensemble au cabaret voisin.

— Nous boirons à la santé de notre ami, dit Richard en soulevant le pot couvert d'une mousse brillante; notre ami qui causait avec vous tout à l'heure, je le connais, brave garçon, mais original, tout à fait original. A sa santé.

Kit se joignit au toast.

— Il demeure dans ma maison, dit Richard, c'est-à-dire dans la maison occupée par le jurisconsulte dont je suis en quelque sorte le bras droit. C'est un gaillard qu'il est difficile de faire parler; mais nous l'aimons, nous l'aimons.

— Il faut que je parte, monsieur, s'il vous plaît, dit Kit faisant un mouvement pour partir.

— Ne soyez pas si pressé, Kit; nous boirons à la santé de votre mère.

— Je vous remercie, monsieur.

— Excellente femme, votre mère, Kit. Cet homme est libéral ; il faut que nous l'engagions à faire quelque chose pour elle. La connaît-il ?

Kit fit un signe négatif, et après avoir regardé fixement celui qui le questionnait, il le remercia et partit sans que ce dernier eût le temps d'ajouter un autre mot.

— Hum! dit Swiveller en réfléchissant, ceci est bizarre. Tout est mystérieux dans la maison de Brass. Je veux cependant hasarder aussi mon secret. Tout le monde, sans exception, a jusqu'à ce jour été dans ma confidence ; mais maintenant j'ai envie de travailler pour mon propre compte ; c'est plaisant, fort plaisant !

Après avoir réfléchi profondément pendant quelques instants d'un air d'excessive sagesse, M. Swiveller but encore quelques verres de bière ; et quand le pot fut vide, il mit ses mains dans ses poches, et s'occupa de la commission dont il avait été chargé.

CHAPITRE XXIV

Quoique Christophe dût attendre M. Abel jusqu'au soir, il n'alla pas chez sa mère de toute la journée, il était déterminé à n'anticiper en aucune façon sur les plaisirs du lendemain, car c'était le lendemain qui devait être la première grande époque de sa vie, époque depuis longtemps désirée ; c'était le jour où il devait recevoir le premier quartier de ses gages, le quart de son revenu annuel de six livres, c'est-à-dire l'énorme somme de trente shellings. Ce devait être pour lui un jour de fête consacré à un tourbillon d'amusements, et le petit Jacob devait apprendre ce qu'on entend par des huîtres et aller au spectacle.

Une foule de circonstances favorisaient ces projets. M. et mistress Garland l'avaient assuré qu'ils ne feraient pas la moindre déduction sur la grande somme en question pour ses frais d'équipement. Le don de l'étranger avait augmenté ce capital de cinq shellings tout à fait tombés du ciel. Non-seulement il avait donc vu se réaliser des espérances qu'on ne saurait concevoir que dans les rêves les plus extravagants ; mais, en outre, le même jour était aussi l'époque du paiement des gages de Barbe, et Barbe devait avoir ainsi que lui la permission de sortir. Elle devait être de la fête, prendre le thé avec la mère de Kit, et amener la sienne, pour qu'elles fissent sa connaissance.

Kit, on le croira sans peine, se mit à la fenêtre de grand matin pour voir de quel côté venaient les nuages. Quant à Barbe, elle en avait fait autant, sans doute, et elle n'avait veillé si avant dans la nuit pour empeser et repasser de petits morceaux de mousseline, qu'il lui fallut ensuite plisser et ajuster à d'autres pour en composer un magnifique ensemble de toilette. Ils se levèrent de bonne heure ; mais ils mangèrent fort peu à déjeuner, et encore moins à dîner. Ils étaient tous deux dans un état d'extrême agitation, quand arriva la mère de Barbe, s'extasiant sur la beauté du temps. Elle n'en était pas moins munie d'un large parapluie, car les gens de cette sorte vont rarement à une partie de plaisir sans ce meuble essentiel.

En ce moment ils entendirent la sonnette qui les appelait en haut pour recevoir leur salaire en or et en argent.

Et puis, avec quelle bonté M. Garland parla à Kit ; Christophe, lui dit-il, voici votre argent, vous l'avez bien gagné. Et avec quelle bonté mistress Garland dit à Barbe : Barbe, voici le vôtre, et je suis très contente de vous ! Comme Kit signa sa quittance d'une main sûre et ferme, et combien Barbe fut émue et tremblante en signant la sienne! Quel beau moment aussi que celui où mistress Garland versa un verre de vin pour la mère Barbe! Puis le noble langage de celle-ci! Dieu vous bénisse, ma bonne dame! dit-elle, ainsi que vous, mon bon monsieur; A votre santé, Barbe! A la vôtre, monsieur Christophe! Que de temps elle mit à boire son vin! Autant de temps que si c'eût été un verre à bière. Et que de gais rires, que de joyeux propos ils échangèrent en causant de tout cela sur l'impériale de la diligence! Combien ils plaignirent ceux qui n'allaient pas à une partie de plaisir! Mais pour en revenir à la mère de Kit, n'aurait-on pas dit qu'elle était de bonne famille et qu'elle avait été une grande dame toute sa vie? La voyez-vous prête à les recevoir, avec une théière, un sucrier, un pot au lait, et des tasses dont la propreté aurait été remarquable dans une boutique de porcelaine! Puis le petit Jacob et le jeune enfant portant des vêtements si propres qu'ils semblaient être neufs, tout usés qu'ils étaient! L'entendez-vous s'écrier, dès que chacun fut assis, que la mère de Barbe était exactement la femme qu'elle s'était attendue à rencontrer; et la mère de Barbe assurant que la mère de Kit faisant des compliments à la mère de Barbe au sujet de sa fille, et la mère de Barbe félicitant la mère de Kit d'avoir un fils tel que le sien! Barbe ne fut-elle pas elle-même complétement éprise du petit Jacob? Nous sommes veuves toutes deux! dit la mère de Barbe; assurément nous étions destinées à faire la connaissance l'une de l'autre.

— J'en suis bien convaincue, répondit mistress Nubbles. Quel dommage que nous ne nous soyons pas connues plus tôt! Mais aussi, reprit la mère de Barbe, il est si doux d'en être redevable à son fils ou à sa fille, que ce'a répare tout le mal! n'est-il pas vrai?

La mère de Kit fut entièrement de cet avis.

Cependant il était temps de songer à partir pour le spectacle. Ce départ exigea de longs préparatifs pour prendre les châles, les chapeaux, sans parler d'un mouchoir rempli d'oranges, et d'un autre contenant des pommes, lesquels mouchoirs furent très difficiles à nouer, car les fruits avaient une tendance à s'échapper par les coins. Enfin tout fut prêt, et ils partirent en grande hâte, la mère de Kit portant le plus jeune de ses enfants, Kit donnant la main au petit Jacob, tout en marchant à côté de Barbe, arrangement qui fit dire aux deux mamans qui les suivaient qu'ils avaient l'air de ne faire qu'une même famille.

Ils arrivèrent enfin au cirque d'Astley. Ils étaient à peine depuis cinq minutes devant la porte encore fermée, que déjà le petit Jacob était à demi écrasé, que le jeune enfant avait reçu vingt secousses, et que le parapluie de la mère de Barbe avait été emporté au loin, puis restitué à sa propriétaire par-dessus les épaules de la foule. Kit avait frappé un homme à la tête avec le mouchoir plein de pommes, pour avoir poussé sa mère avec violence et sans nécessité; de là grand tumulte. Mais lorsqu'ils eurent passé le bureau et qu'ils se furent ouvert un chemin au risque de la vie, et en tenant leurs billets à la main, une fois surtout qu'ils se virent dans la salle et en possession de places telles qu'ils n'auraient pu s'en procurer de meilleures en les choisissant et les retenant d'avance; alors ils regardèrent tout ce qui leur était arrivé comme d'impayables plaisanteries et comme des accessoires essentiels de la fête.

Qu'il était magnifique, ce théâtre d'Asteley, avec toutes les peintures, les dorures, les glaces, et une odeur vague de chevaux faisant pressentir les merveilles qui se préparaient, le rideau qui cachait de si riches mystères, la sciure de bois fraîchement répandue dans le cirque, les spectateurs arrivant et prenant place, les musiciens, les regardant d'en bas d'un air indifférent, tout en accordant leurs instruments, comme s'ils se fussent peu soucié de voir commencer la pièce et comme s'ils l'eussent sue par cœur ! Quelle éclatante clarté fondit sur eux, quand cette longue et brillante rampe de quinquets vint à monter lentement ! quelle palpitation de cœur, quand la petite sonnette se fit entendre et que la musique commença avec les bruyants accompagnements des tambours et les effets suaves des triangles ! Ce ne fut pas sans raison vraiment que la mère de Barbe dit à celle de Kit que les places de galerie étaient les meilleures pour voir, en s'étonnant de ce qu'elles ne fussent pas bien plus chères que les loges ; ce ne fut pas sans raison non plus que, dans le trouble de son ravissement, Barbe ne sut si elle devait rire ou pleurer.

Et la pièce elle-même ! Les chevaux, que le petit Jacob reconnut tout d'abord pour des chevaux véritables, et les dames et les messieurs, de la réalité desquels il fut impossible de le convaincre, lui qui n'avait jamais vu ni entendu rien de semblable ; les coups de feu qui firent fermer les yeux à Barbe, la dame abandonnée qui lui arracha des larmes, le tyran qui la fit trembler, le paillasse qui s'aventure à prendre de si grandes libertés avec le militaire en bottes à l'écuyère, la dame qui sauta par-dessus les vingt-neuf rubans et retomba sans se faire aucun mal sur le dos de son cheval, tout cela fut enchanteur, splendide, surprenant. Le petit Jacob applaudit à se briser les mains, Kit ne se lassa point de crier *bis*, et la mère de Barbe, dans son extase, pensa briser son parapluie à force de frapper sur le plancher.

Au milieu de toutes ces merveilles Barbe parut poursuivie par le souvenir de ce que Kit avait dit en prenant le thé, car en sortant du spectacle elle lui demanda avec un sourire convulsif si miss Nelly était aussi jolie que la dame qui sautait par-dessus les rubans.

— Aussi jolie qu'elle ? répondit Kit, deux fois plus jolie !

— Oh ! Christophe ! cette dame m'a paru la plus belle des créatures.

— Allons donc ! elle est assez bien, j'en conviens, mais pensez à son rouge et à sa parure, quelle différence cela fait ! Vous êtes infiniment mieux qu'elle, Barbe !

— Oh ! Kit ! dit Barbe en baissant les yeux.

— Votre mère elle-même est mieux qu'elle, ajouta Kit.

Mais tout cela, non, tout cela ne fut rien, comparé à la dissipation extraordinaire qui suivit le spectacle. Figurez-vous Kit entrant dans une boutique d'huîtres avec autant de hardiesse que si c'eût été chez lui, et sans même jeter les yeux sur le comptoir ni sur l'homme placé derrière ; puis conduisant sa société dans un cabinet, un cabinet particulier, orné de rideaux rouges et d'une nappe blanche... Ensuite, il ordonna à un monsieur remplissant le rôle de garçon, malgré son air fier et ses favoris noirs, de servir trois douzaines de ses plus grandes huîtres, et de se dépêcher ! Oui, lui, Christophe Nubbles, dit à ce monsieur de se dépêcher, et le monsieur se hâta effectivement d'apporter en courant le pain le plus blanc, le beurre le plus frais et les huîtres les plus grandes qu'on eût jamais vues. Kit dit alors à ce monsieur. Un pot de bière ! exactement de cette manière, et le monsieur, au lieu de répondre : Est-ce à moi que ce discours s'adresse ? se contenta de dire : Pot de bière, monsieur ? On y va. Puis de s'en aller le chercher. Aussi la mère de Barbe et celle de Kit déclarèrent-elles que ce monsieur était un des jeunes gens les mieux tournés et les plus gracieux qu'elles eussent jamais rencontrés.

La compagnie se mit à attaquer sérieusement le souper. Cette petite folle de Barbe annonça formellement qu'elle ne pouvait avaler plus de deux huîtres, et il fallut plus d'instances qu'on ne le voudrait croire pour la décider à aller jusqu'à quatre. Par compensation, les deux autres dames s'en acquittèrent à ravir ; elles mangèrent, rirent et s'amusèrent à un tel point, que Kit prenait plaisir à les voir, et que, par la force de la sympathie, il mangea et rit lui-même autant qu'elles. Mais le héros de la soirée fut le petit Jacob, qui avala les huîtres comme s'il n'eût fait que cela depuis sa naissance, les assaisonnant de poivre et de vinaigre avec un discernement étonnant pour son âge, et ensuite bâtissant une grotte sur la table avec les écailles. Quant au jeune enfant, il n'avait pas fermé l'œil une seule fois depuis leur départ, et il resta paisiblement assis sur les genoux de sa mère, tantôt occupé à chercher à enfoncer une grosse orange dans sa bouche, tantôt fixant le gaz sans remuer les paupières, et égratignant sa pauvre petite figure avec une écaille d'huître. Bref, jamais souper ne fut plus gai ; et lorsque Kit commanda quelque chose de chaud à boire pour faire passer les huîtres, et qu'il proposa de boire à la santé de M. et de mistress Garland, on n'aurait pu trouver dans le monde entier six personnes plus parfaitement heureuses.

Mais tout bonheur a son terme, et comme il commençait à se faire tard, ils furent d'avis de retourner chez eux. Kit et sa mère s'écartèrent un peu de leur chemin pour accompagner Barbe et sa mère jusqu'à la porte d'une amie chez qui elles devaient passer la nuit, et ils se séparèrent après être convenus de se retrouver le lendemain matin de bonne heure pour retourner à Finchley, et après avoir projeté mille amusements pour le prochain quartier. Kit prit alors le petit Jacob sur son dos, donna un baiser à son jeune frère, que sa mère tenait dans ses bras, et ils regagnèrent gaiment leur logis.

Le lendemain, Kit sortit au lever du soleil pour aller rejoindre Barbe et sa mère au rendez-vous convenu. Il eut soin de ne pas troubler le sommeil de sa petite famille, et laissa son argent sur la cheminée, après y avoir écrit quelques mots à la craie, pour appeler l'attention de sa mère sur cette circonstance, et l'informer que cet argent venait de son fils ; puis il sortit de la maison, le cœur un peu plus lourd que les poches ; car il ne pouvait s'empêcher de regretter que le jour de fête se fût écoulé si rapidement. Il trouva Barbe et sa mère à peu près dans les mêmes dispositions, mais le grand air, la vue de la campagne, la conversation et la marche leur avaient inspiré des idées plus riantes quand ils arrivèrent à Finchley.

Il était de si bonne heure, que Kit eut le temps de panser le poney et de le rendre aussi propre qu'un cheval de course, avant que M. Garland descendit pour déjeuner. Cette ponctualité lui valut des éloges de la part du vieillard, de la vieille dame et de M. Abel. A son heure accoutumée, celui-ci partit à pied pour prendre en route la voiture de Londres. Kit et M. Garland allèrent travailler au jardin.

Cette occupation n'était pas la moins agréable pour Kit, car, lorsqu'il faisait beau, ils se trouvait tout à fait en famille. La bonne dame travaillait auprès d'eux, son panier à ouvrage sur une petite table ; son mari coupait, élaguait, taillait, armé d'une paire de grands ciseaux, ou aidait à Kit à bêcher la terre. Ce jour-là, ils avaient à émonder la vigne. Christophe grimpa donc sur une petite échelle, et se mit à couper et à planter des clous que lui tendait le vieillard.

— Eh bien, Christophe ! dit M. Garland, vous avez fait un nouvel ami dans l'étude du notaire, à ce qu'Abel m'a dit ?

— Oh ! oui, monsieur, oui. Il agi très généreusement.

— J'en suis ravi ; mais je puis vous dire qu'il est disposé à agir plus généreusement encore.

— En vérité, monsieur ! il est bien bon, mais assurément je n'ai pas besoin de lui, dit Kit en enfonçant un clou rebelle à coups redoublés.

— Il désirerait vous avoir à son service... Prenez donc garde, vous allez tomber et vous blesser.

— M'avoir à son service, monsieur ! s'écria Kit en se retournant, le dos contre l'échelle, avec l'agilité d'un saltimbanque. Je ne pense pas, monsieur, qu'il ait voulu parler sérieusement.

— C'est très sérieusement qu'il en a parlé à son fils.

— Je n'ai jamais entendu chose pareille ! murmura Kit en regardant tristement son maître et sa maîtresse. Cela m'étonne de sa part, cela m'étonne.

— Écoutez, Christophe, dit M. Garland, il s'agit, pour vous, d'une affaire importante, et c'est sous ce point de vue que vous devriez l'envisager. Ce nouvel ami est en état de vous payer mieux que moi, non pas, je m'en flatte, de vous traiter avec plus de confiance, mais assurément, Christophe, il est à même de vous donner plus d'argent.

— Eh bien, dit Kit, après monsieur ?

— Attendez un instant, ce n'est pas tout. Vous avez servi fidèlement vos anciens maîtres, et s'il venait à les retrouver, puisqu'il veut faire tout au monde pour cela, nul doute qu'il ne vous donne une bonne récompense, sans parler du plaisir que vous auriez à revoir des personnes auxquelles vous semblez porter un attachement si vif et si désintéressé. Il faut songer à tout cela, Christophe, et ne pas vous hâter de faire un refus inconsidéré.

Kit ne put persister dans sa résolution sans faire une cruelle violence à ses sentiments en entendant ces dernières paroles, qui présentèrent à son esprit la réalisation de ses rêves et de ses espérances ; mais ses angoisses ne durèrent qu'un instant, et il se mit à dire tranquillement :

— Ce gentleman n'a aucun sujet de croire que je veuille quitter ma place pour le servir, me prend-il pour un insensé ?

— Peut-être il vous prendra pour tel, Christophe, si vous rejetez ses offres.

— Eh bien ! comme il lui plaira. Je serais véritablement fou si je quittais d'aussi bons maîtres qui m'ont ramassé dans la rue, mourant de misère et de faim. Si miss Nelly revenait, madame, ajouta Kit en se tournant tout à coup vers sa maîtresse, ce serait différent, et peut-être, si *elle* avait besoin de moi. pourrais-je vous demander de temps à autre la permission de travailler pour elle, lorsque j'aurai fini mon ouvrage à la maison. Mais si elle revient, elle n'aura plus besoin de moi; elle sera riche ! Cependant, je serais si heureux si je la revoyais ! Et il enfonça un clou dans la muraille beaucoup plus avant que cela n'était nécessaire.

— Et le poney, monsieur, continua-t-il, Whisker, madame? il sait si bien que je parle de lui, que vous l'entendez hennir, monsieur ! Croyez-vous, madame, qu'il ne se laisserait jamais approcher par d'autres que moi? Et le jardin, et M. Abel! M. Abel voudrait-il se séparer de moi, madame! cela briserait le cœur de ma mère, et le petit Jacob lui-même aurait assez de jugement pour pleurer à en perdre les yeux, s'il pensait que M. Abel pût consentir à se séparer de moi, après m'avoir dit l'autre jour encore qu'il espérait me garder bien des années.

Dieu sait combien de temps auraient duré les lamentations de Kit, qui, du haut de son échelle, s'adressait tour à tour à M. et à mistress Garland, si en ce moment Barbe n'était accourue pour annoncer qu'on venait d'apporter de la part du notaire un billet qu'elle remit à son maître.

— Oh ! dit Garland après avoir lu le billet, faites entrer le porteur de ce message.

Barbe s'éloigna pour exécuter cet ordre, et M. Garland se tourna vers Kit en lui disant qu'ils auraient autant de répugnance à se séparer de lui que lui-même en manifestait à ce sujet.

— Cependant, Christophe, ajouta-t-il en jetant les yeux sur le billet qu'il tenait à la main, si ce gentleman désirait vous emprunter de nous, pour une heure ou deux, et même pour quelques jours, nous devons y consentir, et vous y consentirez sans doute aussi vous-même. Ah! voici le jeune homme. Comment vous portez-vous, monsieur ?

Cette question s'adressait à M Chuckster, qui s'avançait dans l'allée en se dandinant. Son chapeau était remarquablement penché sur l'oreille et ne recouvrait qu'une légère partie de sa longue chevelure.

— J'espère que vous êtes en bonne santé, monsieur? répondit celui-ci. J'espère que vous vous portez bien, madame? Voici un charmant pied-à-terre, monsieur, délicieuse campagne, sur ma parole.

— Vous voulez emmener Christophe, à ce que je vois, dit M. Garland.

— J'ai une voiture qui attend à cet effet ; elle est attelée d'un cheval gris très fringant, et si vous êtes connaisseur, monsieur...

Après s'être excusé d'examiner le fringant animal, en alléguant son peu de connaissances en pareilles matières, M. Garland invita M. Chuckster à faire un second déjeuner, et celui-ci ayant volontiers accepté la proposition, quelques viandes froides, flanquées d'ale et de vin, furent promptement servies sur un plateau.

Pendant le repas, M. Chuckster déploya tout son talent pour enchanter ses hôtes, et les convaincre de la supériorité d'esprit que doit posséder l'habitant de la ville. Dans ce but, il fit tomber la conversation sur les petits scandales du jour, genre d'entretien dans lequel ses amis prétendaient à juste titre qu'il excellait, ce qui ne parut inspirer aucun intérêt à ses auditeurs.

— Et maintenant que mon cheval a eu le temps de reprendre haleine, dit M. Chuckster en se levant de table, il faut, à mon grand regret, que *je file un nœud.*

Ses hôtes ne s'opposèrent en rien à ce qu'il s'arrachât d'auprès d'eux, de sorte que Chuckster et Kit se mirent immédiatement en route pour Londres; Kit perché sur le siège de la voiture, et M. Chukster solitairement assis dans l'intérieur.

Lorsqu'ils furent arrivés chez le notaire, Kit suivit son compagnon de voyage dans l'étude, où, sur l'invitation de M. Abel, il prit un siége et attendit, car le gentleman qui avait besoin de lui était sorti, et pouvait ne pas revenir de quelque temps. Cette possibilité se vérifia pleinement. Kit dîna, prit le thé, lut un grand nombre de pages de l'Almanach des adresses, et fit deux ou trois sommes avant que le gentleman fut de retour. Enfin il entra d'un air excessivement pressé. Il resta quelque temps renfermé avec M. Witherden et M. Abel, qui vint ensuite appeler Kit, dont l'inquiétude la curiosité étaient extrêmes.

— Christophe, dit le gentleman, j'ai découvert où sont votre vieux maître et votre jeune maîtresse.

— Ah ! monsieur, est-il possible ? s'écria Kit les yeux étincelants de joie. Où sont-ils, monsieur ? Comment vont-ils, monsieur ? Sont-ils près d'ici ?

— Ils en sont bien loin ; mais je pars cette nuit pour les aller chercher, et je désire vous emmener avec moi.

— Moi, monsieur ! s'écria Kit au comble de la surprise et du ravissement.

— Nous avons près de soixante milles à faire. Si nous voyageons toute la nuit en poste, nous arriverons demain matin de bonne heure. Comme ils ne sauront pas qui je suis, et que l'enfant pourrait penser, en voyant un étranger à leur poursuite, qu'il a de mauvaises intentions contre le vieillard, n'agirai-je pas sagement en me faisant accompagner d'un jeune homme qu'ils connaissent, et qui leur sera garant du tendre intérêt qu'ils m'inspirent.

— Assurément, vous n'avez rien de mieux à faire, répondit le notaire. Il n'y a pas à hésiter.

— Je vous en demande pardon, monsieur, dit Kit, qui avait paru soucieux en entendant cette conversation ; si tel est votre motif, je crains que ma présence ne fasse plus de mal que de bien. Quant à miss Nelly, elle me connaît, monsieur, et elle aurait confiance en moi, j'en suis sûr; mais mon vieux maître, je ne sais pourquoi, personne ne le sait, mon vieux maître, depuis sa maladie, n'a plus voulu me voir ni entendre parler de moi. Je donnerais tout au monde pour vous suivre, monsieur; mais vous ferez mieux de ne pas m'emmener.

— Encore une difficulté ! s'écria l'impétueux étranger. Vit-on jamais un homme aussi embarrassé que je le suis ? Connaissez-vous quelque autre personne en qui ils auraient confiance ?

— Connaissez-vous quelqu'un, Christophe ? demanda le notaire.

— Personne, monsieur... Cependant si ma mère...

— La connaissent-ils ? dit le gentleman.

— S'ils la connaissent, monsieur ? Comment ! ils avaient autant de bontés pour elle que pour moi.

— Eh bien ! où diable est cette femme ? s'écria brusquement l'étranger en saisissant son chapeau. Pourquoi n'est-elle pas ici maintenant qu'on a besoin d'elle ?

Il allait s'élancer hors de l'étude, décidé à jeter de force la mère de Kit dans la chaise de poste et à l'enlever, et il fallut toutes les instances de M. Abel et du notaire pour l'arrêter. Ils lui firent à la fin comprendre qu'il valait mieux sonder Christophe pour savoir de lui si sa mère voudrait entreprendre ce voyage avec tant de précipitation.

Après quelque hésitation, Christophe promit au nom de sa mère, qu'elle serait prête dans deux heures; et il s'engagea à l'amener, munie de tout ce dont elle aurait besoin, avant le délai fixé. Après avoir pris cet engagement quelque peu téméraire, il partit sans perdre de temps pour en assurer l'accomplissement.

Il se fraya un passage dans les rues à travers les flots de la foule affairée, et traversa les ruelles et les passages, ne songeant qu'aux réflexions qui l'occupaient.

— Et si maintenant elle était sortie par hasard, pensa-t-il ; et si j'allais ne pas la trouver, ce gentleman impatient serait dans un bel état ! Mais pour sûr, ajouta-t-il en arrivant à la maison de sa mère, il n'y a point de lumière, et la porte est fermée. Que Dieu me pardonne cette pensée ! mais si elle est allée au Petit-Béthel, je voudrais que le Petit-Béthel fût... bien loin d'ici, dit Kit en changeant en une phrase plus honnête le mot qui s'était d'abord présenté à son esprit.

Il frappa à la porte une fois, deux fois; enfin, une voisine se mit à la fenêtre et demanda qui désirait voir mistress Nubbles.

— C'est moi, dit Kit; elle est au Petit-Béthel, je suppose ? Et ce fut avec une sorte de répugnance qu'il prononça le nom de cet endroit où se réunissaient les charlatans et les petites boutiques de marchands de gauffres et de friandises.

La voisine fit un signe affirmatif.

— Dites-moi donc où c'est, reprit Kit; il faut que j'appelle bien vite ma mère, car il s'agit d'une affaire pressante.

A la fin, une commère de mistress Nubbles lui donna les informations dont il avait besoin, et il s'éloigna sans perdre de temps.

Après avoir fait mille détours pour y arriver, Kit fit enfin son entrée sur la petite place, après s'être arrêté quelques instants pour reprendre haleine et secouer la poussière de ses habits et se présenter avec toute la décence convenable.

Le Petit-Béthel était en effet bien nommé. Tout y était petit, infiniment petit. On n'y voyait en ce moment qu'un petit nombre et parmi eux un seul charlatan, cordonnier de profession, mais arracheur de dents par vocation. Affublé d'oripeaux éclatants, et perché sur une voiture, il débitait de son mieux son boniment, s'efforçant de débiter ses drogues.

L'auditoire était peu nombreux, et la majorité sommeillait délicieusement. La mère de Kit faisait partie de cette majorité, ce qui du reste n'avait rien d'étonnant après les fatigues de la veille. Le poupon qu'elle tenait dans ses bras dormait comme elle, et le petit Jacob, que son âge empêchait de goûter l'éloquence du dentiste, s'endormait et se réveillait tour à tour en ouvrant de grands yeux, car souvent le sommeil l'emportait sur la crainte qu'il avait de s'attirer une semonce de la part de l'orateur.

— M'y voici enfin, pensa Kit en se glissant dans un banc vide en face de celui de sa mère; mais comment ferai-je pour arriver jusqu'à elle et la décider à sortir ? Jamais elle ne s'éveillera avant que tout soit fini !

Il était peu probable que cela arriva de sitôt. Le charlatan disait qu'il ne voulait que convaincre ses auditeurs de la vérité de ce qu'il leur avait déjà dit, et Kit pensait qu'il lui faudrait longtemps pour y réussir.

Dans son désespoir, il promena ses regards autour de la place, et les ayant laissés tomber par hasard sur un petit banc placé en avant du sien, il crut rêver en l'apercevant, *lui*, Quilp !

Il se frotta les yeux, mais ils persistèrent à lui montrer Quilp. Il était là, en effet, ses mains sur ses genoux et son chapeau entre ses jambes. Son hideux visage grimaçait comme d'habitude, et ses yeux étaient fixés au plafond. Bien qu'il ne regarda pas de son côté, Kit ne put s'empêcher de sentir que l'attention du méchant et rusé nain était entièrement dirigée sur lui et les siens.

Mais dans la stupéfaction que lui causa l'apparition de Quilp au milieu d'une telle réunion, et dans la vague inquiétude où le jetait ce sinistre présage d'ennuis et de vexations, force lui fut de cacher sa surprise et de trouver promptement un moyen de faire sortir sa mère, car la journée s'avançait, et les choses prenaient une tournure alarmante. Voyant le petit Jacob ouvrir les yeux, il se mit à éternuer pour attirer son attention, ce qui n'était pas fort difficile, puis lui fit signe de réveiller sa mère.

Un hasard malheureux voulut qu'en ce moment l'orateur se penchât en avant, et que tout en gesticulant furieusement il fixât ou eut l'air de fixer ses yeux sur le petit Jacob d'un air menaçant : si bien que l'enfant s'imagina que s'il venait à faire le plus petit mouvement, le terrible homme tomberait littéralement et non figurativement sur lui à l'instant même. Dans cette position si critique, distrait par la vue soudaine de son frère et fasciné par les regards du prédicateur, le malheureux Jacob resta cloué à sa place, fort disposé à crier, mais retenu par la crainte.

— J'agirai ouvertement, puisqu'il le faut, dit Kit en lui-même.

Il sortit doucement de son banc, alla vers celui de sa mère et prit le jeune enfant sans prononcer une parole.

— Chut, ma mère, dit ensuite Christophe à voix basse, venez avec moi, j'ai un mot à vous dire.

— Où suis-je ? demanda mistress Nubbles.

— Dans ce bienheureux Petit-Béthel que vous affectionnez tant, répondit son fils avec humeur.

— Mais venez, ma mère, tout le monde nous regarde. Ne faites pas de bruit, prenez Jacob. Bien c'est cela !

— Arrête, malheureux, arrête, s'écria le prédicateur.

— Il dit que vous devez rester, Kit ! lui dit sa mère à voix basse.

— Arrête, arrête ! vociféra de nouveau le charlatan.

Kit avait le meilleur naturel du monde; mais, en entendant ce langage violent et excité par les circonstances, il se retourna du côté de la voiture tenant l'enfant dans ses bras, et répliqua d'une voix ferme :

Je ne serai pas venu les chercher si je n'eusse été obligé, je vous le promets ; je voulais faire tout cela tranquillement, et vous m'en empêchez. Du reste, dites-moi autant d'injures que bon vous semblera; mais laissez-moi tranquille, je vous en prie !

A ces mots, Christophe sortit de la petite place, suivi de sa mère et du petit Jacob. Une fois en plein air, il se souvint confusément d'avoir vu les assistants s'éveiller fort surpris de ce qui se passait, et Quilp immobile et dans la même attitude, sans que son attention parût être un seul instant troublée.

— O Kit ! lui dit sa mère en portant son mouchoir à ses yeux, qu'avez-vous fait ? Je n'oserai jamais m'en retourner, jamais !

— Tant mieux, ma mère. Et il l'entraîna.

Pendant la route, qui se fit rapidement, Kit raconta à sa mère ce qui s'était passé chez le notaire, lui expliquant ainsi pourquoi il avait troublé les solennités du Petit-Béthel. Mistress Nubbles ne fut pas peu alarmée en apprenant quel service on attendait d'elle : mille pensées vinrent l'assaillir à la fois. Elle songea surtout à l'honneur de voyager en chaise de poste, et d'un autre côté à l'impossibilité de laisser les enfants à la maison. Cependant cette objection ainsi qu'une foule d'autres, fondées sur l'absence de certains articles de toilette qui étaient dans l'eau de savon et de certains autres qui n'existaient pas dans sa garde-robe, disparurent dès que Kit y eut opposé le plaisir de retrouver Nelly et le bonheur qu'elle aurait à la ramener en triomphe.

— Il ne nous reste plus que dix minutes, ma mère, dit Kit en arrivant. Voici un carton, jetez-y tout ce dont vous avez besoin, et partons.

Il nous faudrait plus de temps que nous n'en avons pour raconter comment Kit entassa dans le carton toutes sortes d'objets qui ne pouvaient servir à rien, et comment il oublia tous ceux qui étaient de première nécessité ; comment on décida une voisine à rester avec les enfants, qui crièrent d'abord à faire peur, et se mirent ensuite à rire de tout cœur, à la promesse qu'on leur fit d'une foule de joujoux inconnus et impossibles ; comment mistress Nubbles ne finissait pas de les embrasser, et comment Kit ne pouvait se décider à lui en faire un reproche ; il suffira de dire qu'ils n'arrivèrent que dix minutes après l'heure fixée à la porte du notaire, où se trouvait déjà une chaise de poste prête à partir.

— Quatre chevaux, sur ma parole ! s'écria Kit ébloui par ces préparatifs. Eh bien ! voilà qui est dit, ma mère, vous allez partir. La voici, monsieur, voici ma mère ; elle est à vos ordres, monsieur.

— C'est bien, répondit le gentleman. Calmez votre agitation, madame, on aura soin de vous. Où est la caisse qui contient les vêtements et les objets dont ils auront besoin ?

— La voici, dit le notaire. Christophe, placez-là dans la voiture.

— Tout est prêt, maintenant, monsieur, dit Kit, tout est prêt.

— Eh bien, partons, dit le gentleman en aidant mistress Nubbles à monter en voiture, où il prit place à son côté.

Le marchepied fut relevé la portière fermée, et les voilà partis, la mère de Kit penchée en dehors de la portière et agitant un mouchoir humide de pleurs tout en envoyant d'une voix perçante mille recommandations pour le petit Jacob et son frère sans que personne en entendit un seul mot.

Planté au milieu de la rue, Kit les suivit du regard les yeux humides de larmes, causées, non par le départ dont il était témoin, mais par la pensée du retour tant désiré.

— Ils sont partis à pied, se dit-il en lui-même, sans entendre un doux mot d'adieu, et ils reviendront, traînés par quatre chevaux, avec ce riche gentleman pour ami et consolés de tous leurs chagrins ! Elle oubliera qu'elle m'a appris à écrire !

Il fallut bien du temps à Kit pour digérer ses pensées, car il demeura occupé à considérer la ligne des brillants réverbères longtemps après le départ de la chaise de poste, et lorsqu'il rentra dans la maison, M. Abel et le notaire, qui étaient restés eux-mêmes sur le seuil de la porte jusqu'à ce que le bruit des roues eût entièrement cessé, se demandaient ce qui pouvait le retenir ainsi.

CHAPITRE XXV

Laissons maintenant Kit bercé par ses douces espérances, et reprenons le récit des aventures de la petite Nelly au point où nous l'avons abandonné quelques chapitres plus haut.

La sympathie que l'enfant éprouvait pour les deux sœurs, dont les chagrins lui semblait participer de sa propre tristesse, lui faisait trouver du plaisir à les suivre à humble distance dans leurs promenades du soir. Ces instants lui procuraient de vives jouissances, bien que ces jouissances fussent de celles qui naissent et meurent dans les larmes.

Un soir, après le départ des deux sœurs, elle continua seule sa promenade. Le ciel, la terre, le murmure des ruisseaux, le son des cloches dans le lointain, tout était en harmonie avec les émotions de l'enfant délaissée. Il lui sembla qu'elle n'était plus seule au milieu de cette nature si calme, qui lui inspirait des pensées consolantes : pensées qui pourtant étaient loin d'appartenir au monde de l'enfance et à ses joies si faciles. La nuit avait succédé au crépuscule. Nelly leva les yeux vers les astres brillants dont la lueur descendait à travers les immenses régions de l'air. A chaque instant elle voyait paraître tout à coup de nouvelles étoiles, et puis d'autres, et puis d'autres encore, tout le firmament lui parut resplendir de sphères éclatantes et innombrables.

Elle s'assit au pied d'un arbre, éperdue, éblouie par tant de merveilles. L'heure et le lieu éveillèrent en elle l'idée de sa situation, et ce fut avec un espoir calme, avec résignation peut-être, plutôt qu'avec espoir, qu'elle songea au passé, au présent, et à tout ce que l'avenir lui cachait encore. Depuis quelque temps le vieillard la quittait vers le soir, et souvent aussi pendant le jour. Elle n'ignorait pas la cause de ces absences, la constante diminution de sa petite bourse et les yeux hagards de son aïeul ne l'indiquaient que trop clairement. Et c'était le même motif qui portait le vieillard à éluder ses questions et même à éviter sa présence.

Elle était péniblement occupée à méditer sur ce changement, plus facile à supporter que tous ses chagrins passés, quand elle entendit neuf heures sonner à l'horloge d'une église éloignée. Se levant alors, elle retourna sur ses pas et se dirigea tristement du côté de la ville. Elle allait passer la rivière sur un petit pont en bois qui conduisait dans une prairie, quand tout à coup elle aperçut une lueur rougeâtre provenant d'un camp d'Egyptiens qui avaient allumé du feu non loin du sentier et qui étaient couchés ou assis tout autour. Trop pauvre pour avoir rien à redouter de leur part, elle ne se détourna pas de sa route ; mais elle pressa en marchant droit devant elle.

En approchant du lieu en question, un mouvement de timide curiosité la porta à regarder du côté du feu. Elle s'arrêta subitement à la vue d'une figure dont les contours se dessinaient fortement sur la lumière. Après un moment de réflexions, qui sans doute lui fit croire que ce n'était pas la personne qu'elle avait cru voir, elle continua son chemin. Mais, en cet instant, elle entendit une voix qu'elle ne put méconnaître.

Elle se retourna, et jeta les yeux de ce côté. L'individu qu'elle avait aperçu d'abord se tenait debout appuyé sur un bâton. L'attitude lui était aussi connue que la voix : c'était son aïeul.

Son premier mouvement fut de l'appeler ; puis elle se demanda quels pouvaient être ses compagnons et dans quel but ils se trouvaient réunis. Une vague appréhension la saisit ensuite, et, cédant au désir de voir ce qui se passait, elle s'approcha davantage du feu en se glissant le long d'une haie.

Elle en arriva ainsi à quelques pieds, et, se tenant cachée dans le feuillage, elle put à la fois voir et entendre sans trop risquer d'être aperçue.

Il n'y avait ni femmes ni enfants, comme elle en avait vu dans les autres camps d'Egyptiens près desquels elle avait passé pendant son voyage. Un homme d'une taille athlétique se tenait debout les bras croisés et appuyé contre un arbre. Tantôt il avait les yeux tournés vers le feu, tantôt sur trois autres hommes, à la conversation desquels il semblait prendre un vif intérêt, et qu'il paraissait pourtant vouloir cacher.

L'un d'eux était son aïeul, les deux autres étaient les joueurs qu'ils avaient rencontrés pendant cette nuit orageuse dont nous avons parlé plus haut. Une de ces tentes basses, dont les Egyptiens se servent communément, était dressée à deux pas de là, mais elle était ou paraissait être vide.

— Eh bien, partez-vous ? dit l'un d'eux en regardant le vieillard sans se lever de la place où il était nonchalamment couché. Vous étiez si pressé il y a un instant ! Partez, si cela vous fait plaisir. Vous êtes libres, je pense ?

— Ne le tourmentez pas, répliqua Isaac List accroupi comme une grenouille de l'autre côté du feu, il n'avait pas l'intention de nous offenser.

— Non contents de me piller, vous vous moquez de moi, dit le vieillard en se tournant de l'un à l'autre, vous me rendrez fou à vous deux.

L'extrême irrésolution et la faiblesse de cet enfant à cheveux blancs, contrastant avec les regards perçants et rusés de ceux au pouvoir desquels il était, percèrent le cœur de la pauvre enfant. Elle se contraignit pourtant, afin d'être témoin de ce qui se passerait et d'observer chaque regard, chaque parole.

— Que diable voulez-vous donner à entendre ? s'écria le premier interlocuteur en se soulevant sur un coude ; nous vous pillons ! Vous ne feriez pas de même si vous le pouviez, n'est-ce pas ? Quand vous perdez, vous êtes un martyr ; mais je ne m'aperçois pas, lorsque vous gagnez, que vous considériez les perdants sous le même point de vue. Vous piller ! répéta-t-il en élevant la voix ; Dieu me damne ! qu'entendez-vous par une expression si malhonnête ?

Ayant ainsi parlé il se recoucha tout de son long et battit l'air de deux ou trois coups de pied, comme pour mieux exprimer son indignation. Il était évident qu'il jouait le rôle de querelleur, et que son ami remplissait celui de conciliateur. Tout autre que le faible vieillard aurait deviné leur intention ; car ils échangeaient ouvertement des regards d'intelligence : tant entre eux deux qu'avec l'Egyptien, qui, dans la joie que lui causait la plaisanterie, grinçait les dents en manière d'approbation.

Le vieillard resta un instant interdit ; puis se tournant vers son antagoniste :

— Vous-même, lui dit-il, vous parliez de pillage tout à l'heure, ne vous emportez donc pas ainsi contre moi ; vous savez que vous en avez aussi parlé.

— Non pas de piller la compagnie présente ! il y a de l'honneur parmi... parmi les gens comme il faut, monsieur ! reprit l'autre, qui avait été sur le point d'achever plus maladroitement la phrase.

— Ne vous emportez pas contre lui, Jowl, dit Isaac List, il est fâché de vous avoir offensé. Continuez ce que vous étiez à dire... continuez.

— Je suis un mouton, un sot, un benêt, s'écria Jowl ; à mon âge donner des conseils, quand je sais qu'on ne les suivra point, et qu'il ne m'en reviendra que des injures ! Mais voilà ce qui m'est arrivé toute ma vie. L'expérience n'a jamais pu refroidir mon zèle pour mes amis.

— Je vous répète qu'il est fâché de vous avoir offensé, reprit Isaac List, et qu'il désire vous entendre continuer.

— Le désirez-vous ? demanda Jowl.

— Oui, répondit le vieillard avec une sorte de gémissement, continuez, continuez. Il est inutile de vouloir résister, je ne le puis !

— Eh bien, je continue, dit Jowl, à l'endroit où vous m'avez interrompu en vous levant si vite. Si vous êtes persuadé que la chance doit tourner, et si vous trouvez que vous n'avez par assez d'argent pour la tenter, faites main basse sur celui qui semble mis tout exprès à votre portée. Empruntez-le, vous dis-je, et vous le rendrez quand vous le pourrez.

— Assurément, dit à son tour Isaac List : si cette bonne dame qui montre au public des figures de cire a de l'argent, qu'elle le mette dans une boîte en fer-blanc avant de se coucher, et qu'elle ne ferme pas sa porte crainte du feu, cela semble facile ; c'est une véritable providence, ainsi que je l'appellerais, moi, si je n'avais été élevé dans des principes religieux.

— Vous voyez, Isaac, dit son ami en s'animant et en se rapprochant du vieillard, tout en faisant signe à l'Egyptien de ne pas venir les interrompre, vous voyez, Isaac, qu'à chaque heure du jour des étrangers vont et viennent dans la maison : ne serait-il pas vraisemblable qu'un de ces étrangers se fût caché dans le lit de la bonne dame ou bien dans l'armoire ? Les soupçons auraient un champ vaste et tomberaient bien loin du but. Je lui donnerais une revanche jusqu'à son dernier penny, quel que fût le montant de la somme.

— Mais le pourriez-vous ? dit Isaac List en insistant. Votre banque est-elle assez forte ?

— Assez forte ! répondit l'autre d'un air de dédain. Venez ici, vous, et donnez-moi cette boîte cachée dans la paille.

Ces mots s'adressaient à l'Egyptien, qui entra en rampant dans la tente, et en rapporta une cassette, que Jowl ouvrait avec une clef qu'il portait sur lui.

— Voyez-vous ceci ? dit-il en y prenant une poignée de pièces de monnaie, qu'il laissa ensuite retomber dans la cassette. L'entendez-vous ? Connaissez-vous le son de l'or ? Reportez cela à sa place, et vous, Isaac, ne parlez plus de banque, tant que vous n'en aurez pas une à vous.

Isaac List affirma avec une apparence de profonde humilité qu'il n'avait jamais douté des moyens d'un homme aussi connu et aussi respectable que M. Jowl, et qu'il avait fait allusion à la banque, non pour satisfaire un doute, car il n'en pouvait avoir aucun, mais dans le désir de jouir de la vue d'un si grand trésor; plaisir que bien que certains esprits pussent le considérer comme imaginaire, était néanmoins une source de délices pour un homme dans sa position : et que rien ne pouvait surpasser cette jouissance, sinon la possession même de ces richesses. Quoique M. List et M. Jowl parlassent entre eux, ils ne laissaient pas de jeter des regards de côté sur le vieillard, qui les yeux fixés sur le feu prêtait l'oreille à tout ce qu'ils disaient, à en juger par certains mouvements de tête involontaires et par les divers changements des muscles de sa physionomie.

— Mon avis, dit Jowl en se couchant de nouveau d'un air insouciant, mon avis est facile à comprendre ; et au fait, je l'ai déjà donné. J'agis en ami. Pourquoi fournirais-je à un homme les moyens de me gagner peut-être tout ce que je possède, si je ne le considérais comme mon ami ? Il est absurde, j'ose le dire, de se préoccuper ainsi du bien d'autrui, mais c'est dans ma nature, et je ne puis m'en défendre; ainsi ne me blâmez pas, Isaac.

— Moi, vous blâmer ! non, pour rien au monde, monsieur Jowl. Je voudrais pouvoir être aussi libéral que vous l'êtes. Et comme vous le dites, il pourrait rendre cet argent s'il gagnait ; et s'il perdait...

— Vous ne devez pas prendre cela en considération, Isaac. Mais supposons qu'il vînt à perdre, et rien n'est moins probable d'après toute mon expérience des chances, eh bien, il vaut mieux perdre l'argent des autres que le sien, ce me semble !

— Ah ! s'écria List avec ravissement, le plaisir de gagner ! la jouissance de ramasser l'argent, les petits jaunets si brillants, et de les faire couler dans sa poche ! Le délicieux plaisir de triompher enfin, et de penser qu'on ne s'est pas arrêté tout court, qu'on n'a pas reculé ! Le... Mais vous ne parlez pas, mon vieux monsieur ?

— Je goûterai ce plaisir, dit le vieillard ; oui, je lui gagnerai jusqu'à son dernier penny.

— C'est parler en brave, s'écria Isaac en se levant d'un seul bond et en lui donnant un léger coup sur l'épaule ; je vous respecte en voyant qu'il vous reste encore une telle ardeur de jeunesse. Ah ! ah ! ah ! Jowl regrette presque maintenant de vous avoir donné un tel conseil. Nous pouvons rire à ses dépens, ah ! ah ! ah !

— Il me donnera ma revanche, songez-y, dit le vieillard, argent contre argent jusqu'à la dernière pièce. Ne l'oubliez pas !

— J'en suis témoin, répondit Isaac. Je veillerai à ce que tout se passe légalement entre vous deux.

— J'ai donné ma parole, dit Jowl en feignant du regret, et je la tiendrai. Quand ferons-nous cette partie ? Je voudrais qu'elle fût déjà terminée. Sera-ce cette nuit ?

— Il faut d'abord que j'aie l'argent, dit le vieillard ; et je l'aurai demain.

— Pourquoi pas cette nuit ? continua Jowl.

— Il est trop tard maintenant, je serais tremblant et agité. Il faut s'y prendre avec précaution. Non, demain soir.

— Soit, demain ! dit Jowl. Une goutte de consolation ! Bonne chance au plus digne ! Remplissez les verres !

L'Egyptien emplit d'eau-de-vie trois gobelets d'étain. Le vieillard se tourna de côté et marmotta quelques paroles avant de boire. Nelly entendit son nom mêlé à un vœu si plein de ferveur, que ce semblait être le dernier souhait d'un mourant.

— Que Dieu ait pitié de nous ! s'écria-t-elle à voix basse. Que faire pour le sauver ?

Après avoir encore échangé quelques paroles le vieillard donna la main à ses dangereux compagnons et se retira.

Ils suivirent des yeux la forme voûtée du vieillard qui s'éloignait à pas lents, et lui firent des signes accompagnés d'expressions encourageantes toutes les fois qu'il se retourna de leur côté. Ce ne fut qu'après l'avoir complétement perdu de vue qu'ils se regardèrent en riant aux éclats.

— Ainsi, dit Jowl en approchant ses mains du feu, nous avons enfin réussi. Il a fallu plus d'exhortations que je ne le pensais, il y a trois semaines que nous lui avons mis cette idée en tête. Combien pensez-vous qu'il rapporte ?

— Quoi que ce soit, nous le partagerons, répondit Isaac List.

Son compagnon fit un signe d'assentiment. Hâtons-nous d'en finir, dit-il, et puis brisons avec lui, de peur d'être soupçonnés.

Après s'être amusés du fol espoir de leur victime ils abandonnèrent ce sujet, et se mirent à parler un jargon que Nelly ne put comprendre. Elle jugea le moment favorable pour s'échapper sans être aperçue, et elle s'éloigna lentement à l'ombre des haies. Elle gagna ainsi le chemin, et se mit à fuir avec toute la vitesse possible, le cœur brisé. En arrivant elle se jeta sur son lit dans un état voisin du désespoir.

Sa première pensée fut de fuir aussitôt, pour s'arracher de ces lieux, au risque de mourir de faim en route, plutôt que de laisser son aïeul exposé à d'aussi horribles tentations. Elle se rappela alors que le crime ne devait être consommé que la nuit suivante, et qu'il lui restait assez de temps pour réfléchir et prendre un parti. Elle eut un moment de crainte en songeant que peut-être en cet instant il commettait le crime ;

elle eut peur d'entendre des cris inarticulés rompre le silence de la nuit, et se demanda avec crainte à quelles extrémités il pourrait se porter s'il était pris en flagrant délit et n'ayant à lutter que contre une femme seule. Incapable de supporter ces tortures, elle alla furtivement dans la chambre qui renfermait l'argent, en ouvrit la porte et y jeta les yeux. Grâce au ciel, *il* n'était pas là, et la dame dormait profondément.

Elle regagna sa chambre et essaya de s'endormir. Mais comment dormir l'esprit bouleversé par d'aussi épouvantables alarmes ! Enfin, cédant à la violence de sa terreur, elle vola à demi vêtue et tout échevelée jusqu'au chevet du vieillard, lui saisit la main et le réveilla.

— Qu'y a-t-il ? s'écria-t-il en tressaillant sur sa couche et en fixant ses regards sur la figure de spectre que lui offrait sa petite-fille.

— J'ai fait un rêve effrayant, dit-elle avec une énergie que de semblables terreurs pouvaient seules lui avoir inspirée, un rêve effrayant, horrible. Il est revenu deux fois. Ce rêve me représente des hommes à cheveux blancs, comme vous, entrant la nuit dans des appartements obscurs, et volant l'or de ceux qui dorment. Debout ! debout !

Le vieillard trembla de tous ses membres et joignit les mains dans l'attitude de la prière.

— Ce n'est pas moi, dit Nelly, c'est le ciel qu'il faut prier afin qu'il détourne de nous de pareils crimes. Ce rêve n'est que trop réel. Je ne puis dormir, je ne puis rester ici, je ne puis vous laisser seul sous un toit où viennent de tels rêves. Debout ! Il faut fuir.

Il la regarda encore, comme s'il l'eût prise pour une ombre... et en vérité elle ressemblait à peine à une créature de ce monde, puis il trembla plus que jamais.

— Il n'y a pas de temps à perdre, je ne perdrai pas une minute, dit-elle, debout, et venez avec moi.

— Cette nuit ! murmura le vieillard.

— Oui, cette nuit, il serait trop tard la nuit prochaine, le rêve reviendrait. La fuite seule peut nous sauver. Debout !

Le vieillard sortit de son lit le front couvert d'une sueur froide ; et se soumettant à la volonté de l'enfant comme à celle d'un ange envoyé pour le guider à son gré, il se prépara à la suivre. Elle le prit par la main, et ils partirent. En passant près de la chambre où il avait dessein de commettre le crime elle tressaillit et le regarda en face. Que ce visage était blême et quels regards elle y rencontra ! Elle le conduisit dans la chambre qu'elle occupait en le tenant toujours par la main, comme si elle eût craint de le perdre un seul instant de vue. Elle fit un paquet de ses hardes et passa un bras sous l'anse de son panier. Le vieillard prit sa valise, qu'elle lui donna, et il l'attacha sur ses épaules. Il prit aussi son bâton, qu'elle avait apporté. Puis elle le conduisit hors de la maison.

Ils passèrent à pas tremblants et précipités à travers les grandes rues de la ville et les petites du faubourg. Ils arrivèrent rapidement et haletants de fatigue au sommet de la colline que couronne un vieux château à murailles grises, sans avoir une seule fois regardé derrière eux.

Pendant qu'ils approchaient des murs en ruine la lune se leva dans tout le doux éclat de sa gloire ; et du milieu de ces antiques et vénérables débris, revêtus de guirlandes de lierre, de mousse et d'herbes ondoyantes, l'enfant jeta ses regards sur la ville endormie et enfouie dans les ombres de la vallée. Elle vit la rivière qui promenait au loin ses ondes en suivant maint détour, et les collines qui se détachaient à l'horizon. A ce spectacle elle cessa d'étreindre la main qu'elle tenait dans la sienne, et elle se jeta au cou du vieillard en fondant en larmes.

Ce moment de faiblesse une fois passé, Nelly appela de nouveau à son aide la résolution qui l'avait soutenue jusque-là ; et s'efforçant de ne pas perdre de vue l'idée et l'idée seule qu'ils fuyaient pour échapper à la honte et au crime, et que la sûreté de son aïeul dépendait entièrement de la fermeté qu'elle conserverait en l'absence de tout autre appui, elle fit avancer le vieillard, et ne jeta plus un regard en arrière.

Tandis que, soumis et confus, celui-ci semblait ramper devant elle comme un être humble et interdit en présence de quelque créature d'un orde supérieur, Nelly se sentait animée d'un sentiment nouveau qui élevait sa nature en lui inspirant une énergie et une confiance en elle-même qu'elle n'avait jamais connues. Il n'y avait plus alors de responsabilité partagée ; le poids entier de leurs deux existences était tombé sur elle, et désormais il lui fallait penser et agir pour deux.

Je l'ai sauvé, pensait-elle. Dans le danger, dans la détresse, je ne l'oublierai jamais.

En tout autre circonstance son cœur eût été accablé de douleurs et de regrets à l'idée d'avoir abandonné l'amie qui les avait traités avec tant de bonté, sans un seul mot de justification... en la laissant penser qu'ils étaient coupables ou de fourberie ou d'ingratitude ; mais toutes ces considérations subalternes se taisaient en présence des inquiétudes nouvelles que lui causait leur existence misérable et vagabonde, quoique l'horreur de leur situation la stimulât et ranimât son courage.

A la pâle clarté de la lune, qui leur prêtait sa douce lumière, cette figure délicate sur laquelle les soucis se mêlaient déjà aux grâces aimables et séduisantes de la première jeunesse, ces yeux trop brillants, cette tête d'ange, ces lèvres serrées, annonçant tant de résolution, cette taille frêle, pleine de hardiesse, révélaient leur silencieuse histoire, mais ne la révélaient qu'à la brise, qui ne pouvait la trahir.

La nuit s'avança insensiblement, la lune descendit à l'horizon, les étoiles pâlirent et s'éteignirent, et l'aube du jour parut peu à peu. Bientôt, du revers d'une colline lointaine, le soleil se leva dans sa majesté en chassant devant lui les brouillards à formes fantastiques, pour en purger la terre jusqu'au retour de la nuit. Quand il eut atteint une plus grande hauteur dans le ciel, et que ses rayons répandirent une chaleur vivifiante, le vieillard et l'enfant se couchèrent au bord d'une petite rivière pour se livrer au sommeil.

Nelly tenait toujours le bras du vieillard, et longtemps après qu'il fut profondément endormi elle veilla sur lui avec la même constance. La fatigue finit par l'accabler ; sa main se détacha du bras qu'elle étreignait, le reprit, s'en détacha de nouveau, puis ils dormirent tous deux l'un près de l'autre.

Un bruit confus de voix se mêlant à ses rêves réveilla la jeune fille. Un homme d'une tournure commune et grossière était debout devant eux, et deux de ses compagnons, placés dans un long et pesant bateau qui s'était approché de la rive pendant leur sommeil, avaient aussi les yeux fixés sur eux. Le bateau n'avait ni rames ni voiles ; il était remorqué par deux chevaux qui se reposaient dans le chemin, tandis que la corde attachée à leur harnais pendait mollement dans l'eau.

— Holà! cria le premier d'une voix rude, que faites-vous donc ici, eh?

— Nous nous reposions, monsieur, dit Nelly, nous avons marché toute la nuit.

— Deux singuliers voyageurs pour marcher toute la nuit! répliqua l'homme qui les avait accostés. L'un de vous est un peu trop vieux pour cette sorte de besogne, et l'autre un peu trop jeune. Où allez-vous?

Nelly hésita, et indiqua l'ouest au hasard. L'homme lui demanda alors si elle voulait parler d'une certaine ville qu'il nomma. Nelly, pour éviter de nouvelles questions, répondit affirmativement.

— D'où venez-vous? demanda-t-il ensuite. La réponse devenant cette fois plus facile, Nelly nomma le village où demeurait leur ami le maître d'école, pensant que vraisemblablement ces hommes ne le connaissaient pas, et s'en tiendraient là.

— Je croyais que quelqu'un pouvait vous avoir volés ou maltraités, dit l'homme, voilà tout, bonjour.

Nelly lui rendit son salut, et, se sentant soulagée par son départ, elle le suivit des yeux pendant qu'il montait sur un des chevaux. Le bateau se mit en mouvement ; mais il n'avait pas fait beaucoup de chemin qu'il s'arrêta de nouveau, et la jeune fille s'aperçut que les hommes qui étaient à bord lui faisaient des signes.

— M'avez-vous appelée? demanda-t-elle en courant vers la rive.

— Vous pouvez venir avec nous, si cela vous convient, répondit un des hommes du bateau, nous faisons même route.

Elle hésita un instant, puis se décida à accepter cette offre, en pensant, et non sans effroi, que les individus qu'elle avait vus avec son aïeul pourraient, dans leur soif de rapine, les suivre, reprendre leur influence sur lui et détruire tout ce qu'elle avait fait, et qu'en allant avec ces hommes, toute trace de leur fuite disparaîtrait. Le bateau se rapprocha de la rive, et avant qu'elle eût eu le temps de faire de plus amples réflexions elle se trouva à bord avec le vieillard, et ils descendirent doucement la rivière.

A une heure avancée de l'après-midi, ils abordèrent une espèce de quai. Nelly fut un peu découragée en apprenant de l'un de ces hommes qu'ils n'arriveraient pas à leur destination avant le jour suivant. Cet homme ajouta que si elle n'avait pas de provisions, elle ferait bien d'en acheter là. Elle ne possédait que quelque pence, car elle avait déjà acheté du pain : et il était nécessaire de ménager cette faible ressource, car ils allaient dans une ville où ils ne connaissaient personne. Un petit pain et un morceau de fromage furent les seules provisions qu'elle put se permettre d'acheter, et elle alla reprendre sa place dans le bateau. Après une halte d'une demi-heure, que les hommes passèrent à boire dans un cabaret, ils se mirent en route.

Ils apportèrent dans le bateau de la bière et de l'eau-de-vie ; et comme ils continuèrent à boire, ils s'enivrèrent bientôt, et devinrent querelleurs. Evitant la petite cabine, qui était obscure et malpropre, quoiqu'on les eût invités à y entrer, Nelly et le vieillard restèrent en plein air. La pauvre enfant était effrayée du langage de ses hôtes grossiers. Néanmoins, quoiqu'ils se traitassent réciproquement avec la dernière brutalité, leurs deux passagers ne s'en ressentirent aucunement. Cependant, une querelle s'étant élevée entre eux, ils en vinrent bientôt aux coups, et il s'ensuivit un combat régulier, pendant lequel ils s'adressaient des compliments forts variés, qui, heureusement pour Nelly, étaient conçus en termes qui étaient pour elle entièrement inintelligibles. A la fin, l'un des deux termina le différend en appliquant à son adversaire un coup de poing qui le fit tomber la tête la première dans la cabine; puis il prit lui-même le gouvernail sans manifester la moindre émotion non plus que son ami, qui, jouissant d'une constitution robuste et aguerrie contre de semblables bagatelles, se mit à dormir dans la position qu'il avait prise dans sa chute, c'est-à-dire les jambes en l'air. Deux minutes après il ronflait de la manière la plus confortable.

Après une nuit sans sommeil, pendant laquelle il avait beaucoup plu, la pauvre enfant, transie de froid et mouillée jusqu'aux os, vit enfin poindre le jour. Ils approchaient alors du terme de leur voyage. Déjà des sentiers couverts de cendre de charbon de terre, et des huttes construites en briques, annonçaient le voisinage d'une grande ville manufacturière; et l'épaisse fumée sortant de hautes cheminées, le bruit des machines à vapeur, et celui des marteaux qui battaient le fer, prouvaient qu'ils étaient déjà dans un faubourg. Enfin le bateau fut amarré; et après être restés quelques temps pour remercier les bateliers, trop occupés pour les entendre, le vieillard et l'enfant quittèrent le bateau et se trouvèrent bientôt dans une rue fréquentée, au milieu du tumulte, exposés à une pluie battante, aussi étourdis, ébahis et confus, que s'ils fussent revenus de l'autre monde.

Pressés entre deux flots de passants qui suivaient deux courants opposés et se succédaient sans cesse, exposés à une pluie qui battait contre les croisées et qui découlait en ruisseaux de tous les parapluies, étourdis par le bruit des chevaux et des voitures de toutes espèces et par le fracas des sons mélangés d'une ville manufacturière, les deux pauvres étrangers s'étaient mis à l'abri sous une grande porte couverte. Chacun songeait à ses affaires, personne ne faisait la moindre attention à eux, et Nelly, qui cherchait à découvrir sur quelque physionomie un symptôme de bienveillance, ne pouvait y réussir parmi des gens qui passaient comme s'ils se fussent disputé le prix de la course.

Au bout d'un certain temps ils quittèrent leur lieu de refuge, et se mirent en marche sans savoir où ils allaient. Le soir arriva, la foule diminua, on alluma les reverbères, qui leur fit paraître leur situation encore plus déplorable. La pauvre Nelly était transie de froid, complétement mouillée, et il lui fallait tout son courage pour pouvoir continuer de marcher; mais sa plus grande souffrance était d'entendre les reproches du vieillard, qui commençait à murmurer.

— Il faudra que nous passions cette nuit en plein air, cher grandpapa, lui dit-elle d'une voix faible à l'instant où ils venaient d'entrer dans un faubourg.

— Pourquoi m'avez-vous amené ici? Nous étions dans un endroit bien tranquille, pourquoi m'avez-vous forcé à en partir.

— Parce que le songe affreux dont je vous ai parlé m'y aurait persécutée toute les nuits. Mais n'y songeons plus, grand-papa; demain nous serons dans la campagne, et nous chercherons à gagner notre vie par un humble travail. Voyez, voici une espèce de cour dont l'entrée est couverte; nous pouvons y passer la nuit, et nous serons à l'abri du vent et de la... Ah! qu'est-ce que cela?

Elle fit un pas en arrière en voyant tout à coup une figure sortir de l'allée obscure dans laquelle ils allaient chercher un refuge.

— Parlez encore, dit cette figure, je ne connais pas cette voix.

— Nous sommes étrangers, répondit Nelly avec timidité; et n'ayant pas d'argent pour payer nos lits, nous désirions passer la nuit ici.

Il y avait dans la cour une seule lampe, qui ne donnait qu'une faible clarté; la figure noire s'en approcha en leur faisant signe de le suivre, comme s'il eût voulu se montrer à eux pour leur prouver qu'il ne songeait ni à se cacher ni à leur nuire.

C'était un homme misérablement vêtu, dont le visage, les mains et les bras étaient noircis par la fumée. Sa maigreur, ses joues creusés et ses yeux enfoncés annonçaient des souffrances supportées avec patience: sa voix était naturellement dure sans avoir un accent brutal, et l'expression de ses traits n'avait rien de repoussant.

— Comment se fait-il que vous soyez sans abri à une pareille heure? demanda-t-il?

— Nos infortunes en sont cause, répondit le vieillard.

— Ne voyez-vous pas comme cette jeune fille est mouillée? Ne savez-vous pas que l'humidité des rues est malsaine?

— Je ne le sais que trop; mais que puis-je y faire?

— Je puis vous donner de la chaleur, mais voilà tout. Je n'ai d'autre logement que celui dont voici le chemin. Et en parlant ainsi, il montrait une porte au bout de la cour. C'est une pauvre demeure, Dieu le sait; mais vous serez mieux qu'ici. Vous comptiez coucher sur des briques froides, et je puis vous donner un lit de cendres chaudes. Vous y conduirai-je?

Sans attendre une autre réponse que celle qu'il lut dans leurs yeux, il prit dans ses bras Nelly, qui pouvait à peine se soutenir, et fit signe au vieillard de le suivre. Après avoir traversé différents passages il s'arrêta devant une autre porte, et mettant Nelly à terre, il lui dit : Nous voici arrivés. N'ayez pas peur; personne ici ne vous fera de mal.

Ils entrèrent dans une grande pièce dont le plafond était soutenu par des pilliers de fer, et dont le haut des murs était percé de grandes ouvertures qui donnaient entrée à l'air extérieur. A l'aide d'une lueur sombre et rougeâtre, on y voyait se mouvoir des hommes occupés à tous les travaux d'une fonderie de fer. Il était inutile d'y parler, car on ne pouvait entendre que le bruit des machines à vapeur, celui des rouages qu'elles faisaient tourner, les coups de marteau frappés sur le fer, et le sifflement du métal rouge plongé dans l'eau.

Ils ne firent que traverser cette pièce, et descendant un escalier obscur, ils entrèrent dans une chambre souterraine dans laquelle était le foyer d'une immense fournaise où brûlait un grand feu. L'homme qui était chargé de l'entretenir se retira à l'instant en voyant son compagnon arriver pour le rayer, et celui-ci, après avoir montré à ses protégés un tas de cendres encore tièdes dans un coin de la salle, les engagea à s'y coucher, et alla s'asseoir sur une vieille natte en face de la bouche de la fournaise les yeux toujours fixés sur le feu.

Le vieillard s'endormit presque aussitôt qu'il fut couché. Trop d'inquiétudes sur l'avenir agitaient l'esprit de Nelly pour qu'elle pût en faire autant. Cependant l'excès de la fatigue l'emporta, et une douce chaleur qui se répandait peu à peu dans ses membres contribua à lui fermer les yeux.

Le jour commençait à paraître quand elle s'éveilla. Son premier regard tomba sur l'homme qui les avait amenés dans cet endroit, et le voyant dans la même attitude qu'il avait prise quand elle s'était couchée, elle en fut étonnée, se leva, et s'approcha de lui. L'homme l'entendit marcher, et tourna la tête vers elle.

— J'entends tous vos compagnons au-dessus de vous, lui dit-elle; et vous voyant toujours dans la même posture, je craignais que vous ne fussiez indisposé.

— Moi! dit-il, non, ils sont à leur besogne et je m'occupe de la mienne. Je suis toujours seul avec mon ami.

— Votre ami ?

— Oui. Ce feu, il est plus vieux que moi. C'est mon livre, le seul que je sache lire; ma musique, car je reconnaîtrais sa voix parmi cinq cents autres; mon amusement, car vous ne sauriez croire combien de tableaux différents les charbons rouges offrent à mes yeux; ma mémoire, car il me rappelle toute ma vie.

Nelly le regardait avec un air de surprise.

— Oui, continua-t-il, c'est le même feu qui brûlait quand j'étais enfant, et que je pouvais à peine me soutenir sur mes jambes. J'étais ici avec mon père, qui était alors ce que je suis à présent, chauffeur.

— N'aviez-vous donc pas de mère ?

— Non, elle était morte. Ce feu, ce même feu, a été en quelque sorte ma nourrice; il ne s'est pas éteint une seule fois depuis ce temps. En vous voyant, votre vue m'a rappelée l'âge que j'avais quand mon père est mort, et c'est ce qui m'a donné l'idée de vous amener ici.

En ce moment le vieillard s'éveilla, et le bon chauffeur fit les préparatifs de son déjeuner, qu'il partagea avec ses amis, un morceau de pain noir et une tasse de thé. Tout en faisant ce repas frugal, il leur demanda où ils allaient. Nelly lui répondit qu'ils désiraient trouver un endroit à la campagne, éloigné de toute ville, et même écarté de tout village, afin de chercher à y gagner leur vie en aidant aux humbles travaux de quelque ferme. Elle lui demanda ensuite quelle route il leur conseillait de suivre.

— Je ne connais guère la campagne, répondit-il, car il est bien rare que je respire un autre air que celui-ci; mais si vous suivez le chemin que vous trouverez en sortant du faubourg, je sais que vous arriverez à un endroit tel que vous désirez en trouver. Je dois pourtant vous prévenir que ce chemin est mauvais, bordé de mares d'eau stagnante, sans autres maisons que des usines comme celle-ci, et avec la fatigue que vous avez déjà essuyée, vous aurez pour deux jours entiers de marche avant d'en trouver un meilleur. Ne feriez-vous pas mieux de retourner sur vos pas.

— Cela est impossible s'écria Nelly; il faut que nous marchions en avant. Si vous saviez quel danger nous fuyons, vous vous garderiez bien de nous donner un tel avis.

— En ce cas je n'ai plus rien à dire; je vais vous conduire jusqu'à la grande rue du faubourg, et là je vous indiquerai votre route.

Ils partirent tous trois, et leur protecteur, après avoir accompli sa promesse, leur fit ses adieux en demandant à Nelly de lui donner la main. Nelly la lui tendit, il la serra, et s'éloigna d'eux à l'instant presque en courant. Il avait laissé dans la main de la jeune fille deux pièces de cuivre d'un penny chacune rongées par la rouille, noircies par la fumée; mais qui sait si, aux yeux de la Divinité, elles ne brillaient pas plus que tout l'or qu'aurait pu donner un riche!

Dans tout le cours de leur voyage, jamais Nelly et son aïeul n'avaient désiré si ardemment de respirer l'air pur de la campagne. Ils se trouvaient dans un faubourg qui leur semblait interminable, entre deux rangées de mauvaises maisons construites en briques rouges, dont quelques-unes avaient devant leur porte un jardin en miniature, où les arbres, les feuilles et les plantes avaient pris une teinte noire causée par la poussière de charbon et par la fumée que vomissaient sans interruption les cheminées des manufactures qu'ils voyaient à chaque instant à droite et à gauche.

— Nous ne ferons pas beaucoup de chemin aujourd'hui, grandpapa, dit Nelly; j'ai les pieds écorchés, et la pluie que nous avons reçue hier toute la journée m'a laissé des douleurs aiguës dans tous les membres.

— Et ne nous a-t-il pas dit que nous aurions deux jours entiers de mauvais chemin? dit le vieillard. Il doit y avoir quelque autre route; pourquoi ne retournons-nous pas à la ville pour nous en informer?

— Non, non, répondit Nelly avec fermeté, il faut que nous allions vivre au milieu des pauvres; nous n'y serons exposé à aucune tentation, nous y trouverons la paix et le bonheur. Voulez-vous, en retournant sur nos pas, risquer de rencontrer ceux qui nous cherchent peut-être !

— A Dieu ne plaise! s'écria le vieillard reprenant toutes ses anciennes terreurs; avançons, Nelly, avançons! Plus loin, plus loin, plus loin.

Ils arrivèrent enfin dans une grande plaine qui semblait le séjour de la désolation. On n'y voyait pas un brin d'herbe, pas un bouton ne promettait de s'épanouir au printemps. Le chemin était coupé d'ornières profondes; on ne voyait des deux côtés que des mares d'eau stagnante, des monceaux de cendres de charbon et quelques misérables huttes, les unes sans toit, les autres sans fenêtres. presque toutes sans porte, demeure des malheureux ouvriers qui travaillaient aux usines et aux manufactures qu'on voyait s'élever de distance en distance, comme des pyramides dans le désert.

Mais avoir à passer la nuit dans un tel endroit quand au lieu de colonnes de fumée des jets de flamme sortaient de chaque cheminée, quand ils rencontraient à chaque instant des troupes d'ouvriers sans ouvrage; quand ils voyaient un char funèbre s'arrêter aux portes de plusieurs masures pour y prendre des cercueils, car une maladie contagieuse régnait dans ce canton; quand le bruit des machines à vapeur, les cris des enfants demandant du pain, les gémissements des mères qui n'en avaient point à leur donner, assaillaient leurs oreilles, et quand ils n'avaient mangé eux-mêmes de toute la journée qu'un petit pain d'un penny! L'obscurité, jointe à la fatigue, les força pourtant à s'arrêter, et ils se couchèrent sur un tas de cendres froides sur le bord du chemin. Nelly vit avec plaisir son aïeul dormir paisiblement; quant à elle, elle n'eut qu'un sommeil troublé et interrompu. Elle se sentait épuisée, presque mourante, et pourtant ce n'était pas pour elle qu'elle éprouvait de la crainte et de l'inquiétude.

Le jour parut et il fallut se remettre en marche, quoique Nelly se sentît plus faible que jamais, mais elle avait encore toute sa force morale. Elle employa son dernier penny à acheter un autre petit pain. Mais l'idée de toute nourriture lui inspirait du dégoût, et elle le donna au vieillard, qui le mangea avec avidité. Pendant toute la matinée ils traversèrent une contrée qui devant eux, à droite, à gauche, leur offrait le même spectacle que la veille. Dans l'après-midi, le vieillard se plaignit plusieurs d'avoir faim, et Nelly s'approchant enfin d'une des misérables chaumières qui bordaient la route, frappa à la porte, qui lui fut ouverte par un grand homme pâle, maigre, à peine couvert de quelques haillons.

— Que voulez-vous ? lui demanda-t-il.

— La charité, un morceau de pain !

— Voyez-vous cela ? c'est le troisième enfant que je perds depuis trois mois que je suis sans ouvrage. Où voulez-vous que je trouve du pain pour vous en donner ?

Nelly recula en frémissant, et la porte se referma.

Trouvant bientôt une autre hutte qui n'avait pas de porte, elle s'arrêta en face à quelques pas. Cette chétive demeure semblait habitée par deux familles, car il s'y trouvait deux femmes, chacune entourée d'enfants dont elle paraissait être la mère. Entre elles était un homme grave en habit noir et tenant un enfant par le bras.

— Tenez, bonne femme, dit-il à l'une d'elles, voici votre enfant que je vous ramène. Il a été arrêté ce matin volant un pain chez un boulanger, et on l'a amené devant moi ; mais comme il est sourd et muet, j'ai eu pitié de son infirmité, et je n'ai pas voulu l'envoyer en prison.

— Tant pis ! s'écria la mère; il y aurait eu du pain, et je n'en ai point à lui donner.

— Et me rendez-vous mon fils aîné, que vous avez fait condamner, il y a deux mois, à être déporté pour la même cause ? s'écria l'autre femme.

Mais votre fils avait atteint l'âge de discrétion, bonne femme, et il était en jouissance de tous ses sens.

— Mais il était sans ouvrage ; s'il en avait trouvé, il aurait travaillé et gagné du pain pour ses pauvres sœurs qui meurent de faim.

Nelly sentit que ce n'était point à cette porte qu'elle pouvait espérer d'obtenir quelques secours; et retournant près de son aïeul, ils se remirent péniblement en voyage.

Le soir approchait quand ils arrivèrent dans une petite ville où se trouvaient encore beaucoup de manufactures. Ils sollicitèrent la charité à plusieurs portes ; et ne recevant que des refus, ils résolurent de la traverser le plus promptement possible, quoique Nelly sentît qu'elle était sur le point de perdre le peu de forces qui lui restaient. Ils entraient dans la dernière rue du faubourg, quand ils arrivèrent à quelque distance devant eux un piéton qui marchait dans la même direction. Il avait un portemanteau attaché sur son dos, s'appuyait sur une grosse canne et tenait de la main gauche un livre qu'il lisait.

Il n'était pas facile de le rejoindre pour implorer son secours, car il marchait assez vite, et il avait sur eux quelque avance. Heureusement, il s'arrêta pour lire plus attentivement quelque passage de son livre. Animée d'un rayon d'espoir, Nelly lâcha la main de son aïeul, rassembla toutes ses forces pour courir après le voyageur, arriva près de lui sans qu'il eût entendu le bruit de ses pas et lui adressa d'une voix faible quelques paroles suppliantes.

Le voyageur tourna la tête. Nelly joignit les mains, poussa un cri perçant et tomba sans connaissance à ses pieds.

C'était le pauvre maître d'école, oui, le pauvre maître d'école. Presque aussi surpris et aussi ému à la vue de l'enfant qu'elle-même l'avait été en le reconnaissant, il resta un instant sans avoir même assez de présence d'esprit pour songer à la relever.

Mais se remettant bientôt de son émotion, il jeta par terre son livre et sa canne ; puis, s'agenouillant près de Nelly, il essaya par les simples moyens qui lui vinrent à l'esprit, de la tirer de son évanouissement, tandis que son aïeul, immobile près d'elle, se tordait les mains et la suppliait dans les termes les plus passionnés de lui parler, de lui dire un mot, un seul mot.

— Elle est tout à fait épuisée, dit le maître d'école en levant les yeux sur le vieillard, vous avez trop présumé de ses forces, ami.

— Elle meurt de besoin, répliqua le vieillard, jusqu'à ce moment je n'avais pas cru qu'elle fût si faible et si malade. Après avoir adressé au vieillard un regard de reproche et de pitié le maître d'école prit l'enfant dans ses bras et l'emporta avec toute la vitesse possible.

On voyait à peu de distance une petite auberge. Il marcha rapidement de ce côté, et il se précipita dans la cuisine en priant tout le monde de lui faire place pour l'amour de Dieu, puis il déposa l'enfant sur une chaise près du feu.

Les individus présents, qui s'étaient levés en tumulte en voyant entrer le maître d'école, firent ce qu'on fait habituellement en pareille circonstance : chacun demanda son remède favori, qui ne fut apporté par personne ; chacun cria qu'on donnât de l'air tout en absorbant le peu d'air qu'il y avait déjà en entourant l'objet de la compassion générale ; chacun s'étonnant de ce que les autres ne faisaient pas ce qu'il ne lui venait pas à l'idée de faire lui-même.

Cependant l'hôtesse, plus active que tous les autres, comprit ce dont il s'agissait. Elle apporta de l'eau chaude coupée avec un peu d'eau-de-vie ; elle était suivie de la servante, qui apportait du vinaigre, des sels et autres ingrédients. Nelly reprit enfin connaissance et fut même en état de les remercier d'une voix faible ; puis elle tendit la main au pauvre maître d'école, qui se tenait debout à ses côtés avec un visage plein d'anxiété. Sans lui permettre d'ajouter une seule parole l'hôtesse la porta aussitôt dans un lit, et après avoir baigné dans l'eau chaude ses pieds froids, qu'elle enveloppa ensuite de flanelle, elle envoya chercher le docteur.

Le docteur, personnage à nez rubicond et orné d'un paquet de breloques qui dansaient au bas d'un gilet de satin noir à côtes, entra d'un air important et empressé, s'assit au chevet de la pauvre Nelly et lui tâta le pouls en consultant sa montre. Je lui donnerais de temps en temps, dit-il, quelque cuillerées d'eau chaude mêlée d'un peu d'eau-de-vie. Je lui mettrais aussi les pieds dans l'eau chaude.

— C'est précisément ce que j'ai fait, s'écria l'hôtesse enchantée.

— Fort bien, reprit le docteur, qui avait vu une tasse sur une table et le bain de pieds sur le palier de l'escalier. Il faudrait ensuite lui donner quelque chose pour souper... Une aile de poulet, par exemple.

— Mon bon monsieur, le poulet est à la broche ! s'écria l'hôtesse.

Le maître d'école en avait effectivement donné l'ordre, et peut-être le docteur avait-il, en entrant, senti l'odeur du rôti.

Le docteur s'éloigna bientôt après, laissant toute la compagnie dans l'admiration de son profond savoir.

Pendant qu'on préparait le souper, Nelly tomba dans un sommeil réparateur, et on l'éveilla quand tout fut prêt. Elle désirât que son aïeul soupât près d'elle et qu'on lui fît un lit dans une chambre qui donnait dans la sienne. Elle l'y fit entrer, en ferma la porte à clef, et après le départ de l'hôtesse elle se recoucha le cœur plein de gratitude.

Le maître d'école resta longtemps au coin du feu occupé à fumer sa pipe et à répondre aux questions curieuses de l'hôtesse, qui aurait voulu connaître toute l'histoire de Nelly. Le pauvre maître d'école était si franc et si naïf, qu'assurément cinq minutes auraient suffi pour lui faire dire tout ce qu'on voulait apprendre s'il avait su quelque chose. Il ne put que lui dire qu'il les connaissait à peine. L'hôtesse, regardant cette réponse comme un faux-fuyant, fut sur le point de s'en offenser; mais l'air de véracité et de bonne foi du maître d'école la convainquit enfin, et elle reprit toute sa bonne humeur quand il lui eut dit de mettre sur son compte tout ce qui serait dû par ces deux compagnons.

Le lendemain matin Nelly, quoique bien faible encore, allait beaucoup mieux, mais la prudence exigeait qu'elle prit encore un jour de repos avant de se mettre en route. Le maître d'école apprit cette nouvelle d'un air calme, et dit qu'il pouvait attendre un jour et même deux si cela était nécessaire. Nelly ne se leva que dans la soirée, et alors il s'empressa d'aller la voir. A l'aspect de ce jeune visage, si ravagé déjà par le malheur et les privations, il ne put retenir ses larmes, et tous deux pleurèrent quelques instants en silence.

— Comment vous remercier, dit enfin Nelly, de tout ce que vous avez fait pour moi ? Sans vous j'allais mourir, et vous m'avez sauvée ! Mais, hélas ! je vois que nous sommes un fardeau pour vous.

— Ne parlons pas de cela, répondit-il, ma fortune est faite depuis que vous avez visité ma chaumière.

— En vérité ! s'écria Nelly avec joie.

— Oui, j'ai été nommé maître d'école dans le faubourg d'une grande ville bien loin d'ici aux appointements de trente-cinq livres ! Trente-cinq livres par an !

La naïve franchise du maître d'école, le ton affectueux de ses paroles, la bonté empreinte dans ses regards inspirèrent à l'enfant une confiance si grande, qu'elle lui conta toute son histoire sans aucune réserve.

Le maître d'école la regarda attentivement. Cette faible enfant, pensa-t-il, a-t-elle donc persévéré dans sa sainte tâche au milieu des dangers et des privations ? a-t-elle pu lutter contre tant de souffrances, armée de la seule force de l'amour filial ?

Il fut convenu que Nelly et son aïeul accompagneraient le maître d'école jusqu'à l'endroit où il se rendait et que là il tâcherait de leur procurer quelque humble occupation qui pût leur fournir des moyens d'existence.

Ils se décidèrent à partir le lendemain soir par un wagon dont le conducteur se montra peu exigeant.

Quoique l'allure de cette voiture ne fût ni douce ni rapide, combien ce voyage parut charmant et facile à Nelly et à son aïeul quand ils songeaient aux fatigues qu'ils avaient éprouvées naguère ! Ce ne fut que le lendemain soir qu'ils arrivèrent à une ville, où ils passèrent la nuit. Le jour suivant, ils se remirent en route, et vers midi, ils entrèrent dans une grande ville, qu'ils traversèrent en entier.

— Voyez ! s'écria le maître d'école transporté de joie en entrant dans le faubourg, voilà la vieille église avec sa tour, et je me trompe fort si cette petite maison basse qui l'avoisine n'est pas l'école. Trente-cinq livres de revenu annuel dans ce séjour délicieux ! Ils admirèrent tout... le vieux porche délabré, les fenêtres vitrées en partie en verre de couleur, le cimetière presque couvert de pierres sépulcrales, l'ancienne tour et jusqu'à la girouette qui s'en élevait sur le sommet. De pareils objets s'étaient présentés bien souvent à Nelly dans ses rêves, mais la réalité lui paraissait encore plus belle.

— Il faut que je vous quitte pour quelques instants, dit le maître d'école. J'ai une lettre à remettre et quelques informations à demander, comme vous le savez. Où vous conduirai-je ? dans cette petite auberge là-bas ?

— Non, répondit Nelly, j'aime mieux vous attendre sous le porche de l'église.

— Je ne serai pas longtemps, dit le maître d'école après les avoir conduits sous le porche et laissant près d'eux son portemanteau. Soyez sûrs que je vous apporterai de bonnes nouvelles.

Et l'heureux maître d'école, après avoir mis des gants gris tout neufs, s'éloigna rapidement, rayonnant d'espérance et de joie.

Nelly le suivit des yeux jusqu'à ce qu'il eut disparu derrière les arbres touffus, avoisinant l'église, qui comptait plusieurs siècles d'existence. Jadis un monastère y était attaché, car on voyait encore des arches en ruine et des restes de bâtiments écroulés. Tout près du cimetière s'élevaient deux petites maisons faisant elles-mêmes partie des ruines, et qui, malgré les réparations et les changements qu'on y avait faits pour les rendre habitables, conservaient un aspect triste et désolé. Ces maisons fixèrent toute l'attention de Nelly, sans qu'elle pût s'en expliquer le motif. L'église, les ruines, les vieux tombeaux semblaient devoir se partager les regards d'une personne qui les voyait pour la première fois. mais elle ne pouvait détourner ses yeux de ces deux maisons, et tandis qu'elle attendait le retour de son ami, ils restèrent fixés sur les mêmes objets qui exerçaient sur elle une sorte de fascination.

CHAPITRE XXVI

La mère de Kit et le gentleman, dont il est nécessaire que nous suivions les traces à la hâte, pour ne pas perdre le fil de notre histoire et ne pas laisser de doute dans les situations, rapidement conduits par quatre chevaux de poste, furent bientôt hors de la ville, faisant jaillir le feu des pavés de la route.

— Nous sommes arrivés ! s'écria son compagnon en baissant toutes les glaces de la voiture. Postillon, au spectacle des figures de cire !

Le postillon porta la main à son chapeau, enfonça ses éperons dans les flancs de sa monture, et traversa les rues en faisant claquer son fouet avec tant d'énergie, que les honnêtes bourgeois mirent le nez aux fenêtres pour connaître la cause de ce vacarme. La voiture s'arrêta devant une porte autour de laquelle une foule de gens étaient rassemblés.

— Qu'y a-t-il ? demanda le gentleman en passant la tête hors de la portière. Qu'y a-t-il ici ? Une noce, monsieur, une noce ! s'écrièrent plusieurs voix.

Le gentleman, un peu confus de se voir au milieu de cette foule bruyante, descendit de voiture, et donna la main à la mère de Kit pour l'aider à en descendre à son tour. A cette vue, la populace s'écria : C'est une autre noce ! et les cris et les acclamations redoublèrent.

— Tout le monde ici est fou, je crois, dit le gentleman en s'efforçant de se frayer un passage à travers la foule, accompagné de sa prétendue fiancée. Place, je vous prie, et laissez-moi frapper.

Tout ce qui fait du bruit est du goût de la foule. Vingt mains sales se levèrent pour frapper, et rarement on entendit un vacarme plus étourdissant. Après lui avoir obligeamment rendu service, la foule s'écarta un peu pour laisser au gentleman seul tout le plaisir d'une bonne réception après un pareil tapage.

— Que voulez-vous, monsieur ? demanda en ouvrant la porte, et en l'envisageant en vrai stoïcien, un homme portant une faveur blanche à sa boutonnière.

— Qui s'est marié ici, mon ami ? demanda le gentleman.

— Moi.

— Vous ! et avec qui ? au nom du diable !

— De quel droit me faites-vous cette question ? répliqua le marié en le toisant des pieds à la tête.

— De quel droit ! s'écria le gentleman en serrant le bras de la mère de

Kit sous le sien, car cette bonne femme avait un désir évident de s'enfuir; d'un droit dont vous vous doutez peu. Bonnes gens, je vous jure que si cet individu a épousé une mineure... mais cela ne peut-être. Où est la jeune fille qui montre vos figures de cire ? Elle se nomme Nelly. Où est-elle ?

A cette question, répétée par la mère de Kit, une personne qui se trouvait dans une chambre voisine poussa un cri perçant, et une grosse femme en robe blanche en sortit à la hâte et vint s'appuyer sur le bras du marié.

— Où est-elle ? s'écria cette dame. Quelles nouvelles m'en apportez-vous ? Qu'est-elle devenue ?

Le gentleman fit un pas en arrière et jeta des regards mêlés de crainte de désappointement sur l'*ex*-mistress Jarley, mariée dans la matinée au philosophe Georges au désespoir et à la rage éternelle de M. Plum le poète. Enfin il dit en balbutiant :

— C'est *moi* qui vous demande où elle est. Que voulez-vous dire ?

— Oh ! monsieur, s'écria la mariée, si vous êtes venu pour leur être utile, que n'êtes-vous arrivé huit jours plutôt !

— Elle n'est pas..... morte ? dit le gentleman, dont le visage devint blême.

— Non, je l'espère du moins.

— Merci, mon Dieu ! s'écria-t-il d'une voix faible. Permettez-moi d'entrer.

Ils se retirèrent pour le laisser passer, et lorsqu'il fut entré ils refermèrent la porte.

— Vous voyez en moi, dit-il en s'adressant aux nouveaux mariés, un homme moins attaché à la vie qu'aux deux personnes en question. Elles ne me reconnaîtraient pas, mes traits leur sont étrangers, mais ils reconnaîtraient cette bonne femme qui a été leur humble et fidèle amie.

— Je l'ai toujours dit, s'écria la mariée; je savais que ce n'était pas une enfant ordinaire ! Hélas ! monsieur, il n'est pas en notre pouvoir de vous aider, car nous avons en vain fait tous nos efforts pour la retrouver.

Et ils se mirent à lui raconter sans aucun détour tout ce qu'ils savaient au sujet de Nelly et de son aïeul, depuis leur rencontre jusqu'au moment de leur disparition soudaine, en ajoutant, ce qui était vrai, qu'ils avaient fait tout ou monde pour les découvrir. Le genleman écouta le récit d'un air consterné, et des larmes roulèrent dans ses yeux.

Bien convaincu de la vérité de tout ce qu'il venait d'entendre, le gentleman prit congé de l'heureux couple et, accompagné de la mère de Kit, il regagna sa chaise de poste.

— Où allons-nous, monsieur ? demanda le postillon.

— Au... au... Par égard pour la mère de Kit, il ne finit pas sa phrase comme elle s'était présentée à son esprit, Il dit : A l'auberge ! et le postillon fouetta ses chevaux.

Le bruit s'était déjà répandu dans la ville que la petite fille qui montrait les figures de cire était d'une grande famille, qu'elle avait été volée à ses parents en bas âge, et qu'on venait seulement d'en découvrir les traces. On ne savait pas encore si c'était la fille d'un prince, d'un duc, d'un comte, d'un vicomte ou d'un baron, mais on était d'accord sur le fait principal, et l'on s'accordait à lui donner pour père le gentleman, et tous s'efforcèrent de jeter un coup d'œil dans la voiture pour voir au moins le bout du noble nez de l'inconnu plongé dans un violent désespoir.

Que n'aurait-il pas donné pour savoir qu'en ce moment Nelly et son aïeul étaient assis sous le porche de l'église d'un faubourg de cette même ville attendant patiemment le retour du maître d'école.

CHAPITRE XXVII

Les bruits qui couraient sur le gentleman et sur les motifs de son voyage devenant plus étranges et plus merveilleux, il se forma autour de sa chaise de poste un nombreux rassemblement d'oisifs quand elle s'arrêta à la porte d'une auberge. Sans s'inquiéter de la curiosité dont il était l'objet et sans écouter les remarques qu'on faisait autour de lui à demi-voix, le voyageur descendit de voiture, aida mistress Nubbles à en descendre et, lui donnant le bras, la fit entrer dans l'auberge.

— Donnez-nous la chambre la première venue, la plus voisine d'ici, dit-il aux garçons qui s'empressaient autour de lui.

— Monsieur aimerait-il celle-ci ? dit un individu ouvrant une petite porte au pied de l'escalier en y passant la tête, je la lui céderai volontiers. Faites-moi l'honneur d'y entrer, monsieur ; accordez-moi cette faveur, je vous prie.

— Est-il possible ! s'écria la mère de Kit reculant de surprise, qui l'aurait cru ?

Elle avait quelque raison pour être étonnée, car celui qui faisait cette invitation gracieuse en saluant avec un air de politesse grotesque n'était autre que Daniel Quilp.

— Me ferez-vous cet honneur ? répéta le nain.

— Je préfère être seul, répondit le voyageur.

— Oh ! dit Quilp ; et rentrant dans la chambre, il disparut en fermant la porte.

— Je l'ai laissé hier soir, monsieur, au Petit-Béthel, dit mistress Nubbles à demi-voix.

— Vraiment ! s'écria son compagnon de voyage. Quand cet homme est-il arrivé ici, garçon ?

— Ce matin, monsieur. Il est venu par la diligence qui part le soir de Londres.

— Ah ! et quand s'en va-t-il ?

— Je n'en sais rien, monsieur. Quand la chambrière lui a demandé s'il lui faudrait un lit, il lui a fait des grimaces.

— Priez-le de venir ici, je voudrais lui dire quelques mots, et priez-le de venir sur-le-champ.

Le garçon entra dans la chambre dont la porte avait été ouverte, et en revint accompagné du nain.

— Votre serviteur, monsieur, dit celui-ci. Je pensais que vous me permettriez de vous rendre mes devoirs. J'espère que vous vous portez bien.

Sans donner au gentleman le temps de lui répondre, le nain se tourna vers mistress Nubbles.

— C'est bien la mère de Christophe, s'écria-t-il, cette chère dame, cette digne femme, si heureuse d'avoir un fils si honnête ! Comment se porte la mère de Christophe ? Le changement d'air lui a-t-il fait du bien ?

— Monsieur Quilp, dit le gentleman, nous nous sommes déjà vus.

— Sans doute, monsieur, sans doute. Un tel honneur, un tel plaisir, car c'est l'un et l'autre, monsieur, ne s'oublient pas si promptement.

— Vous pouvez vous rappeler que, le jour de mon arrivée à Londres, ayant trouvé la maison où j'avais affaire vide et abandonnée, je me rendis chez vous par le conseil de quelques voisins sans me donner le temps de prendre du repos ou de la nourriture. Je vous trouvai d'une manière inexplicable en possession de tout ce qui avait appartenu à un autre, et cet autre qui, jusqu'au moment où ses propriétés sont tombées entre vos mains, avait passé pour avoir de la fortune, avait été tout à coup réduit à la mendicité et chassé de sa maison.

— Nous étions légalement autorisés à faire tout ce que nous avons fait, mon bon monsieur ; nous y étions autorisés. Mais ne dites pas qu'il ait été chassé. Il est parti volontairement ; il a disparu pendant la nuit.

— N'importe ! il était parti.

— Sans doute il était parti. La seule question était de savoir où il était allé. Et c'en est encore une aujourd'hui.

— Et maintenant que dois-je penser de vous, de vous, qui, bien décidé à ne me donner aucune information, et n'ayant répondu à mes questions que par des évasions et des faux-fuyants, suivez à présent mes pas pour épier mes démarches ?

— Moi, épier vos démarches !

— Oui, monsieur, vous. N'étiez-vous pas hier soir à soixante milles d'ici, et sur la place où la bonne femme va prendre ses récréations.

— Elle y était aussi, je crois ; et si j'étais enclin à l'impertinence, je pourrais dire : Comment sais-je si ce n'est pas vous qui m'avez suivi pour épier mes démarches ? Oui, j'étais hier au Petit-Béthel. Qu'en résulte-t-il ?

— Laissons cela, monsieur, et dites-moi plutôt si vous n'avez pas eu quelque motif particulier pour entreprendre ce voyage précisément au même instant que moi. Ne savez-vous pas dans quel but je suis venu ici, et si vous le savez, pouvez-vous et voulez-vous m'aider dans mon projet ?

— Vous me croyez donc un sorcier, monsieur ? Si je l'étais, je me dirais ma bonne fortune à moi=même, et je serais bientôt riche.

— Je vois que nous avons dit tout ce que nous avons à nous dire, s'écria le gentleman avec un air de mépris, laissez-nous, je vous prie, monsieur.

— Volontiers, très volontiers, répliqua Quilp. Mistress Nubbles, adieu, ma bonne dame ; je vous souhaite un retour agréable à Londres, monsieur.

A ces mots, et avec une grimace qui semblait composée de ce qu'il y a de plus hideux dans toutes celles que peuvent faire un homme et un singe, il rentra dans sa chambre, et en ayant fermé la porte, il se jeta sur une chaise et se livra à certaines méditations dont il peut être à propos de rapporter ici la substance.

D'abord il passa en revue dans son esprit les circonstances qui l'avaient déterminé à partir tout à coup pour la ville où il se trouvait alors; et voici en peu de mots en quoi elles consistaient.

Étant allé chez M. Brass dans la soirée précédente, en l'absence du procureur et de sa sœur, il y avait trouvé M. Swiveller, qui se consolait de l'aridité de la jurisprudence en l'humectant d'une quantité de grog plus que raisonnable. Sa tête s'en ressentait, et comme c'est l'usage quand on se trouve dans cet état de n'en avoir que meilleure opinion de soi-même, M. Swiveller, qui avait eu en tout temps une très haute idée de sa discrétion et de sa sagacité, en prit occasion pour dire qu'il avait fait d'étranges découvertes relativement au gentleman qui occupait un appartement chez M. Brass, mais qu'il les garderait soigneusement renfermées dans son sein, et que les tortures même ne pourraient tirer de lui ce secret. M. Quilp donna de grands éloges à cette résolution, et continuant à faire rouler la conversation sur le même sujet, il ne tarda pas à obtenir sans le demander la connaissance de ce grand secret, qui était que M. Swiveller avait vu le gentleman en conférence avec Kit.

M. Quilp en conclut sur-le-champ que le gentleman logé chez M. Brass était l'individu qui s'était adressé à lui pour savoir ce qu'étaient devenus le vieillard et sa petite-fille, et que c'était dans le même but qu'il avait eu une conférence avec Kit. Brûlant de curiosité de savoir quelles mesures pouvaient avoir été concertées entre eux, il résolut de s'adresser à la mère de Kit comme à la personne la moins capable de cacher un secret à son astuce, et il courut sur-le-champ chez elle. Ayant appris qu'elle était au Petit-Béthel, il s'y rendit lui-même, et y arriva seulement quelques minutes avant Kit. Ses yeux de lynx remarquèrent de suite l'impatience qu'avait le jeune homme de parler à sa mère, et quand il les vit partir, il les suivit avec précaution, d'abord jusqu'à leur demeure, et de là jusqu'à la maison du notaire. Une chaise de poste était à la porte; il apprit d'un des postillons pour quelle ville ils allaient partir, et dès qu'il eut vu le gentleman partir avec la mère de Kit, il courut au bureau de la diligence qui devait partir le même soir pour la même ville, et y prit sa place sur l'impériale. Pendant tout le voyage, la diligence et la chaise de poste furent tantôt en arrière, tantôt en avant l'une de l'autre, suivant qu'elles s'arrêtaient plus au moins de temps pour changer de chevaux, mais elles arrivèrent en même temps dans la ville. Quilp, étant descendu de son poste élevé, se mêla à la foule qui s'était amassée, apprit le but du voyage du gentleman et le manque de réussite de son projet, arriva dans l'auberge quelques minutes avant lui, et y eut l'entrevue que nous avons rapportée.

— Ah! vous êtes ici, mon bon ami! pensa-t-il après avoir fait cette récapitulation mentale; je vous suis suspect, vous me laissez à l'écart et Kit est devenu votre agent confidentiel. Fort bien! il faudra que je me débarrasse de lui. Si nous avions trouvé les fugitifs ce matin, c'eût été probablement une bonne affaire pour moi. Sans ce drôle et sa mère, j'aurais pu tenir dans mes filets ce gentleman aussi bien que notre ancien ami, notre ami commun. Ah! ah! ah! cela peut encore me valoir de l'or, et il ne faut pas y renoncer. Oui, oui, que je les découvre d'abord, et je trouverai ensuite le moyen de vous débarrasser du superflu de votre bourse, tant qu'il y aura des prisons et des verrous pour tenir en sûreté votre vieil ami ou votre parent. Comme je hais tous ces gens qu'on appelle vertueux! Je déteste jusqu'à leur nom.

Ce n'était pas un propos en l'air, c'était un aveu de ses véritables sentiments. Quilp, qui n'avait jamais aimé personne, en était venu peu à peu à haïr tout le monde, et son unique plaisir était de nuire et de faire du mal à ses semblables. Mais son vieux client ruiné et tout ce qui se rattachait à lui étaient les objets de sa haine particulière : le vieillard, parce qu'il avait su le tromper et éluder sa surveillance; la jeune fille, parce qu'elle était l'objet de la commisération de mistress Quilp ; le gentleman inconnu, parce qu'il voyait le mépris qu'il lui inspirait ; Kit et sa mère, à cause de leur attachement pour celui dont il fait avait sa victime.

Dans cette agréable situation d'esprit, M. Quilp but un verre d'eau-de-vie ; et quittant l'auberge il alla se loger dans un cabaret obscur, où il fit toutes les enquêtes possibles pour découvrir où étaient allés le vieillard et sa petite-fille. Mais tout fut inutile, personne ne les avait vus partir, et personne ne savait de quel coté ils étaient allés. Laissant donc deux ou trois espions en leur promettant une bonne récompense s'ils découvraient les fugitifs, il retint sa place à la diligence sur l'impériale pour retourner le lendemain à Londres.

Quand il prit sa place le lendemain, il remarqua avec un certain plaisir que la mère de Kit était dans l'intérieur de la voiture; circonstance qui lui permit de s'amuser pendant le voyage en cherchant tous les moyens possibles de l'effrayer. Presque au risque de sa vie, il se penchait sur le bord de l'impériale et baissait sa tête jusqu'à la portière en faisant les grimaces les plus hideuses ; et quand elle se retournait de l'autre côté pour ne plus le voir, il ne manquait pas de s'y montrer le moment d'après. Quand on s'arrêtait pour changer de chevaux, il descendait de l'impériale, montait sur le marchepied, lui montrait ses dents longues et jaunes, avançait sa langue hors de sa bouche, louchait d'une manière horrible et faisait des contorsions si infernales que mistress Nubbles commençait à croire que M. Quilp était le diable en personne ou que le diable avait emprunté ses traits.

Une lettre avait averti Kit du prochain retour de sa mère, et il était à l'attendre au bureau de la diligence quand la voiture arriva. Il fut prêt à tomber de son haut lorsqu'il vit le nain descendre de l'impériale.

— Comment vous portez-vous, Christophe? tout va bien, votre mère est dans la diligence.

— Comment se fait-il qu'il soit là, ma mère? dit Kit à voix basse tandis qu'elle descendait de voiture en s'appuyant sur son bras.

— Je ne sais ni comment ni pourquoi; mais ce que je sais, c'est qu'il m'a fait presque perdre l'esprit pendant le voyage.

— Oui-da! s'écria Kit.

— Ne lui dites rien, mon fils, ne lui parlez pas, je ne sais si c'est un homme ou un démon !

— Et pourquoi ne lui parlerais-je pas? Quelle folie! Monsieur! Écoutez-moi, monsieur! Quilp jeta un coup d'œil autour de lui en souriant, Comment osez-vous tourmenter ainsi une pauvre veuve, comme si elle n'avait pas déjà assez de tourment sans vous, petit monstre?

— Monstre, répéta intérieurement Quilp; le nain le plus laid qu'on ait jamais montré à la foire pour un penny : tout cela lui sera payé.

— Je vous avertis, monsieur Quilp, que je ne souffrirai pas plus longtemps votre impudence. J'en serais fâché à cause de votre petite taille, mais si vous vous avisez de recommencer, vous me forcerez à vous donner une leçon dont vous vous souviendrez.

Le nain ne répliqua point, mais il s'approcha de Kit, les yeux fixés sur lui, et assez près pour le toucher, et se retira ensuite en faisant une grimace hideuse. Il s'avança de nouveau vers lui, se retira de même, et recommença cette manœuvre cinq ou six fois, comme une tête dans une fantasmagorie. Kit resta ferme à sa place, s'attendant à une attaque : mais voyant que cette pantomime n'aboutissait à rien, il fit claquer ses doigts, et lui tourna le dos, sa mère le tirant par un bras, pour le faire marcher plus vite, et tournant la tête en arrière à chaque instant pour voir si Quilp ne les poursuivait pas.

La mère de Kit aurait pu s'épargner la peine de regarder si souvent en arrière, car M. Quilp ne pensait déjà plus ni à elle ni à son fils. Il retournait chez lui en se repaissant de l'idée agréable qu'il allait trouver sa femme plongée dans l'inquiétude, la crainte et la désolation, puisqu'elle ne pouvait savoir ce qu'il était devenu depuis trois jours et deux nuits.

En arrivant dans sa maison, son salon lui parut éclairé plus que n'aurait dû l'être un séjour d'inquiétude et de chagrin. Il écouta avec attention, entendit plusieurs voix, reconnut celle de sa belle-mère, mais ne put entendre ce qu'on disait. Que veut dire ceci? pensa-t-il; reçoit-on compagnie en mon absence? Il chercha dans sa poche la clef de sa maison; mais il l'avait oubliée, et sa seule ressource fut de frapper : ce qu'il fit doucement et avec précaution.

Ce ne fut qu'au second coup que le jeune gardien de son quai vint lui ouvrir, et dès que le nain l'aperçut, il lui serra la gorge d'une main, et le traîna de l'autre jusqu'au milieu de la rue.

— Lâchez-moi donc! s'écria le jeune homme, vous m'étranglez.

— Que fait-on là-haut, chien que vous êtes? demanda Quilp. Ayez soin de parler bas, où je vous étranglerai tout de bon.

— Comment puis-je parler, si vous me serrez la gorge? Eh bien, ah! ah! ah! ils pensent, ah! ah! ah! ils pensent que vous êtes mort.

— Mort! me croient-ils réellement mort? s'écria le nain en se frottant les mains de plaisir.

— Ils vous croient noyé, répondit le jeune homme, dont le caractère ressemblait assez à celui de son maître. On vous a vu pour la dernière fois sur le bord de votre quai, et ils pensent que vous êtes tombé dans l'eau.

L'espoir de pouvoir les épier, les écouter, et leur montrer ensuite le mort prétendu vivant et bien portant, fit éprouver à Quilp peut-être le plus grand bonheur dont il eût joui de sa vie. Il ôta ses souliers, éteignit la chandelle que portait le jeune homme, lui ordonna de rester sur le trottoir, et monta l'escalier à tâtons. La porte de la chambre à coucher étant ouverte il y entra sans bruit. Celle qui établissait une communication entre cette chambre et le salon était fermée, quoique la clef fût dans la serrure; mais il s'y trouvait une fente qu'il avait depuis longtemps élargie avec son couteau, afin de pouvoir plus facilement espionner ce qui s'y passait, et il y appliqua l'œil sur-le-champ.

De là il vit M. Samson Brass assis près de la table, et ayant devant lui papier, plume et encre. Sur la même table il reconnut sa cave à liqueurs, cette cave où se trouvait le rhum de la Jamaïque, qu'il se réservait exclusivement; il s'y trouvait aussi des citrons, du sucre, de l'eau chaude, et le procureur était occupé à se préparer un grand verre de punch avec ces matériaux d'élite. Mistress Jiniwin avalait d'un air satisfait de fréquentes gorgées du même breuvage dans un grand gobelet placé devant elle, tandis que sa fille, qui n'avait couvert ni son corps d'un sac, ni ses cheveux de cendres, mais qui maintenait pourtant les apparences d'un chagrin décent, humectait de temps en temps ses lèvres dans un verre de plus petite dimension. Debout, derrière eux, étaient deux hommes robustes, espèce de bateliers, portant des dragues et autres instruments propres à retirer de l'eau les corps des noyés; et chacun d'eux avait en main un verre de grog.

— Si je pouvais empoisonner le punch de cette vieille coquine, pensa Quilp, je mourrais content.

— Ah! dit M. Brass rompant enfin le silence les yeux levés vers le plafond, qui sait si du séjour où il est sans doute à présent il n'a pas les yeux fixés sur nous en ce moment, s'il n'est pas à nous surveiller? Et penser que je bois ici son rhum! c'est véritablement comme un songe. Il vida son verre, et tout en en préparant un autre, il se tourna vers les bateliers, et leur dit : Et vous n'avez pu retrouver son corps?

— Non, monsieur; mais j'espère que demain, à la marée basse, nous pourrons le trouver quelque part du côté de Greenwich.

— Nous n'avons donc qu'à nous résigner et à attendre. Ce serait une consolation d'avoir son corps.

— Sans contredit, s'écria mistress Jiniwin; il ne resterait plus aucun doute.

— Occupons-nous de l'avertissement à insérer dans les journaux, dit M. Brass en prenant sa plume, et terminons son signalement. Nous en sommes restés aux jambes.

— Jambes torses, bien certainement, dit mistress Jiniwin.

— Croyez-vous qu'elles fussent torses? Je ne les ai jamais vues que couvertes de pantalons très larges. Dirons-nous torses, mistress Quilp?

— Je crois qu'elles l'étaient un peu, répondit la dame en soupirant.

— Eh bien, reprit Brass en écrivant, grosse tête, corps de petite taille, jambes un peu torses.

— Très torses, dit mistress Jiniwin.

— Nous ne dirons pas très torses, répliqua le procureur. N'appuyons pas sur le côté faible du défunt. Personne ne songera à ses jambes dans le séjour où il est maintenant. Contentons-nous de dire jambes torses.

— Je croyais qu'il fallait dire la vérité, voilà tout, dit mistress Jiniwin.

— L'affaire qui nous occupe, continua M. Brass quittant sa plume pour prendre son verre, semble le mettre sous mes yeux, comme l'ombre du père d'Hamlet, sous les habits qu'il portait tous les jours, son habit, son gilet, ses souliers, ses bas, son pantalon, son linge de ce blanc douteux qui était sa couleur favorite...

— Vous feriez mieux de continuer votre besogne, monsieur, s'écria mistress Jiniwin.

— Vous avez raison, madame, répondit le procureur remettant son verre sur la table après en avoir bu la moitié. il ne faut pas que le chagrin engourdisse nos facultés. A présent nous allons passer à la description de son nez.

— Plat, dit mistress Jiniwin.

— Aquilin ! s'écria Quilp ouvrant la porte et entrant dans l'appartement. Aquilin, vieille sorcière ! répéta-t-il en se frappant le nez d'un doigt. Regardez-le bien. Appelez-vous cela plat ?

— Excellent ! délicieux ! s'écria Brass par la force de l'habitude. Comme il est facétieux ! Qui saurait mieux prendre son monde par surprise ?

Quilp ne fit pas plus d'attention à ces compliments qu'aux cris que poussèrent sa belle-mère et sa femme. La première s'enfuit de l'appartement, l'autre perdit connaissance. Pendant ce temps il fit le tour de la table, vida les trois verres de punch qui s'y trouvaient, prit sa cave à liqueurs sous un de ses bras, et les yeux fixés sur M. Brass, il lui dit en fronçant les sourcils : Bonsoir !

— Bonsoir, monsieur, bonsoir, répondit le procureur inquiet et effrayé en gagnant la porte à reculons. La présence d'un tiers est importune dans une circonstance si heureuse, si joyeuse, si inattendue, si... Le reste de son discours se perdit sur l'escalier.

— Et vous avez cherché le corps toute cette journée, braves gens? dit le nain aux deux bateliers.

— Oui, monsieur, répondit l'un d'eux, et toute celle d'hier.

— Vous avez dû avoir bien du travail. Eh bien, si vous le trouvez demain, vous pouvez regarder comme à vous tout ce qui se trouvera sur lui. Adieu !

Les deux hommes se retirèrent et Quilp resta debout regardant sa femme évanouie avec un air de satisfaction, sans songer à lui donner le moindre secours.

Quand mistress Quilp sortit de son évanouissement, elle eut à peine la force de se relever, et retombant sur une chaise, elle se mit à pleurer en silence.

— Et ainsi vous pensiez que j'étais mort, dit-il à sa femme d'un ton goguenard, que vous ne me reverriez plus, que vous étiez veuve ? Ah ! ah ! ah ! drôlesse !

— En vérité, Quilp, je suis bien fâchée...

— Qui en doute? Je suis très sûr que vous êtes bien fâchée.

— Je veux dire fâchée de ce que les circonstances m'ont portée à avoir une telle idée. Je suis très charmée, très heureuse de vous revoir, Quilp.

Dans le fait, mistress Quilp paraissait beaucoup plus charmée du retour de son mari qu'on n'aurait pu s'y attendre, et elle semblait prendre à lui un intérêt qui était inexplicable d'après la manière dont il se comportait uniformément à son égard. Mais cette circonstance ne fit aucune impression sur le nain, et il fit claquer ses doigts en faisant des grimaces de triomphe et de dérision.

— Comment avez-vous pu vous en aller pour si longtemps sans m'en prévenir, sans m'écrire un seul mot? ajouta-t-elle en sanglotant. Comment pouvez-vous avoir été si cruel ?

— Comment j'ai pu être si cruel? Parce que telle était mon humeur. Elle dure encore, et je vais m'en aller une seconde fois.

— Vous en aller ?

— Oui, m'en aller, sur-le-champ. Je veux vivre où ma fantaisie me conduira, sur mon quai, dans mon comptoir. Vous avez été veuve par anticipation, je serai garçon tout de bon.

— Vous ne parlez pas sérieusement, Quilp.

— Je vous dis que je veux mener la vie joyeuse d'un garçon dans mon comptoir, et venez-y me trouver, si vous l'osez! Mais prenez garde que je ne vous surprenne quand cela ne vous conviendrait pas, car je vous espionnerai. J'irai, je viendrai comme une taupe ou une belette. Tom! Tom Scott! s'écria-t-il en ouvrant une croisée.

— Que voulez-vous ? demanda le jeune homme dans la rue.

— Attendez-moi! Vous allez avoir à porter le portemanteau d'un garçon. Préparez-le, mistress Quilp, et appelons la vieille dame pour qu'elle vous aide.

Il prit un bâton et frappa à coups redoublés à la porte du cabinet dans lequel couchait mistress Jiniwin. Elle s'éveilla en sursaut et tremblant de frayeur, car elle crut que son gendre voulait l'assassiner pour la punir d'avoir parlé de ses jambes et de son nez comme elle l'avait fait. Elle se rassura pourtant quand sa fille lui eut expliqué de quoi il s'agissait, et parut bientôt en robe de nuit de flanelle. La mère et la fille se mirent à empaqueter dans le portemanteau tous les effets que le nain leur donnait à y placer, et il y mettait beaucoup de lenteur, car, voyant qu'elles grelottaient de froid, la nuit étant déjà assez avancée, il voulait jouir de leurs souffrances le plus longtemps possible. Enfin, y ayant fait ajouter une assiette, un couteau et une cuiller, une théière, une tasse et une soucoupe et quelques autres objets de même nature, il ferma le portemanteau, le mit sur son épaule, et prenant sous son bras sa cave à liqueurs, il partit sans leur adresser un seul mot. Mettant sur les épaules de Tom le plus pesant de ses deux fardeaux, il prit le chemin de son quai, où il arriva entre trois et quatre heures du matin.

— Bien, dit Quilp en ouvrant la porte de son comptoir, bien! je serai ici à merveille. Appelez-moi à huit heures, chien que vous êtes.

Sans ajouter un mot de plus, il prit son portemanteau, entra dans son comptoir et en ferma la porte. S'enveloppant alors d'un vieux manteau de bateau, il monta sur son bureau à l'aide d'une escabelle, s'y coucha en rond comme un hérisson et s'endormit profondément.

Tom l'éveilla à l'heure dite le lendemain matin, et le nain s'étant levé aussitôt, il lui ordonna d'allumer un bon feu en plein air avec de vieux débris de navires dont son quai était plein, et l'envoya ensuite acheter du café, des petit pains, du beurre, du sucre et tout ce qu'il lui fallait pour faire un bon déjeuner, qui fut prêt en moins d'une demi-heure. Content du parti qu'il avait pris, et sachant que c'était un excellent moyen pour tenir sa femme et sa belle-mère dans un état perpétuel d'inquiétude et d'agitation, il résolut de prendre quelques mesures pour rendre sa nouvelle habitation plus commode et plus agréable.

Sortant donc à son tour, il acheta un vieux hamac de hasard qu'il suspendit au plafond de ce qu'il appelait son comptoir, dans lequel il fit placer aussi un mauvais poêle de navire avec un tuyau de tôle rouillée pour conduire la fumée au-dessus du toit. Ces arrangements étant terminés, il les regarda avec satisfaction. J'ai une maison de campagne comme Robinson Crusoé, pensa-t-il, dans une sorte d'île déserte, où je puis être seul quand bon me semble, car je n'y aurai d'autre compagnie que des rats, et s'y j'en trouve un qui ressemble à Kit, je l'empoisonnerai. Mais au milieu du plaisir il ne faut pas oublier les affaires, et le temps a couru vite ce matin.

Ayant enjoint à Tom de ne pas quitter le quai avant son retour et de ne pas s'amuser à marcher sur ses mains, le nain prit une barque, traversa la rivière et se rendit ensuite chez Samson Brass. Il y arriva pendant que M. Swiveller était à dîner solitairement.

— Comment se porte Dick, mon élève, mon favori? demanda Quilp. Comment se trouve la crème des clercs?

— Un peu sure, monsieur; elle commence même à tourner en fromage.

— Que veut dire cela? Seriez-vous mécontent de la maison dans laquelle je vous ai placé? Où en trouverez-vous une autre semblable

— Nulle part. Elle est sans pareille. Mais le fait est que la jurisprudence ne me convient pas. Elle est trop sèche, et elle exige qu'on soit trop longtemps assis. J'ai déjà songé bien des fois à décamper d'ici.

— Et où iriez-vous?

— Je n'en sais rien.

Le nain le regarda avec curiosité, et il aurait voulu qu'il s'expliquât davantage; mais Richard termina son dîner en silence, et quand il eut fini il se tourna vers le feu et regarda les charbons sans parler.

— Voudriez-vous un morceau de gâteau? demanda-t-il enfin à Quilp; vous y avez droit plus que personne, car c'est à vous que j'en suis redevable.

— Que voulez-vous dire?

M. Swiveller lui répondit en tirant de sa poche un petit paquet enveloppé d'un papier graisseux, qu'il déploya lentement et qui contenait un morceau de gâteau dont le bord était une croûte de sucre d'un pouce d'épaisseur. Savez-vous ce que c'est? demanda-t-il au nain en le lui montrant.

— Cela ressemble à un morceau de gâteau de mariage.

— Et devinez-vous qui me l'a envoyé?

— Serait-ce votre ancien projet de mariage, miss...

— Oui; mais ne la nommez pas! Elle s'appelle Cheggs aujourd'hui Sophie Cheggs. Je la regrette vivement et mon cœur se brise quand je pense à ce mariage que j'aurais pu faire et que vous m'avez fait manquer. Voilà le triomphe dont vous m'aviez bercé. Mais c'est ma destinée. Vous et Fred, vous devez être contents, car chacun de vous a été tour à tour un boute-feu pour moi dans cette affaire.

— A propos du jeune Trent, où est-il à présent?

— Il a obtenu une place dans une banque de jeu ambulante, et il fait en ce moment une tournée dans la grande-Bretagne.

— Cela est malheureux. Le fait est que je venais pour vous parler de lui. Il m'est passé une idée par la tête. Il est possible que votre ami..

— Quel ami?

— Celui qui demeure ici, au premier étage.

— Ah! eh bien?

— Il est possible qu'il connaisse Fred.

Swiveller secoua la tête.

— S'il ne le connaît pas, reprit Quilp, c'est sans doute parce qu'ils ne sont pas encore rencontrés. Mais si nous les mettions en présence, il est possible que le gentleman eût autant de plaisir à le voir que s'il retrouvait la petite Nelly et son aïeul. Cela pourrait faire la fortune du jeune Trent, et par suite la vôtre.

— Le fait est, monsieur Quilp, qu'ils ont déjà eu une entrevue.

—. Une entrevue! Comment? Qui les a mis en face l'un de l'autre.

— Moi, à la demande de Fred.

— Et qu'en est-il résulté?

— Au lieu de fondre en larmes quand il sut qu'il était Frédéric; au lieu de le serrer dans ses bras et de lui dire qu'il était son grand-père ou sa grand'mère déguisée, comme nous nous y attendions tous deux, il se mit dans une colère effrayante, vomit des injures contre Fred, lui reprocha d'être en grande partie la cause de la ruine de sa sœur et de son aïeul, et, au lieu de nous offrir quelques rafraîchissements, nous pria de sortir de sa chambre.

— Cela est fort étrange! dit le nain ayant l'air de réfléchir.

— Nous pensâmes de même; mais c'est la vérité.

Cette nouvelle déconcerta évidemment M. Quilp. Il garda le silence, examinant fréquemment la physionomie de Frédéric; et n'y voyant rien qui pût le faire douter de la vérité de ce qu'il venait d'apprendre, il prit le parti de se retirer.

— Ah! ils se sont vus, pensa-t-il chemin faisant; mon ami Dick m'a gagné de vitesse! Qu'importe après tout? Il n'y gagnera rien. Mais il ne faut pas qu'il quitte M Brass à présent. Je suis sûr de le trouver où il est, si j'ai besoin de lui pour mes projets, et c'est pour moi, sans qu'il s'en doute, un espion utile auprès de Brass; car il ne m'en coûte que quelques verres de grog pour lui faire dire tout ce qu'il a vu et entendu. Je ne sais trop si je ne ferais pas bien de découvrir à ce gentleman les projets de Dick sur la petite Nelly et de m'en faire un mérite près de lui; mais rien ne presse, et, en attendant, Dick et moi nous resterons amis.

CHAPITRE XXVIII

La matinée était déjà assez avancée quand M. Quilp s'éveilla. Il appela Tom, lui ordonna de lui préparer son déjeuner pendant qu'il faisait sa toilette, et dès qu'il eut pris son repas du matin il sortit de son quai, traversa la Tamise, et se rendit une seconde fois dans Bevis-Marks.

Cette seconde visite était destinée au procureur et non à M. Swiveller; mais ni l'un ni l'autre, ni même le flambeau de la jurisprudence, miss Sally, n'était à son poste : ce qui était annoncé à tout venant par une petite bande de papier sale, attachée au cordon de la sonnette de l'étude, sur laquelle était écrit de la propre main de notre ami Frédéric qu'on trouverait quelqu'un dans l'étude « dans une heure. » Mais quand cette heure avait-elle commencé et quand finirait-elle ? C'était ce qui restait à savoir.

— Je suppose qu'il y a une servante, pensa Quilp en frappant à la porte.

Après qu'il eut attendu quelque temps, la porte s'ouvrit et une voix grêle lui demanda : Voulez-vous laisser une carte ou un messager ?

Le nain baissa la tête, ce qui était quelque chose de nouveau pour lui, pour regarder la petite servante.

— J'écrirai un billet, répondit-il, et ayez soin que votre maître le lise aussitôt qu'il sera rentré. En parlant ainsi il la poussa pour entrer dans le bureau. La petite servante, dûment endoctrinée, l'y suivit, et eut toujours les yeux fixés sur lui, prête à courir dans la rue et à donner l'alarme s'il lui arrivait de dérober seulement un pain à cacheter.

Tout en pliant son billet, qui, étant très court, fut bientôt écrit, ses yeux rencontrèrent ceux de la petite servante, et, soit que l'expression de sa physionomie eût quelque chose qui attirât l'attention du nain, soit qu'il voulût s'amuser à l'effrayer, il appuya ses deux coudes sur le bureau et ses deux joues sur ses mains, et la regarda fixement à son tour en faisant quelques-unes de ses hideuses grimaces. Voyant qu'elle n'était pas décontenancée, il lui dit enfin : Comment vous traite-t-on ici ?

La petite servante ne répondit à cette question qu'en serrant les lèvres et en secouant la tête.

— Je comprends, continua le nain; mais où étiez-vous avant de venir ici ?

— Je n'en sais rien.

— Humph ! Et quel est votre nom ?

— Je n'en ai point.

— Vous n'en avez point ? Quelle sottise ! Comment votre maîtresse vous appelle-t-elle quand elle a besoin de vous ?

— Petite diablesse.

Ces réponses extraordinaires auraient pu donner lieu à d'autres questions, mais M. Quilp ne jugea pas à propos de pousser plus loin son interrogatoire; et après avoir cacheté son billet et y avoir mis l'adresse il remit à la petite servante et se retira sans lui dire un mot de plus.

Ce billet était une invitation à miss Sally Bras et à son frère de venir prendre le thé le soir à six heures avec lui dans le cabaret nommé le Désert, qui n'était qu'à une portée de fusil de son quai, et il s'y rendit sur-le-champ pour retenir le local qu'on appelait le cabinet de verdure, où nous l'avons déjà vu avec M. Swiveller, et pour ordonner qu'on y préparât pour six heures du thé et quelques autres rafraîchissements pour trois personnes.

Ce fut dans cette agréable retraite que M. Quilp, après un dîner dont l'heure fut un peu avancée, se rendit à six heures moins un quart pour recevoir ses hôtes, qui ne se firent pas attendre.

— Vous aimez les beautés de la nature, Brass, dit Quilp; cet endroit ne vous paraît-il pas charmant, d'une simplicité primitive?

— Véritablement délicieux, monsieur.

— Un peu froid?

— Pas plus que tout autre endroit, répondit le procureur les dents lui claquant dans la bouche.

— Peut-être un peu humide?

— Seulement ce qu'il faut pour entretenir la fraîcheur.

— Et l'aimable Sally, comment trouve-t-elle ce lieu?

— Elle le trouvera mieux quand elle aura du thé, répondit la virago; ainsi faites-le servir sans bavarder davantage.

— Charmante Sally! admirable colonne du barreau! s'écria le nain en examinant à la dérobée l'effet de ses paroles..

— C'est un homme très remarquable, dit M. Brass comme un soliloque; un troubadour, oui, un vrai troubadour.

Ils en avaient déjà pris chacun deux tasses, et Sally allait verser la troisième, quand M. Quilp s'écria en lui retenant le bras : Un instant, Sally; il faut que je vous dise un mot auparavant. Ecoutez-moi, et il tira en même temps la manche de l'habit du procureur.

Sally rapprocha sa chaise de celle du nain, étant habituée à avoir avec lui des conférences qui n'en valaient que mieux pour avoir lieu à demi-voix. Son frère en fit autant.

— Vous connaissez un jeune homme nommé Kit? continua Quilp.

Sally fit un signe affirmatif.

— Kit! répéta Samson; ce nom ne m'est pas inconnu, mais je ne me rappelle pas l'individu qui le porte.

— Vous êtes lent comme une tortue et vous avez le crâne plus épais que celui d'un rhinocéros, s'écria Quilp avec un geste d'impatience.

— Comme sa conversation est ornée! s'écria Brass. Ses connaissances en histoire naturelle sont surprenantes! C'est un véritable Bouffon.

Il n'y a nul doute que Brass n'eût dessein de lui faire un compliment; mais il avait ajouté une voyelle superflue au nom du célèbre naturaliste qu'il avait voulu citer. Peut-être se serait-t-il aperçu de son erreur et l'aurait-il rectifiée : mais le nain ne lui en laissa pas le temps, et il se chargea de la correction en lui appliquant sur la tête un coup de manche de son parapluie.

— N'ayons pas de querelle, dit miss Sally ; je vous ai fait voir que je le connais, et cela suffit.

— Toujours la première sur le droit chemin, dit Quilp en jetant un regard de mépris sur le procureur. Eh bien ! Sally, je n'aime pas ce Kit.

— Ni moi, dit Sally.

— Ni moi, répéta Brass.

— Voilà qui va bien, reprit Quilp ; la moitié de notre besogne est déjà faite. Ce Kit est du nombre de ces gens qu'on appelle probes et honnêtes, un hypocrite, un homme à double face, un espion, un chien couchant pour ceux qui le nourrissent, et un chien hargneux pour tous les autres.

— Ecoutez ! écoutez ! s'écria Samson, quelle éloquence !

— Laissez-nous en venir au point, et ne parlez pas tant ! s'écria Sally.

— Elle a encore raison, dit Quilp en jetant sur le procureur un autre regard méprisant. Je vous disais donc, Sally, que c'est un chien hargneux pour tous les autres, et surtout pour moi. En un mot, j'ai une dette à lui payer.

— Cela suffit, monsieur, dit Samson.

— Non, cela ne suffit pas. Voulez-vous m'écouter jusqu'au bout ? Indépendamment de l'ancienne dette que j'ai à lui payer, sa présence me gêne, et il se trouve sur mon chemin entre moi et un but où je veux arriver, et qui serait pour nous tous une mine d'or. En outre, je le hais de toute mon âme. A présent vous devez deviner le reste. Vous le connaissez, imaginez quelque moyen pour m'en débarrasser.

— Cela sera fait, monsieur, dit le procureur.

— En ce cas, donnez-moi votre main ; la vôtre, Sally : je compte sur vous autant et même plus que sur lui. Allons, qu'on nous apporte des pipes, du grog, et passons joyeusement le reste de la soirée.

Il ne fut plus question de ce qui venait de se passer, et qui avait été le seul motif de l'invitation. Quilp fut constamment de l'humeur la plus joviale ; et il était plus de dix heures quand Sally donna le bras à son frère pour le reconduire chez lui, car il chancelait sur ses jambes au point qu'il n'aurait pu y retourner seul.

Quilp regagna sa demeure de garçon, et dès qu'il fut arrivé il monta dans son hamac et s'endormit. Ses songes présentèrent sans doute à son esprit l'image de Kit, et peut-être celles des deux personnages de notre histoire que nous avons laissés sous le porche d'une église, et qu'il est temps que nous allions rejoindre.

CHAPITRE XXIX

Après un assez long intervalle le maître d'école parut à la porte du cimetière, et il accourut à eux, tenant en main un trousseau de clefs rouillées, dont le cliquetis se faisait mieux entendre à mesure qu'il avançait.

— Vous voyez ces deux vieilles maisons, dit-il en arrivant hors d'haleine.

— Sans doute, répondit Nelly; à peine ai-je regardé autre chose depuis que vous nous avez quittés.

— Et vous les auriez regardées avec encore plus de curiosité si vous aviez pu deviner ce que j'ai à vous dire : une de ces maisons est la mienne.

Sans lui laisser le temps de lui répondre, il la prit par la main et la conduisit à la maison dont il parlait, et dont la porte était basse et arrondie par le haut. Après y avoir essayé plusieurs clefs, il en trouva une qui entra dans la serrure. La porte s'ouvrit en criant sur ses gonds, et ils entrèrent dans l'intérieur.

La chambre dans laquelle ils se trouvaient avait été autrefois embellie par les soins de l'architecture. On voyait des restes de son ancienne splendeur dans le feuillage sculpté sur la pierre des murailles et dans les figures en pierre mutilées qui soutenaient encore le manteau de la cheminée. A une époque assez éloignée pour que le souvenir en fût perdu, on avait formé dans cette chambre à l'aide d'une cloison un cabinet pour servir de chambre à coucher, éclairé par une croisée ou plutôt une lucarne percée dans le mur. Une autre petite chambre où l'on entrait par une porte communiquant à la première complétait l'intérieur de cet édifice. Il n'était pas dénué de meubles; on y voyait quelques chaises et quelques fauteuils, dont les bras et les pieds semblaient avoir perdu leur aplomb par suite de leur âge; une table, véritable spectre de sa race; une grande caisse, qui avait autrefois contenu les archives de l'église, et beaucoup d'autres objets antiques nécessaires ou utiles. Il s'y trouvait même une provision de bois à brûler, ce qui prouvait que la maison avait été habitée à une époque assez récente.

Nelly jetait des regards autour d'elle avec ce sentiment solennel qui nous fait contempler avec respect les ouvrages du siècle qui ne sont plus que des gouttes d'eau dans le vaste océan de l'éternité. Un vieillard les avait suivis; mais tous trois gardaient le silence, comme s'ils eussent craint de troubler la tranquillité paisible de ce lieu.

— Que cette maison est belle, dit enfin Nelly à demi-voix.

— Je craignais presque de vous entendre parler tout différemment, dit le maître d'école. Cependant ne croyez-vous pas que ce soit un endroit où l'on puisse vivre en paix?

— Oh! oui, sans doute! s'écria-t-elle avec énergie, où l'on puisse vivre en paix et apprendre à mourir..

— Dites plutôt où l'on puisse acquérir des forces de corps et d'esprit pour apprendre à vivre. Au surplus cette maison est la vôtre, dit le maître d'école en s'adressant au vieillard et à Nelly.

La nôtre! s'écria Nelly au comble de la surprise.

— Oui, mon enfant, répondit le maître d'école, et pour bien des années, j'espère. Je serai votre proche voisin, car nous demeurerons porte à porte. Écoutez-moi!

Il lui dit alors qu'il avait appris dans sa conversation avec le clerc de la paroisse que cette maison avait été habitée longtemps par une femme qui était chargée de garder les clefs de l'église, d'en ouvrir les portes pour le service divin, de les fermer quand il était terminé, et de la faire voir aux étrangers qui désireraient y entrer ; qu'elle était morte presque centenaire il n'y avait que quelques semaines, et qu'on n'avait encore trouvé personne pour la remplacer ; qu'il lui avait alors parlé de ses compagnons de voyage, qu'il lui avait dépeints comme très propres à remplir cette place : que d'après son avis il avait été voir le ministre, et qu'après un long entretien avec lui, celui-ci lui avait promis la place pour Nelly et son aïeul, qu'il devait lui présenter le lendemain matin, le révérend voulant les voir avant de la leur accorder définitivement, ce que le maître d'école regardait comme une affaire de forme. Une petite rétribution y est attachée, ajouta-t-il ; mais elle suffit pour vivre dans ce lieu retiré, et, en faisant bourse commune, je suis sûr que nous ne manquerons de rien.

— Que le ciel vous récompense et vous protége ! s'écria Nelly.

— *Amen*, ma chère enfant ! Mais à présent, il faut aussi aller voir ma maison.

Elle se composait, comme la première, d'une grande chambre, mais à laquelle un seul cabinet était joint sur le derrière. On y trouvait aussi à peu près tous les objets mobiliers indispensables, et la provision de bois à brûler n'avait pas été oubliée. Il n'était pas difficile de deviner que c'était l'autre maison qui était destinée au maître d'école, mais qu'il avait pris la moins commode pour laisser la première à ses amis.

Dès la première journée, ils s'occupèrent déjà à établir dans les deux habitations un ordre et une propreté qui pussent les rendre plus agréables. Chaque objet mobilier fut mis à la place qui lui convenait le mieux.

Le lendemain, dès qu'ils eurent déjeuné, ils reprirent le travail de leurs arrangements intérieurs, et à midi ils se rendirent chez le curé de la paroisse. C'était un respectable vieillard, entièrement occupé des devoirs de sa profession, et vivant depuis longtemps dans la retraite. Il leur fit un accueil plein de bonté, et Nelly lui inspira de l'intérêt à la première vue. Il avait appris la veille, du maître d'école, tout ce que celui-ci savait de son histoire, et la manière modeste et sensée dont elle répondit à toutes ses questions acheva de le prévenir en sa faveur.

— Elle est bien jeune, dit-il, pour vivre dans une situation si sombre et si mélancolique.

— L'adversité l'a vieillie, monsieur, répondit le maître d'école.

— Puisse-t-elle oublier ici ses malheurs ! Mais j'ai peur qu'elle s'ennuie séparée de toute compagnie de son âge.

— De telles pensées ne m'occupent pas, monsieur ; je ne désire que de pouvoir rester ici, et vous y consentez.

— Et j'y consens de tout mon cœur. Et vous, monsieur Marten, dit le ministre au maître d'école, tâchez d'empêcher l'ennui et les regrets de s'introduire dans ce jeune cœur.

La conversation dura encore quelques minutes, après quoi ils retournèrent dans la maison de Nelly ; et ils étaient encore à causer de leur bonne fortune, quand un nouvel ami arriva près d'eux.

C'était un petit vieillard, compagnon d'étude et ami intime du curé, avec qui il demeurait depuis plusieurs années. Quand celui-ci avait perdu sa mère, son ami était venu le voir pour lui apporter les consolations de l'amitié, et depuis ce temps ils ne s'étaient jamais quittés. Il était bientôt devenu le médiateur dans toutes les querelles, l'arbitre dans toutes les affaires litigieuses, le conseiller universel dans toutes les difficultés, et le recours général des pauvres et des infortunés. Son activité était aussi infatigable que sa bienveillance, et une sorte de prescience semblait lui faire connaître les besoins des autres avant qu'on lui en parlât. Personne ne savait son nom, ou si on l'avait su on l'avait oublié, et on ne le nommait jamais que le vieux garçon. Ce nom lui plut, et jamais il ne s'en donnait lui-même un autre. C'était à la prévoyance du vieux garçon qu'était due la provision de bois à brûler qui avait été trouvée dans la nouvelle habitation de nos amis.

Tel était l'individu qui leva le loquet de la porte, montra un instant sa tête ronde et son visage plein de douceur à l'entrée de la chambre, et y avança ensuite avec l'air d'un homme qui connaissait déjà le local.

— Vous êtes monsieur Marten, le nouveau maître d'école? dit-il à l'ami de Nelly.

— Oui, monsieur.

— Vous arrivez précédé d'excellentes recommandations. Je serais venu vous voir hier, car je vous attendais ; mais j'avais à porter un message d'une mère malade à sa fille qui est en service à plusieurs milles d'ici, et je ne suis revenu que fort tard. Et voici la jeune gardienne de notre église. Vous n'en serez pas moins bienvenu ici pour l'avoir amenée avec vous ainsi que ce vieillard. On en est que plus propre à enseigner les autres quand on a soi-même appris l'humanité.

— Ils ont bien souffert depuis quelque temps, monsieur, dit le maître d'école.

— Je le sais, je le sais, il y a eu des souffrances morales et physiques ; mais nous tâcherons de les guérir, et ce ne sera pas notre faute si nous n'y réussissons pas. Vous avez déjà fait bien des améliorations ici, ajouta le vieux garçon en regardant les rideaux ; est-ce votre ouvrage, jeune fille ?

Oui, monsieur.

— Peut-être trouverons-nous le moyen d'en faire quelques autres. Visitons les appartements.

Il fut conduit de chambre en chambre dans les deux maisons, prit note de tout ce qui lui parut y manquer, et prit congé d'eux en leur disant qu'ils ne tarderaient pas à le revoir. Il revint, en effet, au bout d'une demi-heure, suivi d'un jeune homme traînant une petite charrette sur laquelle étaient un buffet, une armoire, des planches et des tasseaux, quelques ustensiles de cuisine, trois couvertures additionnelles et beaucoup d'autres objets de diverse nature. Tout cela fut d'abord placé en tas dans la pièce d'entrée de la maison de Nelly ; après quoi on s'occupa à mettre chaque chose à sa place. Le vieux garçon lui-même prit sa part de l'ouvrage, ce qui parut être un plaisir pour lui. Quand cette besogne fut terminée, il ordonna au jeune homme qui l'avait accompagné de ramener la charrette et de faire venir tous les enfants qui suivaient l'école, afin que leur nouveau maître les passât en revue.

Le lendemain matin, Nelly se leva de bonne heure, et ayant mis tout en ordre dans les deux maisons, quoique le maître d'école eût voulu lui épargner cette peine, du moins pour la sienne, elle prit un trousseau de clefs dont le vieux garçon l'avait solennellement investie la veille, et sortit seule pour aller visiter l'église. Ayant traversé le cimetière, elle trouva, debout, devant sa porte et appuyé sur une béquille, le vieux fossoyeur qu'elle avait déjà vu la veille, et elle s'arrêta pour lui parler.

— Vous trouvez-vous mieux? lui demanda-t-elle.

— Oui, répondit-il, beaucoup mieux, Dieu merci. Mais entrez, entrez.

Elle y consentit, et l'ayant avertie qu'il y avait une marche à descendre, ce qu'il ne fit pas lui-même sans difficulté, il la précéda dans sa chaumière.

— Vous voyez qu'il n'y a qu'une chambre, dit-il; il y en a pourtant une autre au-dessus; mais je ne sais pourquoi l'escalier depuis quelques années est devenu plus difficile à monter. Voyant qu'elle examinait différents outils suspendus à la muraille, il lui dit : Vous croyez peut-être que tout cela me sert à creuser des fosses?

— Non vraiment, il ne vous faut pas tous ces outils pour cela.

— Vous avez raison. Je suis jardinier aussi bien que fossoyeur. Tout ce que je confie à la terre n'y pourrit pas, il y a des choses qu'elle vivifie et qu'elle fait croître. Voyez-vous cette bêche qui est au milieu des autres et qui est usée, c'est celle du fossoyeur. Si elle pouvait parler, elle vous raconterait bien des histoires; mais ma mémoire est mauvaise : et cela n'est pas étonnant, car elle n'a jamais été bonne. Oui, cette bêche est bien usée, et il m'en faudra une autre avant deux ans d'ici.

Nelly le regarda avec un air de surprise. Elle ne comprenait pas comment un homme si vieux et si infirme pouvait parler de ce qu'il ferait dans deux ans.

Le fossoyeur ne s'en aperçut pas, et il poursuivit la chaîne de ses idées. Nous savons tous que nous devons mourir, dit-il, et pourtant je ne connais pas un vieillard qui pense que son tour est près d'arriver; non, pas un seul. Cela n'est-il pas bien étrange?

— Et quel âge avez-vous vous-même?

— J'aurai soixante-dix-neuf ans l'été prochain.

— Vous travaillez encore quand vous vous portez bien?

— Si je travaille? Oui, sans doute. Regardez par cette fenêtre. Vous voyez mon jardin. J'en ai planté tous les arbres; et dans deux ans je ne verrai plus le ciel, tant les branches en seront touffues. Mais j'ai aussi mon travail d'hiver.

Il ouvrit un buffet et en tira quelques boîtes de différentes grandeurs, faites de vieux bois et bien sculptées.

— Les gens qui sont curieux de tout ce qui se rattache aux temps passés, ajouta-t-il, aiment à acheter ces boîtes, comme des échantillons de notre vieux cimetière; je les fais tantôt avec une racine de chêne que je déterre en creusant une fosse, tantôt avec les débris d'un vieux cercueil. Voyez celle-ci, qui est de cette dernière espèce; le dessus est orné d'une plaque de cuivre sur laquelle est gravée une inscription. On ne peut plus la lire, mais on ne l'en estimera que davantage. Je n'ai qu'un petit nombre de ces boîtes à présent, mais à la fin de l'hiver prochain ce buffet en sera plein.

Nelly lui fit des compliments sur son travail et son industrie, et le quitta pour continuer son chemin vers l'église, où elle arriva bientôt. Elle n'eut aucun embarras pour en trouver la clef, car chacune avait son étiquette, et elle en ouvrit facilement la porte. C'était un ancien édifice que le temps avait dilapidé, et c'était surtout dans les ailes qu'il avait exercé ses ravages. Une partie de ce bâtiment avait servi de chapelle baronniale, et l'on y voyait çà et là les effigies de guerriers étendus sur leurs lits de pierre, les mains croisées sur la poitrine. Ceux qui avaient combattu dans les guerres saintes étaient représentés armés de toutes pièces. Les armes de quelques uns d'entre eux, leur épée, leur cotte de mailles, leur casque, étaient suspendus à la muraille. Toutes ces armes étaient rongées par la rouille, et la plupart des effigies étaient mutilées et dilapidées, mais en général elles conservaient encore quelque chose de leurs anciennes formes et de leur ancien aspect. C'est ainsi que la mémoire des actes belliqueux survit sur la terre à la mémoire de ceux qui les ont commis, et qui ne sont plus que cendre et poussière.

Nelly s'assit dans ce lieu silencieux, au milieu de ces mausolées en pierre, et il lui parut qu'elle y était plus heureuse et plus tranquille que partout ailleurs. Elle prit une Bible qu'elle trouva sur un banc, y fit une lecture, et se levant ensuite elle passa dans une autre partie de l'église. Voyant une petite porte qui conduisait évidemment dans la tour, elle l'ouvrit et monta l'escalier tournant, presque dans les ténèbres, car le jour n'y pénétrait que par quelques lucarnes étroites, percées de loin en loin dans la muraille. Enfin, elle arriva au haut de l'escalier, et se trouva sur la plate-forme de la tour.

Quels flots de lumière brillèrent alors à ses yeux ! quel spectacle ravissant s'offrit à ses regards ! La fraîcheur des champs et des bois s'étendant de toutes parts et se réunissant à l'azur du firmament, les troupeaux paissant dans les prairies, la fumée qui s'élevait des maisons cachées dans le fond des bois, et qui semblait sortir du sein d'une terre couverte de verdure, des groupes d'enfants occupés des jeux de leur âge, tout était si beau, si joyeux ! C'était passer de la mort à la vie, c'était s'approcher du ciel.

Elle descendit enfin de la tour, sortit de l'église et en ferma la porte. En passant devant l'école, elle entendit le bruit des voix dans l'intérieur. M. Marten avait ce jour-là commencé ses travaux. Le bruit augmenta quand elle fut un peu plus loin, et tournant la tête elle vit les enfants sortir en poussant de grands cris de joie.

Au commencement de la même soirée elle retourna encore une fois dans l'église s'assit dans la même chapelle, prit encore la Bible et y fit une nouvelle lecture ; et quand l'obscurité la força à l'interrompre, et ajouta au caractère de solennité de cet édifice, elle ne put se résoudre à le quitter, et elle y resta comme enracinée et absorbée dans ses réflexions.

Ses amis allèrent enfin l'y chercher, et la ramenèrent chez elle. Elle était pâle mais semblait heureuse. Quand ils se séparèrent pour se coucher, le maître d'école, en se baissant pour l'embrasser sur la joue, crut sentir une larme tomber sur la sienne.

CHAPITRE XXX

Le vieux garçon, parmi ses diverses occupations, trouvait dans la vieille église, qui avait autrefois fait partie d'une abbaye, une source constante d'intérêt et d'amusement. Fier de ce que les hommes regardent en général comme les merveilles du petit monde où ils vivent, il avait fait une étude particulière de tous les monuments contenus dans cet édifice antique. Comme il n'était pas du petit nombre de ces esprits qui veulent dépouiller la vérité du peu de vêtements que l'imagination lui prête pour ajouter à ses charmes, ni faire tomber une seule de ces guirlandes de fleurs sauvages dont la tradition aime à l'orner, il marchait d'un pas léger sur la poussière des siècles, il ne contestait aucune légende qui était fondée sur la vertu et la bonté du cœur, il expliquait d'une manière favorable celles qui se montraient sous un jour douteux; quant à celles qui préconisaient le crime et le vice sous des formes captieuses ou des noms imposants, il les rejetait avec indignation, comme un tissu de mensonges, et il aurait voulu pouvoir les ensevelir dans l'oubli le plus profond.

Ce fut de la bouche d'un tel maître que Nelly apprit l'histoire, la tradition et la légende presque de chaque monument et de chaque pierre sépulcrale de cet église antique. Il la fit descendre avec lui dans la crypte, qui n'était plus qu'un souterrain sans utilité, et la représenta à son imagination telle qu'elle était jadis, éclairée par des lampes suspendues au plafond, embaumée par l'odeur des parfums qui brûlaient dans des encensoirs, retentissant des voix des moines et des sons de l'orgue, et ornée de tableaux, de statues, de vases et de chandeliers d'or et d'argent. La faisant remonter dans l'église, et lui apprit le nom et l'usage des différentes parties de l'armure des chevaliers dont il lui montrait les effigies, et lui expliqua comment ils se servaient des armes qui étaient encore suspendues aux murailles. Nelly n'oubliait rien, et quand il lui arrivait de s'éveiller la nuit au milieu d'un rêve qui avait rapport à ses histoires des temps passés, elle croyait entendre le chant des moines et le son des orgues.

Le vieux fossoyeur continuait à aller mieux. Il n'était pas encore en état de travailler; mais il pouvait sortir de chez lui, et Nelly apprit aussi de lui beaucoup d'autres choses. Un jour qu'il y avait une tombe à creuser, il était dans le cimetière, assis sur l'herbe, et surveillant le travail de l'homme qui le remplaçait momentanément. Celui-ci quoique ayant quelque années de plus que le fossoyeur, était beaucoup plus robuste, mais il était sourd, et ce dernier semblait regarder son vieux compagnon avec pitié, à cause de cette infirmité, comme s'il n'en avait en lui-même aucune.

— Je ne savais pas que quelqu'un fût mort dans cette paroisse, dit Nelly, qui était venue s'asseoir près de lui.

— Elle demeurait à trois milles d'ici, dit le fossoyeur.

— Etait-elle jeune?

— Oh! oui; je crois qu'elle n'avait pas plus de soixante quatre ans. David, avait-elle plus de soixante-quatre ans?

— Me parlez-vous? demanda David.

— Oui. Quel âge avait Bechy Margan? cria le fossoyeur.

— Bechy Morgan?

— Oui. Sa surdité augmente tous les jours.

— Attendez que j'y songe. J'ai vu son âge hier sur son cercueil. Soixante-dix-neuf ans.

— Etes-vous bien sûr de n'avoir pas pris un six pour un sept?

— Comment dites-vous.

— Etes-vous sûr de ne pas vous être trompé?

— Parfaitement sûr.

— Il devient tout à fait sourd, dit le fossoyeur à Nelly; et je crois que son esprit s'affaiblit.

— Nelly n'en avait remarqué aucun symptôme, et elle détourna la conversation. Vous m'avez dit que vous vous amusiez à jardiner, plantez-vous jamais quelque chose ici?

— Dans le cimetière, non.

— J'y vois pourtant des fleurs et des arbustes.

— C'est ce qui fait reconnaître les tombes de ceux qui avaient de bons parents et de bons amis, dont les mains se sont plu à orner ainsi leur sépulture. Mais voyez-vous comme ces fleurs penchent la tête, comme les feuilles de ces arbustes se flétrissent! en savez-vous la raison!

— Non.

— C'est parce que le souvenir de ceux qui sont en dessous passe bien vite. On vient soigner ces fleurs d'abord une fois par jour, tout au plus; puis une fois par semaine, ensuite une fois par mois, et enfin on n'y songe plus. Eh bien! cela ne fait aucun mal aux morts, et c'est un bon signe pour le bonheur des vivants. C'est dans la nature.

— Quoi qu'il en soit, pensa Nelly, je ferai mon jardin de ce cimetière; j'y travaillerai tous les jours. Je suis sûre que ce sera une occupation agréable.

— Il faut que je m'en aille, dit le fossoyeur en faisant signe à David de venir l'aider à se lever; la terre est humide, et jusqu'à ce que l'été soit arrivé il faut que j'aie soin de ma santé. Adieu, David!

— Que dites-vous?

— Je vous dis adieu. Comme il est sourd!

— Ah! dit David en le regardant aller, ses forces l'abandonnent; il paraît plus vieux tous les jours.

Et ils se séparèrent ainsi, chacun d'eux se croyant rajeuni par l'idée que l'autre montrait plus de signes de caducité que lui.

Nelly resta encore quelques minutes à regarder le vieux David continuer lentement son travail, enfin le quitta, et elle retournait chez elle, quand elle vit le maître d'école assis sur l'herbe qui couvrait la terre amoncelée sur une tombe et lisant.

— Je suis charmé de vous voir en plein air, Nelly! dit-il en fermant son livre. Cela vaut mieux que d'être toujours enfermée dans une église. Cela vous donne souvent un air triste.

— Triste! vous vous trompez, monsieur Marten. Il n'y a pas dans le monde entier une créature plus heureuse que je ne le suis à présent.

— Et cependant, même en ce moment, votre sourire a quelque chose de mélancolique. A quoi pensiez-vous quand vous m'avez aperçu?

— Je pensais qu'il était bien triste de songer qu'on oublie si vite ceux qui meurent au milieu de nous.

— Et croyez-vous, dit le maître d'école, qui avait remarqué sur quels objets elle avait les yeux fixés en parlant ainsi, croyez-vous que quelques fleurs fanées, quelques feuilles flétries soient des preuves d'indifférence et d'oubli, croyez-vous qu'il n'y ait pas de meilleurs moyens pour prouver que l'on conserve le souvenir des défunts? Quand ils ont bien vécu, c'est souvent de leur tombes, toutes négligées qu'elles nous paraissent, que sortent les germes des bonnes actions de ceux qui leur survivent.

— Ne m'en dites pas davantage! s'écria Nelly; je le sens, je le comprends! comment ai-je pu l'oublier en songeant à vous!

— Rien de ce qui est doué d'innocence ou de bonté ne meurt pour être oublié, continua M. Marten. Un enfant qui meurt au berceau n'est point oublié par ceux qui l'ont aimé. Il n'y a pas un ange dans l'armée du ciel qui ne produise quelque effet sur l'esprit et le cœur de ceux dont il a été chéri. Oublier! Ah! si l'on pouvait remonter jusqu'à la source des bonnes actions des hommes, comme la mort même paraîtrait belle! tant de charité, de merci, d'affections purifiées, prennent la leur dans tombe.

— C'est la vérité, je le sens. Qui doit le sentir mieux que moi, à qui vous avez dit si souvent que votre ancien ami, votre jeune élève revit en moi pour vous!

Le pauvre maître d'école ne répondit rien, car son cœur était plein.

L'aïeul de Nelly arriva en ce moment, il s'assit près d'eux; mais l'horloge de la paroisse ayant sonné l'heure de l'école. M. Marten fut obligé de les quitter.

— Un brave homme, dit le vieillard en le suivant des yeux, un excellent homme! il ne nous fera jamais de mal, lui Nous sommes en sûreté ici. Nous y resterons toujours, n'est-ce pas, Nelly.

Elle le regarda en souriant.

— Elle a besoin de repos, dit le vieillard lui passant une main sur la joue. Elle est pâle, trop pâle; elle ne ressemble plus à ce qu'elle était.

— Quand? demanda Nelly.

— Ah! sans doute, quand? combien y a-t-il de semaines? je ne m'en souviens pas. Ne pensons plus au passé, Nelly; cela vaudra mieux.

— Oui, mon cher grand-papa, oublions-le; et si nous nous le rappelons, que ce ne soit que comme un songe désagréable que le réveil a fait disparaître.

— Chut, mon enfant, chut, ne parlons pas de songe, ni de toutes les misères qui en ont été la suite : des yeux enfoncés, des joues creuses, le froid, la pluie, la faim! Non, non, ne parlons pas de souge. On n'en fait pas, ici; et en parler, ce serait le moyen d'en faire venir.

— Quel heureux changemement! pensa Nelly.

— Je serai patient, humble, obéissant, continua le vieillard; mais il faut que je sois toujours près de vous, Nelly : car que deviendrai-je, si vous me quittiez?

— Moi vous quittez! ce serait une jolie chose, vraiment! s'écria Nelly avec un air de gaieté affecté. Voyez! j'ai envie de faire de ce cimetière notre jardin. Pourquoi non? Nous commencerons demain, et nous y travaillerons ensemble.

— C'est une excellente idée! s'écria le vieillard. Souvenez-vous-en, Nelly! Nous commencerons demain matin!

Qui avait l'esprit aussi content que le vieillard, quand ils commencèrent leur travail le lendemain? qui s'occupait moins des idées que le lieu semblait faire naître? Ils arrachèrent les chardons, les horties et toutes les mauvaise herbes, taillèrent les arbustes, et nettoyèrent les pierres sépulcrales. Tandis qu'ils travaillaient ainsi avec ardeur, Nelly aperçut le vieux garçon, qui les regardait à quelques pas.

— C'est une tâche de charité, dit-il en s'approchant d'eux; mais avez-vous déjà fait tout cela ce matin?

— C'est bien peu de choses, monsieur, auprès de ce que nous avons dessein de faire.

— Fort bien, très bien! Mais vous bornez — vous aux tombes des enfants?

— Nous passerons aux autres avec le temps, monsieur, répondit Nelly en détournant la tête.

Soit que ce fût l'effet du hasard ou la suite d'une prédilection de Nelly pour l'enfance, le fait était qu'ils avaient commencé leur travail dans la partie du cimetière destinée à la sépulture des enfants. Cette circonstance parut frapper le vieillard, quoiqu'il n'y eut pas fait attention auparavant. Il jeta un coup d'œil à la hâte sur les tombes et un regard d'inquiétude sur sa petite-fille; la serrant ensuite contre son cœur, il lui dit qu'il était temps qu'ils se reposassent et qu'ils retournassent chez eux. Quelque chose qu'il avait oublié depuis longtemps semblait vouloir se représenter à son esprit, et ne cessa de l'occuper toute cette journée et les suivantes. Le lendemain, tandis qu'ils étaient à travailler au même ouvrage, Nelly remarqua qu'il tournait souvent la tête vers elle et qu'il la regardait d'un air inquiet, comme s'il eût cherché à résoudre quelque doute, ou à mettre de l'ordre dans ses idées, et elle lui demanda pourquoi il la regardait ainsi. Il lui répondit qu'il avait du plaisir à la voir, et passant la main sur sa tête, il ajouta qu'elle grandissait tous les jours, et qu'elle ne serait bientôt plus au nombre des enfants.

A compter de ce moment il s'éleva dans l'esprit du vieillard une sollicitude pour sa petite-fille qui ne le quitta plus. Il y a dans le cœur humain des cordes qui restent muettes malgré tous les efforts qu'on peut faire pour en tirer des sons, et que le moindre incident fait vibrer. Depuis la remarque accidentelle faite par le vieux garçon dans le cimetière, il n'oublia jamais un instant le dévouement de Nelly et la faiblesse de son âge et de son sexe. Lui qui, depuis qu'il avait quitté son ancien domicile, n'avait songé aux souffrances de sa petite-fille que parce qu'il les partageait lui-même, il se souvint tout à coup de tout ce qu'il lui devait, et vit l'effet que ces souffrances avaient produit sur elle. Depuis ce moment, pas une pensée qui eût rapport à lui-même, pas un seul désir de ses aises personnelles, pas la moindre considération d'égoïsme ne s'offrirent à ses pensées, qui furent exclusivement concentrées sur l'objet de toute sa tendresse. Il s'occupait même à la dérobée d'une partie des soins intérieurs du ménage, de crainte qu'elle ne se fatiguât trop.

Quelquefois, c'était quelques semaines après ce qui a été rapporté dans le chapitre précédent, Nelly, dont la moindre fatigue épuisait alors les forces, passait les soirées étendue sur un sofa que le vieux garçon avait fait porter chez elle. Le maître d'école apportait quelque livre et leur faisait une lecture. Il se passait rarement une soirée sans que le vieux garçon vînt aussi, et il lisait à son tour quand M. Marten était fatigué. Le vieillard semblait écouter; mais il ne songeait qu'à Nelly, sur laquelle il avait toujours les yeux fixés.

Tout cela n'arrivait que pendant les soirées; car, dans la journée, Nelly aimait à sortir et à se promener dans ce qu'elle appelait son jardin. Des étrangers venaient souvent voir l'église : frappés de l'air de la jeune fille qui la montrait ils en parlaient à d'autres, et leur inspiraient le désir de la voir aussi bien que l'antique édifice; de sorte que, même dans cette saison de l'année, peu de jours se passaient sans visiteurs. Le vieillard les suivait à quelques pas dans tout le bâtiment, écoutant la voix qu'il aimait tant à entendre; et quand ils se retiraient il les suivait encore, et entendait quelques fragments de leur conversation. Elle roulait presque toujours sur Nelly; ils faisaient l'éloge de sa beauté et de sa modestie, et il était fier et joyeux de les entendre. Mais, hélas! ce qui lui déchirait le cœur, ce qui le faisait pleurer et sangloter quand il se trouvait seul, c'était que ces étrangers, que ne pouvaient prendre à elle que l'intérêt du moment, qui auraient oublié le lendemain qu'elle existait et même qu'ils l'avaient vue, exprimaient souvent des craintes pour sa santé, en parlaient avec compassion, et sortaient en secouant la tête.

Les habitants du faubourg, car l'église était dans un des faubourgs de la ville, et ceux du village qui en était voisin et qui faisait partie de la même paroisse, avaient conçu pour elle une affection qui augmentait tous les jours. La plupart étaient pauvres; mais tous, jeunes et vieux, cherchaient à la voir et à lui parler le dimanche en entrant à l'église ou en en sortant. Les moins pauvres lui apportaient quelques petits présents; les autres ne pouvaient lui offrir que des souhaits, mais ils étaient sincères; et elle avait peine à se dérober à l'empressement et aux caresses des enfants.

L'un d'eux, jeune garçon d'environ cinq ans, était devenu son favori, il allait souvent s'asseoir près d'elle quand elle était seule dans l'église; il la suivait même jusque sur la plate-forme de la tour et l'aidait ou s'imaginait l'aider à y monter.

Un jour qu'elle lisait la Bible dans la chapelle baronniale l'enfant accourut à elle les yeux pleins de larmes, s'arrêta à quelques pas, la regarda fixement, et se jeta dans ses bras en s'écriant : Non, non, elle n'en est pas encore un! non, non, pas encore!

Elle le regarda d'un air étonné, et lui demanda à l'embrassant ce qu'il voulait dire.

— Il ne faut pas que vous en soyez un, chère Nelly! s'écria-t-il; nous n'en avons jamais vu; ils ne viennent jamais pour parler ou jouer avec nous; restez comme vous êtes, je vous aime mieux ainsi.

— Je ne vous comprends pas, dit Nelly.

— J'ai entendu dire que vous vous en iriez avant le printemps, répondit l'enfant, et que vous seriez un ange. N'en faites rien, Nelly, ne nous quittez pas! L'enfant joignit les mains et se mit à genoux devant elle. Mon frère Willy nous a quittés il n'y a pas longtemps pour aller joindre les anges; mais s'il avait su combien son absence me causerait de chagrin, il n'aurait jamais voulu me quitter.

Nelly avait le visage penché sur ses mains et sanglotait. Il y eut un intervalle de silence pendant lequel l'enfant se releva, monta sur ses genoux, et entoura son coup de ses petits bras en l'embrassant. Enfin Nelly, remise de son émotion, lui dit d'une voix douce et tranquille qu'elle resterait près de lui, et qu'elle serait son amie aussi longtemps que le ciel le permettrait. L'enfant battit des mains de joie; et quand elle lui recommanda de ne parler à personne de ce qui venait de se passer entre eux, il le lui promit avec ferveur.

Il lui tint parole; mais il devint plus constant que jamais à l'accompagner dans toutes ses promenades. Il semblait craindre qu'elle ne lui échappât, quand il n'était pas avec elle. Jamais il ne fit aucune allusion au sujet de leur entretien; car il sentait que ce serait renouveler le chagrin qu'elle avait éprouvé, quoiqu'il en ignorât la cause. Tous les soirs il ne manquait pas d'aller voir si la porte de l'église était ouverte; et si elle l'était il allait la trouver, s'asseyait à ses pieds sur une escabelle, et ne s'en allait qu'avec elle. Toutes les fois qu'il la voyait sortir de chez elle il abandonnait ses jeux et ses compagnons pour la suivre. Enfin il était devenu son ombre.

CHAPITRE XXXI

Un jour ou deux après le thé donné par Quilp au Désert, M. Swiveller entra dans l'étude de M. Samson Brass à l'heure ordinaire, et se trouvant seul dans ce temple de la probité, il plaça son chapeau sur le bureau, et tirant de sa poche un petit paquet de crêpe noir, il l'arrangea tout autour. et l'y attacha avec des épingles en signe de deuil.

— C'est ce qui m'est toujours arrivé, dit-il ensuite en contemplant son ouvrage d'un air satisfait de lui-même; la fleur que je préférais n'a jamais manqué de se faner la première : c'est mon destin. Je veux porter le deuil de Sophie, elle aurait dû être ma femme et maintenant je ne la verrai plus.

La sonnette de l'étude interrompit ses méditations. Il ouvrit la porte et vit M. Chuckster.

— Vous voici de bonne heure dans ce vieux charnier empesté, dit celui-ci ; savez-vous bien qu'il n'est que neuf heures et demie ?

— N'entrerez-vous pas ? lui demanda son ami. Je suis seul. Swiveller *solus*.

— Je ne m'attendais pas à vous trouver, reprit Chuckster en s'asseyant sur un tabouret ; mais j'ai eu besoin de venir dans la cité pour une petite affaire personnelle, et j'ai tourné le coin de la rue pour savoir comment vous vous portez.

— Je vous remercie. Savez-vous quelques nouvelles ?

— Aucune. Mais, à propos, ce gentleman qui loge chez vous est un homme bien étrange. On ne comprend rien à sa conduite. Savez-vous qu'il est devenu l'ami intime de notre nouveau clerc, Abel Garland ? Ce n'est pas qu'il y ait rien à reprocher à celui-ci ; mais il est si lent, si doucereux ! J'ai mes défauts, mais...

— Non, non.

— Pardonnez-moi, j'ai mes défauts, et personne ne les connaît mieux que moi, mais je défie mes ennemis mêmes, tout le monde en a, monsieur Swiveller, de me reprocher d'être doucereux ; et je vous dirai que si je ne possédais pas, en plus grand nombre que M. Abel, ces qualités qui rendent l'homme cher à l'homme, je volerais un fromage de Cheshire, je me le pendrais au cou, et je me jetterais dans la Tamise. Je le ferais, sur mon honneur. Mais ce n'est pas tout, monsieur ; votre gentleman ne s'est pas contenté de prendre pour ami M. Abel, il a fait connaissance avec son père et sa mère ; il est sans cesse en chemin pour aller chez eux ou en revenir ; et qui plus est, il protége le jeune snob ; terme de mépris que M. Chuckster était habitué à employer quand il parlait de Kit. Et cependant je ne crois pas qu'il m'ait jamais adressé la parole autrement que pour me demander si M. Witherden était chez lui.

M. Swiveller attisa le feu avec un air de sympathie, mais ne répondit rien.

— Quant au jeune snob, continua Chuckster en prenant le ton d'un prophète, vous verrez qu'il tournera mal. Dans notre profession, nous connaissons un peu la nature humaine, et je vous réponds que ce drôle, qui a voulu se faire une réputation d'honnêteté en revenant pour gagner un demi-schelling qu'il avait reçu d'avance, finira par se montrer sous ses véritables couleurs et volera dès qu'il en trouvera l'occasion.

En ce moment on frappa à la porte de l'étude, et Swiveller, s'asseyant à la porte devant son bureau, mit une plume derrière son oreille pour se donner un air occupé et s'écria : Entrez !

— Le gentleman est-il au logis ? demanda Kit montrant sa figure aux deux amis étonnés.

— Vous en avez deux devant vous, répondit Chuckster avec un air de mépris et d'arrogance. Ne pouvez-vous nommer celui à qui vous avez affaire ?

— Je veux parler du gentleman qui loge au premier, répondit Kit sans se déconcerter, en se tournant vers Richard, est-il chez lui ?

— Que vous importe ?

— J'ai une lettre à lui remettre.

— De la part de qui ?

— De la part de M. Garland.

— Vous pouvez me la donner ; et si vous devez reporter une réponse, attendez-la dans le corridor.

— Je suis chargé de la lui remettre en mains propres.

Chuckster se leva et lança sur Kit un regard d'indignation et de courroux qu'il croyait devoir l'anéantir ; mais Kit le soutint sans broncher. En ce moment le gentleman ouvrit sa porte et s'écria sur l'escalier :

— N'ai-je pas vu entrer quelqu'un qui demande à me parler ?

— Oui, monsieur, répondit Swiveller.

— Et où est-il donc ?

— Il est ici, monsieur. Eh bien, dit-il à Kit, pourquoi ne montez-vous pas ? Etes-vous sourd ? le gentleman veut vous parler.

Kit sortit de l'étude sans lui répondre et monta au premier étage.

— Eh bien, dit Chuckster, que pensez-vous de cet ordre à présent!

Richard Swiveller était un jeune homme qui péchait par une vanité ridicule, mais qui au fond n'avait aucune méchanceté dans le caractère Il ne voyait pas trop de quel grand crime Kit s'était rendu coupable, et il ne savait que répondre à son ami, quand il fut tiré d'embarras par l'arrivée de M. Samson Brass, que sa sœur accompagnait. Dès que Chuckster les aperçut, il se retira.

M. Brass et sa sœur semblaient avoir été en consultation pendant leur déjeuner sur quelque affaire importante ; car en pareil cas il n'entraient ordinairement dans l'étude qu'une demi-heure plus tard que de coutume et de fort bonne humeur, comme si leurs plans bien arrêtés avaient répandu le calme et la gaieté dans leur esprit. En ce moment miss Sally souriait agréablement et son frère se frottait les mains.

— Eh bien, monsieur Richard, comment nous portons-nous ce matin ? dit Brass. Sommes-nous joyeux et dispos ?

— Passablement, monsieur.

— Mais nous devrions être gais comme des pinsons, monsieur Richard. Nous vivons dans un monde agréable, très agréable. Il s'y trouve quelques méchantes gens, d'accord : mais s'il n'y en avait point, on n'aurait besoin de bons procureurs. Ah ! ah ! La poste a-t-elle apporté quelques lettres ce matin ?

Aucune, monsieur.

— Eh bien, s'il ne vient pas d'affaires aujourd'hui, il en arrivera demain. Un esprit content est le bonheur de l'existence, monsieur Richard. — N'est-il venu personne.

— Excepté un de mes amis. Puissions-nous ne manquer jamais...

— D'un ami et d'une bouteille, ajouta Brass. Oui, c'est ce que dit la chanson, et elle a raison. Votre ami est, je crois, le premier clerc de Witherden ? Est-il venu quelque autre personne ?

— Quelqu'un pour le locataire. Il est encore avec lui.

— Et qui est ce visiteur ? demanda Brass en arrangeant ses papiers. Ce n'est pas une dame, j'espère ! La morale avant tout, dit Bevis-Marks, monsieur Richard.

— Un jeune homme nommé Kit.

— Kit ! c'est un singulier nom. C'est ainsi qu'on appelle le violon d'un maître à danser. Ah ! ah ! ah !

Swiveller regarda miss Sally. Il était surpris qu'elle ne cherchât pas à réprimer cette exubérance de gaieté dans son frère ; mais comme elle paraissait presque la partager, il en conclut qu'ils venaient d'étriller un client en lui faisant payer un mémoire de frais portés à trois fois leur valeur.

— Aurez-vous la bonté, monsieur Richard, de porter cette lettre à Peckham-Rye ? Il n'y a pas de réponse ; mais elle est importante, et je ne puis en charger qu'un homme sûr. Prenez une voiture et mettez vos dépenses sur le compte de l'étude. N'épargnez pas l'étude ! Tirez en tout ce que vous pourrez. C'est le privilège du clerc. N'aviez-vous pas encore appris cela, monsieur Richard ? Ah ! ah ! ah !

Swiveller ôta sa veste, mit son habit, prit son chapeau et, déposant la lettre dans sa poche, il partit sur-le-champ. Dès qu'il fut parti, miss Sally regarda son frère en souriant. Il fit un geste de tête, s'appuya un doigt le long du nez, et elle se retira.

M. Brass ouvrit alors la porte de son étude toute grande et s'assit en face de son bureau, de sorte que personne ne pouvait descendre l'escalier ou passer dans le corridor sans qu'il le vît ou l'entendît. Il prit une plume et se mit à écrire, mais sans cesser un instant d'avoir l'œil et l'oreille au guet. Au bout de quelques minutes, il entendit la porte de son locataire s'ouvrir et se fermer et des pas descendre l'escalier. Il quitta sa plume à l'instant et se mit à fredonner tout haut en souriant d'une manière tout à fait séraphique. Enfin, lorsque Kit passa devant la porte, il cessa de chanter et lui fit signe avec sa plume d'entrer dans l'étude.

— Comment vous portez-vous, Kit ? lui demanda le procureur d'un ton le plus affable.

— Fort bien, monsieur, je vous remercie, répondit Kit. Et n'étant pas curieux de cultiver la connaissance de M. Brass, il mit la main à la serrure de la porte de la rue pour sortir.

— Un instant, Kit, ne vous en allez pas, entrez, je vous prie ! s'écria le procureur quittant son bureau et restant debout le dos tourné vers la cheminée. Votre vue me rappelle, ajouta-t-il, la plus jolie petite fille que j'aie jamais vue. Je me souviens que vous vîntes deux ou trois fois pendant que nous étions en possession de la maison. Ah ! Kit, les hommes de ma profession ont quelquefois de pénibles devoirs à remplir, et vous ne devez pas leur porter envie.

— Je ne porte envie à personne, monsieur.

— Notre seule consolation, c'est que, quoique nous ne puissions changer le cours du vent il nous est quelquefois possible d'en adoucir la rigueur à l'égard de l'agneau nouvellement tondu.

— Et tondu de près, pensa Kit.

— Dans l'occasion dont je viens de parler, j'eus un terrible assaut à soutenir contre M. Quilp, car M. Quilp est un homme dur, pour obtenir que le vieillard fut laissé dans la maison jusqu'à sa guérison. Je pouvais perdre un client ; mais la vertu souffrante m'inspira, et je réussis.

— Il n'est pas si méchant que je le croyais, pensa l'honnête Kit.

— Je vous respecte, Kit, continua le procureur avec un ton d'émotion, parce qu'à cette époque j'ai vu d'assez près votre conduite pour apprendre à vous respecter, quoique vous soyez d'une naissance obscure et que vous occupiez une humble situation dans le monde. Mais je n'avais pas dessein de vous retenir si longtemps. Prenez cela, je vous prie. Et il lui montra deux demi-couronnes qui étaient placées sur son bureau.

Kit regarda les deux pièces d'argent et hésita.

— Prenez-les, dit Brass, elles sont pour vous.

— Mais qui me les donne, monsieur.

— Que vous importe ? Nous avons quelquefois des amis qui ne veulent pas être connus, dont l'humeur est étrange, et il ne faut pas faire trop de questions. Vous m'entendez ? Prenez-les donc, Kit, et tout est dit. Entre vous et moi je crois que ce ne seront pas les seules qui vous viendront de la même source. Adieu, Kit, adieu !

Lui faisant bien des remerciements et se reprochant d'avoir d'après de si légers motifs conçu une mauvaise opinion d'un homme qui dans la première conversation qu'il avait eue avec lui s'était montré si différent de ce qu'il l'avait supposé, il prit les deux pièces d'argent et se retira.

— Quelques instants après, miss Sally entr'ouvrit la porte de l'étude.

— Puis-je entrer ?

— Oui, oui, vous le pouvez.

— Eh bien ?

— Eh bien ! L'affaire est presque faite.

CHAPITRE XXXII

— Comme l'avait dit M. Chuckster, une amitié véritable s'était rapidement établie entre M. Garland et le gentleman qui logeait chez M. Brass. Il y avait entre eux des communications et des entrevues très fréquentes, et le gentleman ayant été alors attaqué d'une indisposition qui l'obligeait à garder la chambre, quelqu'un des habitants d'Abel-Cottage à Finckley venait presque tous les jours le voir dans Bevis-Marks.

Le poney ayant alors secoué le joug de toute contrainte et refusant positivement d'obéir à tout autre main qu'à celle de Kit, celui-ci conduisait toujours la chaise chaque fois que M. Garland ou M. Abel allaient voir le gentleman.

M. Brass, qui sans doute avait des raisons pour cela, apprit bientôt à distinguer le trot du poney et le bruit de la chaise ; alors il quittait sa plume, s'approchait de la fenêtre et faisait à Kit un geste de familiarité. Quand le visiteur était monté chez son locataire il quittait son étude, se mettait à sa porte et entrait en conversation avec le jeune homme.

— Quel admirable poney, Kit, lui dit-il un jour, il fait honneur à vos soins, on dirait qu'il est vernis de la tête à la queue.

— On n'en trouverait pas beaucoup de semblables, répondit Kit.

— Superbe animal ! et plein d'intelligence.

— Je vous en réponds. Il entend ce que vous lui dites comme un chrétien.

— En vérité !

La première fois que je l'ai vu, je ne me doutais guère que nous deviendrions si intimes; mais aussi je l'ai toujours pris par la douceur, jamais je ne l'ai battu.

— Ah ! s'écria Samson, ce doit être pour vous un sujet de réflexions bien agréables. L'honnêteté, Christophe, l'honnêteté est toujours la meilleure politique. Je l'ai éprouvé bien des fois moi-même. Encore ce matin j'ai perdu par honnêteté quarante-cinq livres dix schellings. Mais au fond c'est tout gain.

Kit pensa que si le caractère moral d'un homme avait été calomnié par sa physionomie cet homme était M. Samson Brass.

— Un homme qui dans une matinée, continua le procureur, perd quarante-sept livres dix shellings par son honnêteté mérite qu'on lui porte envie. S'il en avait perdu quatre-vingt son plaisir croîtrait en proportion, car chaque livre perdue ainsi produit de la satisfaction et du bonheur au centuple. Nous avons ici, ajouta Brass en se frappant la poitrine, une petite voix qui nous en assure, écoutez-là toujours, Christophe.

En ce moment M. Garland descendit et arriva à la porte. Samson le salua avec la plus grande politesse et l'aida à monter en voiture. Le poney secoua la tête et resta les quatre pieds fermement appuyés sur la terre comme s'il eût été bien déterminé à rester à la porte du procureur; mais dès qu'il reconnut la voix de Kit il partit sur-le-champ d'un train à faire douze milles par heure. Miss Sally vint rejoindre son frère, et ayant échangé un sourire dont l'expression avait quelque chose de sinistre ils rentrèrent dans l'étude.

Quand Kit venait seul dans la chaise pour apporter un message au locataire, Brass avait toujours à donner à M. Swiveller quelque commission qui pouvait l'occuper deux ou trois heures et souvent davantage, car Richard ne se pressait jamais en pareil cas, se trouvant partout mieux que devant son bureau. Alors miss Sally se retirait, M. Brass ouvrait sa porte et ne manquait jamais d'appeler Kit et de le faire entrer quand il passait dans le corridor pour s'en aller. Le procureur avait avec lui une conversation entrelardée de maximes morales : il le laissait souvent quelques instants en le priant de veiller sur l'étude, et il finissait par lui donner une ou deux demi-couronnes. Cela arriva si souvent, que Kit fut convaincu qu'il en était redevable à la générosité du gentleman qui logeait au premier étage et qui avait déjà libéralement récompensé sa mère du voyage qu'elle avait fait avec lui. Il employait cet argent à acheter de petits présents pour sa mère, pour ses frères et pour Barbe.

Pendant ce temps, M. Swiveller, qui restait souvent seul dans l'étude, s'y ennuyait mortellement. Pour se procurer une distraction, il acheta un jeu de cartes et il faisait de temps en temps une partie de cribbage, sa main droite contre sa gauche. Un soir que M. Brass et sa sœur étaient sortis, ce qui leur arrivait assez souvent dans la soirée, comme il faisait ainsi sa partie et que sa main droite était sur le point de gagner à la gauche un enjeu de vingt mille livres, il crut voir briller un œil noir à travers le trou de la serrure, et voulant voir qui l'espionnait ainsi il ouvrit brusquement la porte, et y trouvant la petite servante il la saisit par le bras.

— Je n'avais aucun mauvais dessein, s'écria-t-elle, je voulais me distraire. Je m'ennuie tant dans cette cuisine ! N'en dites rien à ma maîtresse, je vous en prie.

— Pourquoi le lui dirais-je ? Y a-t-il longtemps que vous faites un pareil usage de vos yeux ?

— Depuis que vous avez commencé à jouer aux cartes et bien auparavant.

— Eh bien, entrez, dit-il après un moment de réflexion, asseyez-vous et je vous apprendrai à jouer aux cartes.

— Oh ! je n'oserais, miss Sally me tuerait si elle savait que je suis entrée ici ?

— Avez-vous du feu dans la cuisine ?

— Un peu.

— Je ne crains pas que miss Sally me tue si elle sait que j'y suis descendu, pensa Richard en mettant les cartes dans sa poche et j'y descendrai. Pourquoi donc êtes-vous si maigre ?

— Ce n'est pas ma faute.

— Ne vous donne-t-on pas assez à manger ? Non ? Je m'en doutais. Buvez-vous quelquefois de la bière ?

— J'en ai bu une fois quelques gouttes.

— Quel état de choses ! s'écria Richard, quelques gouttes ! elle ne peut en connaître le goût !

Après un instant de réflexion il prit son chapeau, lui dit de veiller à la porte et sortit.

Il ne tarda pas à rentrer suivi du garçon d'un traiteur voisin qui apportait une tranche de bœuf sur une assiette, un morceau de pain et un pot de bière. Il prit tous ces objets des mains du garçon, poussa la porte et dit à la petite servante de tirer le verrou de crainte de surprise. Il descendit ensuite dans la cuisine avec elle.

— Tenez, dit Richard, commencez par manger tout cela, vous verrez si vous vous en trouvez bien.

Elle ne se fit pas prier deux fois, et la tranche de bœuf eut bientôt disparu.

— A présent, buvez, mais avec modération, car vous n'y êtes pas habituée et votre tête pourrait s'en ressentir. Comment trouvez-vous cette bière ?

— Oh ! excellente !

— Oui, elle est bonne, dit Richard après avoir opéré un vide considérable.

Il se mit alors à lui apprendre le cribbage, et comme elle ne manquait pas d'intelligence elle put bientôt le jouer passablement. Mettant alors deux pièces de six pence dans une sous-tasse, il lui dit :

— Voici nos enjeux : si vous gagnez la partie, cet argent vous appartiendra; si vous la perdez je le reprendrai. Et comme je ne sais pas plus que vous quel est votre nom je vous appellerai marquise, cela donnera à notre jeu un air de plus de réalité. Ainsi, marquise, coupez.

M. Swiveller donna les cartes, la marquise arrangea lentement les siennes avec beaucoup d'attention et la partie commença.

Ils firent plusieurs parties avec un succès varié; mais enfin la perte de trois pièces de six pence et la pendule qui sonna dix heures rappelèrent à M. Swiveller le vol rapide du temps et la nécessité de battre en retraite avant le retour de M. Samson et de miss Sally Brass.

— A présent, marquise, dit-il, je vous demande la permission de me retirer quand j'aurai vidé ce pot de bière. A votre santé, marquise ! Pardon, si je garde mon chapeau, mais votre palais est un peu froid et votre plancher de marbre est humide. Ainsi donc, dites-vous, le baron Samson Brass et sa sœur sont allés ce soir au spectacle ?

La servante fit un signe affirmatif.

— Et y vont-ils souvent ?

— Je vous en réponds. Miss Sally aime à sortir et elle fait tout ce qu'elle veut de son frère. Il a besoin d'elle, car il prend son avis en toute chose et il le suit toujours.

— Et quand ils sont à causer en tête à tête ils parlent sans doute quelquefois des autres, de moi, par exemple ?

La marquise fit un signe affirmatif.

— En style louangeur ?

Le mouvement de la tête de la marquise changea tout à coup, et au lieu d'aller de haut en bas devint de droite à gauche.

— Oh ! oh ! dit Richard; et croiriez-vous manquer à la confiance, marquise, si vous me faites part de ce qu'ils disent de l'humble individu qui a l'honneur d'être avec vous en ce moment.

— Miss Sally dit que vous êtes un drôle de corps.

— Eh bien ! marquise, ce n'est pas un très mauvais compliment. On peut montrer de la gaieté sans déroger à sa noblesse.

— Mais elle dit aussi qu'il ne faut pas se fier à vous.

— Ah ! marquise, il faut que j'avoue que bien des gens en disent autant, la race des boutiquiers surtout. C'est un préjugé populaire; et cependant j'ai toujours eu confiance en un marchand, aussi longtemps qu'il en a eu en moi. Et que pense à cet égard M. Brass !

La marquise répondit qu'il avait sur ce sujet une opinion encore plus prononcée que sa sœur. Mais ne leur dites rien, ajouta-t-elle, car ma maîtresse me battrait à me tuer si elle savait que je vous en ai parlé.

— Marquise, dit M. Swiveller en se levant pour s'en aller, la parole d'un gentleman est aussi bonne que son obligation par écrit, et quelquefois meilleure, comme dans le cas actuel, où l'obligation ne serait qu'une sorte de garantie un peu douteuse. Je suis votre ami et j'espère que je ferai encore bien des parties dans votre salon. Mais, marquise, continua-t-il en se retournant vers la petite servante, qui le suivait, une chandelle à la main, pour l'éclairer, il me semble que vous devez avoir l'habitude constante d'appliquer un œil au trou de la serrure pour savoir tout cela.

— Je désirais seulement découvrir où miss Sally mettait la clef du garde-manger, et je n'y aurais pris que bien peu de chose, uniquement de quoi satisfaire mon appétit.

Et vous ne l'avez pas découvert; sans quoi vous ne seriez pas si maigre. Bonsoir, marquise, ayez soin de tirer les verrous de crainte d'accident.

— Cette marquise, pensa M. Swiveller en retournant à son appartement, qui ne se composait que d'une seule chambre à peu de distance de la maison du procureur, cette marquise est une personne bien extraordinaire : ignorant jusqu'à ce soir quel est le goût de la bière, ne sachant ni son nom ni son âge et n'ayant vu le monde qu'à travers des trous de serrure !

En se levant le lendemain matin pour se rendre dans Bevis-Marks, il rencontra dans le corridor son hôtesse, qui l'y attendait pour lui donner congé de sa chambre. Ces petits accidents lui arrivaient fréquemment; et ne faisaient sur lui aucune impression. Il continua tranquillement son chemin, arriva chez le procureur, entra dans l'étude et y trouva l'aimable miss Sally, dont la physionomie brillait du doux éclat de la lune dans son premier quartier.

— Pendant qu'il ôtait son habit pour mettre sa veste de travail, elle lui dit : Monsieur Swiveller, n'avez-vous pas vu sur le bureau un étui à crayon en argent ?

— Comment l'aurais-je vu, vous savez que je ne fais que d'entrer !

— Tout ce que je sais, c'est que je l'avais laissé sur le bureau il y a huit jours et qu'il a disparu.

— Oh ! oh ! pensa Richard, j'espère que la marquise n'est pour rien dans cette disparition.

— J'avais aussi un petit couteau à lame d'argent que mon père m'avait donné il y a bien longtemps, et il a disparu de même depuis quelques jours. Vous-même, monsieur Richard, n'avez-vous rien perdu ?

— Moi ! non que je sache.

— Cela est fort désagréable, reprit miss Brass en prenant une prise de tabac dans sa tabatière d'étain. Mais ce n'est pas encore tout, entre vous et moi, entre amis, monsieur Swiveller, car si j'en parlais à mon frère, ce serait à ne jamais en voir la fin, j'ai vu des pièces d'argent placées sur ce bureau disparaître de la même manière. Oui, trois demi-couronnes à trois jours différents.

— Prenez garde à ce que vous dites ! s'écria Richard ; c'est une affaire sérieuse. En êtes-vous bien sûre ? N'est-ce pas quelque méprise ?

— C'est un fait, et il ne peut y avoir aucune méprise.

— Par Jupiter ! s'écria Richard. Et ses inquiétudes pour la marquise redoublèrent.

Plus il y réfléchit, plus il lui parut probable que la malheureuse petite servante était la coupable. Quand il pensait à la manière dont on la nourrissait, à son manque total d'instruction et d'éducation et à son intelligence naturelle, aiguisée par le besoin et les privations, il pouvait à peine en douter. Et cependant elle lui inspirait tant de compassion qu'il aurait volontiers donné cinquante livres, s'il les avait eues, pour pouvoir prouver son innocence.

Pendant qu'il était occupé de ces réflexions, et que miss Sally secouait la tête avec un air de doute et de mystère, M. Brass entra dans l'étude.

— Bonjour, monsieur Richard, dit-il, eh bien ! voilà que nous commençons une autre journée, nous levant avec le soleil pour reprendre le cours de nos occupations ordinaires, le cours de nos devoirs, monsieur, et il faut nous en acquitter de manière à nous faire honneur à nous-mêmes et à nous rendre utiles à nos semblables.

Tout en parlant ainsi il s'était assis devant son bureau, et il examinait avec attention un billet de banque de cinq livres, l'exposant au jour avec une sorte d'affectation, comme pour mieux l'examiner. Voyant que M. Swiveller ne lui répondait pas il leva les yeux sur lui, en remarquant son air pensif il lui dit : Vous avez l'air soucieux, monsieur Richard. Il faut travailler avec gaieté, c'est ainsi que le travail devient agréable.

Sally poussa un profond soupir.

— Quoi, vous aussi ! Qu'est-il donc arrivé ? Monsieur Richard ! ma sœur !

Swiveller jeta un coup d'œil sur Sally, et vit qu'elle lui faisait signe de faire part à M. Brass du sujet de la conversation qu'ils venaient d'avoir. Comme il se trouvait lui-même dans une position peu agréable jusqu'à ce que l'affaire fût éclaircie de manière ou d'autre, il se décida à répéter à M. Brass tout ce que miss Sally venait de lui dire.

La physionomie de Samson changea tout à coup ; mais au lieu de se mettre en colère, comme miss Sally avait eu l'air de s'y attendre, il alla fermer sans bruit la porte de l'étude, revint sur la pointe des pieds et dit à demi-voix :

— C'est une circonstance très extraordinaire et très pénible. Le fait est, monsieur Richard, que depuis quelque temps je me suis aperçu que diverses sommes d'argent que j'avais laissées sur ce bureau avaient disparu. Je n'ai pas voulu en parler, espérant que le hasard ferait découvrir le délinquant. Mais il n'est pas encore découvert. C'est une affaire embarrassante et fâcheuse, monsieur Richard.

Tout en parlant ainsi, il jeta sur le bureau, avec un air de distraction, le billet de banque qu'il tenait en main et le laissa au milieu de ses papiers. Swiveller l'en avertit, et l'engagea à le mettre dans son portefeuille.

— Non, monsieur Richard, répondit Brass avec un ton d'émotion, non ; ce billet restera où il est : l'en retirer, ce serait annoncer un manque de confiance en vous, monsieur, en vous qui possédez la mienne au plus haut degré, et que je regarde comme aussi honnête que moi-même. Non, je ne le retirerai pas.

En tout autre moment M. Swiveller aurait pu regarder ces paroles comme un compliment un peu équivoque ; mais dans cette circonstance ce fut un grand soulagement pour lui d'entendre déclarer qu'il n'était pas injustement soupçonné de ce qu'il n'avait jamais songé à commettre. Quand il eut fait une réponse convenable au procureur celui-ci lui serra la main et s'enfonça ensuite dans de profondes réflexions, miss Sally méditait de son côté, et Richard avait l'air interdit et déconcerté, craignant à chaque instant d'entendre accuser la marquise et ne pouvant résister à la conviction qu'elle était coupable.

Cette situation durait depuis quelques minutes, quand miss Sally frappa tout à coup le bureau d'un grand coup de poing fermé, en s'écriant : Je le tiens !

— Eh bien, dit Brass avec impatience, continuez donc.

— Quoi! répliqua sa sœur, n'y a-t-il pas quelqu'un qui, depuis trois ou quatre semaines, vient dans ce bureau au moins tous les deux ou trois jours? Ce quelqu'un n'y est-il pas resté seul plusieurs fois, grâce à vous? Et prétendez-vous dire que ce quelqu'un ne soit pas le voleur?

— Qui est ce quelqu'un? demanda Brass.

— Qui? Est-ce vous qui le demandez? Kit.

— Le jeune homme qui sert M. Garland?

— Lui-même.

— Non, non! s'écria Brass Ne parlez pas ainsi, je ne vous écoute pas. Non, jamais je ne croirai cela de lui, jamais?

— Je soutiens que c'est lui qui est le voleur, dit miss Sally.

— Et moi je soutiens que cela n'est pas vrai, s'écria Samson avec chaleur. Comment osez-vous tenir un tel propos? Doit-on détruire ainsi les réputations? Sachez que c'est le jeune homme le plus honnête et le plus fidèle qui ait jamais existé, et que sa conduite est irréprochable. Entrez, entrez!

Ces derniers mots étaient adressés, non à miss Sally, mais à quelqu'un qui avait frappé à la porte de l'étude; et à peine avaient-ils été prononcés, que Kit lui-même y entra, et demanda si le gentleman était chez lui.

— Oui, Kit, répondit Brass le visage encore enflammé d'indignation et regardant sa sœur en fronçant les sourcils, je suis charmé, très charmé de vous voir, Kit, et je vous prie d'entrer ici quand vous descendrez. Ce garçon-là un voleur! s'écria-t-il quand Kit fut sorti, avec cette physionomie franche et ouverte! Je lui confierais de l'or sans le compter. Monsieur Richard, ayez la bonté d'aller sur-le-champ chez M. Wraps, dans Broad street, et de lui demander s'il est chargé de plaider pour Carkem contre Painter. Ce jeune homme un voleur! Suis-je aveugle, sourd, idiot? Ne connais-je pas la nature humaine quand je l'ai sous les yeux? Kit un voleur! bah!

Il prononça cette interjection en jetant sur sa sœur un regard de souverain mépris; et baissant la tête sur son bureau, il eut l'air d'examiner quelques pièces de procédure.

Lorsque Kit descendit, environ un quart d'heure après, M. Samson Brass était seul dans son étude. Il ne fredonnait pas suivant sa coutume; il n'était pas assis devant son bureau; il était debout, le dos tourné à la cheminée, et il avait un air si étrange, que Kit crut qu'il avait été attaqué d'une indisposition subite.

— Vous est-il arrivé quelque chose, monsieur? lui demanda-t-il.

— Quelque chose? Non. Que pourrait-il m'être arrivé?

— Vous êtes si pâle, monsieur, que je vous aurais à peine reconnu.

— Pur effet de l'imagination, Kit. Je ne me suis jamais mieux porté. Jamais je n'ai été plus en gaieté: ah! ah! ah! Comment va notre ami là-haut?

— Beaucoup mieux, monsieur.

— J'en suis charmé; j'en remercie le ciel. C'est un excellent homme, libéral, généreux, un admirable locataire, ne donnant aucun embarras. Et M. Garland, j'espère qu'il est en bonne santé? Et le poney? vous savez que c'est mon ami particulier, Kit. Ah! ah! ah!

Kit lui rendit un compte satisfaisant de tous les habitants d'Abel-Cottage. M. Brass, qui l'écoutait sans attention et avec impatience, se mit à son bureau, fit signe à Kit de s'approcher de lui, et saisit un bouton de son habit.

— J'ai pensé, Kit, qu'il me serait possible de faire gagner quelque chose à votre mère. Je crois vous avoir entendu dire qu'elle est veuve et chargée d'enfants.

— Oui, monsieur; et il n'a jamais existé une meilleure mère, ni une femme ayant plus de courage au travail.

— Ah! s'écria Brass, qu'y a-t-il de plus touchant que de voir une pauvre veuve se dévouer à un travail constant et pénible pour soutenir et élever décemment ses enfants orphelins? Débarrassez-vous de votre chapeau, Kit.

— Je vous remercie, monsieur, il faut que je m'en aille sur-le-champ.

— N'importe! débarrassez-vous-en jusqu'à ce que vous partiez, répliqua Samson. Et lui prenant son chapeau, il jeta quelque confusion dans ses papiers pour lui faire place sur son bureau. J'ai donc pensé, Kit, que nous sommes souvent chargés de louer des maisons appartenant à nos clients, et jusqu'à ce qu'on trouve un locataire nous y plaçons des gens que souvent nous ne connaissons pas, et qui quelquefois ne méritent pas notre confiance. Qui nous empêche d'employer ainsi cette digne femme votre mère! Passant d'une maison à un autre, elle serait logée gratis toute l'année, et elle aurait en outre une certaine rétribution par semaine, ce qui la mettrait plus à l'aise qu'elle ne l'est à présent. Qu'en pensez-vous, Kit? y voyez-vous quelques objection? Parlez avec franchise, mon seul désir est de vous être utile.

Tout en parlant ainsi, Brass changea de place deux ou trois fois le chapeau de Kit, et il remuait ses papiers, comme s'il y eût cherché quelque chose.

— Comment pourrais-je voir une objection à une offre si avantageuse, monsieur? répondit Kit plein de reconnaissance; je ne sais comment vous en remercier.

— Eh bien! dit Brass, se tournant tout à coup vers lui, avec un sourire si sombre et si sinistre, que Kit en tressaillit, *l'affaire est faite.*

Kit le regarda d'un air confus.

— Je vous dis qu'elle est faite, Kit, et vous le verrez avant peu. Ah! ah! ah! Mais comme ce M. Richard est lent à faire ses commissions! Voulez-vous bien veiller un instant sur l'étude, Kit? Je ne vous retarderai pas, je n'ai besoin que d'une minute.

Il sortit en parlant ainsi, et il revint au bout d'une minute. Swiveller arrivait au même instant. Kit partit sur-le-champ pour réparer le temps perdu, et miss Sally, qui était dans le corridor, le vit sortir de la maison.

— Voilà donc votre favori parti, mon frère? dit-elle d'un ton ricaneur en entrant dans l'étude.

— Mon favori si cela vous plaît, répondit Brass. Un honnête garçon, monsieur Richard; un digne jeune homme.

— Hem! dit miss Sally en toussant.

— Je vous dis, drôlesse, s'écria Samson avec emportement, que je répondrais de son honnêteté sur ma vie. Ne cesserai-je jamais de vous entendre parler ainsi? Serai-je toujours tourmenté et persécuté par vos indignes soupçons? N'aurez-vous jamais de respect pour la véritable vertu? Si vous en venez là, je soupçonnerai votre honnêteté plutôt que la sienne.

Miss Sally tira de sa poche sa tabatière d'étain, y prit une grosse prise, et la respira lentement en le regardant en face d'un air de mépris.

— Je sens que je m'échauffe, monsieur Richard, continua le procureur; ce n'est pas là ce qui convient en affaires; mais elle me pousse à bout; elle me rendra fou.

— Pourquoi ne le laissez-vous pas tranquille? dit Richard à miss Sally.

— Parce que cela lui est impossible, répliqua M. Brass; parce qu'il est dans sa nature de me vexer et de me contrarier, sans quoi elle tomberait malade. N'importe, j'ai fait ma volonté. J'ai encore donné au jeune homme une preuve de confiance; je l'ai chargé de veiller sur mon étude pendant quelques moments d'absence. Qu'en direz-vous, langue de vipère?

Miss Sally prit une seconde prise, remit sa tabatière dans sa poche, et regarda son frère de l'air le plus calme.

— Oui, continua Brass d'un ton de triomphe, il a ma confiance, et il la conservera. Eh bien! Quoi! Comment! Où est donc le...?

— Qu'avez-vous perdu? demanda Swiveller.

— Comment cela se peut-il? dit Brass fouillant dans toutes ses poches, regardant sur son bureau, par terre, et bouleversant tous ses papiers; je ne le vois plus le billet, monsieur Richard, mon billet de banque de cinq livres que peut-il être devenu? Vous savez que je l'avais laissé là?

— Quoi! s'écria miss Sally en battant des mains, disparu. Eh bien! qui avait raison? Qui est le voleur? Mais ne songez pas à vos cinq livres; qu'est-ce que cinq livres? C'est un honnête garçon; très honnête, vous savez? Ce serait une bassesse de le soupçonner. Ne le poursuivez pas; non! non!

— Est-il réellement perdu, demanda Swiveller le visage aussi pâle que celui du procureur.

— Sur ma parole, monsieur Richard, je crains que ce ne soit une vilaine affaire, répondit Brass cherchant encore dans ses poches avec un air d'agitation. Il n'est que trop certain que le billet a disparu.

— Ne courez pas après lui, dit miss Sally; laissez-lui le temps de s'en débarrasser. Ce serait une cruauté de le convaincre de vol.

Swiveller et Samson la regardèrent, et se regardèrent ensuite l'un l'autre avec un air de stupéfaction; et comme pressés par une impulsion commune, ils prirent leur chapeau et se précipitèrent dans la rue en courant comme s'il allait de la vie.

De son côté, Kit courait aussi, quoique moins vite, et comme il était parti quelques minutes plus tôt, il avait de l'avance sur eux. Cependant, comme ils savaient quel chemin il devait suivre, ils parvinrent à l'atteindre, et Samson lui saisit le bras droit à l'instant où Swiveller le prenait par la gauche.

— Arrêtez! s'écria Samson; pas si vite, monsieur, vous semblez bien pressé.

— Et je le suis réellement, répondit Kit les regardant avec surprise.

— Je... je puis à peine le croire, dit Samson, mais quelque chose de précieux a disparu de mon étude, j'espère que vous ne savez pas ce que c'est.

— Comment le saurais-je, monsieur Brass? s'écria Kit tremblant de la tête aux pieds. Juste ciel ! je me flatte que vous ne supposez pas...

— Non, non, répliqua Brass avec vivacité, je ne suppose rien ; je ne vous accuse de rien. Vous reviendrez tranquillement avec nous, j'espère?

— Sans doute, répondit Kit; pourquoi non ?

— Certainement, répéta Brass; pourquoi non? et le plus tôt sera le mieux. Monsieur Richard, ayez la bonté de lui prendre un bras, et je prendrai l'autre. Il n'est pas commode de marcher trois de front sur le trottoir ; mais les circonstances l'exigent, monsieur; nous ne pouvons nous en dispenser.

Kit pâlit et rougit successivement, mais il ne fit aucune résistance, et ils reprirent tous trois le chemin de Bevis-Marks. Pendant ce temps M. Swiveller, à qui les fonctions qu'il remplissait ne plaisaient guère, trouva une occasion pour lui dire à l'oreille que s'il voulait avouer son crime, seulement par un signe de tête, et promettre de ne plus y retomber, il ne mettrait aucun obstacle à ce qu'il donnât le croc-en-jambe au procureur, et à ce qu'il s'échappât par le premier passage devant lequel il se trouverait. Kit rejeta cette proposition par un regard indigné ; et Swiveller n'eut plus d'autre parti à prendre que de continuer à conduire l'accusé dans le local où le délit dont il était soupçonné avait été commis, et dès qu'ils y furent arrivés la charmante Sally eut soin d'en bien fermer la porte.

— Si vous êtes innocent, Christophe, dit M. Brass, vous devez désirer qu'il ne reste pas le moindre doute de votre innocence, et il n'y a pour cela qu'un seul moyen. Consentez-vous à être fouillé?

— Bien volontiers, monsieur; mais je vous dis que vous vous reprocherez vos soupçons jusqu'au dernier jour de votre vie.

— C'est certainement une circonstance pénible, très pénible, dit Brass en enfonçant un bras dans une poche de l'habit de Kit et en tirant une multitude de petits objets. Il n'y a rien de suspect dans cette poche, monsieur Richard, ni dans celles du gilet, et personne ne peut s'en réjouir plus que moi.

M. Swiveller, qui tenait en main le chapeau de Kit, suivait avec attention et intérêt tous les mouvements du procureur, quand celui-ci, tout en fouillant dans la seconde poche de l'habit du jeune homme, pria Richard d'examiner le chapeau.

— Il s'y trouva un mouchoir, dit Swiveller.

— Il n'y a aucun mal à cela, répliqua Samson ; les médecins prétendent que c'est une coutume nuisible à la santé, parce qu'elle fait porter trop de chaleur à la tête, mais sous tout autre point de vue.

Il fut interrompu par une exclamation que poussèrent en même temps M. Swiveller, miss Sally et Kit lui-même, il tourna la tête, et vit Richard tenant en main un billet de banque de cinq livres.

— Où l'avez-vous trouvé? s'écria-t-il.

— Entre le chapeau et la doublure, répondit Swiveller d'un ton de consternation.

Brass regarda successivement sa sœur, Richard, les murailles, le plafond, le plancher, le bureau, tout, excepté Kit, qui était immobile et stupéfait.

— Et voilà dans quel monde nous vivons ! s'écria M. Brass en joignant les mains ; mais quelle est la nature humaine ! Voilà le mécréant à qui je voulais faire du bien, et en faveur duquel mon cœur me parle encore ! Mais non, je me dois à moi-même, je dois à ma profession de donner l'exemple de faire exécuter les lois de mon pays. Ma sœur, je vous demande pardon. Monsieur Richard, le moment de faiblesse est passé, je reprends toute ma force morale, ayez la bonté d'aller chercher un constable.

L'esprit égaré et sachant à peine s'il veillait ou s'il faisait un rêve, Kit était pensif et immobile entre les mains de M. Brass et de sa sœur, qui le tenait au collet, l'une à droite, l'autre à gauche, quand M. Swiveller revint avec un constable. Habitué à de pareilles scènes, ce fonctionnaire écouta le récit que lui fit le procureur, à peu près avec le même intérêt que prendrait un entrepreneur de funérailles aux détails circonstanciés qu'on lui ferait de la dernière maladie d'un défunt, et dit ensuite :

— Le mieux est de le conduire devant le magistrat avant qu'il ait levé sa séance. Il faut que vous nous y suiviez, monsieur Brass, ainsi que...

Il hésita, ne sachant trop comment désigner miss Sally.

— Ainsi que ma sœur, dit Brass.

— Oui, dit le constable, et le jeune homme qui a trouvé le billet.

— Monsieur Richard, dit Brass d'une voix lugubre, c'est une triste nécessité, mais il faut immoler sur l'autel de la patrie, monsieur...

— Vous prendrez sans doute un fiacre, dit le constable, envoyez-le chercher.

— Mais laissez-moi dire un mot s'écria Kit, je ne suis pas plus coupable qu'aucun de vous, vous me connaissez trop bien pour en douter, monsieur Brass.

— Je puis vous dire, constable, que jusqu'à l'instant où cette fatale découverte a eu lieu, j'étais si convaincu de l'intégrité de ce jeune homme que je lui aurais confié... Un fiacre, s'il vous plaît, monsieur Richard ; que vous êtes lent !

— Tous ceux qui me connaissent ont confiance en moi, dit Kit ; demandez-leur à qui j'ai jamais fait tort d'un farthing. J'étais honnête quand j'étais pauvre et sans pain, est-il probable que je sois devenu un voleur à présent que je ne manque de rien ?

En ce moment, on entendit le gentleman qui logeait au premier étage ouvrir sa porte et demander du haut de l'escalier ce que signifiait tout ce bruit et quelle en était la cause. En reconnaissant la voix, Kit fit involontairement un mouvement vers la porte pour lui répondre lui-même; mais le constable le retint par le bras, et Samson monta seul pour raconter l'histoire à sa manière.

— Il peut à peine le croire, dit-il en rentrant, et je n'en suis pas surpris, car je douterais moi-même encore, si mes propres yeux ne m'avaient convaincu. J'entends la voiture ; mettez votre chapeau, Sally, et partons. Ah ! c'est un événement bien triste, un convoi moral !

— Monsieur Brass, dit Kit, accordez-moi une grâce, conduisez-moi d'abord chez M. Witherden.

Samson Brass secoua la tête d'un air irrésolu.

— Mon maître est chez lui, continua Kit; pour l'amour du ciel, qu'il me soit permis de le voir!

— Je ne demande pas mieux, répondit Samson, qui avait peut-être ses raisons pour montrer de la déférence au notaire; mais en avons-nous le temps, constable?

— Si nous partons sur-le-champ, répondit celui-ci après avoir consulté sa montre; mais si nous lanternons ici plus longtemps, il faudra nous rendre tout droit devant le magistrat.

Le fiacre était arrêté devant la porte. M. Swiveller eut soin de garder la place qu'il y occupait. Le constable y fit entrer son prisonnier et le suivit. M. Brass aida sa sœur à y monter; et, n'y trouvant plus de place pour lui, il partagea le siège du cocher.

Complétement étourdi par le changement soudain et terrible survenu dans sa situation, Kit regardait par la portière sans rien voir, quand la voix de M. Brass, qui criait au cocher d'arrêter, attira son attention, et il aperçut à la fenêtre d'une taverne une tête qu'il était impossible de ne pas reconnaître quand on l'avait vue quelquefois, celle de M. Quilp.

— Ah! ah! s'écria le nain se penchant à la croisée et saluant avec une politesse grotesque et ironique, c'est vous Brass? Où allez-vous ainsi? Et Sally avec vous, la charmante Sally! et Dick, le joyeux Dick! Et Kit, l'honnête Kit!

— Comme il a l'humeur joviale! dit Samson au cocher. Ah! monsieur Quilp! c'est une bien fâcheuse affaire! Ne croyez plus à la probité, monsieur!

— Et pourquoi non, fripon de procureur? Pourquoi non?

— Un billet de banque a disparu sur mon bureau, monsieur; il a été trouvé dans le chapeau de Christophe, qui était resté seul dans mon étude. La chaîne de preuves et complète, il n'y manque pas un seul anneau.

— Quoi! Kit, un voleur? ah! ah! ah! C'est le plus laid voleur qu'on ait jamais vu dans une foire pour un penny! Quel chagrin pour sa digne mère! Marchez, cocher! Adieu, Kit! mes amitiés aux Garland et au gentleman. Dites-leur que je vous ai demandé de leurs nouvelles. Et il se retira de la fenêtre dans une extase de plaisir.

En arrivant chez le notaire, Brass descendit du siège, ouvrit la portière et aida sa sœur à descendre de voiture. Il entra chez M. Witherden avec elle, M. Swiveller les suivit; le constable resta dans le fiacre avec le prisonnier.

M Chuckster était dans l'étude, assis devant son bureau et occupé à écrire. M. Brass en y entrant, vit, à travers une porte vitrée, le notaire dans son cabinet, debout près du feu et causant avec M. Garland et M. Abel.

— Monsieur, lui dit Brass en ouvrant la porte, je me nomme Brass, demeurant dans Bevis-Marks. Mon nom doit vous être connu, car nous avons eu ensemble une petite dissussion relativement à la validité d'un testament.

— Si vous venez pour affaire, monsieur, je vous prie de vous adresser à mon premier clerc, car je suis occupé, répondit le notaire en le saluant légèrement.

— Permettez-moi d'abord, monsieur, de vous présenter ma sœur, dit Brass en avançant avec elle dans le cabinet du notaire ; c'est un rejeton de la même souche, monsieur ; la colonne de mon étude. Monsieur Swiveller, entrez donc, s'il vous plaît. Réellement, monsieur, il faut que vous me permettiez de vous dire quelques mots.

— Je vous ai déjà dit, monsieur, que je suis occupé en ce moment. Voici M. Chuckster, mon premier clerc, et vous pouvez lui expliquer votre affaire.

— Vous semblez oublier, monsieur Witherden, que j'appartiens à une profession respectable. Si vous veniez chez moi pour affaire, trouveriez-vous convenable que je vous renvoyasse à un clerc ?

Eh bien, monsieur Brass, voyons, quelle affaire vous amène ici ?

— Je vais vous l'expliquer. Ah ! monsieur Witherden, vous ne vous doutez guerre... Mais je ne veux pas faire de digression. L'un de ses messieurs s'appelle Garland, je suppose ?

— C'est leur nom à tous deux, monsieur.

— J'aurais pû le deviner à leur ressemblance. Messieurs, dit le procureur en les saluant, un jeune homme, nommé Kit, est au service de l'un de vous ?

— De tous deux, monsieur, dit le notaire. Qu'avez-vous à dire de lui ?

— Que ce jeune homme, en qui j'avais toujours eu la plus grande confiance, a commis, ce matin, un vol dans mon étude et a été pris presque sur le fait.

— Ce doit être quelque imposture ! s'écria le notaire.

— Cela est impossible ! dit M. Abel.

— Je n'en crois pas un mot, ajouta M. Garland.

— Monsieur Witherden ! vos paroles pourraient donner lieu à une action contre vous en diffamation, en dommages et intérêts, monsieur ; mais je n'en ai aucune envie, je vous assure. Quant à ces messieurs, je respecte leur chaleur. Je regrette d'avoir à vous apporter de si fâcheuses nouvelles ; mais je ne suis pas venu ici de mon propre mouvement ; c'est ce malheureux jeune homme lui-même qui a demandé à vous voir avant d'être conduit chez le magistrat. Monsieur Chuckster, voulez-vous avoir la bonté de frapper à la fenêtre pour appeler le constable qui est dans la voiture ?

M. Chuckster quitta son bureau avec l'air d'un prophète qui voit sa prédiction se réaliser, cligna d'un œil en regardant Swiveller, et non-seulement frappa à la croisée, mais alla lui-même ouvrir la porte pour faire entrer le prisonnier et son gardien.

Dès que Kit fut entré, il recouvra la parole pour prendre le ciel à témoin de son innocence, et protesta qu'il ne concevait pas comment le billet de banque avait pu se trouver dans son chapeau. Pendant ce temps, Brass et sa sœur racontaient toutes les circonstances qui venaient à l'appui de l'accusation du vol : c'était la confusion des langues, et les trois amis se regardaient en silence avec un air de doute et d'étonnement.

— N'est-il pas possible, dit enfin M. Witherden, que ce billet soit tombé dans le chapeau par accident, en remuant les papiers qui étaient sur le bureau, par exemple ?

M. Brass pressa Swiveller de répondre à cette question ; et il fut obligé de déclarer que, d'après la manière dont ce billet avait été placé entre le chapeau et la doublure, il ne pouvait y avoir aucun doute qu'on eût l'intention de le cacher.

— Cela est chagrinant, très chagrinant, dit Brass ; et quand il sera en jugement, je me ferai un plaisir de le recommander au juge, eu égard à la bonne réputation dont il jouissait préalablement. J'ai perdu quelque argent resté sur mon bureau depuis un certain temps, c'est la vérité ; mais il n'en résulte pas que ce soit lui qui l'a pris. Ce peut être une forte présomption contre lui, mais ce n'est pas une preuve, et nous sommes chrétiens.

— Messieurs, demanda le constable, lui a-t-on vu plus d'argent que de coutume depuis quelque temps ?

— Il m'a montré lui-même de temps en temps une ou deux demi couronnes en me disant que c'était M. Brass lui-même qui les lui avait données.

— Certainement ! s'écria Kit ; et vous pouvez me rendre justice en cela, monsieur Brass.

— Quoi ! s'écria Brass en regardant tout le monde tour à tour avec une expression d'étonnement stupide.

Et ne m'avez-vous pas donné à entendre que vous me donniez cet argent de la part du gentleman de votre locataire ?

— En vérité, dit Brass en secouant la tête, l'affaire prend une mauvaise tournure, très mauvaise !

— Quoi ! s'écria Kit, nie-t-il qu'il m'ait donné de l'argent ? Je vous en prie, messieurs, que quelqu'un de vous en fasse la question.

— Lui en avez-vous jamais donné ? demanda M. Witherden.

— Je vous dirai, messieurs, répondit Brass d'un ton grave, qu'il se nuira à lui-même en prenant un tel système de défense ; et si vous prenez intérêt à lui, vous ferez bien de lui conseiller d'en adopter un autre. Moi, lui avoir donné de l'argent ! Jamais, messieurs.

— Messieurs, s'écria Kit frappé tout à coup d'une lumière nouvelle ; monsieur Garland, monsieur Abel, monsieur Witherden, je prends le ciel à témoin qu'il m'en a donné à plusieurs reprises ; et puisqu'il le nie, il existe un complot contre moi. Je ne sais en quoi je puis l'avoir offensé ; mais il est entré dans un complot contre moi, et jusqu'au dernier moment de mon existence je penserai et je dirai que c'est lui qui a mis le billet dans mon chapeau. Regardez-le, messieurs ! voyez comme il change de couleur ! Qui a l'air d'un coupable en ce moment ? Est-ce lui ou moi ?

— Vous l'entendez, messieurs, dit Brass en souriant, vous l'entendez. S'il avait parlé ainsi autrement qu'en votre présence et que je vous l'eusse répété, vous vous seriez également écriés qu'il était impossible qu'il eût tenu un tel propos.

Tandis que le procureur repoussait d'un ton si pacifique la récrimination faite contre lui, la vertueuse Sally, ne pouvant résister à son indignation, s'élança sur Kit avec fureur. Le constable, qui était à côté de lui, le tira à l'écart, et, par ce mouvement, mit à découvert M. Chuckster, sur qui tomba la rage de l'amazone, qui lui arracha un faux col et une poignée de cheveux avant d'avoir reconnu son erreur.

Le constable fit alors observer qu'il était temps de se rendre chez le magistrat ; mais ne voulant pas que son prisonnier fût exposé à une nouvelle attaque, il insista si fortement pour que miss Brass ne montât pas avec lui dans la voiture, que M. Brass fut obligé d'y consentir, et la belle Sally le remplaça à côté du cocher. Le fiacre partit, et les trois amis en prirent un autre pour se rendre aussi chez le magistrat. Ils y trouvèrent leur autre ami le gentleman qui y était arrivé depuis longtemps. Mais cinquante gentlemen fondus en un seul n'auraient eu aucun poids sur l'esprit du magistrat, qui, après avoir entendu les dépositions, décerna un mandat d'emprisonnement contre l'accusé en attendant qu'il fût traduit devant la cour de session. En le conduisant en prison, le constable chercha à le consoler en l'assurant que la cour de session devait s'ouvrir avant peu, et que sous quinze jours il pouvait compter qu'il serait confortablement déporté à Botany-Bey.

Les moralistes et les philosophes en diront tout ce qu'ils voudront, un coupable n'aurait pas souffert la nuit suivante la moitié des tourments d'esprit que le pauvre Kit endura. Il savait qu'il était innocent, et il se disait que ses meilleurs amis pouvaient le croire coupable : M. et mistress Garland le regarder comme un monstre d'ingratitude; Barbe penser à lui avec horreur; le poney lui-même s'imaginer qu'il l'avait abandonné; enfin que sa pauvre mère, ajoutant foi à des apparences trompeuses, pouvait le soupçonner d'avoir oublié les leçons de vertu et de probité qu'il en avait toujours reçues. Une autre image se présenta à son esprit, celle de la jeune fille qui avait toujours été l'astre brillant de son existence, qui avait rendu le temps de sa vie où il avait été le plus pauvre l'époque qui en avait été la plus heureuse ; si elle entendait parler de cette aventure, que penserait-elle ? Il n'osait répondre à cette question, et il se jeta sur son grabat en pleurant.

Au milieu de tout son chagrin il s'endormit, il fit un rêve : il n'était pas en prison ; il se promenait avec des amis où bon lui semblait, mais accablé d'une inquiétude secrète dont il ne pouvait concevoir la cause. Le jour parut, il s'éveilla et il reconnut les murs de sa prison.

Un porte-clefs, en lui apportant son déjeuner, lui apprit que, lorsqu'il aurait pris ce repas, il pourrait aller se promener dans une petite cour pavée dont il lui montra le chemin, et qu'il y avait certaines heures dans la journée où les prisonniers pouvaient voir leurs amis. Si quelqu'un des siens se présentait, il viendrait le chercher pour le conduire à la grille. Il ajouta qu'en considération de ce qu'il était en prison pour la première fois, on l'avait placé dans un quartier séparé de celui qui était destiné aux criminels endurcis. Cette indulgence apporta quelque adoucissement aux chagrins du pauvre Kit. Après avoir déjeuné, il alla faire connaissance avec la petite cour dont le porte-clefs lui avait parlé ; et après s'y être promené quelque temps, il retourna dans sa chambre. Il trouva sur un banc le Catéchisme de l'Église, et il se mit à le lire avec attention, quoiqu'il l'eût appris par cœur dans son enfance.

Quelques instants après, le porte-clefs arriva et lui dit :
— Allons, suivez-moi.
— Où ? demanda Kit.
— Des visiteurs, répondit brusquement le porte-clefs. Et, le prenant par le bras, comme l'avait fait le constable la veille, il le fit passer par différents corridors, entrer dans une chambre divisée en deux parties par une grande grille qui s'étendait dans toute la largeur, et où il le

laissa. A environ quatre pieds de cette grille s'en élevait une autre parfaitement semblable, et dans l'intervalle qui les séparait un autre porte-clefs était assis lisant un journal. Le cœur de Kit battit vivement quand, derrière cette seconde grille, il reconnut sa mère, tenant dans ses bras son plus jeune fils, et la mère de Barbe donnant la main au petit Jacob. Dès que celui-ci vit son frère, il lui tendit les bras à travers les barreaux de la grille; et voyant qu'il ne pouvait l'atteindre, il se mit à pleurer; les deux femmes en firent autant, et le jeune enfant, comme inoculé tout à coup par leurs larmes, cria de toutes ses forces.

— Mesdames, mesdames, dit le porte-clefs interrompant sa lecture, ne perdez pas ainsi le temps; on ne le distribue ici qu'à demi-ration, et empêchez cet enfant de crier, cela est contre les règlements.

— Je suis sa pauvre mère, monsieur, dit mistress Nubbles en s'essuyant les yeux, et ces deux enfants sont ses frères.

— Fort bien, fort bien; mais que puis-je faire? Il n'est pas le seul ici qui soit dans la même situation, et il ne faut pas faire tant de bruit pour cela.

Il se remit à lire. Cet homme n'avait pas le cœur naturellement dur. Il gardait les prisonniers précisément comme une vieille femme garde un malade attaqué d'une fièvre maligne ou putride qui peut le tuer, mais dont il peut guérir.

— O mon cher Kit! s'écria mistress Nubbles, la mère de Barbe ayant charitablement pris l'enfant pour l'apaiser, faut-il que je vous voie ici, mon cher fils!

— Vous ne croyez pas que je sois coupable de ce dont on m'accuse, ma mère? dit Kit d'une voix étouffée.

— Moi le croire! s'écria la pauvre femme; moi qui ne vous ai jamais vu faire un mensonge ni une mauvaise action, moi à qui vous n'avez jamais donné un moment de chagrin; moi dont vous avez été la consolation dans toutes mes peines depuis le moment de votre naissance jusqu'à ce jour; moi, croire une pareille chose! non! non!

— En ce cas, je remercie Dieu, ma mère, dit Kit; quoi qu'il puisse m'arriver, je puis tout supporter; et je ne serai jamais tout à fait malheureux en songeant que vous pensez ainsi.

La pauvre femme s'essuyant encore les yeux, qui se mouillaient de nouveau à mesure qu'elle les essuyait, prit alors un petit panier qu'elle avait mis par terre, et s'adressant au porte-clefs, le pria de l'écouter un moment. Il était alors au milieu d'une anecdote qui l'amusait; il leva un doigt pour lui imposer silence, et se tint dans cette situation jusqu'à ce qu'il eut fini sa lecture. Se tournant alors vers elle, un sourire encore sur ses lèvres, il lui demanda ce qu'elle désirait.

— Je lui ai apporté quelque chose à manger, monsieur; puis-je le lui donner:

— Il n'y a rien en cela contre les règles, bonne femme. Vous pouvez me le laisser en vous en allant, et j'aurai soin de le lui envoyer.

— Je vous demande pardon, monsieur; ne vous fâchez pas, je vous prie; mais si je le voyais manger un morceau de bon cœur, je m'en irais plus tranquille et plus contente.

Jamais pareille demande n'avait été faite au porte-clefs; elle lui parut étrange, et il répondit en souriant : Les règles ne le défendent pas, bonne femme, donnez-moi votre panier. Ouvrant une petite porte dans la première grille, il prit le panier, en examina le contenu, et en ouvrit une autre dans la seconde pour le remettre à Kit. Le prisonnier n'avait pas grand appétit; cependant il s'efforça de manger un peu pour faire plaisir à sa mère, dont la satisfaction semblait augmenter à chaque bouchée qu'il avalait.

Pendant qu'il était ainsi occupé, il fit quelques questions sur la famille Garland. Sa mère lui répondit que c'était M. Abel lui-même qui était venu lui apprendre la nouvelle de son emprisonnement, ce qu'il avait fait avec tous les ménagements possibles, mais sans dire s'il le croyait innocent ou coupable. Kit s'armait de tout son courage pour demander à la mère de Barbe des nouvelles de sa fille, quand un autre porte-clefs entra dans la partie de la chambre où elle était avec mistress Nubbles. Celui qui était entre les deux grilles s'écria : Votre temps est fini, place à d'autres! Le porte-clefs qui avait amené Kit arriva au même instant, le prit par la bras, et lui laissa à peine le temps de recevoir la bénédiction de sa mère.

Comme il traversait une petite cour, Kit tenait d'une main le panier, un autre porte-clefs portant une pinte de bière les arrêta, et demanda à son confrère si le poulet qu'il conduisait ne se nommait pas Christophe Nubbles, et ayant reçu une réponse affirmative : En ce cas, dit-il à Kit, prenez votre porter. Eh bien, pourquoi hésitez-vous? Le pot n'est pas de fer rouge.

— Pardon, répondit Kit; mais qui me l'envoie ?

— Qui! un de vos amis sans doute. Tenez, voici une lettre de lui.

Kit prit la bière et la lettre, et dès qu'il fut de retour dans sa chambre il ouvrit le billet et lut ce qui suit.

« Videz cette coupe. Chaque goutte du nectar qu'elle contient est un
» talisman contre tous les maux de l'humanité. Qu'on parle de celui que
» versait Hébé! c'était une fiction, mais celui-ci était une réalité. Vous
» en recevrez tous les jours un pareil flacon ; et s'il n'est pas bon, plai-
» gnez-vous-en au gouverneur. Tout à vous, R. S. »

— R. S., pensa Kit; il faut que ce soit M. Richard Swiveller. Il avait l'air de parler contre moi à regret. Eh bien, je l'en remercie de tout mon cœur.

CHAPITRE XXXIII

Une faible lumière, perçant à travers la fenêtre du mauvais hangar que M. Quilp appelait son comptoir, et rendue rougeâtre par un épais brouillard, annonça à M. Brass le surlendemain dans la soirée qu'il trouverait son digne client au rendez-vous que celui-ci lui avait donné. Il s'était déjà heurté plusieurs fois les jambes entre des pièces de bois dispersées au hasard sur le quai; et s'arrêtant un instant pour se les frotter, il se dit à lui-même : Je crois que ce petit monstre change de place tous les jours tous les vieux bois qui sont sur son quai pour estropier plus sûrement ceux qui sont obligés d'y venir. Je déteste de me trouver ici sans Sally ; sa protection vaut mieux que celle de douze hommes. Je voudrais bien savoir ce que fait à présent ce nain hideux ; il boit sans doute pour attiser le feu de la rage dont il est toujours consumé. Je suis sûr qu'il ne se ferait pas plus de scrupule de m'étrangler et de me jeter ensuite dans la rivière que si je n'étais qu'un rat ; ce ne serait pour lui qu'une plaisanterie. Chut, je crois l'entendre déclamer.

Effectivement, M. Quilp lisait à haute voix et avec des intonations plus fortes que le cas ne l'exigeait le passage suivant d'un journal : « Le digne magistrat, après avoir dit que le prisonnier trouverait quelque difficulté à faire croire à un jury la vérité de l'histoire qu'il racontait, a donné ordre qu'il fût conduit en prison jusqu'à ce qu'il soit traduit devant la cour de session. »

Après avoir prononcé le dernier mot, il partit d'un bruyant éclat de rire ; il recommença ensuite à lire le même passage, en termina la lecture de la même manière, et en fit autant trois ou quatre fois de suite.

Quelle imprudence ! murmura Brass, je voudrais qu'il fût muet, qu'il fût sourd, qu'il fût aveugle, qu'il fût pendu ! ajouta-t-il en l'entendant commencer encore la même lecture. Cependant il s'approcha du comptoir, et dès que l'accès bruyant de gaieté fut passé il frappa à la porte.

— Entrez ! dit le nain.

— Comment vous portez-vous ce soir, monsieur ? demanda Samson en ouvrant la porte. Ah ! ah ! ah ! quelle étrange demeure ! elle est d'un goût tout à fait particulier, monsieur.

— Entrez donc, fou, s'écria Quilp ; entrez, et ne restez pas là à ouvrir de grands yeux et à montrer vos dents. Entrez, vous dis-je, menteur, parjure, faux témoin, entrez !

— Quelle gaieté incroyable ! dit Brass entrant et fermant la porte ; il est ce soir dans une veine du plus haut comique. Mais est-il tout à fait judicieux, monsieur de...

— Quoi, Judas ! demanda le nain.

— Judas ! répéta Brass. Ah ! ah ! ah ! excellent ! Comme il est plaisant !

— Vous me demandiez s'il était tout à fait judicieux de... Finirez-vous votre phrase ?

— Je voulais dire, monsieur, que, quoique vous possédiez au plus haut degré le talent de la déclamation, je doutais qu'il fût très prudent de...

— De quoi faire ?

— De parler si haut, monsieur, quand on fait allusion à ces petits arrangements pris entre amis, très innocents en eux-mêmes, mais que la loi appelle des complots et des conspirations.

— Que voulez-vous dire, front d'airain ? Est-ce que j'ai jamais comploté ou conspiré avec vous ? Je ne sais qui me tient ; mais je devrais... ajouta Quilp en jetant les yeux sur une barre de fer rouillée qui était à sa portée.

— Je n'ai voulu dire rien de semblable, monsieur, s'écria le procureur alarmé ; seulement, mon expérience m'a appris que la loi applique quelquefois aux choses des dénominations qui ne leur conviennent pas.

Mais vous avez raison, monsieur, j'aurais mieux fait de ne point en parler ; et si vous le trouvez bon, nous changerons de conversation. Sally m'a dit que vous désiriez savoir des nouvelles de notre locataire. Il n'est pas encore revenu dans son appartement, monsieur.

— Non, dit Quilp tenant le manche d'une petite casserole qui était sur le feu et qui contenait du rhum, et pourquoi ?

— Oui, sans doute, pourquoi ? répondit Samson. Oh ! monsieur, ajouta-t-il, prenez garde, mon cher monsieur ! Faites attention à ce que vous faites !

— Qu'avez-vous donc ? demanda le nain, qui venait de retirer du feu la casserole pleine de rhum et qui la portait à sa bouche.

— Ce rhum est presque bouillant, monsieur ; je l'ai entendu frémir, et vous avez oublié d'y mettre de l'eau.

Quilp ne lui répondit qu'en buvant plus de la moitié du rhum qui se trouvait dans la casserole, et la lui passant, il lui dit : Buvez le reste.

— Je le ferais bien volontiers, si je pouvais avoir quelques gouttes d'eau.

— De l'eau pour un procureur ! Ah ! ah ! ah ! vous voulez dire du plomb fondu et de l'huile bouillante, de l'essence de poix et de goudron. Voilà ce qui leur convient, n'est-il pas vrai, Brass ?

— Toujours le mot pour rire, répondit Samson tenant le manche de la casserole et cherchant à gagner du temps. Dans la bouche d'un autre ce propos serait piquant, mais dans la vôtre, monsieur, c'est un chatouillement agréable.

— Buvez ! s'écria Quilp en fronçant les sourcils, et ayez soin de ne pas en laisser une goutte, quand vous devriez vous écorcher le gosier !

Brass vit qu'il fallait s'y résoudre, et il avala le liquide brûlant, dont la force et la chaleur lui firent couler l'eau des yeux et la sueur du front, et couvrirent ses joues d'un rouge pourpre. Cependant au milieu d'un accès de toux qui s'ensuivit, il s'écria avec la constance d'un martyr que le rhum était délicieux.

— Et le locataire, que m'en direz-vous ? demanda Quilp.

— Il est resté dans la famille Garland. M. Richard l'a rencontré hier, et le gentleman lui a dit qu'il ne pouvait se résoudre à rentrer dans la maison après ce qui s'y était passé, attendu qu'il se regardait comme étant en quelque sorte la cause de ce qui était arrivé. C'est un excellent locataire, monsieur, et je serais très fâché de le perdre.

— Bah, bah, ne songez pas à cela. Économisez, devenez encore plus ladre que vous ne l'êtes.

— Personne ne peut être plus économe que ma sœur, monsieur Quilp.

— Vous avez pris un clerc pour m'obliger, congédiez-le.

— Congédier M. Richard ! je n'étais pas préparé à cela, monsieur.

— Je le crois bien, répondit le nain en ricanant, je ne vous l'avais pas encore permis. J'avais des raisons pour le laisser chez vous, pour l'avoir toujours sous la main, et l'une de ces raisons était que c'était un plaisir pour moi de le voir, lui et son digne ami Frédéric Trent, croire que le vieux fou et sa petite-fille étaient encore riches, tandis qu'ils étaient plus pauvres que des rats d'église.

— Je savais cela.

— Sans doute ; mais à présent je sais qu'ils ne sont pas pauvres, ils ne peuvent l'être quand un homme comme votre locataire les cherche partout et court le pays pour les découvrir. Ainsi peu m'importe à présent ce qu'il deviendra. Son ami, à ce que j'ai appris, a fait quelque fredaine qui l'a obligé à passer en pays étranger, qu'il y pourrisse! Quant à ce Richard, il a la tête légère, un cœur de pigeon, je ne puis rien en faire. Qu'il se pende, qu'il se noie, qu'il meure de faim, qu'il aille au diable!

— Ah! ah! ah! Et quand voudriez-vous, monsieur, qu'il fît cette petite excursion?

— Renvoyez-le dès que la sentence de ce chien aura été prononcée.

— Je n'y manquerai certainement pas, monsieur. Ce sera un coup pénible pour Sally, mais elle est habituée à maîtriser ses sentiments. Ah! monsieur Quilp, s'il avait plu à la Providence que vous et elle vous fussiez rencontrés plus tôt, quels heureux résultats n'aurait pas eus une telle union! Elle faisait l'orgueil et la joie de mon père, homme admirable, monsieur! Il aurait fermé les yeux avec joie s'il lui avait vu un mari tel que vous.

— Vous l'estimez, monsieur?

— Moi! non. Je l'aime de toute mon âme.

— Vous êtes bien bon, monsieur. Avez-vous quelque autre ordre à me donner relativement à M. Richard?

— Non, répondit le nain en versant du rhum dans la casserole; mais avant de nous séparer, nous boirons à la santé de l'aimable Sally.

— Si nous pouvions y boire avec quelque chose de moins chaud, monsieur, dit le procureur du ton le plus humble, cela vaudrait peut-être mieux.

Mais le nain ferma l'oreille à toutes les remontrances; il voyait que le rhum que Brass avait bu commençait à lui monter à la tête, et il voulait l'achever avant de le laisser partir. Il le força donc de boire encore plusieurs coups de son liquide. Il en résulta que Samson crut voir tourner autour de lui le bureau, le poêle et tout ce qui se trouvait dans le comptoir, et le plancher et le plafond s'avancer l'un vers l'autre comme pour s'embrasser, et qu'enfin il tomba sous la table dans une sorte de stupeur. Quand il en sortit, au bout d'une demi-heure, il se releva, se rappela où il était, chercha des yeux son hôte et ne le vit plus. Sa première idée fut que Quilp était parti et lui avait joué le tour de l'enfermer dans son comptoir; mais une forte odeur de tabac le désabusa, et, tournant les yeux de tous côtés, il aperçut enfin le nain fumant dans son hamac.

— Je vous souhaite le bonsoir, monsieur, lui dit-il.

— Je croyais que vous aviez envie de passer la nuit ici.

— Cela m'est impossible, monsieur, quoiqu'on ne puisse avoir une chambre à coucher plus agréable. Si je pouvais seulement avoir une lumière pour trouver mon chemin?

— Bien sûrement, répondit Quilp en sautant à bas de son hamac, et je vous éclairerai moi-même. Il prit la lanterne qui les avait éclairés toute la soirée et dans laquelle un reste de chandelle brûlait encore, et le conduisit jusqu'à la porte de son comptoir.

— Prenez garde à vos pieds, lui dit-il, et ne marchez sur aucune planche, car elles sont placées de manière à mettre en dessus les pointes des vieux clous qui y restent. Et faites attention en sortant de mon quai que, sur le chemin qui traverse le quai voisin, il se trouve un mauvais chien qui a mordu un homme la nuit dernière, et une femme celle d'auparavant. Il est à l'attache, mais sa chaîne est longue; ainsi ayez soin de ne pas vous en approcher.

Pendant que le procureur cherchait son chemin à l'aide de la faible clarté de la lanterne, Quilp trouva le moment de souffler la chandelle sans que Brass pût s'en apercevoir. Ah! s'écria-t-il, le vent a éteint la lumière et je n'ai plus de feu pour la rallumer. Mais n'importe, vous connaissez le chemin; toujours tout droit. Restant à la porte de son comptoir, il eut le plaisir d'entendre Samson trébucher à chaque pas et tomber de temps en temps; et quand il ne put l'entendre, il rentra tout joyeux dans son comptoir et regagna son hamac.

CHAPITRE XXXIV

Le constable qui avait donné à Kit l'assurance consolante qu'il ne tarderait pas à être appelé devant la cour de justice d'Old-Beiley, et que son procès ne serait pas long, n'avait pas été faux prophète. La session s'ouvrit huit jours après la mise en prison du malheureux jeune homme, le lendemain le grand jury déclara qu'il y avait lieu à accusation contre lui, et deux jours après il comparut devant le tribunal, et eut d'abord à répondre à la question d'usage que lui fit le président, s'il était coupable ou non du crime d'avoir félonnement pris, dérobé et volé dans l'étude et sur le bureau de Samson Brass, procureur dans Bevis-Marks, un billet de cinq livres sterling de la Banque d'Angleterre.

A cette question, Kit, d'une voix faible et tremblante, répondit qu'il n'était pas coupable. Ceux qui sont habitués à juger des choses à la hâte et d'après les apparences auraient peut-être voulu qu'il répondit à voix haute et d'un ton ferme; mais qu'ils réfléchissent qu'un jeune homme qui a été enfermé, ne fut-ce que dix à onze jours, entre quatre murailles, et qu'on fait entrer tout à coup dans une salle de justice où il voit son juge, les jurés, une foule d'hommes de loi et un auditoire nombreux, peut aisément se trouver interdit et déconcerté. Enfin, il faut prendre en considération l'émotion que Kit éprouva naturellement en reconnaissant parmi les spectateurs M. Garland, son fils et M. Witherden, qui le regardaient avec un air d'inquiétude. Si l'on a égard à toutes ces circonstances, on ne sera pas surpris que Kit n'ait pu répondre avec plus de hardiesse et d'assurance.

Quoiqu'il n'eût vu ni M. Garland, ni son fils, ni Witherden depuis son arrestation, on lui avait donné à entendre qu'ils avaient chargé un avocat de prendre sa défense. Aussi, quand il vit un homme en robe se lever et dire au juge : Je suis le conseil du prisonnier, milord, il le salua ; et un autre s'étant levé ensuite en disant : Milord, je suis le conseil du poursuivant, il le salua aussi très innocemment, quoiqu'en tremblant de tous ses membres.

C'était le conseil du poursuivant qui devait parler le premier. Il était en belle humeur, car il avait fait déclarer innocent, la veille, par un autre jury, un homme qui avait eu le malheur d'assassiner son père, et son discours s'en ressentit. Après avoir rapporté longuement les faits de la cause, et avoir dit que depuis qu'il suivait le barreau il n'avait jamais vu une accusation de crime soutenue par une plus forte chaîne de preuves, il dit aux jurés que s'ils acquittaient le prisonnier, ils en éprouveraient autant de remords qu'il on avait prédit la veille aux autres jurés s'ils déclaraient coupable celui sur le sort duquel ils avaient à prononcer. Il savait, ajouta-t-il, que son honorable ami, le conseil du prisonnier, chercherait à leur inspirer des doutes sur l'honneur et la probité du poursuivant; mais il était sûr que messieurs les jurés fermeraient l'oreille aux calomnies qui pourraient être débitées contre un homme aussi honorable et aussi respectable qu'aucun de ceux qui eussent jamais exercé l'honorable et respectable profession de procureur. Après avoir longtemps insisté sur le fait, il ajouta que ce serait faire une insulte à leur intelligence s'il en disait davantage; et il appela pour premier témoin M. Samson Brass.

M. Brass arriva frais et dispos, il salua le juge en homme qui cherchait à lui rappeler qu'il l'avait déjà vu en d'autres circonstances. Croisant ensuite les bras, il se tourna vers son conseil en ayant l'air de lui dire : Me voici, regorgeant de preuves, questionnez-moi. L'avocat se mit en besogne avec beaucoup d'adresse, tira de lui peu à peu ce qui pouvait servir de preuve contre l'accusé, et en fit valoir l'évidence et la lucidité. L'avocat du prisonnier lui fit alors subir un contre-interrogatoire; mais tout son talent y échoua, il n'obtint de lui que des réponses laconiques, et n'en tira rien qui pût le mettre en contradiction avec lui-même ou affaiblir sa déposition.

Le second témoin fut miss Sally Brass. Elle répondit clairement et promptement à toutes les questions du conseil pour la poursuite; mais quand l'avocat du prisonnier vint à l'interroger à son tour, voyant qu'elle développait dans chacune de ses réponses quelque nouvelle circonstance tendant à incriminer davantage le prisonnier, il mit fin promptement à son interrogatoire, et se rassit avec quelque confusion.

M. Richard Swiveller parut le troisième. Le conseil de M. Brass avait été secrètement averti que ce témoin était favorablement disposé pour le prisonnier, et il en fut convaincu quand il vit combien il avait de peine à arracher de lui les faits les plus importants dont il devait déposer, et les efforts qu'il faisait pour en affaiblir la portée.

— Monsieur, s'écria-t-il enfin, dites-moi, s'il vous plaît, où vous avez dîné hier. En face d'ici, de l'autre côté de la rue. Et avez-vous dîné seul, monsieur? N'avez-vous pas régalé quelqu'un? Oh! oui certainement, monsieur, répondit Swiveller en souriant. Point de légèreté, monsieur, s'écria l'avocat d'une voix de tonnerre, n'oubliez pas où vous êtes. Vous êtes venu hier ici croyant que cette cause serait appelée, et vous y avez dîné avec quelqu'un. Mais qui était ce quelqu'un? N'était-ce pas un frère du prisonnier? Je vais vous expliquer, monsieur... Je n'ai pas besoin d'explication, monsieur! Répondez oui ou non. Permettez-moi de vous faire observer... Oui ou non, vous dis-je. Oui, monsieur, c'est son frère; mais... Vous l'entendez, messieurs, s'écria l'avocat lui coupant la parole et s'adressant aux jurés, et vous voyez quelle espèce de témoin vous avez devant vous.

Le conseil du prisonnier, n'entendant rien à ce dîner du témoin avec un frère de l'accusé, et craignant de nuire à son client en voulant le servir, déclara qu'il n'avait aucune question à faire à M. Swiveller. Or le convive qu'il avait régalé la veille était le petit Jacob, que sa mère, qui avait cru aussi que le procès aurait lieu ce jour-là, tenait dans ses bras, et à qui elle avait donné un biscuit pendant qu'il dînait. Personne ne sut la vérité; tout le monde crut le mensonge, grâce à l'adresse ingénieuse du conseil de M. Brass.

Il restait à entendre les témoins à décharge. Ici le conseil de M. Brass déploya de nouveau toute sa dextérité. Quand M. Garland eut rendu le compte le plus satisfaisant de la conduite et de la probité de Kit depuis qu'il était à son service, il eut l'adresse de tirer de lui à force de questions qu'il n'y était entré que depuis peu de temps; qu'il l'avait pris sans se procurer aucune information sur sa conduite antérieure, et sur la seule recommandation de sa mère, et qu'il avait été congédié tout à coup par son ancien maître, sans que personne pût en dire le motif. Réellement, monsieur Garland, lui dit-il, vous avez agi avec une indiscrétion étonnante dans un homme de votre âge. Les jurés pensèrent de même, et ils déclarèrent à l'unanimité Christophe Nubbles coupable sans même avoir besoin d'en délibérer dans leur chambre. Le juge remit à un autre jour le prononcé de la sentence, et le pauvre Kit fut reconduit en prison.

Sa mère l'y attendait, et le porte-clefs placé entre les deux grilles cherchait à la consoler en lui disant qu'il ne serait probablement pas condamné à être déporté pour toute sa vie, attendu que c'était le premier vol qu'il parût avoir commis. Il n'en a jamais commis aucun, s'écria la pauvre femme. Cela est possible, répliqua le porte-clefs, mais c'est la même chose.

Kit arriva en ce moment; et voyant sa mère sangloter, il lui dit : Calmez-vous, ma mère; Dieu connaît mon innocence, et il la fera découvrir un jour, quoique les hommes m'aient déclaré coupable. Mais à peine avait-il prononcé ces mots qu'elle tomba sans connaissance. N'y a-t-il personne qui soit assez charitable pour la reconduire chez elle? s'écria Kit.

Richard Swiveller, qui arrivait en ce moment pour le voir, lui fit un signe de tête, enleva la bonne femme dans ses bras, dit à la mère de Barbe, qui tenait les deux enfants, de le suivre, prit un fiacre à la porte de la prison, et dit au cocher où demeurait la veuve. En y arrivant la bonne femme avait recouvré l'usage de ses sens, et après être resté quelques instants avec elle il la quitta; et s'apercevant qu'il n'avait pas assez d'argent pour payer le cocher, il remonta en voiture et se fit conduire dans Bevis-Marks, car c'était un samedi soir, et le procureur lui devait une semaine de son salaire.

— Bonsoir, monsieur Richard ! lui dit Brass d'un ton enjoué.

M. Swiveller n'avait pu s'empêcher de soupçonner dès le premier moment, que toute cette affaire était un complot infernal, dont le but était de perdre Kit, et dont Samson était le principal agent. La joie qu'il voyait briller sur ses traits à l'instant où ce malheureux jeune homme venait d'être déclaré coupable, redoubla ses soupçons, et il se borna à lui dire qu'il avait besoin d'argent.

— Rien n'est plus juste, monsieur Richard, répondit le procureur, il faut que tout le monde vive. Pouvez-vous me rendre sur un billet de cinq livres?

— Non.

— Attendez, reprit M. Brass en tirant sa bourse; oui: tenez, voici précisément la somme dont je vous suis redevable; et... monsieur Richard... ne vous donnez pas la peine de revenir ici.

— Comment!

— J'ai réfléchi, monsieur Richard, que l'étude de la jurisprudence a quelque chose de trop sec pour un jeune homme qui a autant de moyens que vous. Le théâtre, l'armée, l'église même vous conviendraient mieux. Sally et moi nous serons fâchés de vous perdre, monsieur, mais c'est pour votre intérêt. Vous trouvez le compte juste, je suppose? Vous avez cassé un carreau de vitre, mais je n'en ai pas fait la déduction. Quand des amis se séparent, il faut que ce soit avec libéralité.

Swiveller ne lui répondit pas un seul mot; il prit la veste qu'il mettait tous les jours en arrivant à l'étude pour ménager son habit, la mit en rouleau, la prit sous son bras, et sortit de l'étude. Il en rouvrit la porte au même instant, resta une minute les yeux fixés sur M. Brass, comme s'il eût voulu étudier sa physionomie, et lui faisant enfin un signe de tête d'un air grave, il se retira pour ne plus reparaître.

Il paya le cocher, et retourna chez lui plein de grands projets pour consoler mistress Nubbles et pour rendre service à son fils. Mais la vie des jeunes gens dévoués au plaisir est toujours précaire, et l'agitation dans laquelle il avait vécu depuis une quinzaine de jours se joignant aux effets de plusieurs années passées dans la dissipation, il fut attaqué pendant la nuit d'une fièvre violente, et se trouva le lendemain matin hors d'état de quitter son lit.

Tourmenté par une soif ardente que rien ne pouvait apaiser; se retournant à chaque instant dans son lit, sans qu'aucune attitude lui procurât le moindre soulagement; la tête remplie d'idées vagues, dont il ne pouvait suivre aucune; empressé de faire, il n'aurait su dire quoi, et retenu par un pouvoir inconnu et irrésistible, tandis qu'un état de stupeur remplaçait pour lui le sommeil, Richard Swiveller voyait ses forces se consumer peu à peu, et il n'était plus que l'ombre de ce qu'il avait été.

Il s'éveilla un jour, éprouvant une sensation de bien-être qui lui avait été inconnue depuis le commencement de sa maladie. Il se rappelait ce qu'il avait souffert pendant ce qui lui semblait une bien longue nuit, et quoique ses idées commençassent à être plus nettes, il se demandait s'il n'avait pas été dans le délire. En ce moment il crut entendre tousser légèrement dans sa chambre. Il leva le bras, fut surpris de le trouver si lourd et de voir sa main si maigre, et ce ne fut pas sans peine qu'il entr'ouvrit son rideau. Il reconnut sa chambre, mais il fut étonné de voir des fioles sur une table, du linge séchant devant le feu, et tout ce qui se trouve ordinairement dans la chambre d'un malade. Mais ce qui porta sa surprise au comble, fut de voir assise devant une table, qui, la marquise, oui, la marquise elle-même, jouant toute seule au cribbage; mêlant, coupant et donnant les cartes; jouant, comptant, marquant, comme si elle n'eût fait que jouer à ce jeu toute sa vie.

— Ou je dors, ou je rêve, ou je suis enchanté comme dans les *Mille et une Nuits*, pensa Richard en laissant retomber le rideau. Pour s'assurer de sa situation véritable, il se pinça le bras. Cela est bien étrange, pensa-t-il, j'avais de la chair en me couchant hier soir, et ce matin je n'ai que la peau sur les os !

En ce moment, la marquise toussa une seconde fois. Swiveller entr'ouvrit de nouveau ses rideaux, et la vit jouant au cribbage. C'est bien une scène des *Mille et une Nuits*, pensa-t-il ; la marquise est une fée qui a fait une gageure avec une autre à qui pourrait montrer le plus beau jeune homme du monde, et je suis à Damas ou au Caire, où elle m'a transporté avec ma chambre.

N'étant pas tout à fait satisfait de cette explication, il résolut de lui parler dès qu'il en trouverait l'occasion, et elle ne tarda point à se présenter. La marquise, en donnant les cartes, retourna un valet et oublia de marquer.

— Deux points pour le valet, dit Swiveller d'une voix faible.

La marquise battit des mains, poussa un grand cri et se leva à la hâte.

— Les *Mille et une Nuits* bien certainement, pensa Swiveller. On y bat toujours des mains au lieu de sonner. Je vais voir arriver mille esclaves noirs, chacun portant sur sa tête une corbeille pleine de joyaux.

Mais il reconnut bientôt qu'elle n'avait battu des mains que de plaisir ; car elle s'écria, non en arabe mais en anglais : Je suis si aise, que je ne sais que dire !

— Marquise, dit Swiveller convaincu qu'il n'était ni endormi ni enchanté, faites-moi le plaisir de vous approcher de moi, et de me dire d'abord où je retrouverai ma voix, et ensuite ce qu'est devenue ma chair.

La petite servante secoua tristement la tête, et se mit à pleurer.

— Je conclus de tout cela que j'ai été malade, marquise ?

— Oui vraiment, très malade. Vous avez eu le délire, et je croyais que vous n'en reviendriez jamais. Mais, Dieu merci, vous voilà bien mieux.

— Et combien de temps ai-je été malade ?

— Il y aura demain trois semaines.

— Trois semaines !

— Tout autant.

En remettant en ordre les couvertures du lit qui s'étaient dérangées, la marquise s'aperçut qu'il avait le front et les mains frais, et d'après ce symptôme favorable, jugeant qu'il n'avait plus de fièvre, elle lui prépara du thé et une rôtie. Elle l'aida ensuite à se mettre sur son séant, et lui mit des oreillers derrière le dos, comme aurait pu le faire la garde-malade la plus expérimentée. Après l'avoir vu déjeuner de bon appétit, elle s'assit devant une table pour en faire autant.

— Marquise, comment se porte miss Sally ? demanda Swiveller, qui s'imaginait en ce moment que c'était l'aimable sœur de Brass qui, ayant appris qu'il était malade, lui avait envoyé sa petite servante.

La marquise le regarda avec malice d'un air qui semblait dire : Je n'en sais rien.

— Quoi ! ne l'avez-vous pas vue depuis peu ?

— Non sans doute. Je me suis enfuie de la maison.

— Vraiment ? Et où demeurez-vous à présent ?

— Où je demeure ? Ici.

— Et vous ne les avez pas revus ?
— Non ; mais ils m'ont *avertisée*.
Je ne vous entends pas. Aprochez votre chaise de mon lit. Que dites-vous qu'ils vous ont fait ?
— Ils m'ont *avertisée*.
— Ah ! je comprends. Ils ont fait mettre un avertissement dans les journaux pour avoir de vos nouvelles.
— C'est cela.
— Et comment avez-vous songé à venir ici ?
— Je vais vous le dire. Après votre départ, il ne me restait pas un seul ami dans la maison, car le gentleman n'y a pas remis le pied, et je ne savais où vous étiez ni vous ni lui. Mais un matin que j'étais...
— L'œil au trou d'une serrure ?
— Précisément, à la porte de l'étude... j'entendis une femme dire qu'elle était la maîtresse de la maison où vous demeuriez et dont elle donna l'adresse ; que vous étiez très malade et qu'il n'y avait personne pour avoir soin de vous. M. Brass répondit : Cela ne me regarde pas ! Miss Sally ajouta : C'est un drôle de corps, mais ce n'est pas mon affaire ! Et la femme s'en alla tirant la porte avec colère. Je m'enfuis le soir même ; je vins ici, je lui dis que j'étais votre sœur, elle me crut, et je ne vous ai pas quitté depuis ce temps.
— Cette pauvre petite marquise ! s'écria Dick, elle s'est tuée de fatigue !
— Non, non, je ne me suis pas fatiguée. J'ai fait plus d'un somme sur un de ses fauteuils. Mais si vous aviez vu comme je vous ai retenu une fois que vous vouliez sauter par la fenêtre, comme je vous ai forcé à vous recoucher, et comme j'ai chanté pour tâcher de vous calmer l'esprit ! Dieu merci, c'est fini ; je suis si charmée de vous voir mieux !
— Je crois fort que sans vous, chère marquis, je ne vivrais plus en ce moment ; je ne l'oublierai jamais, et...
— Chut, chut, dit la petite servante, nous avons assez causé. Le médecin dit qu'il vous faut de la tranquillité. Buvez ceci, fermez les yeux et tâchez de dormir.
A ces mots, elle lui fit prendre une potion calmante que le médecin avait ordonnée. Swiveller la but, suivit le conseil de la marquise, et ne tarda pas à s'endormir. Son sommeil ne fut pourtant pas bien long, et en s'éveillant il demanda quelle heure il était.
— Six heures et demie viennent de sonner à Saint-Paul.
— Marquise, s'écria Swiveller se frottant le front comme si une nouvelle idée se fût présentée à lui tout à coup, qu'est devenu Kit ?
— Il a été condamné à je ne sais combien d'années de déportation.
— Est-il parti ! Et sa mère, qu'est-elle devenue ?
— Je ne sais rien de tout cela, monsieur Richard. Mais si vous vouliez m'écouter bien tranquillement, je pourrais vous dire quelque chose qui... Mais non, ce ne sera pas à présent.
— Pourquoi non ? Cela m'amusera.
— Vous amuser ! oh ! non, j'en suis bien sûre. Attendez que vous soyez tout à fait bien.
— Vous piquez ma curiosité, marquise, je dirai même que vous m'alarmez. Que pouvez-vous avoir à me communiquer ?

14

— Oh ! cela ne vous concerne pas personnellement.

— Est-ce quelque chose que vous avez entendu par le trou d'une serrure ?

— Oui.

— Dans Bevis-Marks ?

— Oui.

— Une conversation entre M. Brass et Sally ?

— Oui.

Swiveller tira de dessous ses couvertures son bras décharné, lui saisit le poignet et la conjura si vivement de lui dire tout ce qu'elle avait entendu, qu'elle craignit que l'agitation dans laquelle elle le voyait ne lui fût plus préjudiciable que celle que pouvait lui causer ce qu'elle avait à lui dire. Mais, ajouta-t-elle, si vous ne m'écoutez pas bien tranquillement, je ne finirai pas mon histoire, je vous en avertis.

— Vous ne pouvez la finir sans la commencer, marquise. Commencez-la sur-le-champ, je vous en supplie, et dites-moi tout, tout.

— Eh bien, vous savez que ma chambre à coucher était la cuisine, où nous jouions aux cartes. Miss Sally y descendait tous les soirs, éteignait le feu, emportait la chandelle, fermait la porte, en mettait la clef dans sa poche, et j'avais à me coucher à tâtons. Elle venait ouvrir la porte tous les matins de très bonne heure ; mais je n'aimais pas à être enfermée ainsi, car j'étais bien sûre que si le feu prenait à la maison ils ne songeraient qu'à eux, sans penser un instant à moi : aussi partout où je trouvais une vieille clef rouillée je la ramassais pour l'essayer à la porte, et enfin j'en trouvai une dans la cave à charbon, qui allait à la serrure...

Swiveller remuant les jambes sous ses couvertures et donnant d'autres signes d'impatience, la petite servante se tut sur-le-champ. En devinant la raison, Richard la pria de l'excuser s'il avait oublié un moment leurs conventions, et elle continua :

— Depuis que j'avais une clef de la cuisine, j'en sortais tous les soirs, quand je les croyais montés dans leur chambre, et j'entrais dans l'étude pour voir si vous n'y aviez pas laissé quelque reste de biscuit ou de sandwich, ou même des écorces d'orange, que je mettais tremper dans de l'eau pour en faire une sorte de vin. En avez-vous jamais goûté ?

— Je ne bois jamais de liqueurs si fortes, marquise. Continuez, je vous prie.

— Le soir de la veille du jour où ce jeune homme fut arrêté, il était fort tard, et je les croyais couchés depuis longtemps ; en arrivant à la porte de l'étude, j'entendis qu'on y parlait. J'approchai un œil du trou de la serrure, et je vis M. Brass et miss Sally assis près du feu et causant ensemble. J'y appliquai l'oreille, et j'entendis M. Brass dire à sa sœur : Sur ma parole, dit-il, c'est une chose dangereuse ; elle peut nous jeter dans de grands embarras, et je ne m'en soucie qu'à demi. — Vous êtes une poule mouillée, dit-elle ; j'aurais dû être le frère et vous la sœur. M. Quilp n'est-il pas notre meilleur client ? — Sans doute, dit M. Brass ; mais... — Et ne sommes-nous pas constamment occupés à ruiner quelqu'un par ses ordres ? — C'est la vérité. — Qu'importe donc que nous travaillions aujourd'hui à perdre ce Kit, puisque c'est la volonté de M. Quilp ? — Dans le fait, autant lui qu'un autre, dit M. Brass. Ils continuèrent à causer plus bas et en riant. Je regardai par le trou de la serrure, et je vis M. Brass tirer un billet de banque de son portefeuille. Voici un billet de cinq livres que j'ai reçu de Quilp, dit-il, et il jouera un rôle dans cette affaire. Kit n'est pas venu aujourd'hui, et par conséquent il viendra demain. Tout en causant avec lui, je cacherai ce billet dans son chapeau, dit-il, et je m'arrangerai de manière que ce soit ce benêt de Richard qui le trouve, pour qu'il soit obligé de servir de témoin devant le magistrat. Ce sera bien le diable si par ce moyen Quilp n'est pas débarrassé de l'honnête Kit. En ce moment je les entendis se lever, et craignant d'être surprise, je descendis à la hâte dans la cuisine.

— Avez-vous conté cette histoire à quelqu'un, marquise?

— Non, j'avais presque peur d'y penser. Quand j'appris que le jeune homme avait été déclaré coupable d'un vol qu'il n'avait pas commis, à qui en aurais-je parlé? Vous étiez parti, et le gentleman n'avait pas reparu à la maison. D'ailleurs, quand même il y eût été, je crois que je n'aurais pas osé lui en parler. Et quand je suis venue vous joindre ici, vous n'étiez pas en état de m'entendre.

— Marquise, dit Swiveller ôtant son bonnet de nuit et le jetant au bout de la chambre, faites-moi le plaisir d'aller voir quel temps il fait, et je profiterai de ce moment pour me lever.

— Vous lever! A quoi pensez-vous?

— Il le faut. Donnez-moi mes habits.

— Oh! que je suis contente! Vous n'en avez plus.

— Je n'ai plus d'habits! Que voulez-vous dire?

— Je les ai vendus pièce à pièce pour vous procurer tout ce que le médecin vous a ordonné. D'ailleurs vous ne pourriez vous soutenir sur vos jambes.

— J'en ai peur, dit Richard retombant sur son oreiller. Mais quel parti prendre? Que dois-je faire?

Un moment de réflexion le convainquit que ce qu'il pouvait faire de mieux était d'avoir le plus tôt possible une entrevue avec M. Garland ou avec son fils. Croyant que M. Abel pouvait être encore chez le notaire, il en écrivit l'adresse sur un morceau de papier et le remit à la petite servante. Il lui fit ensuite le signalement si exact du père et du fils, que si elle voyait l'un ou l'autre, il lui était impossible de ne pas le reconnaître. Enfin, il lui recommanda spécialement de se méfier de M. Chuckster, dont il connaissait l'antipathie contre Kit, et la pria de partir à l'instant et de lui ramener M. Garland ou M. Abel.

— Et ne reste-t-il réellement rien de mes vêtements? lui demanda-t-il pendant qu'elle ouvrait la porte pour sortir; pas même une paire de pantalons?

— Absolument rien.

— Cela est embarrassant, di Swiveller quand elle fut partie: elle n'aura pas même épargné mon parapluie. Mais, n'importe, chère marquise, vous avez fait pour le mieux, et sans vous je serais mort.

CHAPITRE XXXV

La petite servante ne manquait pas d'intelligence, et ce fut un bonheur pour elle, car elle se trouvait seule dans un voisinage où elle pouvait être reconnue et replacée sous l'autorité redoutable de miss Sally Brass. Mais elle savait le risque qu'elle courait, et dès qu'elle fut sortie de la maison elle prit successivement toutes les petites rues détournées et obscures qui se présentèrent à elle, sans s'inquiéter si elles la conduisaient directement dans le quartier où elle voulait aller. Quand elle se crut à une distance raisonnable de Bevis-Marks elle chercha à se reconnaître, et, ne sachant où elle était, elle demanda son chemin aux marchandes de pommes et aux vendeuses d'huîtres qu'elle trouvait à chaque coin de rue. A l'aide des renseignements qu'elle obtint ainsi, et quoique ses souliers trop larges l'empêchassent de marcher bien vite, elle arriva enfin dans la rue où demeurait M. Witherden, et ayant reconnu le numéro de sa maison elle s'arrêta devant la porte.

Une fenêtre au rez-de-chaussée était encore éclairée; elle s'en approcha, et vit un jeune homme qui achevait de ranger des papiers sur un bureau, et qui ensuite tira le col de sa chemise et mit sa cravate en bon ordre, comme si l'heure de quitter le travail était arrivée. Plus loin elle vit à travers une porte vitrée, dans un autre cabinet, deux hommes debout. Le plus jeune boutonnait sa redingote comme pour partir : elle reconnut en lui M. Abel, d'après le signalement qui lui en avait été fait, et elle supposa avec raison que l'autre était le notaire. Elle résolut d'attendre à la porte jusqu'à ce que M. Abel sortit pour lui parler, afin de ne pas courir le risque d'être obligée de s'expliquer devant M. Chuckster, et elle s'assit sur les marches de la maison qui était en face de celle du notaire.

A peine avait-elle pris cette position qu'elle vit arriver un petit phaéton attelé d'un poney. En arrivant devant la maison du notaire, le poney eut l'air de vouloir s'arrêter; mais l'homme qui le conduisait ayant crié : Ho! ho! il voulut sans doute montrer son indépendance, et après avoir fait deux ou trois courbettes il reprit le grand trot. Cependant, avant d'arriver au bout de la rue il tourna de lui-même, revint sur ses pas, et s'arrêta devant la porte de M. Witherden.

— Tu es bien l'animal le plus vicieux que j'aie jamais vu! s'écria l'homme qui le conduisait en descendant du phaéton.

— Ce n'est pas en lui disant des injures que vous en viendrez à bout, lui dit M. Abel, qui venait d'arriver à la porte conduit par M. Chuckster; s'il avait encore son ancien conducteur, il serait aussi docile que le chien le mieux dressé. Allons, donnez-moi la bride, et trouvez-vous ici demain matin à l'heure ordinaire pour prendre soin de mon cheval.

En parlant ainsi il flattait et caressait de la main le poney rebelle, et dès qu'il fut monté sur le phaéton l'animal lui prouva sa reconnaissance en partant sur-le-champ.

Pendant tout ce temps M. Chuckster était resté sur le seuil de la porte, et la petite servante n'osa en sa présence s'approcher de M. Abel pour lui parler. Elle courut après la voiture en appelant M. Abel, qui ne l'entendit pas. Cependant elle atteignit le phaéton à l'instant où elle ne pouvait plus ni parler ni respirer, et faisant un grand effort, qui lui fit perdre un de ses souliers, elle parvint à sauter sur le banc de derrière et s'y assit.

M. Abel ne s'en était pas aperçu ; mais, au bout de quelques minutes, entendant une voix derrière lui et presque à son oreille dire : Monsieur ! monsieur ! il se retourna en tressaillant ; et voyant une figure qui lui était inconnue, il dit à la petite servante : Que me voulez-vous ? Que faites-vous là ?

— Ah ! monsieur ! s'écria-t-elle encore hors d'haleine, ne perdez pas un instant, je vous en conjure ; allez vite, vite, vite. Il y a quelqu'un dans la Cité qui a besoin de vous voir. Il m'a envoyée vous chercher et m'a chargée de vous prier de venir tout de suite. Kit est innocent, monsieur ; il vous en donnera la preuve, et il est encore temps de le sauver.

— Que me dites-vous là, jeune fille !

— La vérité, monsieur, sur mon honneur. Mais dépêchez-vous, je vous en prie ; j'ai été bien longtemps en chemin, et il croira que je me suis perdue.

M. Abel pressa le poney en secouant légèrement la bride ; et le poney, soit par un nouveau caprice, soit par un mouvement secret de sympathie, se mit au grand trot, et continua la même allure jusqu'au moment où il arriva devant la maison où demeurait M. Swiveller.

— Vous voyez là-haut cette chambre où il y a encore de la lumière, dit la petite servante sautant à terre ; c'est là qu'il loge. Descendez, je vous prie, je vais vous y conduire.

M. Abel descendit de voiture, chargea de garder le poney un jeune homme qui cherchait de l'occupation et qui s'offrit à lui, et prenant la main que lui offrait sa conductrice, il la suivit sur un escalier étroit et obscur.

Il ne fut pas peu surpris de se trouver introduit dans une chambre mal éclairée, que tout annonçait être celle d'un malade couché dans un lit dont les rideaux étaient fermés.

La petite servante s'approcha du lit, entr'ouvrit les rideaux, et dit : N'est-ce pas un plaisir de le voir dormir si paisiblement, monsieur ?... Ah ! si vous l'aviez vu seulement hier, c'était bien autre chose !

M. Abel ne répondit rien. Ses premiers soupçons s'étaient représentés à son esprit, et il semblait ne pas vouloir s'éloigner de la porte. La petite servante moucha la chandelle et l'approcha du lit : Swiveller ouvrit les yeux tout à coup, et malgré son extrême maigreur M. Abel le reconnut.

— Que veut dire ceci ! s'écria-t-il en s'approchant de lui avec un air d'intérêt, vous avez donc été malade ?

— Presque mort, répondit Richard ; et vous ne m'auriez jamais revu vivant sans les soins de l'amie qui a bien voulu aller vous chercher. Donnez-moi la main, je vous prie, marquise, que je la presse pour vous remercier. Asseyez-vous, monsieur.

M. Abel fut très surpris d'entendre donner ce titre à sa petite conductrice. Il prit une chaise et s'assit près du lit.

— Elle vous a sans doute appris pourquoi je vous ai fait prier de venir ici, monsieur? continua Richard.

— Oui ; mais je n'y entends réellement rien ; et je ne sais qu'en penser.

— Vous saurez tout dans un moment. Marquise, asseyez-vous sur mon lit, et racontez à monsieur dans le plus grand détail tout ce que vous m'avez dit; n'omettez pas la moindre circonstance. Surtout, monsieur, ayez bien soin de ne pas l'interrompre.

Elle répéta son histoire presque mot pour mot. Pendant ce récit M. Swiveller eut toujours les yeux fixés sur Abel, et dès qu'il fut terminé il reprit la parole :

— A présent, monsieur, vous savez tout, et vous n'en oublierez rien. J'ai la tête trop faible et les idées trop mal en ordre pour vous donner un avis, mais vous et vos amis vous saurez ce qu'il est à propos de faire Après un si long délai, chaque minute est un siècle. Retournez donc chez vous le plus vite possible, et ne vous arrêtez pas pour me répondre un seul mot. Si vous avez besoin de la marquise, vous la trouverez ici. Quant à moi, vous êtes toujours certain de m'y trouver au moins d'ici à douze ou quinze jours ; et il y a pour cela plus d'une raison. Marquise, éclairez monsieur. Si vous perdez une minute de plus à me regarder, monsieur, je ne vous le pardonnerai jamais.

M. Abel ne se le fit pas répéter deux fois, et il partit à l'instant. La marquise, qui l'avait éclairé jusqu'à la porte, dit en revenant que pour cette fois le poney était parti au galop sans aucune objection.

— Fort bien! dit Richard, j'en aurai plus de respect pour lui à l'avenir. Mais, vous, marquise, songez à votre souper car vous devez être fatiguée, et allez chercher un pot de bière. Allez-y, vous dis-je, répéta-t-il voyant qu'elle hésitait, j'aurai plus de plaisir à vous la voir boire que si je la buvais moi-même.

Il fallut cette assurance pour déterminer la petite servante à faire une dépense si prodigieuse. M. Swiveller l'ayant vue manger et boire, à sa grande satisfaction, but lui-même une potion qu'elle lui présenta, et quand elle le vit endormi elle s'enveloppa dans une vieille couverture, et se coucha sur le tapis devant la cheminée.

M. Swiveller s'éveilla fort tard le lendemain matin, et en s'éveillant il entendit plusieurs personnes parler avec vivacité, mais à voix basse, dans sa chambre. Entr'ouvrant ses rideaux, il vit M. Garland, son fils, M. Witherden, et le gentleman qui avait logé chez M. Brass, debout autour de la marquise, et causant avec elle à demi-voix, sans doute de peur de l'éveiller Il ne tarda point à leur apprendre que cette précaution n'était pas nécessaire, et le vieux M. Garland fut le premier à lui tendre la main et à lui demander comment il se trouvait.

Richard allait répondre qu'il se trouvait beaucoup mieux, quoiqu'il fût aussi faible que la veille, quand la marquise, comme si elle eût été jalouse que d'autres qu'elle s'approchassent de son malade, repoussa tout le monde et lui apporta son déjeûner. Swiveller, qui n'avait rêvé toute la nuit que de côtelettes de mouton et de porter, ne dédaigna pas une tasse de thé faible et deux rôties sans beurre, car sa petite garde ne lui avait donné que ce qu'il pouvait manger sans danger dans le commencement de sa convalescence.

— Vous m'excuserez, messieurs, dit-il, un homme qui n'a rien mangé depuis trois semaines a besoin de reprendre des forces avant de songer à parler. A présent je me sens moins faible et en état de converser avec vous. Nous sommes à court de chaises, messieurs; mais j'espère que deux de vous voudront bien s'asseoir sur mon lit.

— Que pouvons-nous faire pour vous? lui demanda M. Garland.

— Si vous pouviez faire une véritable marquise de cette marquise qui prend là-bas du thé qui doit être froid, debout devant cette table, je vous en serais fort obligé; mais comme vous ne le pouvez pas, je désire que vous me disiez ce que vous pouvez faire pour un homme qui a sur vous plus de droits que sur moi. En est-il encore temps?

— Oui, répondit M. Garland.

— C'est principalement pour ce motif que nous sommes venus vous voir, dit le gentleman, nous savions que vous seriez inquiet jusqu'à ce que vous fussiez informé des mesures que nous comptons prendre, et nous venons pour vous en faire part. Nous n'avons aucun doute de la vérité de ce que la Providence vous a appris d'une manière presque miraculeuse.

— Vous voulez dire lui a appris! dit Richard montrant la petite servante.

— Sans doute, et nous ne doutons pas qu'au moyen de sa déclaration nous n'obtenions sur-le-champ la mise en liberté de Christophe Nubbles; mais nous craignons qu'elle ne suffise pas pour atteindre Quilp, le principal moteur de cette scélératesse, et vous conviendrez que lui laisser la moindre chance d'échapper à la justice, si nous pouvons l'en priver, ce serait une monstruosité. Si quelqu'un doit échapper à la justice, que ce soit plutôt quelque autre que lui.

— Sans doute, *s'il faut* que quelqu'un lui échappe; mais, quant à moi, je voudrais que tous fussent punis.

Le gentleman lui expliqua alors que leur dessein était d'user d'adresse, et de chercher à extorquer un aveu à miss Sally Brass. Quand elle saura ce que nous avons appris, et comment nous l'avons appris, ajouta-t-il, et qu'elle verra qu'elle est déjà fortement compromise, nous croyons que pour se tirer d'affaire elle sacrifiera les deux autres sans balancer.

— Elle! s'écria M. Swiveller, vous ne la connaissez pas. C'est un dragon femelle, un cœur d'airain; si elle a résolu de se taire, elle se couperait la langue avec les dents plutôt que de parler. Vous viendriez à bout de Quilp lui-même plus aisément.

Mais, il eut beau dire, ses amis avaient pris leur parti, et ils persistèrent dans leur résolution. M. Garland, le notaire et le gentleman se retirèrent; mais M. Abel resta avec Richard. Il regardait à chaque instant à sa montre, et semblait écouter s'il n'entendait aucun bruit sur l'escalier. Enfin le pas lourd d'un homme s'y fit entendre; et en arrivant sur le palier il sembla décharger ses épaules d'un objet pesant, qui, en tombant sur le plancher, fit trembler toutes les fioles d'apothicaire qui se trouvaient sur la table de M. Swiveller.

M. Abel ouvrit la porte sur-le-champ, et l'on vit entrer un vigoureux porteur avec un grand panier qu'il déposa dans la chambre, et qu'il se mit à déballer avec l'aide de M. Abel. Et que de trésors n'en vit-on pas sortir! du thé, du café, des oranges, du raisin, du sucre, des gelées, des confitures, une volaille froide, deux autres prêtes à être mises dans le pot ou à la broche, du sagou, de l'arrow-root, douze bouteilles de vin au fond du panier, en un mot tout ce qui pouvait contribuer à rétablir les forces d'un convalescent. La petite servante, qui n'avait jamais vu une telle profusion de bonnes choses, dont quelques-unes lui étaient même inconnues, était immobile d'admiration et de surprise, et l'eau lui en venait à la bouche comme aux yeux. Tout à coup on vit se remuer avec agilité dans la chambre une bonne vieille dame, qui y arrangeait aussi bien qu'il était possible tout ce qui venait d'être déballé : c'était mistress Garland, et elle était arrivée à si petit bruit qu'on aurait pu croire qu'elle était aussi sortie du panier. Elle ôta l'écorce de deux oranges, les coupa en quartiers, les mit sur une assiette, et la présenta au convalescent avec une tasse pleine de gelée de pieds de veau. Elle força même la petite servante à boire un verre de vin et à manger un morceau de volaille froide. Tout cela était si inattendu, si merveilleux, que M. Swiveller pensa encore un moment aux *Mille et une Nuits*, et crut voir en mistress Garland une fée bienfaisante.

Pendant ce temps, le gentleman, le notaire et M. Garland étaient allés dans un café voisin et y avaient pris une chambre particulière; et de là le premier envoya à miss Sally Brass une lettre courte, conçue en termes mystérieux, pour l'informer qu'un ami la priait instamment de venir le trouver sur-le-champ en cet endroit, attendu qu'il désirait la consulter sur une affaire importante et urgente.

Dix minutes après le départ du messager on annonça miss Brass.

— Asseyez-vous, je vous prie, miss Brass, dit le gentleman, qu'elle trouva seul.

Elle s'assit d'un air froid et roide, et ne parut pas peu étonnée en voyant que son locataire et son correspondant mystérieux étaient la même personne.

— Vous ne vous attendiez pas à me voir, dit le gentleman.

— Je ne pensais pas à vous, répondit-elle; mais je supposais que c'était pour une affaire ou une autre. C'est, sans doute, relativement à votre appartement! Si vous voulez le quitter, il faut que vous en donniez régulièrement congé à mon frère. Jusque-là vous en devrez le loyer, et je sais que vous êtes bon pour le payer.

— Je vous remercie de votre bonne opinion, et je pense comme vous à cet égard; mais ce n'est pas ce dont il s'agit en ce moment.

— Oh! Eh bien, de quoi s'agit-il? Je suppose que c'est une affaire litigieuse?

— Vous ne vous trompez pas.

— Fort bien; mon frère ou moi, c'est la même chose. Je puis recevoir vos instructions et vous donner mes avis aussi bien qu'il le ferait lui-même.

— Comme j'ai deux amis intéressés dans la même affaire, dit le gentleman en se levant, il est à propos que je les appelle; et ouvrant une porte communiquant à une chambre voisine, il ajouta: Messieurs, miss Brass est ici.

Le notaire et M. Garland entrèrent d'un air grave, prirent des chaises, et s'assirent aux deux côtés du gentleman, formant une haie autour de miss Brass, qui se trouvait comme enfermée dans un coin. Son frère Samson, dans une pareille situation, aurait certainement paru confus et inquiet; mais elle conserva tout son calme, tira de sa poche sa tabatière d'étain, et prit une prise.

— Miss Brass, dit le notaire, nous autres qui sommes à peu près de la même profession, nous nous entendons en peu de mots quand nous le voulons. Vous avez mis, il y a quelque temps, un avertissement dans les journaux relativement à une servante qui s'est enfuie de chez vous?

— Eh bien? demanda Sally ses joues se couvrant d'une légère rougeur.

— Eh bien, elle est trouvée.

— Qui l'a trouvée?

— Nous trois, hier soir seulement; sans quoi vous auriez eu plus tôt de nos nouvelles.

— Eh bien, j'ai eu de vos nouvelles à présent! répliqua Sally en croisant les bras d'un air aussi ferme que si elle eût été résolue à nier un fait jusqu'à la mort. Il semble que vous avez dans la tête quelque chose de relatif à elle, dites-le, et prouvez-le, voilà tout. Vous l'avez trouvée, dites-vous? En ce cas je puis vous dire que vous avez trouvé la créature la plus artificieuse, la plus menteuse, la plus voleuse, en un mot la plus infernale petite coquine qui ait jamais existé. Est-elle ici? demanda-t-elle en regardant autour d'elle.

— Non, répondit le notaire; mais elle est en lieu de sûreté.

— Ah! s'écria Sally prenant une autre prise de tabac, elle sera en toute sûreté avec moi, je vous en réponds.

— Je le crois; mais saviez-vous quand elle s'est enfuie de chez vous qu'elle avait une double clef de la porte de la cuisine, où vous pensiez qu'elle était bien enfermée tous les soirs, et qu'au moyen de cette double clef elle pouvait rôder chaque nuit dans toute votre maison, et entendre vos entretiens confidentiels avec votre frère? C'est ainsi qu'elle entendit la conversation que vous eûtes ensemble la nuit qui précéda le jour où un jeune homme innocent fut accusé de vol par suite d'un abominable complot qui mérite toutes les épithètes que vous avez appliquées à cette petite créature, et quelques-unes encore plus fortes. Elle répétera aujourd'hui cette histoire devant un magistrat, et vous aurez l'occasion de l'entendre.

Sally prit encore une prise. Sa physionomie était étonnamment calme, mais il était évident qu'elle avait été prise par surprise; et que si elle s'était attendue à quelque accusation de la part de sa servante, c'était sur un sujet tout à fait différent.

— Allons, allons, miss Brass, dit le notaire, vous avez beaucoup d'empire sur votre physionomie; mais je vois que vous sentez par une chance qui ne s'était jamais présentée à votre imagination cet infâme complot a été mis au grand jour, et que deux de ceux qui en ont été complices doivent être livrés à la justice. Je n'ai pas besoin de vous dire quel châtiment vous attend, vous le savez aussi bien que moi; mais j'ai une proposition à vous faire. Vous avez l'honneur d'être d'être sœur d'un des plus grands coquins qui soient encore à pendre, et, si je puis parler ainsi à une dame, vous êtes parfaitement digne de lui. Mais, indépendamment de vous deux, il existe un tiers, un scélérat nommé Quilp, qui a été le premier moteur de ce complot diabolique, et qui, je crois, a en lui plus de méchanceté que vous n'en avez à vous deux. Par amour pour vous, miss Brass, faites-nous le plaisir de nous révéler toute l'histoire de cette abominable affaire. En agissant ainsi, vous vous mettrez en sûreté et vous ne nuirez pas à votre frère; car nous avons déjà contre lui, comme contre vous, des preuves suffisantes. Dans une affaire comme celle-ci le temps est extrêmement précieux, ajouta M. Witherden en tirant sa montre, faites-nous donc connaître votre détermination sans délai.

Miss Sally les regarda successivement tous trois un sourire sur les lèvres, prit deux ou trois prises de tabac coup sur coup, et répondit : Faut-il que je vous dise oui ou non sur-le-champ ?

— Oui, dit M. Witherden.

Cette aimable créature ouvrait la bouche pour répondre, quand la porte s'ouvrit, et la tête de Samson Brass s'y montra. Il portait attaché au haut de son front un grand garde-vue vert qui lui couvrait presque tout le visage. Les trois amis firent un mouvement de surprise à cette apparition ; mais, sans avoir l'air de s'en apercevoir, Brass entra, referma la porte, les salua de la manière la plus servile et la plus abjecte :

— Sally, dit-il en entrant, taisez-vous, et laissez-moi parler. Messieurs, j'ai rencontré ma sœur venant ici; étant naturellement curieux, j'ai voulu voir où elle allait, je l'ai suivie jusqu'ici, et, s'il faut l'avouer, j'ai écouté à la porte...

— Si vous n'avez pas perdu l'esprit, n'en dites pas davantage! s'écria sa sœur.

— Comme nous avons l'honneur d'être membres de la même profession, monsieur Witherden, continua Brass sans s'inquiéter de cette interruption, pour ne rien dire de ce gentleman qui a été mon locataire, et et qui a en quelque sorte reçu l'hospitalité sous mon toit, je crois que vous auriez pu commencer par m'offrir à moi-même l'alternative que vous avez proposée à ma sœur. Oui, je le crois. Et maintenant, messieurs, ajouta-t-il en soulevant le garde-vue qui lui cachait presque toute la figure, si vous voulez me faire le plaisir de me regarder, et que vous me demandiez qui a été cause des blessures et des meurtrissures dont tout mon visage est couvert, je vous répondrai : Quilp! Quilp! Quilp!

Les trois amis se regardèrent, mais ne dirent rien.

— Oui, messieurs, c'est Quilp qui m'a attiré pendant la nuit dans son antre infernal, qui m'y a forcé à avaler du feu liquide, qui m'a congédié sans lumière par une obscurité profonde, et qui éclatait de rire en m'entendant tomber à chaque instants sur des planches hérissées de clous et sur des monceaux de bois et de vieilles ferrailles; Quilp, qui dans toutes nos relations d'affaires ne m'a jamais traité que comme un chien; Quilp, que j'ai toujours haï de toute mon âme; Quilp enfin, qui, après avoir imaginé et inventé le plus noir complot, veut aujourd'hui m'en laisser toute la responsabilité. A quoi tout cela doit-il me conduire, messieurs ?

Personne ne répondit, et il continua.

— Je vais vous le dire, puisque la vérité est connue, et la vérité est une chose grande et sublime, messieurs; il vaut mieux l'accuser que d'attendre qu'il m'excuse. S'il faut un dénonciateur pour le triomphe de l'innocence, pourquoi ne le serai-je pas? Comparativement parlant, vous êtes en sûreté, Sally, et par conséquent c'est à moi que je dois songer.

Après avoir ainsi parlé, Brass raconta toute l'histoire depuis son origine, faisant tomber tout le blâme sur celui qui l'avait mis en œuvre, se représentant comme un saint : quoique sujet, dit-il, aux faiblesses humaines.

— Je ne suis pas homme à faire les choses à demi, messieurs! continua-t-il. Comme dit le proverbe : Y étant pour un penny, autant vaut y être pour une guinée. Faites donc de moi ce qu'il vous plaira, et conduisez-moi où vous voudrez. Si vous désirez avoir par écrit la déclaration que je viens de vous faire, je suis prêt à la rédiger. Vous aurez quelques ménagements pour moi, j'en suis sûr, car vous êtes des hommes d'honneur; mais punissez Quilp, traitez-le sévèrement; foulez-le aux pieds; il m'en a fait autant bien des fois!

— Et voilà mon frère! s'écria miss Brass relevant la tête, qu'elle avait jusqu'alors appuyée sur ses deux mains, voilà mon frère! ce frère pour qui j'ai si longtemps travaillé, et en qui je croyais qu'il y avait quelque chose de mâle!

— Prenez garde, ma chère Sally! vous êtes désappointée; vous ne savez plus ce que vous dites, et vous risquez de vous compromettre.

— Misérable lâche! s'écria-t-elle en lui lançant un regard de mépris, vous aviez peur que je ne prisse l'avance sur vous. Mais croyez-vous donc qu'ils eussent tiré de moi un seul mot? Vingt ans de menaces et de promesses n'y auraient pas réussi.

— Vous pensiez peut-être ainsi dans l'origine; mais vous auriez changé d'avis si je n'étais arrivé, et vous auriez volontiers acheté votre sûreté aux dépens de la mienne. Parlez, messieurs, que désirez-vous que je fasse?

Les trois amis se consultèrent quelques instants; après quoi le notaire dit à Samson que, s'il voulait faire une déclaration par écrit, il y avait sur la table plumes, encre et papier. Mais il ajouta qu'il faudrait aussi que Samson les accompagnât chez un magistrat, et que par conséquent il ne devait consulter que lui-même sur ce qu'il avait à dire et à faire.

— Messieurs, dit Brass s'approchant de la fenêtre et s'apprêtant à écrire, je vous prouverai que je mérite les ménagements que je suis sûr que vous aurez pour moi, par une véracité franche et à toute épreuve.

Pendant que son frère était à écrire la charmante Sally se promenait dans la chambre, ayant toute l'allure d'un homme, tantôt les bras croisés sur la poitrine, tantôt les mains derrière le dos. Enfin elle parut se lasser de cet exercice: et s'asseyant sur un fauteuil près de la porte, elle eut l'air de s'endormir. Nous disons elle eut l'air, parce qu'on supposa ensuite avec assez de vraisemblance qu'elle n'était véritablement endormie, car on s'aperçut tout-à-coup qu'elle était sortie fort adroitement, sans que personne s'en doutât, et elle ne revint pas.

Le soir arrivait quand M. Brass eut fini sa tâche. Les trois amis firent alors venir un fiacre et le conduisirent chez un magistrat. Celui-ci, après avoir entendu le compte que M. Witherden lui rendit de l'affaire, et avoir lu la déposition de l'honnête procureur, fit conduire ce dernier en lieu sûr, afin d'être certain qu'il aurait le plaisir de le revoir le lendemain. Il congédia ensuite les trois amis avec l'assurance satisfaisante qu'un mandat d'arrêt serait décerné le jour suivant contre Quilp, et que, dès que le secrétaire d'Etat ministre de l'intérieur serait dûment informé de toutes les circonstances de cette affaire, la mise en liberté de Christophe Nubbles ne pouvait souffrir ni retard ni difficulté.

Cette besogne terminée, les trois amis retournèrent près de M. Swiveller, qui s'était trouvé en état de se lever une demi-heure. Mistress Garland était partie, mais M. Abel était encore avec lui, ayant promis à son père d'attendre son retour. Après qu'on eut informé Richard de tout ce qui s'était passé M. Garland, son fils et le gentleman se retirèrent le laissant avec M. Witherden et la petite servante.

— Puisque je vous trouve si bien, lui dit le notaire en s'asseyant près de son lit, je crois pouvoir me hasarder à vous apprendre une nouvelle dont je dois la connaissance à ma profession.

Ces derniers mots ne firent pas naître des idées fort agréables dans l'esprit de M. Swiveller; car, ayant beaucoup de petites dettes, il s'imagina sur-le-champ qu'il s'agissait de quelque poursuite commencée contre lui à la requête d'un de ses créanciers, et avant sa maladie il avait déjà reçu plusieurs lettres qui l'en menaçaient.

— Certainement, monsieur! répondit-il; j'espère que ce n'est rien d'une nature très désagréable.

— Si je le croyais, j'attendrais un moment plus convenable pour vous en parler. Je vous dirai d'abord que nos amis qui sortent d'ici n'en sont pas instruits, et que les bontés qu'ils ont eues pour vous ont été entièrement gratuites et désintéressées.

— Je n'en doute pas, monsieur, et je leur en suis très obligé.

— J'avais déjà fait quelques recherches pour vous découvrir, et je ne me doutais guère que le hasard vous offrirait à mes yeux dans des circonstances si extraordinaires. Vous êtes neveu de miss Rebecca Swiveller, demeurant à Cheselbourne, comté de Dorset, où elle est décédée le...

— Décédée, monsieur !

— Oui. Elle dit dans son testament que, si vous vous étiez mieux conduit, vous auriez recueilli toute sa fortune, qui était de vingt-cinq mille livres sterling; mais, ayant été mécontente de votre conduite, elle en a disposé autrement. Cependant elle vous a laissé une rente annuelle et perpétuelle de cent cinquante livres sur les fonds publics, mais substituée à vos héritiers directs ou collatéraux : afin de vous mettre dans l'impossibilité d'en dissiper le capital. Dans les circonstances où vous vous trouvez, je crois pouvoir vous féliciter de ce legs.

— Oui, monsieur, dit Swiveller pleurant et riant en même temps, et j'en remercie ma tante. De par le ciel! je ferai de la pauvre marquise une savante, elle portera des robes de soie, et elle ne manquera jamais d'argent, ou puissé-je ne jamais sortir vivant de cette chambre!

CHAPITRE XXXVI

Quilp avait fait allumé un grand feu par Tom Scott. Après avoir avalé un grand bol de rhum presque bouillant il allumait sa pipe, quand il entendit frapper à la porte de son comptoir. Il ouvrit doucement la petite fenêtre et y avança la tête pour demander qui était là.

— C'est seulement moi, Quilp! répondit une voix de femme.
— C'est seulement vous? Et que venez-vous faire ici, drôlesse? Comment osez-vous approcher du château de l'ogre?
— Je vous apporte quelques nouvelles, répondit mistress Quilp, ne soyez pas en colère contre moi.
— Sont-ce de bonnes nouvelles, des nouvelles agréables? La vieille dame est-elle morte?
— Je ne sais quelques sont ces nouvelles, c'est une lettre que je vous apporte.
— Jetez-la par la fenêtre et allez-vous-en.
— Mais écoutez-moi. Quilp! écoutez-moi, je vous en prie.
— Eh bien, parlez, mais en peu de mots.
— Elle a été apportée à la maison il n'y a pas une heure par un enfant qui ne connaissait pas la personne qui la lui avait remise, mais qui était chargé de dire qu'il fallait vous l'envoyer sur-le-champ : attendu qu'elle était de la plus grande importance. Mais permettez-moi d'entrer, Quilp! je suis toute mouillée, je grelotte de froid; vous ne sauriez croire combien de fois je me suis perdue par cet épais brouillard. Que je me chauffe quelques minutes, et je m'en irai dès que vous me l'ordonnerez.

Son aimable époux hésita un instant. Augmenter les souffrances de sa femme, c'eût été un plaisir pour lui; mais il réfléchit que la lettre pouvait exiger une réponse, et qu'en ce cas il l'en chargerait : cette considération le détermina à lui ouvrir la porte. Elle entra, lui remit la lettre, et se mit à genoux devant le feu pour se chauffer.

— Je suis bien aise que vous soyez mouillée, lui dit Quilp en fronçant les sourcils; bien aise que vous ayez froid et que vous vous soyez égarée. Vos yeux rouges d'avoir pleuré me font plaisir à voir.

— Quelle cruauté, Quilp! dit-elle en sanglotant.
— Croyait-elle que j'étais mort? dit Quilp en grimaçant comme un singe. Espérait-elle qu'elle allait avoir tout mon argent, et qu'elle pourrait épouser en secondes noces Frédéric Trent? Ah! ah! ah!

La pauvre femme ne répondit rien à ces sarcasmes; elle continua à se chauffer en pleurant à la grande satisfaction de Quilp, qui regarda enfin l'adresse de lettre qu'elle lui avait remise. Oh! dit-il aussitôt, je connais cette écriture; c'est celle de la charmante Sally. Il ouvrit la lettre et lut ce qui suit :

« L'idiot s'est laissé intimider, il nous a trahis tous deux. On sait tout. Veillez à votre sûreté et cachez-vous bien, car on vous cherche déjà. On ne me trouvera pas, j'y ai mis bon ordre. Faites de même, ne perdez pas de temps. S. B. demeurant ci-devant dans B. M. »

Pour bien décrire les divers changements qui s'opérèrent sur la physionomie de Quilp pendant qu'il lisait cinq ou six fois de suite ce billet il faudrait connaître un langage qui n'a jamais écrit ni parlé, ni lu ni entendu. Il fut longtemps sans prononcer un seul mot, tandis que sa pauvre femme tremblait d'alarme en voyant les regards distraits qu'il jetait sur elle. Enfin il s'écria :

— Oh! si je le tenais! si je le tenais ici!

— Qu'avez-vous donc, Quilp? De qui parlez-vous?

— Je le noierai! continua le nain sans faire attention à sa femme. C'est pourtant une mort trop douce, trop prompte; mais la rivière n'est qu'à deux pas, je pourrais le conduire amicalement jusque sur le bord, un doigt passé dans une boutonnière de son habit, plaisanter avec lui et l'y précipiter tout à coup. On dit que ceux qui se noient reviennent trois fois à la surface de l'eau; quel plaisir de l'y voir reparaître ainsi, de jouir de ces contorsions et de son agonie, de le repousser dans le courant, s'il se rapprochait du rivage!

Sa femme, qui s'était retirée à l'autre bout du comptoir pour ne pas avoir l'air de l'écouter, se hasarda à se rapprocher de lui, et elle allait lui parler, quand il courut vers la porte, l'ouvrit et appela Tom Scott, qui jugea à propos de paraître sur-le-champ.

— Venez! lui dit le nain, vous allez la reconduire chez elle. Ne venez pas ici demain, le quai sera fermé. N'y revenez que lorsque je vous en donnerai ou vous en enverrai l'ordre. M'avez-vous entendu?

Tom lui répondit par un geste affirmatif, et fit signe à mistress Quilp de le suivre.

— Quant à vous, dit le nain s'adressant à sa femme, ne faites aucune question sur moi, ne cherchez pas à savoir où je suis, ne parlez pas de moi. Je ne serai pas mort, mistress Quilp; cela ne vous consolera-t-il pas?

— Je pars, je pars à l'instant, Quilp, mais dites-moi auparavant si cette lettre a quelque rapport à ma chère petite Nelly. Vous ne pouvez vous figurer combien de fois, la nuit comme le jour, j'ai éprouvé de remords de l'avoir trompée une fois! j'ignore si je lui ai nui; mais ma conscience me le reproche, quoique je l'aie fait par votre ordre.

Le nain ne répondit rien, mais il saisit son arme ordinaire, une barre de fer rouillée, avec une telle fureur, que Tom épouvanté, tira mistress Quilp par le bras et l'entraîna dans sa fuite. Quilp, emporté par la fureur, les poursuivit malgré l'obscurité, et se trouva, sans s'en douter, à la porte de son quai. Croyant qu'ils en étaient sortis, il baissa les barres de fer massives qui servaient à la fermer, fit le double tour et chercha à regagner son repaire, les ténèbres devenant à chaque instant plus épaisses.

— Cette nuit sera bonne pour voyager incognito, se dit-il à lui-même; je sortirai de mon quai en grimpant par-dessus la palissade qui le sépare de celui de gauche, ou en escaladant le mur qui le termine sur la droite. O Samson! ô mon digne ami! si je pouvais avant de partir vous serrer dans mes bras ! je ne vous laisserais pas une côte qui ne fût brisée.

— Il se passa plus d'une demi-heure avant qu'il pût retrouver son comptoir, tant l'obscurité était grande. Enfin il arriva. Son premier soin fut de se chauffer; et il but ensuite un bol de rhum brûlant, comme si c'eût été une liqueur rafraîchissante. Il rassembla alors le peu d'objets qui lui parurent indispensables et en remplit ses poches, faisant en même temps un nouveau soliloque.

— Et cette Sally, dit-il, c'est une femme à qui on ne peut refuser du courage, de la résolution et de la fermeté. Etait-elle donc endormie ou pétrifiée ? Elle aurait pu le poignarder ou l'empoisonner bien aisément. Elle a dû prévoir ce qui allait arriver. Pourquoi ne m'avertit-elle que lorsqu'il est trop tard ? Et qui est cause de ce qui m'arrive ? Ce vieux fou et sa petite-fille. Mais je serai encore leur mauvais génie. Et vous, honnête Kit, vertueux Kit, prenez garde à vous : quand je hais, je mords ! et il n'y a personne que je ne haïsse plus que vous. Vous triomphez aujourd'hui, mais j'aurai mon tour. Qu'est-ce que cela ?

On frappait à la porte du quai. Il écouta, et quelques instants après on frappa de nouveau à coups redoublés.

— Déjà ! s'écria-t-il, et si pressés d'entrer ! Mais vous serez désappointés, mes bons amis. Il est heureux que j'aie été averti. Sally, je vous remercie.

Il éteignit sa chandelle pour que la clarté ne pût servir de guide à ceux qui continuaient à frapper s'ils venaient à bout d'enfoncer la porte. Dans sa précipitation pour éteindre le peu de feu qui restait il renversa le vieux poêle, qui se brisa en tombant, et dont les débris couvrirent les charbons. Il sortit alors de sa tanière, à tâton, et se trouva en plein air. Mais, quoiqu'il ne fût guère que huit heures du soir, la nuit la plus obscure aurait été comme le plus beau jour en comparaison des ténèbres qui l'entouraient.

En ce moment, on cessa de frapper à la porte. Il se mit en marche, se dirigeant, à ce qu'il croyait, vers la palissade dont il avait parlé, marchant lentement, les bras tendus en avant, et voyant à peine ses mains. Bientôt il crut s'être trompé de chemin, changea de direction, et enfin il ne sut plus dans quel endroit de son quai il se trouvait.

— Si mes bons amis voulaient encore frapper, dit Quilp, dont les yeux faisaient des efforts inutiles pour percer à travers l'obscurité, ce bruit m'apprendrait de quel côté je dois diriger mes pas. Mais aucun bruit ne se faisait entendre, si ce n'est les aboiements des chiens; et comme il savait qu'il y en avait sur les quais voisins ainsi qu'à bord des bâtiments qui étaient à l'ancre sur la rivière, ce bruit ne pouvait dissiper son incertitude.

— Si je trouvais la palissade où la muraille, dit-il en continuant à marcher les bras toujours en avant, je saurais quel est mon chemin. O mon excellent ami ! si je vous tenais un bras, je pourrais consentir à ne jamais revoir la clarté du jour.

Comme il prononçait ces mots, un pied lui manqua, il tomba : il était dans la rivière.

Quand il revint à la surface il entendit des voix qui l'appelaient. Il les reconnut. Sa femme et Tom Scott s'étaient égarés dans les ténèbres et ne savaient comment sortir du quai. Il leur répondit par une sorte de rugissement, mais inutilement : il s'enfonça au même instant ; et la marée, d'accord avec le courant, l'entraîna plus loin. Un nouvel effort lui permit de respirer encore une fois, il vit près de lui un objet noir : c'était un bâtiment à l'ancre, il en toucha d'une main la surface glissante ; mais l'eau l'emporta de nouveau, le fit passer sous la quille, et déposa enfin son hideux cadavre sur une rive basse et marécageuse où des pirates de rivière avaient été pendus avec des chaînes quelques jours auparavant.

CHAPITRE XXXVII

Des appartements bien éclairés, un feu brillant dans une grille bien polie, des voix enjouées, des visages rayonnant de plaisir, des cœurs affectueux, des yeux versant des larmes de joie ; quel changement pour Kit ! C'était pourtant ce qui l'attendait, et l'on avait passé une bonne partie de la journée pour le préparer à ce bonheur. On lui avait dit d'abord qu'on espérait avoir des preuves de son innocence, puis qu'on les avait trouvées, ensuite qu'elles étaient entre les mains du secrétaire d'Etat ; et enfin dans la soirée, le vieux monsieur Garland arriva à la prison porteur de l'ordre pour le remettre sur le champ en liberté, et il l'emmena de suite à Abel-Cottage.

En descendant de voiture, la première personne que Kit aperçut fut sa bonne mère, qui le serra entre ses bras en pleurant de joie, mais sans pouvoir prononcer un seul mot. A côté d'elle était la mère de Barbe, tenant, suivant sa coutume, le petit Jacob par la main et son plus jeune frère dans ses bras. Plus loin il vit Barbe, pâle comme la mort, qui aurait bien voulu s'avancer vers lui, mais qui restait appuyée contre la muraille de la maison, de crainte que ses jambes ne lui refusassent leur service, tant était vive son émotion. Kit aurait volontiers couru près d'elle ; mais la bonne mistress Garland descendait en ce moment le petit péristyle de la maison et s'avançait vers Kit pour lui serrer la main. M. Abel la suivait, et dans l'excès de sa joie il embrassa tout le monde en commençant par Kit, et en finissant par le gentleman, qui avait si bien coopéré à faire reconnaître l'innocence de Kit, et qui n'avait pas voulu manquer de se trouver à cette réunion joyeuse, quoique tout le monde eût les yeux humides.

Tous les cœurs étaient épanouis. Kit se souvint qu'il y avait un ami qu'il n'avait pas encore vu, attendu qu'on ne pouvait convenablement l'introduire dans la salle à manger, et il se rendit à l'écurie. Le poney cabriola et hennit de joie en le revoyant, et tandis que Kit lui passait la main sur le dos le poney frottait son nez sur le bras de Kit.

Mais comment se fit-il que Barbe entra précisément ce moment dans l'écurie ? C'est que depuis que Kit était absent, le poney n'avait voulu recevoir que d'elle sa nourriture. Elle s'arrêta à la porte en rougissant ; mais Kit courut à elle, et lui dit qu'ils ne s'étaient pas encore donnés la main. Barbe lui tendit aussitôt la sienne, et Kit la pressa doucement. On n'est pas bien loin l'un de l'autre quand on se donne la main. Il était donc naturel que Kit aperçût une larme qui tremblait encore sur les cils bruns de Barbe, et il ne l'était pas moins que Barbe levât les yeux sur lui et rencontrât les siens. C'en était assez pour se comprendre.

Dans le cours de la soirée, M. Garland tira Kit à l'écart, et lui dit qu'il avait à lui apprendre quelque chose qui le surprendrait beaucoup. Kit pâlit et parut si inquiet que M. Garland se hâta d'ajouter que la surprise n'avait rien de désagréable. Il lui demanda ensuite s'il était disposé à faire un voyage le lendemain avec lui.

— Un voyage, monsieur.

Oui, un voyage, avec notre ami le gentleman qui est là-bas. En devinez-vous le motif ? Kit pâlit encore et secoua la tête.

— Je vois que vous le devinez. Dites-moi ce que vous pensez.

Kit murmura quelques mots indistincts, parmi lesquels M. Garland ne put entendre que les mots : « Miss Nelly. »

— Vous avez deviné juste, dit-il ; nous avons découvert leur retraite, et c'est là que nous allons.

Kit murmura plusieurs questions : Comment et depuis quand avait-on fait cette découverte ? Se portait-elle bien ? Etait-elle heureuse ?

— Je la crois heureuse, répondit M. Garland, et j'espère qu'elle se porte bien. Elle a été faible et souffrante, mais dans la lettre que j'ai reçue hier on me dit qu'elle va mieux. Asseyez-vous, et je vous conterai le reste. Vous savez que j'ai un frère, car je vous en ai parlé plusieurs fois, et vous avez vu son portrait, fait dans sa jeunesse, qui est dans mon salon. Ce frère demeure assez loin d'ici depuis bien des années avec un ancien ami, ministre de l'église. Quoique nous nous aimions véritablement en frères, il y a bien longtemps que nous ne nous sommes vus ; mais nous nous écrivons souvent. Mon frère a le caractère aussi doux et aussi simple que mon fils Abel ; il ne se plaît qu'à faire du bien à tout ce qui l'entoure, et jamais il ne parle du bien qu'il fait. Cependant, dans une lettre qu'il m'écrivit il y a quelque temps, il me parla d'un vieillard et de sa petite-fille qui étaient arrivés depuis peu dans la paroisse qu'il habite, et a qui il avait rendu, me disait-il, quelques légers services. Il me vint à l'esprit que ces deux individus pouvaient être ceux que notre ami le gentleman désire si vivement découvrir. Je lui montrai cette lettre, il me pria de demander à mon frère des renseignements plus étendus, et une réponse en quatre pages que j'ai reçue hier matin ne nous a laissé aucun doute sur ce sujet. Voilà donc la cause immédiate de notre voyage.

— Cependant, ajouta-t-il en se levant, après une journée comme celle-ci, vous devez avoir besoin de repos. Allez donc vous coucher, car nous partirons de bonne heure, et puisse notre voyage se terminer heureusement !

Quoique se ressentant encore des fatigues de la veille, Kit ne s'abandonna pas à la paresse le lendemain matin ; il s'éveilla avant le jour se leva sur-le-champ, et quand le soleil se montra sur l'horizon, il était prêt à partir. Chacun déploya la même activité ; dès le lever de l'aurore on travailla aux préparatifs du voyage, et quand ils furent terminés, il ne restait plus qu'à déjeuner, et l'on avait encore une heure et demie à attendre avant que la voiture de voyage arrivât, car on ne l'avait demandée que pour neuf heures.

Cet intervalle de temps parut si long que chacun crut que le temps avait perdu ses ailes, et dans toute la maison Kit fut le seul qui trouva qu'il s'écoulait avec rapidité. La raison en est toute simple, il était près de Barbe, et pour la première fois il avait été frappé la nuit précédente de l'idée qu'il aimait Barbe et qu'il pouvait en être aimé.

— Or, s'il faut dire la vérité, et il est de notre devoir de la dire, Barbe était la seule personne dans Abel-Cottage qui ne partageât pas l'empressement joyeux que chacun montrait à faire les préparatifs du voyage ; et lorsque Kit, dans la plénitude de son cœur, lui parla du plaisir avec lequel il ferait cette excursion, le nuage qui couvrait le front de Barbe parut devenir encore plus épais.

— Vous n'êtes pas de retour ici depuis assez longtemps, monsieur Christophe, lui dit-elle d'un ton qui annonçait quelque dépit, pour être si charmé d'en partir déjà.

— Mais songez au but de ce voyage, dit Kit avec chaleur. Il s'agit de ramener ici miss Nelly ; n'oubliez pas cela. Je suis si charmé de penser que vous allez aussi la voir !

Barbe ne dit positivement pas que ce ne serait pas pour elle un bien grand plaisir, mais elle le montra suffisamment par un secouement de tête qui n'avait rien d'équivoque. Kit fut déconcerté et ne comprit rien à cette indifférence.

— Je suis sûr, répondit-il en se frottant les mains, que vous direz qu'elle a les traits les plus doux et les plus beaux que vous ayez jamais vus.

Barbe secoua la tête encore une fois et fit la moue, non avec un air d'humeur, mais seulement de manière à arrondir sa petite bouche et à donner à ses lèvres la forme de deux cerises, comme elles en avaient la couleur.

— Barbe, dit Kit, j'espère que vous n'êtes pas fâchée contre moi ?

— Moi, fâchée contre vous ! non sans doute. Pourquoi serais-je fâchée ? Quel droit ai-je d'être fâchée contre vous, monsieur Christophe ?

— Ah ! Barbe ! s'écria-t-il ; pendant tous les chagrins que je viens d'éprouver, j'ai toujours pensé à vous, et j'aurais été encore bien plus malheureux si je n'y avais pas pensé.

— Je vous dis la vérité, Barbe, et ce n'est pas la moitié de ce que je voudrais vous dire. Si je désire que vous soyez charmée de voir miss Nelly, c'est uniquement parce que je voudrais que tout ce qui me plaît vous plût aussi. Je crois que je mourrais volontiers pour lui rendre service ; mais je suis sûr que vous penseriez de même si vous la connaissiez comme moi.

Barbe n'était ni fantasque ni capricieuse ; elle se repentit de ce mouvement de jalousie et versa quelques larmes. Nous ne pouvons dire qu'elles auraient pu être les suites de cet entretien ; car en ce moment une voiture s'arrêta près de la porte, et Kit fut obligé de la quitter brusquement.

Quand il arriva dans la cour; M. Garland et le gentleman étaient déjà montés en voiture, et le postillon était en selle. Il monta derrière et s'assit dans le dickey, enveloppé d'un grand manteau. Il y accrocha une cage : c'était celle qui contenait le serin de Nelly. Mistress Garland et M. Abel près de la portière, plus loin mistress Nubbles, la mère de Barbe et sa fille, qui pour cette fois s'était emparée du petit Jacob, faisaient leurs adieux aux voyageurs, les uns de vive voix, les autres par gestes, quand M. Garland donna le signal du départ.

La journée était froide, et un vent piquant leur soufflait en face, faisant tomber le givre des branches d'arbres et des haies et l'enlevant comme de la poussière. Mais après avoir respiré près de cinq semaines l'atmosphère située dans le cœur de Londres, ce vent, quelque rigoureux qu'il fût, ne semblait à Kit qu'une fraîcheur agréable. Cependant il s'aperçut du froid quand la nuit fut arrivée; car, quoiqu'elle fût belle et que pas une étoile ne manquât sur le firmament, le vent conservait encore toute sa violence. Mais chaque fois qu'on changeait de chevaux, Kit descendait du dickey pour payer le postillon, courait en avant pour faire une petite provision de chaleur, ou du moins se dégourdir les jambes, et y remontait quand la voiture le rejoignait.

Les deux amis dans l'intérieur avaient charmé l'ennui du voyage en conversant ensemble, et leur conversation avait principalement roulé sur l'objet de leur excursion et sur tout ce qui y avait rapport. Elle fut interrompue par la nuit, chacun d'eux essayant, presque toujours inutilement, de prendre un instant de repos d'un relais à l'autre. Dès que le jour reparut, le gentleman se tourna vers son compagnon et lui dit : Etes-vous bon écouteur ?

— Oui, quand le sujet dont on me parle m'intéresse, répondit M. Garland en souriant ; et dans le cas contraire je fais tous mes efforts pour avoir l'air d'y prendre intérêt.

— Eh bien, reprit le gentleman, je vais essayer de vous raconter une histoire véritable. Elle ne sera pas longue. Ecoutez.

« Il y avait autrefois deux frères qui s'aimaient tendrement. Il existait entre eux une différence d'âge d'une douzaine d'années, et je ne sais pas si ce ne fut pas un motif pour qu'ils s'aimassent encore davantage. Eh bien malgré cette disparité d'âge, ils devinrent rivaux ; tous deux accordèrent au même objet tout l'amour dont un cœur ardent peut être capable.

« Le plus jeune fut le premier à le découvrir, et il résolut de se sacrifier à son frère. Je ne vous dirai pas combien il eut à souffrir et de quelle lutte terrible son cœur fut l'arène. Mais dans sa première jeunesse il avait été attaqué d'une maladie longue et dangereuse ; les médecins l'avaient abandonné, et il n'avait dû la vie qu'aux soins constants de son frère, qui pendant un an ne l'avait quitté ni jour ni nuit. Il ne l'avait pas oublié, et le ciel lui accorda la force de renoncer à tout espoir de bonheur pour assurer celui de son frère. Son frère ne fut jamais informé de ce sacrifice. Il quitta l'Angleterre dans l'intention de mourir en pays étranger. Le frère aîné ne tarda pas à épouser celle qu'il aimait ; mais il n'y avait qu'un an qu'ils étaient mariés quand elle mourut en lui laissant une fille.

» La mère parut renaître dans cette fille, et vous pouvez vous figurer la tendresse que son père eut pour elle quand il retrouva dans cette fille l'image vivante de celle qu'il avait tant aimée, non-seulement pour les traits, mais pour le caractère. Elle n'avait que dix-sept ans quand elle donna son cœur à un homme qui n'était pas en état d'en apprécier la valeur, et qui avait toujours vécu dans la dissipation, pour ne rien dire de plus. Son père n'approuvait pas son inclination, mais il ne put résister aux prières et aux larmes de sa fille, et se disant que ce jeune homme valait peut-être mieux qu'il ne le croyait, ou que la compagnie d'une telle femme devait nécessairement le corriger, il consentit enfin à leur mariage.

» Que de malheurs suivirent cette union mal assortie ! Bien loin de se corriger, le mari, qui ne l'avait épousée que par intérêt, se montra bientôt ce qu'il était, joueur et libertin. Non-seulement il la négligeait, mais il la maltraitait, et en très peu d'années il mangea la dot qu'il avait reçue en l'épousant. La malheureuse supporta tout avec une patience et une résignation dont une femme seule est capable, et ne se plaignit jamais. Ils tombèrent dans la misère. Le père les en tira plusieurs fois et se ruina presque par amour pour sa fille. Enfin le mari mourut, et sa femme, qui n'avait jamais cessé de l'aimer, le suivit au tombeau après cinq mois de veuvage, laissant à la charge de son père deux enfants, un garçon âgé de dix à douze ans et une fille au berceau.

» L'aïeul de ces deux enfants était alors un homme affaissé sous le poids, non des années, mais des chagrins. Il recueillit les débris de sa fortune, et commença un commerce d'abord de tableaux, et ensuite d'antiquités. Il avait eu ce goût dans sa première jeunesse, et ce fut en s'y livrant qu'il se procura une existence précaire.

» Il fit pourtant donner une bonne éducation à son petit-fils, mais celui-ci ressemblait à son père au moral et au physique. Il fit de mauvaises connaissances et donna dans tous les déréglements possibles. Il s'éloigna de son aïeul, et ne le voyait jamais que pour lui extorquer de l'argent. Quant à la jeune fille, elle promettait en grandissant d'avoir les charmes et les vertus de sa mère ; et quand son aïeul la tenait sur ses genoux et qu'il considérait ses yeux bleus et pleins de douceur, il croyait presque sortir d'un mauvais rêve et avoir encore près de lui sa fille au même âge. Ce fut alors qu'il commença à craindre le besoin et la pauvreté, non pour lui, mais pour sa petite-fille. Cette crainte était un spectre qui le poursuivait jour et nuit.

— Pendant tout ce temps son frère avait voyagé et séjourné dans divers pays étrangers. Après la mort de celle qu'il avait tant aimée, il aurait pu retourner en Angleterre ; mais on avait attribué son départ à des causes si injustes et si éloignées de la vérité qu'il ne put s'y résoudre. Comme il changeait souvent de place, il avait peu de communications épistolaires avec son frère ; cependant il en recevait des nouvelles de temps en temps, et ce fut ainsi qu'il apprit les détails dans lesquels je viens d'entrer.

» Cependant la dernière lettre qu'il reçut de son frère lui peignit si vivement la situation dans laquelle il se trouvait et les craintes qu'il avait pour l'avenir de sa petite fille, que, fortement ému par les souvenirs de sa jeunesse, il résolut enfin de retourner dans son pays et de s'y réunir à son frère. Il réalisa à la hâte toute sa fortune, que ses voyages avaient accrue par suite de l'économie avec laquelle il avait toujours vécu, et ce fut avec une émotion que je ne saurais vous décrire qu'il arriva un soir à la porte de la maison de son frère. Là il apprit que... »

— Je sais tout le reste, lui dit M. Garland en lui serrant la main.

— Oui, vous le savez ; vous savez le triste résultat de toutes mes recherches ; vous savez qu'ayant appris une fois le lieu de leur retraite, j'y suis arrivé trop tard. Fasse le ciel que nous arrivions à temps cette fois-ci ! Je m'efforce de l'espérer et de le croire ; mais un poids cruel me pèse sur l'esprit, et j'éprouve des craintes qui ne cèdent ni au raisonnement ni à l'espoir.

— Cela ne me surprend pas, dit M. Garland, c'est la suite naturelle des événements dont vous venez de me faire le récit, et peut-être aussi du temps affreux que nous avons eu depuis notre départ. Entendez-vous comme le vent siffle ?

Ils continuèrent à voyager pendant toute la journée. Depuis leur départ ils ne s'étaient arrêtés que pour prendre quelque nourriture ; mais ils avaient éprouvé surtout pendant la nuit de fréquents retards occasionnés par le manque de chevaux, et ils virent bientôt qu'il leur serait impossible d'arriver à leur destination avant la nuit.

Quand le crépuscule commença, le vent cessa, la neige y succéda : elle tombait en gros flocons. La terre en fut bientôt tellement couverte, qu'on n'entendait plus le bruit ni des pieds des chevaux ni des roues de la voiture.

En arrivant plus tard à un relais situé dans un endroit solitaire, nos voyageurs s'informèrent s'ils avaient encore beaucoup de chemin à faire pour arriver à leur destination. Dix milles, répondit une voix d'une fenêtre au second étage. Car dans ce lieu isolé tout le monde était déjà couché. Dix minutes leur parurent une heure, tandis qu'ils attendaient les chevaux. Enfin un garçon d'écurie à peine bien éveillé vint les atteler, et ils continuèrent leur route.

Ils avaient à faire ces dix milles sur une route de traverse en fort mauvais état ; et après qu'ils y eurent fait cinq à six milles elle se trouva tellement coupée de trous et d'ornières cachés sous la neige, que les chevaux trébuchaient à chaque pas et que la voiture était en danger de verser à chaque instant. Les trois voyageurs mirent pied à terre et firent à pied le reste du chemin. La distance semblait interminable ; la marche était très pénible, et ils commençaient à croire que le postillon s'était trompé de route, quand ils entendirent à peu de distance l'horloge d'une église sonner minuit. Un instant après la voiture s'arrêta.

— Nous sommes arrivés, messieurs, dit le postillon en descendant de cheval.

Et il alla frapper à la porte d'une petite auberge. Personne ne répondit. Il frappa de nouveau et le même silence continua à régner.

— En attendant que les dormeurs s'éveillent, dit le gentleman, faisons quelques pas en avant, chaque moment d'attente est un supplice pour moi.

M. Garland y ayant consenti, ils se remirent en marche, et malgré la neige épaisse qui continuait à tomber ils remarquèrent qu'ils étaient dans une rue, si l'on peut donner ce nom à un rassemblement de chaumières mal bâties, sans alignement et disséminées comme au hasard.

Bientôt ils se trouvèrent près d'une église antique surmontée d'une grande tour, et à quelques pas plus loin ils passèrent devant la porte du cimetière. Là ils virent une faible lumière briller à travers la croisée d'une chaumière voisine, et Kit y courut pour demander leur chemin.

Dès qu'il eut parlé, un vieillard se présenta à la fenêtre et demanda ce qu'on lui voulait à une pareille heure de la nuit. Mon métier n'est pas de nature à éxiger que je me lève la nuit, et surtout quand je souffre d'un rhumatisme.

— Pardon, répondit Kit, je ne vous aurais pas appelé si j'avais su que vous étiez vieux et malade.

— Vieux! Comment savez-vous que je suis vieux? Je ne suis peut-être pas si vieux que vous le pensez. Malade! un rhumatisme n'est pas une maladie, et il y a bien des jeunes gens qui se portent plus mal que moi, quoique je ne prétende pas être très vigoureux pour mon âge. Mais excusez-moi si je vous ai parlé un peu rudement; mes yeux ne sont pas très bons, surtout la nuit, et ce n'est l'effet ni de l'âge ni d'une maladie, car ils n'ont jamais été bons; je n'avais pas remarqué que vous êtes étranger dans ce pays.

— Je suis fâché de vous avoir tiré de votre lit, dit Kit, mais ces deux messieurs que vous voyez à quelques pas sont étrangers comme moi et ont besoin d'aller au presbytère. Vous pouvez sans doute nous en indiquer le chemin?

— Je dois le pouvoir, car vienne l'été prochain il y aura cinquante ans que je suis fossoyeur dans cette paroisse. Suivez le premier sentier à droite, et vous y serez bientôt. J'espère que vous n'apportez pas de mauvaises nouvelles à notre digne pasteur.

Kit le remercia, répondit négativement à sa question, et il retournait vers les deux amis, quand son attention fut attirée par la voix d'un très jeune enfant qui se montra à une fenêtre voisine.

— Qu'est-ce que cela? criait vivement l'enfant. Mon songe s'est-il réalisé? Parlez-moi, qui que vous soyez!

— Pauvre enfant! dit le fossoyeur.

— Mon songe s'est-il réalisé? s'écria de nouveau l'enfant d'une voix à faire tressaillir; mais non, non, cela est impossible.

— Je devine ce qu'il veut dire, reprit le fossoyeur. Retournez dans votre lit, mon cher enfant.

— Ah! s'écria l'enfant avec l'accent du désespoir, je savais que cela était impossible avant de le demander; mais la nuit dernière, celle-ci encore, j'ai fait le même songe. Je ne puis m'endormir sans qu'il revienne.

— Pensez à autre chose, dit le vieillard, et il ne reviendra plus.

— Je ne suis pas fâché de faire ce rêve en dormant, dit l'enfant, mais je suis si triste quand je m'éveille!

— Tâchez de vous rendormir, mon enfant, et que Dieu vous protège! dit le fossoyeur en fermant sa fenêtre.

— Bonne nuit! dit l'enfant se retirant aussi.

Kit retourna vers les deux amis qui l'attendaient, ému par ce qu'il venait d'entendre, quoique son émotion eût pour cause l'accent touchant de la voix de l'enfant plutôt que les paroles qu'il venait de prononcer, puisqu'il ne pouvait en comprendre le sens. Il prirent alors le sentier indiqué par le fossoyeur, mais en arrivant près du presbytère ils virent à peu de distance, entre le cimetière et l'église, une lumière solitaire briller à la fenêtre d'un grand bâtiment dont une partie était en ruine.

— Quelle peut être cette lumière? demanda le gentleman.

— D'après ce que m'a écrit mon frère, répondit M. Garland ce doit être là qu'ils demeurent. Je ne vois pas d'autres ruines dans les environs.

Kit proposa d'aller faire une reconnaissance de ce côté tandis qu'ils sonneraient au presbytère et qu'ils attendraient qu'on leur ouvrît la porte. En ayant obtenu la permission, il partit à grands pas tenant en main la cage contenant le serin de Nelly, et suivant la muraille du bâtiment il trouva une porte ; il y frappa et personne ne lui répondit, mais il entendit un bruit singulier dans l'intérieur. Il avait quelque ressemblance avec le gémissement étouffé d'une personne qui souffre, mais ce n'était pas cela, il était trop content et trop régulier. C'était à son oreille tantôt une espèce de chant, tantôt une sorte de psalmodie lugubre, suivant que son imagination le portait à le croire, car le son était toujours le même et ne s'interrompait jamais. Kit n'avait de sa vie entendu rien de semblable; il tressaillit, et ce bruit continuel, qui semblait avoir quelque chose du surnaturel, lui glaça le sang dans les veines. Voulant sortir d'incertitude, il leva le loquet et poussa la porte avec le genou. Elle céda, il vit la lueur d'un feu se répercuter sur la muraille, et il entra dans la chambre.

A la lueur rougeâtre d'un feu de bois, car il n'y avait dans cet appartement ni lampe ni lumière, Kit vit un vieillard accroupi devant le foyer et ayant le dos tourné vers lui. Un mouvement que fit le vieillard lui permit de le voir à demi-profil. Il fit un pas en avant, puis un autre, puis un troisième ; enfin il le vit en face, et il le reconnut sur le champ, tout changés qu'étaient ses traits.

— Mon maître ! s'écria-t-il en fléchissant un genou pour se mettre au même niveau, et lui prenant la main, mon cher maître! parlez-moi, je vous en prie.

Le vieillard le regarda un instant et murmura d'une voix creuse: C'en est encore un! Combien il y a eu ici de ces esprits cette nuit!

— Je ne suis point un esprit, mon maître, je suis Kit, votre ancien serviteur. Vous devez me reconnaître. Et où est miss Nelly? où est-elle?

— Comme les autres! Ils me font tous la même question. C'est un esprit.

— Mais où est-elle? Dites-moi seulement où elle est, rien que cela.

— Là-bas, dans l'autre chambre, elle dort.

— Dieu en soit loué !

— Oui, Dieu en soit loué! Je l'ai prié pour elle bien des fois pendant qu'elle dormait. Chut ! n'a-t-elle pas appelé?

— Je n'ai rien entendu.

— Mais vous devez l'entendre à présent. Tenez, elle appelle encore. Me direz-vous que vous ne l'entendez pas? Qui peut connaître sa voix mieux que moi?

Sans attendre une réponse, le vieillard se leva et entra bien doucement dans la chambre voisine. Il n'y resta que quelques instants et il en revint tenant en main une lampe.

— Vous aviez raison, dit-il, elle est endormie et elle n'a point appelé, à moins que ce ne fût en dormant. J'ai craint que cette lumière ne lui éblouisse les yeux et ne l'éveille.

Il mit la lampe sur la table; mais la reprenant de suite il l'approcha du visage de Kit, soit frappé d'un souvenir momentané, soit par un mouvement de curiosité. Mais il oublia à l'instant même le motif qui l'avait fait agir ainsi, et se détournant il la replaça sur la table ; et ouvrant un vieux coffre d'où il tira quelques vêtements de Nelly il y passa la main comme pour les brosser. Pourquoi dors-tu si longtemps, Nelly? murmura-t-il, quand tes petits amis viennent demander à la porte: Où est donc Nelly, la bonne Nelly? car il n'y a pas un seul enfant qui ne t'aime de tout son cœur.

Kit ne pouvait parler, ses yeux étaient remplis de larmes.

— Voici sa jolie petite robe, continua le vieillard, sa robe favorite. Quelqu'un l'a cachée ici, mais j'aurai soin qu'elle la trouve à son réveil, car je ne veux pas que rien la contrarie. Et voyez-vous, ces petits souliers, monsieur, ils sont bien usés, mais elle les a gardés comme un souvenir du long voyage que nous avons fait ensemble.

Il remit dans le coffre tout ce qu'il en avait tiré et continua à parler en jetant de temps en temps un regard inquiet sur la chambre voisine.

— Elle n'avait pas coutume de rester couchée si longtemps; mais il faut prendre patience, quand elle sera tout à fait bien portante elle se lèvera de bonne heure, comme elle avait coutume de le faire, et elle reprendra ses promenades du matin. Qui est-là! Fermez la porte, vite, vite! Nous avons assez de peine à empêcher le froid d'entrer dans l'autre chambre.

Malgré cette recommandation la porte s'ouvrit, et M. Garland entra avec son ami. Ils étaient accompagnés de M. Marten, le maître d'école, qui portait une lampe allumée, et du vieux garçon. Il paraît que M. Marten avait quitté le vieillard quelques instants avant que Kit arrivât pour aller chez lui remettre de l'huile dans la lampe.

L'agitation du vieillard se calma quand il reconnut ses deux amis. Il reprit sa première attitude devant le feu et fit entendre de nouveau le son monotone dont Kit avait été si vivement frappé. Quant aux deux étrangers, il n'y fit aucune attention. Son frère en resta à quelque distance : le vieux garçon prit une chaise et s'assit près du vieillard, le maître d'école s'assit de l'autre côté.

— Il m'écoutera, j'en suis sûr, dit-il au vieux garçon.

— J'écouterai toutes les voix qu'elle aime à entendre, dit le vieillard.

— Je le sais, reprit le maître d'école. Pensez à elle, pensez à tous les chagrins que vous avez essuyés ensemble, à toutes les souffrances que vous avez endurées en commun, aux plaisirs tranquilles et paisibles dont vous avez joui avec elle.

— J'y pense, je ne pense qu'à cela.

— Eh bien! ne pensez pas à autre chose cette nuit. Ne songez qu'à ce qui peut rétablir le calme dans votre cœur et y faire rentrer le souvenir des temps passés. C'est ainsi qu'elle vous parlerait, et c'est en son nom que je vous parle.

— Vous faites bien de parler à voix basse, car nous ne devons pas l'éveiller. Je serais pourtant charmé de voir ses yeux se rouvrir. Il y a un sourire sur ses lèvres ; mais ce sourire est toujours le même, je voudrais qu'il changeât d'expression. Dès son enfance elle était toujours douce et enjouée.

— Vous nous avez dit bien des fois qu'elle ressemblait à sa mère, et même à la mère de sa mère. Reportez vos pensées aux jours de votre jeunesse. Songez aux différents plaisirs dont elle a été accompagnée. Ne vous souvenez-vous pas d'un enfant plus jeune que vous, qui, dans votre première jeunesse, vous aimait avec une tendresse que vous partagiez, de ce frère si longtemps absent, et que vous n'avez pas revu depuis tant d'années ? Eh bien ! il est de retour ; il est revenu pour vous consoler dans vos chagrins, pour ne plus vous quitter, pour...

— Pour être pour vous ce que vous avez été autrefois pour lui, s'écria son frère se précipitant à ses genoux, pour payer votre ancienne affection par un amour et des soins constants, pour être près de vous ce qu'il n'a jamais cessé d'être quand des océans nous séparaient. Dites-moi seulement que vous me reconnaissez, mon frère, et le renouvellement de notre ancienne tendresse nous dédommagera de tous nos malheurs passés et présents. Et quand même un événement, auquel je tremble de faire allusion, serait arrivé ou devrait arriver, ce qu'à Dieu ne plaise ! cependant, cher frère, nous serons réunis, et ce sera une consolation dans cette grande affliction.

Pendant que le gentleman parlait ainsi, le vieillard s'était levé, et s'avançant à pas lents vers l'autre chambre, il s'arrêta à la porte, se retourna vers ses amis et leur dit d'une voix tremblante : Vous complotez tous pour lui enlever mon cœur, mais vous n'y réussirez jamais ; non, jamais ! Je n'ai qu'elle pour parent et pour ami ; je n'en ai jamais eu, et je n'en aurai jamais d'autre. Elle est tout pour moi, et jamais nous ne nous séparerons.

A ces mots, il entra dans la chambre avec précaution. Ses amis l'y suivirent sans bruit ; tous avaient les yeux humides ; mais deux d'entre eux sanglotaient silencieusement, car ils savaient déjà ce que les autres allaient apprendre.

Nelly était morte. Elle semblait reposer sur son lit, et jamais sommeil n'aurait pu paraître si calme, si paisible, si exempt de toutes traces de souffrances. Elle semblait une créature que la main de Dieu venait de former, et qui n'attendait que le souffle de la vie, et non une jeune fille qui avait vécu, et que la faux de la mort avait frappée.

— Ce n'est pas, dit le maître d'école laissant librement couler ses larmes et se baissant pour donner un baiser à la joue froide de Nelly, ce n'est pas sur la terre que se termine la justice du ciel. Pensez à ce qu'est le monde où nous vivons, comparé à celui vers lequel son jeune esprit vient de prendre son vol ; et dites-moi si un désir ardent prononcé sur ce lit en termes solennels pouvait la rappeler à la vie, lequel de nous oserait l'exprimer ?

Le lendemain matin, quand ils purent s'entretenir avec plus de calme, le maître d'école et le vieux garçon firent à leurs compagnons le détail des derniers instants de la pauvre Nelly.

Elle était morte dans la matinée du jour qui avait précédé l'arrivée de M. Garland et de son ami. M. Marten et le vieux garçon, sachant que sa fin approchait, avaient passé près d'elle toute la journée précédente, et ne l'avaient pas quittée de la nuit. Tantôt ils lui parlaient, tantôt ils lui faisaient une lecture. Elle s'endormit vers le commencement de la nuit, rêva tout haut; mais d'après le peu de mots qu'ils entendirent, ils virent que ses rêves ne lui retraçaient rien de fâcheux ni de pénible, et quand elle s'éveilla, au bout de trois ou quatre heures, elle causa tranquillement avec eux, sans que son esprit parût s'égarer. Elle leur parla de Kit, et dit qu'elle aurait bien voulu le revoir. Elle sommeilla encore au point du jour, et en s'éveillant elle le pria de l'embrasser encore une fois. Elle tendit ensuite les bras à son aïeul, qui se pencha sur son lit, elle les lui passa autour du cou, et elle resta si longtemps dans cette attitude, que ses deux autres amis en furent surpris. Ils s'approchèrent d'elle : elle n'existait plus.

Presque aussitôt que la clarté du jour succéda à la nuit où était arrivé M. Garland, le jeune enfant qui avait été le favori de Nelly arriva avec quelques-unes de ces fleurs qui bravent les rigueurs de l'hiver, et demanda qu'on les lui plaçât sur la poitrine. C'était lui qui avait parlé au fossoyeur la nuit précédente, et il parla encore de son rêve, qui était que Nelly se portait bien et qu'il se promenait avec elle dans les champs. Il demanda à la voir, disant qu'il serait bien tranquille; qu'il avait passé toute la journée près de son frère quand il était mort, et que l'idée d'être si près de lui avait adouci son chagrin. On lui accorda sa demande, et on le laissa entrer dans la chambre de la défunte.

Dès que le vieillard vit le jeune favori de sa petite-fille on remarqua en lui une émotion qu'il n'avait pas encore montrée. Il lui fit signe d'approcher de lui, lui montra Nelly, et pour la première fois fondit en larmes. Ses amis voyant que la vue de cet enfant lui faisait du bien, le laissèrent seul avec lui, et à compter de ce moment l'enfant fit du vieillard presque tout ce qu'il voulait.

Dans la matinée du jour qui avait été fixé pour les funérailles de la pauvre Nelly, l'enfant vint le prendre pour lui cacher l'instant où il allait perdre tout ce qui restait de sa petite-fille : il lui proposa d'aller chercher des fleurs et cueillir des feuilles vertes pour remplacer celles qui étaient fanées sur son lit, et le vieillard y consentit. En traversant la rue, ils rencontrèrent plusieurs passants. Les uns ôtaient leur chapeau avec un air de compassion; les autres lui serraient la main en levant les yeux au ciel; la plupart murmuraient à demi-voix : Que Dieu ait pitié de lui!

Voyant la mère de son jeune guide à la porte de sa chaumière, il s'arrêta près d'elle et lui dit : Voisine, pourquoi donc tout le monde est-il en deuil aujourd'hui? Je ne vois personne qui ne porte un crêpe ou un ruban noir.

— Je n'en sais rien, voisin.

— Mais vous-même, vous avez un voile noir. Pourquoi cela?

La bonne femme garda le silence.

— Il faut retourner à la maison, s'écria le vieillard. Je veux savoir ce que tout cela signifie.

— Non, non, dit l'enfant en le retenant; souvenez-vous de ce que vous m'avez promis. Il faut que nous allions sous les arbres verts où elle aimait tant à se promener.

— Où est-elle à présent? Dites-moi seulement cela.

— Ne le savez-vous pas? Nous venons de la quitter.
— Ah! oui. Nous l'avons laissée endormie, n'est-ce pas?

Il appuya une main sur son front, et comme s'il eût été frappé d'une nouvelle idée, il passa tout à coup de l'autre côté de la rue et entra chez le fossoyeur. Il était assis près du feu avec le vieillard sourd qui lui servait d'aide, et tous deux se levèrent dès qu'ils l'aperçurent. L'enfant leur fit à la hâte un signe expressif. Ce fut l'affaire d'un moment; mais ils le comprirent et cela suffit.

— Avez-vous un enterrement aujourd'hui? demanda le vieillard.
— Un enterrement, monsieur? Qui aurions-nous à enterrer?
— C'est ce que je vous demande; qui auriez-vous à enterrer? Personne n'est mort dans la paroisse.
— C'est jour de repos pour nous, monsieur; nous n'avons rien à faire aujourd'hui.
— En ce cas, j'irai où vous voudrez, dit le vieillard à l'enfant; et il suivit son jeune guide.

Une heure après, le son funèbre de la cloche de la paroisse annonça le moment des funérailles, et tous les habitants se réunirent près de la maison que Nelly avait habitée. Quatre jeunes filles vêtues de blanc et ornées de rubans noirs tenaient les cordons du dais qui couvrait le cercueil, et la foule les suivit jusque dans la vieille église, où on le déposa dans la chapelle baronniale, à l'endroit où elle s'était si souvent assise pour lire la Bible, et où une tombe avait été creusée. On descendit le cercueil dans la fosse, le fossoyeur et son aide le couvrirent de terre, et pendant qu'on plaçait par-dessus la pierre funéraire, que le maître d'école avait fait préparer, la foule se retira dans un recueillement grave et mélancolique, et enfin les amis de Nelly la quittèrent à leur tour, et la laissèrent seule avec Dieu.

Il était tard quand le vieillard rentra. L'enfant, en revenant, l'avait conduit chez sa mère sous quelque prétexte; il s'était assis au coin du feu, et, fatigué par une si longue promenade, il s'endormit profondément. On eut soin de ne pas interrompre son sommeil, et quand il s'éveilla, la lune brillait déjà.

Son frère, inquiet de sa longue absence, était à la porte attendant son arrivée. Dès qu'il le vit paraître, il alla à sa rencontre, obtint de lui, non sans peine, qu'il s'appuyât sur son bras, et le conduisit à pas lents vers la maison. Dès qu'il y fut arrivé, il traversa la chambre d'entrée sans s'y arrêter un instant, et se rendit dans la seconde. N'y ayant pas trouvé ce qu'il cherchait, il retourna dans celle où étaient ses amis, tourna de tous côtés ses yeux égarés, en sortit, entra dans la maison du maître d'école et en parcourut tous les appartements en appelant Nelly à haute voix.

Ses amis l'avaient suivi, et ils parvinrent à le ramener dans l'autre maison. Là, après avoir tâché de le préparer à la cruelle vérité qu'il fallait lui apprendre et l'avoir assuré que Nelly, quoique éloignée de lui, était heureuse, plus heureuse qu'elle ne l'avait jamais été, ils lui dirent qu'elle était morte. Ce mot était à peine sorti des lèvres de M. Marten, que le vieillard tomba par terre comme s'il eût eu le cœur percé d'une balle.

Ils crurent pendant plusieurs heures que le terme de son existence était arrivé; mais le chagrin ne tue pas tout d'un coup, et il fut rappelé à la vie.

A compter de ce moment, tout souvenir qui ne se rattachait pas à Nelly fut entièrement effacé de son esprit. Jamais il n'eut l'air de reconnaître son frère. L'enfant aux volontés duquel il s'était presque soumis pendant les premiers jours n'avait plus aucune influence sur lui. Il lui permettait encore quelquefois de l'accompagner, mais le plus souvent il le priait de le laisser seul, et cherchait à lui échapper. En un mot, il n'avait plus d'affection pour personne, ou, pour mieux dire, tout ce qu'il en avait était renfermé dans la tombe de Nelly.

Un matin, le maître d'école en se levant, car M. Garland et le frère du vieillard logeaient au presbytère, s'aperçut qu'il était déjà sorti. Il apprit bientôt qu'on l'avait vu dans la rue au point du jour une valise attachée sur ses épaules et tenant à son bras le chapeau de paille de Nelly et le petit panier qu'elle avait porté si constamment en voyageant avec lui. Il en fit part à ses amis, et ils se mirent tous trois à sa recherche, étant bien sûrs qu'il ne pouvait être bien loin. Comme ils s'informaient partout si quelqu'un l'avait vu, un enfant leur dit qu'il l'avait vu ouvrir la porte de l'église et y entrer au lever du soleil. Ils s'y rendirent sur-le-champ, et le virent dans la chapelle baronniale, assis devant la tombe de sa petite-fille, et ayant l'air d'un homme qui attend avec patience. Ils ne se montrèrent pas, mais ils le surveillèrent tour à tour pendant toute la journée. Il ne changea d'attitude que pour manger quelques provisions qu'il avait prises dans son panier; mais quand la nuit commença à tomber, il se leva pour retourner chez lui, et on l'entendit dire en sortant de l'église, qu'il eut soin de fermer : Elle reviendra demain.

Il ne parla de cette visite à aucun de ses amis, et ils gardèrent le même silence; mais il la commença le lendemain, et en fit autant tous les jours suivants sans jamais y manquer.

Enfin, par un beau jour de printemps, ses amis, ne le voyant pas rentrer à l'heure accoutumée, allèrent le chercher dans l'église. Ils l'y trouvèrent, mais étendu sur la pierre funéraire qui couvrait sa petite-fille : il était mort.

Quelques jours après il fut placé à côté de celle qu'il avait tant aimée.

CHAPITRE XXXVIII

Nous sommes arrivés à la fin de notre voyage; il ne nous reste qu'à dire quelques mots sur les principaux personnages qui ont figuré dans les pages qui précèdent.

M. Samson Brass et son aimable sœur nous paraissent avoir les premiers droits à notre attention.

Nous avons vu que le magistrat devant lequel le procureur avait été conduit avait subitement conçu une telle affection pour lui, qu'il n'avait pas voulu s'en séparer, et il le logea dans un appartement très commode où le soleil ne pouvait l'éblouir, ni aucun importun venir le distraire de ses méditations, avec l'agrément additionnel d'une petite cour pavée pour s'y promener. Ce logement, malgré tous ses agréments, ne plaisant point à M. Brass, il demanda à retourner chez lui en promettant de venir voir le magistrat quand celui-ci le désirerait. Le magistrat, craignant qu'il ne tînt pas cette promesse, exigea que l'exécution en fût garantie par un cautionnement de quinze cents livres sterling. Mais Samson n'ayant pu trouver pour le cautionner que deux individus, sans doute aussi respectables que lui-même, mais dont toutes les propriétés réunies ne s'élevaient pas à quinze chellings, le magistrat ne voulut pas les accepter pour cautions, et M. Brass fut obligé d'habiter l'appartement qui lui avait été destiné jusqu'au moment où douze habitants de la cité de Londres, formant ce qu'on appelle un jury, furent priés d'examiner son affaire, et le déclarèrent coupable de fraude et de parjure ; sur quoi un homme en grande perruque l'invita à aller passer dix ans dans une possession transatlantique de la Grande-Bretagne. Samson, qui n'aimait pas les voyages, fit valoir qu'il avait lui-même fourni des armes contre lui d'après les promesses d'indulgence et de pardon qui lui avaient été faites ; et après quelque hésitation, on lui permit de rester en Angleterre, à condition qu'il passerait ces dix années dans une grande maison où l'on était logé et nourri aux dépens du public, et où, comme on ne pouvait en sortir, on prenait, dix heures par jour, un exercice salutaire en montant sur une échelle sans fin, c'est-à-dire sur une roue qui tournait toujours comme celle d'un écureuil dans sa cage. Son nom fut rayé de la liste des procureurs, ce qui n'a lieu que dans des cas extrêmes, comme on peut en juger d'après certains noms qui y figurent encore.

Quant à Sally Brass, ce qu'elle devint n'est pas aussi bien constaté. Le bruit général fut qu'elle avait pris des habits d'homme pour se soustraire aux recherches ; mais les uns disaient qu'elle s'était engagée comme matelot à bord d'un bâtiment de commerce, tandis que d'autres prétendaient qu'on l'avait vue un soir dans une guérite du parc Saint-James, appuyée sur un mousquet et portant l'uniforme du 2ᵉ régiment d'infanterie. Un fait certain, c'est que dix ans après on voyait tous les soirs, dès que la nuit approchait, un vieillard et une femme couverts de haillons sortir des rues les plus sales et les plus infectes du quartier Saint-Gilles pour solliciter la charité des passants et chercher dans les immondices jetées au coin des maisons des feuilles de chou et de laitue et tout ce qui pouvait servir à apaiser la faim. Ceux qui les avaient connus autrefois disaient tout bas que c'étaient le ci-devant procureur Samson Brass et sa sœur.

Le corps de Quilp fut trouvé dans l'endroit où l'eau l'avait jeté. Le procès de Samson avait fait connaître le rôle qu'il avait joué dans le complot dont Kit avait manqué d'être victime ; d'autres détails de sa scélératesse étaient devenus publics, et Tom Scott ayant été appelé comme témoin lors de l'enquête faite par le juge coroner, et ayant rapporté la dernière conversation qu'il avait eue avec son maître, les jurés étaient convaincus qu'il avait voulu se soustraire aux poursuites de la justice par une mort volontaire. Il fut donc déclaré suicide, et son corps fut enterré dans un carrefour, un pieu enfoncé dans la poitrine.

Tom Scott, se trouvant au dépourvu par la mort de son maître, se joignit à une troupe de saltinbanques et gagna sa vie en marchant sur ses mains et en faisant des sauts périlleux.

La petite mistress Quilp hérita de toute la fortune de son mari, car il n'avait aucun parent et il n'avait pas fait de testament; s'il en avait fait un, elle aurait été pauvre. Elle l'avait épousé par le bon plaisir de sa mère; elle consulta le sien pour son second mariage, et choisit un jeune homme qui eut assez de jugement pour y mettre pour condition préalable qu'une pension serait payée à mistress Jiniwin pour qu'elle vécût séparément. Ainsi passèrent-ils heureusement leur vie sans avoir plus que le taux moyen des querelles qui ont ordinairement lieu entre mari et femme.

M. et mistress Garland et M. Abel continuèrent à vivre comme par le passé, sauf un changement qui eut lieu dans leurs arrangements domestiques, comme on le verra tout à l'heure; et quelques années après, M. Witherden prit Abel pour associé. Il y eut à cette occasion un grand bal, M. Abel y dansa avec une jeune et jolie personne qui lui plut et à laquelle il ne déplut pas; peu de mois ensuite il l'épousa et s'établit à Londres avec elle.

M. et mistress Garland ne restèrent pourtant pas tête à tête, car leur frère, le vieux garçon, après la mort du curé, son ancien ami, qui eut lieu environ un an après les événements rapportés dans le chapitre précédent, vint demeurer avec eux.

Quant au frère cadet de l'aïeul de Nelly, que nous avons toujours nommé le gentleman, il passa un couple d'années à chercher tous ceux qui avaient rendu quelque service ou avaient montré de l'amitié à son frère et à sa nièce : Short, mistress Jarley, la jeune pensionnaire de l'école de miss Monflather, même l'homme qui alimentait le feu d'une fournaise, il les découvrit tous, et tous trouvèrent en lui un ami et un bienfaiteur. Il fit de vains efforts pour déterminer M. Marten à quitter son école et à venir demeurer avec lui à Finchley, où il s'était établi près de M. Garland. Mais M. Marten était une sorte de philosophe à qui le monde faisait peur; il avait du goût pour les humbles fonctions qu'il remplissait depuis tant d'années, et il ne voulait pas y renoncer; mais grâce à la libéralité de son nouvel ami, il ne fut plus un *pauvre* maître d'école.

Frédéric Trent avait eté obligé, comme on l'a vu plus haut, de quitter volontairement l'Angleterre, de peur d'en être congédié d'une manière plus désagréable. Il se rendit à Paris, où il vécut quelques années en chevalier d'industrie, tantôt dans l'abondance, tantôt dans la plus affreuse misère. Enfin, un Anglais qu'il avait connu autrefois, se trouvant dans cette capitale et passant devant la Morgue, y entra par curiosité et l'y reconnut : son cadavre avait été trouvé dans les filets de Saint-Cloud. L'étranger garda le secret jusqu'à son retour à Londres, et Frédéric fut enterré sans que son corps eût été réclamé ni reconnu.

Richard Swiveller, après une longue convalescence, n'étant plus égaré par les conseils intéressés et l'exemple pernicieux de son faux ami, et se trouvant en possession d'une petite fortune par suite du legs que lui avait fait sa tante, et de trois billets de banque de cinq cents livres sterling chacun qu'il reçut sous enveloppe un beau matin sans savoir qui les lui envoyait, mais qu'on soupçonna d'être un présent du gentleman, pour le récompenser de sa conduite dans l'affaire de Kit, devint un jeune homme aussi rangé qu'il avait été dissipé. Il n'oublia pas le dévouement de la marquise et les services qu'elle lui avait rendus ; et comme elle n'avait pas de nom, et qu'il lui en fallait un, il se détermina pour celui de Sophronie Sphinx, comme n'ayant rien de commun, et sentant quelque peu le mystère. Ce fut sous ce nom qu'il la mit dans une pension, où elle n'entra qu'en pleurant, et où il ne manqua jamais d'aller la voir une fois par semaine. Son intelligence naturelle fit qu'elle profita rapidement de l'éducation qu'elle y reçut. Swiveller l'y laissa trois ans. Au bout de ce temps, il lui vint dans l'esprit, et ce n'était pas la première fois, de lui demander si elle voulait l'épouser. Quels que fussent les termes de sa réponse, il ne s'y trouva point de négation. Quinze jours après ils furent mariés, et ni l'un ni l'autre ne s'en repentit jamais.

L'histoire de Kit, ou, pour mieux dire, de Christophe Nubbles, fit du bruit, et lui procura une foule de nouveaux amis. Les jurés qui l'avaient déclaré coupable voulurent lui prouver combien ils avaient changé d'opinion en lui donnant un grand dîner, auquel ils invitèrent toute sa famille et tous ceux qui avaient contribué à faire reconnaître son innocence. Ils ne s'en tinrent pas là ; ils sollicitèrent le ministre de lui donner une marque publique d'estime et de confiance en l'appelant à quelque poste lucratif ; et une place d'inspecteur des douanes étant vacante en ce moment, le ministre crut ne faire qu'un acte de justice en la lui accordant sur-le-champ. Kit ne songeait pas à quitter le service de M. Garland, mais le digne vieillard, sa femme et son fils furent les premiers à le presser de profiter d'une bonne fortune qui avait pris sa source dans ses souffrances, comme il le dit lui-même bien des fois.

Une fois installé dans cette place, Kit passa-t-il sa vie dans le célibat ? Non, vraiment. Et qui aurait-il épousé, si ce n'eût été son amie Barbe ? Le jour de ce mariage fut le plus beau jour de toute la vie des deux mères, qui prirent alors la résolution de ne pas se quitter, et de passer ensemble le reste de leurs jours.

Kit, nous avons de la peine à oublier le nom sous lequel nous l'avons connu si longtemps, aimait à leur raconter l'histoire de la pauvre Nelly, dont il ne parlait jamais sans avoir les yeux humides. Un jour, il voulut les conduire dans la rue où elle avait demeuré, pour leur montrer la maison qu'elle avait habitée. Mais on y travaillait au percement d'une nouvelle rue ; cette maison et celles qui en étaient voisines n'offraient plus qu'un amas de décombres, et il ne put même en reconnaître exactement l'emplacement. C'est ainsi que tout finit dans le monde, comme une histoire qui arrive à son dénoûment.

Limoges. — Imprimerie de Charles Barbou, avenue du Crucifix.